满学研究丛书

赵志强 主编

满学概论

赵志强 著

中国社会科学出版社

图书在版编目（CIP）数据

满学概论／赵志强著．—北京：中国社会科学出版社，2020.8
（满学研究丛书）
ISBN 978 - 7 - 5203 - 6424 - 9

Ⅰ．①满…　Ⅱ．①赵…　Ⅲ．①满族—民族学—研究—中国
Ⅳ．①K282.1

中国版本图书馆 CIP 数据核字（2020）第 071196 号

出 版 人	赵剑英
责任编辑	安　芳
责任校对	张爱华
责任印制	李寡寡

出　　　版	中国社会科学出版社
社　　　址	北京鼓楼西大街甲 158 号
邮　　　编	100720
网　　　址	http://www.csspw.cn
发 行 部	010 - 84083685
门 市 部	010 - 84029450
经　　　销	新华书店及其他书店

印　　　刷	北京明恒达印务有限公司
装　　　订	廊坊市广阳区广增装订厂
版　　　次	2020 年 8 月第 1 版
印　　　次	2020 年 8 月第 1 次印刷

开　　　本	710×1000　1/16
印　　　张	22.5
字　　　数	343 千字
定　　　价	118.00 元

目　　录

导　言

　　满学，即满洲学，是研究满洲的学科。在这里，满洲是一个民族共同体的名称，而不是地名，更不是特指"满洲国"而言。在不同的语言里，满洲学有不同的称呼，如汉语简称为满学，满语称为 manju tacin①，英语称为 mandjurica 等。

　　满洲本为肃慎族所属的部落之一。② 稽其先世，实为肃慎。自汉以降，直至明末，又有挹娄、勿吉、靺鞨、女直、女真等称谓。肃慎，又作息慎、稷慎，是一个历史悠久的民族共同体，自古以来就繁衍生息于白山黑水之地。在不同历史时期，肃慎族中包含不同部落，且往往以强盛部落的名称流芳青史，如挹娄、勿吉、靺鞨皆是。女真即肃慎，乃同音异文。女直为女真之易名，避辽兴宗耶律宗真之名而改。

---

　　① 本书中出现的满语文，均依 P. G. von Möllendorff（穆麟德）氏 *A Manchu Grammar*（满洲语法）转写法，以拉丁字母转写。所引老满文资料，据其实际读音，以拉丁字母转写。唯穆氏转写法不区分小舌音与舌根音，k 代表 ⇨ [qʼ] 和 ◌ [kʼ]，g 代表 ⇶ [q] 和 ◌ [k]，h 代表 ⇶ [χ] 和 ◌ [x]，以资简便，却不完全适合于老满文之转写与还原。因此，在本书转写中，增加 q、c、χ 三个字母，分别转写前述三个小舌音，原有的 k、g、h 三个字母，仅分别转写前述三个舌根音，即：⇨ [qʼ] 转写为 q，⇶ [q] 转写为 c，⇶ [χ] 转写为 χ，◌ [kʼ] 转写为 k，◌ [k] 转写为 g，◌ [x] 转写为 h，借以区分小舌音与舌根音。辅音字母 ◌、◌、◌ 亦按其读音，分别以 k、g、h 转写。字母右上角的阿拉伯数字表示老满文的不同书写形式，详见附表。引文中，仍其旧。

　　② 赵志强：《满洲族称源自部落名称——基于〈满文原档〉的考察》，《清史研究》2020 年第 2 期。

图 1 诸申

据满洲（女真）人入关前的记载，明朝末年，努尔哈齐①、皇太极皆自称 jušen（音诸申）。这一称谓，在《旧满洲档》中，老满文有两种书写形式（见图 1）②，可与 mongco（蒙古）、niqan（尼堪）并列使用。当此之时，叶赫、哈达、辉发、乌喇等部也都自称 jušen（诸申）。由此可见，jušen（诸申）为族称，汉文中或作诸申或作珠申，皆其音译。

同一时期，明朝人称之为女真，如："海西忽鲁爱等卫野人女真都指挥倒哈等四十三名进马……"③ 亦作女直，如："建州等卫女直夷人奴儿哈赤等一百八员名，进贡到京，宴赏如例。"④ 女直之名，亦见于《旧满洲档》，作 nioiy，以老满文书写（见图 2）。按其音义，显系当时汉文"女直"二字的音译。

图 2 女直

据明朝史料记载，明末清初，女真分为建州女真、海西女真、野人女真三部。而据清朝史料记载，建州女真部包括满洲、苏克素护（或作苏克苏浒）、哲陈、完颜（或作王甲）、浑河、栋鄂（或作董鄂）、鸭绿江、讷殷、珠舍里等部，海西女真包括乌拉（或作乌喇、兀剌）、辉发（或作灰扒）、叶赫、哈达等四部，野人女真包括瓦尔喀、虎尔哈、窝集（或作沃稽）等部。

至天聪九年（1635）十月十三日，金国汗皇太极下令，改族名 jušen（女真）为 manju（满洲）（见图 3）。从此，manju（满洲）取代 jušen（女真），闻名遐迩。

图 3 满洲

manju（满洲）之名，在汉文中，亦作满州、满珠等，皆同音异文。

---

① 清太祖之名，新满文作 nurgaci。今人论著或作 nurhaci 者，误。其汉语音译，用字不一，本书据雍乾校订《清太祖高皇帝实录》大红绫本，作"努尔哈齐"。见于引文者，仍其旧。

② 台北"故宫博物院"影印：《旧满洲档》（一），1969 年，第 80、83 页。

③ 辽宁省档案馆、辽宁省社会科学院历史研究所编：《明代辽东档案汇编》（下），辽沈书社 1985 年版，第 715 页。

④ 《明神宗实录》卷 222，第 7 页。

　　时至清末，在汉语中，始有满族之名。民国时期，满洲、满人、满族、旗族之称混用。中华人民共和国成立后，以满族为法定名称。

　　循名责实，满学的范畴较为广泛，即以满洲为核心，上溯古代的肃慎、挹娄、勿吉、靺鞨、女真，下及今日之满族。上下数千年，悠悠万事，有所为有所不为。简而言之，满洲既不等同于其先世，亦不等同于其后世，因而满学的范畴不宜太过泛化乃至泛滥，不能简单地将其先世文化和后世文化统统纳入满学范畴。譬如，现在有女真学，是研究金代女真族历史文化的学科，独立于满学之外。不能因为满洲取代了女真，就把女真学纳入满学之中。又如，现在还有各种满族协会、学会、联谊会等开展的一些活动，也不属于满学的范畴。

　　中国自古以来是个多民族的国家。在长期的交往过程中，各民族建立了密切的联系，并有一些共同之处。尽管如此，也不宜越俎代庖，任意扩大满学的范畴，将相关民族的文化都纳入满学范畴。如有学者认为："满学的概念又有广义与狭义之分。狭义的满学概念……是对满族及其文化的研究。广义的满学概念是对满族及其先人的文化研究，同时也包括与满族有关的其他满—通古斯民族的文化研究"，"广义的满学研究还应该包括那些与满族相关的民族，即满—通古斯其他民族和他们的文化。这些民族是锡伯族、赫哲族、鄂伦春族、鄂温克族。因为这些民族，不论历史上还是现在，都与满族及其先人有着十分紧密的联系。历史上，这几个民族的族源大都与满族一样源于女真人。他们有着十分相近的亲属语言满—通古斯语，有着比较接近的经济类型，有着相互联系的文学作品，有着共同的宗教信仰萨满教。特别是这些人口较少的民族历史上都没有自己的文字，他们所学的文字就是满文。直到今天，锡伯人的语言文字都是对清代满族语言文字的继承"。[①] 笔者认为，锡伯族、赫哲族、鄂伦春族、鄂温克族与满族及其先人的联系固然密切，但后来都成为法定的独立的民族，必有其道理，不宜混同。特别是一些西方满学家不加区分、混为一谈的言论，不该成为我们泛化满学范畴的理由。从民族关系的角度，研究满洲与锡伯族、赫哲族、鄂伦春族、鄂温

---

　　① 赵志忠：《满学论稿》，辽宁民族出版社 2005 年版，第 1、2 页。

克族的交往，这属于满学的范畴。如果单纯研究锡伯族、赫哲族、鄂伦春族、鄂温克族的历史文化，就超出了满学的范畴，应该属于满—通古斯学或者阿尔泰学。

满学与清史研究的范围有交叉，但研究的内容各有侧重。满学以满洲为核心，研究的内容偏重于民族共同体，而清史以清朝（国家）为核心，研究的内容偏重于政治共同体。以民族共同体而论，满学只研究满洲一个民族共同体，而清史则研究清朝的所有民族。以清代历朝皇帝而论，满学更多地关注其满洲特性，而清史则更多地关注其皇帝属性。有人说满学是清史的组成部分之一，也有人说清史只是满学的一个历史阶段。客观而言，这两种说法都不准确。"满学与清史密切相关，可以说'你中有我，我中有你'，但满学又有其自身学科固有的特征，是一个有机的整体。"① 因此，满学与清史既有联系又各自独立，两者既不互相排斥，也不彼此吞并。在实际研究过程中，两者可以携手并肩，从不同角度加以研究，互相促进、相辅相成。

满学研究什么？简而言之，作为研究满洲的学科，所有满洲攸关的事情都是满学研究的对象。在具体表述上，则因人而异。如阎崇年认为："满学是满洲学之简称，是主要研究满洲历史、语言、文化、社会及其同中华各族和域外各国文化双向影响的一门学科。在这里，研究满洲历史、语言、文化和社会，是满学定义的内涵与核心；研究满洲同中华各族和域外各国文化双向影响，则是满学定义的外延与展伸。"② 关嘉禄认为："满学主要研究满族的历史和文化，包括政治、经济、军事、文学、艺术、民族、宗教、民俗、语言、文字、医学、民族关系等。"③ 张佳生认为：满学"所研究的对象与内容纵向上包括历史与现实的发展历程，横向上包括满族的所有方面。由于满族在中国历史上的特殊地位，除了研究其本身的政治、经济、文化之外，八旗研究以及其

---

① 关嘉禄：《突出地方特色　繁荣满学研究》，《中国社会科学院院报》2008年5月13日第6版。

② 阎崇年：《满学研究刍言》，《满学研究》第1辑，吉林文史出版社1992年版，第2页。

③ 关嘉禄：《突出地方特色　繁荣满学研究》，《中国社会科学院院报》2008年5月13日第6版。

在民族关系与历史作用方面的研究，也应该成为满学的热点。"① 也就是说，满学研究的对象或内容，除了满洲及其前世今生的各个方面包括军事、文学、艺术、民族、宗教、民俗、语言、文字、医学、民族关系之外，满洲在金清时代建立的颇有民族特色的军政组织、机构如八旗制度、议政处、军机处、理藩院（蒙古衙门）、上书房等，也是满学研究的重要内容。

需要注意的是，满学研究的内容离不开社会需求。满学是中国社会发展的产物，其发展、演变不能脱离中国社会发展的制约。满学自产生到现在，已有 420 年的发展史。依照中国社会历史进程，满学大体上也经历了四个发展时期：晚明满学萌芽时期、清代满学官方主导发展时期、民国满学转向学术时期和中华人民共和国满学大发展时期。每个历史时期中，根据满学的具体发展状况，也可以划分若干发展阶段。每个时期，每个阶段，满学研究的内容也有差别。

如何研究满学？满学是一门综合性的学科，迄今没有自身特定的研究方法，需要广泛利用历史学、民族学、语言学、民俗学、宗教学、考古学等学科的理论体系、研究方法加以研究。更重要的是，要充分利用满语文资料，包括档案、文献、碑刻等。有学者认为，"民族学的研究方法和理论不但不应忽视，而且应当给予特别的重视，这应该是中国满学的一个特点"，"还应该加强史料研究与田野调查并重的方法。这主要是因为满族原生态文化消失过多，且历史资料极为丰富的缘故"，"注重民族性、运用民族学的研究方法是满学研究中最应重视的问题"②。现在看来，还是要综合利用多种学科的研究方法是最有效的，畸轻畸重或标新立异都不可取。

研究满学有何意义？戴逸先生所言，可谓不刊之论。他指出："满学研究是一项重要的、很有意义的任务。满族人数将近一千万，是中华民族大家庭中的一个重要成员。在晚近三四百年，它建立了清朝，统治

①　李云霞：《"首届中国满学高峰论坛"会议综述》，《满族研究》2006 年第 4 期。

②　张佳生：《中国满学的发展道路——在"首届中国满学高峰论坛"开幕式上的致辞》，《满族研究》2006 年第 4 期。

全中国。满族涌现出了大批杰出的政治家、军事家、思想家、文学家，创造了光辉灿烂的满族文化。满族历史是中国历史的一个重要分支，满族文化是中华民族文化宝库中的一个组成部分。""由于满族建立了清朝，统治中国达三个世纪之久，故满族的历史、文化、风尚在全国影响甚大。甚至可以说，近三、四百年的中国史在很多方面是和满族历史发展重合的，满族历史上的大事和重要人物，即是中国历史上的大事和重要人物，如努尔哈赤、康熙、乾隆、以至慈禧太后，在这些重要的历史人物的统治下，中国历史走过了漫长的路程。要了解今天的中国，就必须了解过去的中国，了解清朝统治下中国的社会状况。中国为什么形成今天这个样子，为什么有 960 万平方公里的广阔版图？为什么是近 12 亿之多的人口？为什么近代中国经历被侵略的苦难遭遇？为什么现在要继续努力拼搏，追赶世界上的发达国家？等等。要回答这些问题，就要追溯清代史、满族史，这是了解过去，认识今天，开拓未来的重要关键。""另外，满族作为少数民族，有自己的语言文字，自己的风俗习惯，自己的文学、艺术、宗教。满族文化内容丰富，风格独特，形式多样，它的一个明显优点是其开放性和包容性，它最善于吸收其它民族的优秀文化成果。新生的满族文化在大量吸收汉族文化中迅速地丰富和发展，它和汉族文化汇合、交融在一起，相互包含，变得你中有我，我中有你，满族文化中吸收大量的汉文化因素，而汉文化中又渗入了大量满文化因素。"① 一言以蔽之，研究满学的意义在于更好地认识自己。

满学研究的前景如何？从目前的情况来看，可以说满学研究的前景美好。具体取决于如下三个方面的原因。

第一，文化多样性的理念深入人心。随着社会的进步，人们对文化的认识和理解逐步加深，特别是文化的多样性得到社会公众的肯定和认同，不再以歧视的眼光看待异国、异地、异族特有的文化现象。文化观念的转变，也使社会公众对满学研究成果的需求有所增加。对于满学研究者而言，这是最为重要的。

---

① 戴逸：《开展满学研究的意义》，《满学研究》第 2 辑，民族出版社 1994 年版，第 396—397 页。

第二，满学研究者可资利用的珍贵资料日益丰富。随着经济的繁荣和观念的转变，尘封多年的档案、文献等珍贵历史资料不再静静地躺在各地的档案馆、图书馆里，影印、翻译出版的高质量的历史档案文献不断问世，采用高科技手段数字化、可在互联网上阅读、利用的原始文献不断增多。对现在和将来的满学研究者而言，这是不可或缺的。

第三，满学研究的队伍不断壮大，研究人员的素质日益提高。随着各地满学研究机构和学术团体的成立，满学研究的队伍逐步壮大，高等学府培养出来的高素质专业人才不断加入满学研究的行列。满学，作为国际性的显学，可望更上一层楼。

第一章

满学的性质

满学，亦称满洲学，与蒙古学、藏学共同构成中国学（过去称为汉学）的三个重要组成部分。满学与清史关系密切，但两者又有各自的学科特征，清史主要研究有清一代300年的断代历史，时间跨度较小而范围较广，满学主要研究满洲及其先世的政治、经济、军事、文学、艺术、宗教、民俗、语言、文字、医学以及与其他民族的关系，时间跨度较大而范围较窄。满学是一门国际性的显学，在中国、日本、俄罗斯、意大利、美国、德国、匈牙利等许多国家都有学者从事满学研究，并且取得了相当可观的学术成果。然而，满学是什么？它是何人何时出于何种目的提出？这一概念的产生有何积极意义，在学术界产生了何种影响？长期以来，许多满学研究者不太关心甚至忽略了这些问题，有些研究者分不清满学与其他学科如历史学、民族学的异同。这种情况不利于满学的繁荣和发展，客观上对满学的学术地位和学科建设也产生了不利的影响。

第一节　满学定义发凡

什么是满学？客观地说，迄今为止研究者寥寥，尚无定论。在欧美，似乎只有美国夏威夷大学的陆西华（Roth Li）博士认为："用满文作满洲研究之学，叫做满学。"① 在中国，研究者稍微多一些，但也不

---

① 陆西华：《美国的满洲学》，美国夏威夷大学，1989年，引自阎崇年《满学研究刍言》，《满学研究》第1辑，吉林文史出版社1992年版，第1页。

超过 10 人。1991 年，北京市社会科学院满学研究所成立后，编辑学术辑刊《满学研究》第 1 辑，1992 年出版，其中收录阎崇年起草、经过集体反复讨论的《满学研究刍言》一文，作为辑刊的发凡之言。该文认为："上述的满学定义，以研究者是否用满文做为研究手段，来规约满学的界定。无疑，用满文研究满洲之学，应是满学；然而，这个满学定义比较偏颇。因为定义应揭示概念内涵及其外延的逻辑关系，要指出概念所反映对象的本质属性；而上述满学界说之狭义性，在于未能揭明满学所内涵的逻辑关系，也未能指名满学所反映的本质属性。按照上述的满学定义，不仅会将绝大部分研究满洲历史文化和清代历史的学术成果，排除在满学的学科之外；而且会将绝大部分研究满洲历史文化和研究清代历史的专家学者，排除在满学的学者之外。显然，用满文研究满洲之学叫做满学的定义，是满学的狭义界定。""同满学狭义界定相并行的是满学广义界定。"进而提出："满学即满洲学之简称，是主要研究满洲历史、语言、文化、社会及其同中华各族和域外各国文化双向影响的一门学科。"[1] 就目前所看到的历史文献和学术成果而言，这是中国学者第一次如此明确地提出满学的定义，在学术界引起较大轰动，有人赞同，有人不太赞同。

此后，中国学术界有数名学者相继发表论文，各抒己见。1995 年，余梓东提出："满学是一门研究领域广泛的综合性学科。"[2] 1998 年，关嘉禄提出："满学，顾名思义，就是研究满族的科学，是科学探索满族的本质属性和发展规律的一门学科。满学，亦称满洲学。"[3] 2002 年，刘厚生发表《满学及其在中国历史上的地位》一文，认为："目前国内外的学术界，对满学的界定虽有不同的理解，但大体上可分为两种意见：一种意见认为，用满语文作满族研究之学为满学；另一种则认为，旨在研究满族历史、语言、文化、八旗社会等及其同中华各族和域外各国文化双向影响的学科，叫满学。""不难看出，上述两种意见的分歧

---

[1]　阎崇年：《满学研究刍言》，《满学研究》第 1 辑，吉林文史出版社 1992 年版，第 1—2 页。

[2]　余梓东：《提高满学在社会发展过程中的参与程度》，《满族研究》1995 年第 4 期。

[3]　关嘉禄：《中国大陆满学研究的回顾与展望》，《社会科学辑刊》1998 年第 6 期。

在于，前者强调研究的手段；后者强调研究的对象。是否可以将前者视为狭义论，而后者视为广义论呢。""狭义论忽略了它所研究对象的范畴和属性；而广义论又模糊了它所研究的对象特点和手段，失于宽泛。"并提出："我认为，满学是以民族学为理论依据和手段，旨在研究满族及其先世历史、语言、文化、风俗等的人文学科。"① 2003 年，赵展提出："满学是专门研究满族文化的学科。"② 同一年，赵志忠提出："满学是研究满族及其文化的科学。"③ 刘厚生重提其对满学的定义，并强调："我认为，给满学下定义，应该照顾到以下几个方面：1. 满学属于人文学科，而且是一个新兴的人文学科……2. 满学不是一门独立的一级学科，它是从属于民族学下面的一个分支……3. 满学研究的对象不仅仅限于历史上的满族，而且包括它的先世肃慎人、挹娄人、勿吉人、靺鞨人、女真人。同时，当代的满族也应该是满学研究的一个重要方面，因为现实是历史的延续，历史和现实是分不开的。"④ 2006 年，李治亭提出："满学就是满族学，简称满学，是以满族为中心的、以满族为研究对象的学问。"⑤ 同一年，张佳生提出："满学是一门专门研究满族的学问"，"满学是研究满族所创造的一切物质文明、精神文明和制度文明的学问。"⑥ 2008 年，关嘉禄提出："科学地探索满族的本质属性和发展规律，业已成为一门学科，即满学。"⑦ 2011 年，赵志强提出："满学是研究满洲民族的科学。"⑧ 2011 年，李艳枝提出："满学是以满族为中心、以满族为研究对象的学问，被欧洲学者命名为

① 刘厚生：《满学及其在中国历史上的地位》，《鞍山师范学院学报》2002 年第 4 期。

② 赵展：《满学在我国已成为独立学科》，《满族研究》2003 年第 1 期。

③ 赵志忠：《论满学》，《满族研究》2003 年第 1 期，该文又被收入其所著《满学论稿》，辽宁民族出版社 2005 年版，第 1—13 页。

④ 刘厚生：《满语言文化与萨满文化是满学研究的两大基石》，《满族研究》2003 年第 3 期。

⑤ 李治亭：《满学纵横谈》，《中国民族报》2006 年 6 月 2 日第 009 版。

⑥ 张佳生：《中国满学的发展道路——在"首届中国满学高峰论坛"开幕式上的致辞》，《满族研究》2006 年第 4 期。

⑦ 关嘉禄：《突出地方特色 繁荣满学研究》，《中国社会科学院院报》2008 年 5 月 13 日第 006 版。

⑧ 赵志强：《前言》，《满学论丛》第一辑，辽宁民族出版社 2001 年版，第 1 页。

满洲学（Manchulogy），简称满学。"①

以上关于满学的表述中，或称满洲，或称满族，且以后者居多。这在很大程度上是语言习惯使然。其实，满洲与满族是两个历史时期的名称，满洲是 1635 年清太宗皇太极将族称 jušen（女真）改为 manju（满洲）至 1952 年期间使用的钦定名称（其间，清末及民国时期，满洲、满族混用），满族是 1952 年政务院正式将满洲族命名为满族至今使用的法定名称。尽管两者之间有密切联系，但现在不宜混用或彼此替代。从历史发展过程来看，以往满学研究的对象主要是满洲而非满族。从中外有关语言称谓来看，也用满洲而不用满族，如在满语中，所谓"满学"，只能表述为 manju tacin（满洲学），北京市社会科学院满学研究所主办《满学研究》，已出版七辑，其满语名称就是 manju tacin sibkin（满洲学研究）。该所主办的《满学论丛》，已出版八辑，其满语名称也是 manju tacin leolen i isabun（满洲学论丛）。在俄语中，所谓"满学"，表述为 Маньчжуровед、Маньчжуроведения 或 Маньчжуры，都是"满洲学"的意思。在英语中，表述为 manchulogy、Mandjurica 或 manchu studies，也都是"满洲学"的意思。顾名思义，它是研究满洲的学问。当然，从事物互相联系的角度而言，钦定满洲之前的女真和法定民族名称以后的满族，也在满学研究的视野之内，但不是主要的。由此可见，在汉语中，所谓"满学"，是"满洲学"的简称，而非满族学的简称。

根据上述情况，我们可以去繁就简，一言以蔽之，曰："满学是研究满洲的科学。"

第二节　满学概念溯源

尽管满学的定义提出较晚，论述的学者也不多，但是满学这个概念在此之前早已产生，并为许多学者所采用。另外，在不同国家和不同民族语言中，名称也不尽一致。

---

① 李艳枝：《论满学研究的传统与创新》，《沈阳师范大学学报》（社会科学版）2011 年第 2 期。

　　李氏朝鲜王朝设立司译院，以培养外交翻译官员，掌管外交事务。该院之下最初设有汉语和蒙语，李朝太宗二年（1414）增设倭语（日本语），世宗八年（1426）又增设女真语，统称"译学"，分别称为汉学、蒙学、倭学、女真学，承担外交翻译业务。清太祖崛起东土，朝鲜人开始收到"胡书"（女真公文书函）。"在《李朝实录》中……第一次出现这种称谓是在宣祖三十三年（1600 年）。之后在光海君即位之年（1068 年）与九年，各出现一次。但在光海君十年则激增至 24 次。那一年是努尔哈赤即汗位的第二年……之后，《李朝实录》中偶尔也出现'胡书'二字，至壬（仁）祖十五年（1637 年）即'丙子胡乱'（译者注：指 1635 年清军侵入朝鲜的战争）结束之后，不再出现。""总出现次数为 60 次。"两国交往密切，"朝鲜朝廷深感释读满洲语的必要性"，于是大约在"丁卯胡乱"（1627）之后，"根据当时的丞相、司译院都提调吴允谦的提议，让有才干的译官申继黯利用 10 年时间，不间断地随行派往北京的使臣队伍，让他学会满洲语。结果，申继黯把在兵乱中有幸保存下来的 14 种女真书中选择 5 种，即《经国大典》里规定的《小儿论》、《八岁儿》、《去化》、《仇难》、《太公尚书》翻译成了满文。他的翻译工作完成于仁祖十七年（1637 年）"。至显宗八年（清康熙六年，1667）索性把女真学改为"清学"。"清学出现之后，包括满洲语学在内的译学重新开始受到重视。"① 此清学固然是李氏朝鲜王朝司译院下属机构名称，唯其执掌与满学息息相关，可以视为今朝鲜和韩国满学概念的渊薮，作为其满学研究机构产生的标志。朝鲜和韩国的满学是国际满学不可分割的组成部分，因此也不妨以清学为满学的初始名称。

　　在欧洲，经过 17 世纪的缓慢发展，到 18 世纪达到高潮，满学概念随即产生。1992 年，陈捷先在北京市社会科学院满学研究所举办的"北京满学学术讨论会"上致辞时说："到 18 世纪，世界上很多国家都在从事满学研究，有人编制辞书，有人研究清史，有人探究满族源流，有人专攻满译汉籍"，"欧洲更因传教士的媒介，加上德、法两国学术界的努力提倡、相互竞争，终于掀起了热潮，甚至创造了'满学'

----

① 宋基中、李贤淑：《朝鲜时代的女真学与清学》，《满语研究》2004 年第 2 期。

（Manchulogy）这一特有名词"。① 2007 年，他从加拿大回来，参加故宫博物院、国家清史编纂委员会合办的第十二届国际清史学术研讨会，并在接受超星公司的采访时，也说：西洋来的一些传教士，"他们以前已经翻译这个中文的东西，但是很吃力，自从清朝有了满文本的《四书》、《五经》、《十三经》等之后，他们翻译起来很容易，从康熙到乾隆，外国传教士在中国用拉丁文，用法文，翻译了很多中国的经书回到了欧洲去，在欧洲形成满洲学。所以，从康熙的时代开始到乾隆，外国传教士在中国，他们用拉丁文，用法文，翻译了很多的中国经书回到了欧洲去，在十八世纪，竟然在欧洲形成了一种满洲学，那时候不叫汉学，大家晓得汉学叫'Sinology'，满洲学叫'Manchulogy'，这个很有趣的事情"②。"满学"真正作为一个学科名称彪炳于世，当以此为始。

在俄罗斯，"早在十七世纪，俄国就已经有了自学成才的蒙古语、满语和汉语的翻译"，在满语文研究方面功绩卓著。③ 然而，提出满学概念的时间较晚。"1936 年 5 月，在中国研究室科学工作者会议上提出了关于组织满学家分部的问题。满学家分部把像 Б. И. 潘克拉托夫、К. М. 切列米索夫、В. А. 热勃罗夫斯基、С. Д. 迪雷科夫、А. В. 格列宾希科夫这样的研究员组织在一起。格列宾希科夫教授担任分部主任"，并颁布了《满学研究分部章程》。④ 这标志着满学在俄罗斯正式产生。

在中国，这一概念产生得更晚，且来自翻译作品。1978 年 3 月 18—31 日，中共中央、国务院召开了全国科学大会。这是我国科学史上空前的盛会，标志着我国科技工作终于迎来了"科学的春天"。同年 12 月 18—22 日召开的中国共产党第十一届中央委员会第三次全体会议拨乱反正，开启了中国改革开放的伟大时代。在科学的春天里，伴随改革开放的步伐，"满学"概念终于在满学的故乡应运而生。1979 年，中

---

① 陈捷先：《北京满学学术讨论会祝辞》，《满学研究》第 2 辑，民族出版社 1994 年版，第 405 页。

② 陈捷先：《关于满文和满文的档案问题》（上），http：//www.kengso.com/file/20c47c 57993836391726 7d5dedfb7166.html。

③ 胡增益：《俄国学者对满语文研究的贡献》，《世界民族》1983 年第 6 期。

④ ［苏联］М. П. 沃尔科娃撰，白滨译：《满学》，《民族译丛》1979 年第 3 期。

国社会科学院民族研究所（今民族学与人类学研究所）白滨从苏联学者沃尔科娃所著《亚洲博物馆——苏联科学院东方学研究所列宁格勒分所》一书，摘出《满学》部分，翻译发表。该文不仅以《满学》为标题，而且在正文中出现"满学"4次，出现"满学家"8次。[①] 在汉语中，这是首次使用"满学""满学家"这样的概念，尽管来自翻译作品，但意义重大，影响深远。此后，满学作为一个学科概念逐渐传播，广泛使用。譬如：1980年，王均发表《民族古文字研究在语言学中的地位》一文，内称："我国民族古文字研究，还和宗教学、中亚学、敦煌学、藏学、满学、突厥学、蒙古学等有关，是牵涉到许多方面的一门边缘学科。"[②] 1983年，胡增益摘译自《苏联科学院东方学研究所通报》（1956年第18期）的《俄国学者对满语文研究的贡献》一文中，也多次出现"满学"概念。[③] 同一年，富丽发表《台湾满学研究概述》一文[④]，不仅概要介绍了中国台湾满学研究情况，而且在标题中直接使用了"满学"概念。特别是1991年北京市社会科学院满学研究所成立、出版《满学研究》学术辑刊、召开国际满学学术会议以后，"满学"概念广泛流传，逐渐成为学术文化界司空见惯的名称。

毋庸讳言，"满学"作为一个学科概念，产生于国外。经过多年以后，在中国改革开放之初，传入其故乡，并日益盛行。这也标志着满学是一个国际性的显学。

第三节　国际性的显学

满学自其产生之初，便成为国际性的学问，并从亚洲发展到欧美，成为国际性显学。满学为什么成为国际性的显学？这与金国以及清朝的兴起密不可分。

---

① ［苏联］М. П. 沃尔科娃撰，白滨译：《满学》，《民族译丛》1979年第3期。
② 王均：《民族古文字研究在语言学中的地位》，《中央民族大学学报》（哲学社会科学版）1980年第4期。
③ 胡增益：《俄国学者对满语文研究的贡献》，《世界民族》1983年第6期。
④ 富丽：《台北满学研究概述》，《清史研究通讯》1983年第4期。

16 世纪末叶，清太祖弩尔哈齐崛起东陲，逐步统一女真诸部，势力逐渐强盛。这就为满学的产生和发展奠定了基础。满学产生于建州女真部，发端于满文的创制。清太祖崛起之初，文移往来都使用蒙古文或汉文，有诸多不便，遂萌生创制文字的想法。1599 年，命额尔德尼、噶盖二人参照蒙古文字母创制而成，即老满文、无圈点满文。虽然这是满足现实需要的举动，而不是纯粹的学术研究，但在创制过程中，不乏研究的成分。譬如，当清太祖命额尔德尼等参照蒙古文创制文字时，巴克什额尔德尼辞以不能，太祖说："写阿字，下合一妈字，此非阿妈乎（阿妈，父也）？额字，下合一默字，此非额默乎（额默，母也）？吾意决矣，尔等试写可也。"① 由此可见，当时为了创制满文，君臣之间还进行了一番讨论。

随后，额尔德尼、噶盖就遵循弩尔哈齐的指示，创制了满文。关于额尔德尼、噶盖二人，史书记载："额尔德尼，纳喇氏，世居都英额。少明敏，兼通蒙古、汉文。太祖时来归，隶正黄旗满洲。从伐蒙古诸部，能因其土俗、语言、文字宣示意旨，招纳降附。赐号'巴克什'。""噶盖，伊尔根觉罗氏，世居呼纳赫。后隶满洲镶黄旗。太祖以为扎尔固齐，位亚费英东……岁己亥，受命制国书。"② 可见此二人绝非等闲之辈。

从额尔德尼等创制的满文来看，除了照搬蒙文之外，确实也有所发明，如蒙文中没有辅音字母 f，而老满文增加了，即创制了 fa、fe、fi、fo、fu、fō、fū 这 7 个音节字母，再如改变了某些音节的书写方式，如蒙文的 ia、ie，满文写作 iya、iye。显然，额尔德尼等奉命参照蒙古文字母创制满文时，经过一番思考，潜心研究，绝不是搬来蒙文字母拼写女真语言这么简单。这是女真（满洲）人研究其语言文字的开创之举。

此外，在天命年间，巴克什额尔德尼已着手编纂《聪睿汗政绩》一书，至太宗时期修《太祖实录》时，将其作为《太祖实录》的一部

---

① 辽宁省档案馆编：《满洲实录》卷 3，辽宁教育出版社 2012 年影印本，第 237 页。
② 赵尔巽撰：《清史稿》卷 228，列传 15，中华书局 1977 年版，第 9253、9254 页。

分底稿。① 这是女真（满洲）人研究其历史文化的开创之举。由此可见，满学研究发端于女真（满洲）的故乡，肇始于 16 世纪末叶。

随着金国军事势力的强盛，清太祖公然与明朝分庭抗礼。天命三年（1618），金军攻克抚顺城，拉开了金明战争的序幕。此后数年间，金军攻城拔寨，所向披靡。迨清太宗即位以后，金军几次突破长城防线，深入京畿地区抢掠，满载而归。在两国相争之际，清太宗改其国号为大清，寓意取代大明。凡此种种，都给明朝造成前所未有的压力。当此之时，明朝君臣剿抚无功，一筹莫展。儒臣文人为局势所迫，便著书立说，探索女真人的前世今生，如叶向高撰《女直考》、茅瑞征（若上愚公）撰《东夷考略》等。一些文武大臣的奏疏亦自然而然，涉及女真（满洲）人的历史文化，成为我们今天研究满学的宝贵资料。

明清易代之后，满语成为国语，满文成为国书，满学处于优越地位。到了康雍乾盛世，满学研究进入高潮，先后产生了诸多鸿篇巨制，如（康熙）《御制清文鉴》（1708）、《八旗通志》（初集，1739）、（乾隆）《御制增订清文鉴》（1771）、《满洲源流考》（1777）、《钦定满洲祭天祭神典礼》（1780）、《钦定八旗通志》（1786）等。这些都是满洲历史、文化、语言、八旗制度研究领域的扛鼎之作，闻名遐迩，经久不衰。晚清时期，满学渐趋衰落。

清朝退出历史舞台以后，满学研究摆脱了钦定、御制的禁锢，进入真正学术研究时期。民国时期，局势动荡，不过编纂并刊印《清史稿》颁行，厥功至伟。中华人民共和国成立后，满学研究进入新时期，各项工作依次展开，迈进改革开放的新时代以后，满学研究者也迎来了科学的春天。20 世纪 70 年代末 80 年代初，"满学"概念在学术界站稳脚跟，满学的研究领域包括满族史、满族语言文字、满族文化、满族社会生活，涌现了一大批学术研究成果。

随着金国军事势力的强大，金国与朝鲜两个相邻国家不可避免地开始交往，清太祖对朝鲜也提出种种要求。例如：己酉年（1609），清太

① 详见赵志强《〈无圈点档〉诸册性质研究——〈荒字档〉与〈昃字档〉》，《满学论丛》第 8 辑，辽宁民族出版社 2019 年版，第 29—37 页。

祖想要把过去金朝时期流散到朝鲜、沿其边境而居住的瓦尔喀部落之人，让朝鲜全部查清归还，于是向明朝万历帝陈奏。万历帝得知，立即传谕朝鲜国王清查。结果，朝鲜国王查出失散数代的瓦尔喀部众一千户，于己酉年二月遣返金国。①天命六年（1621）三月二十一日，金国汗致书朝鲜王，说："你要是还想帮助明朝就算了，如果不想帮助明朝，就把渡江而去的汉人全数遣还。现在辽东地方的汉人剃发归降的，没有杀戮，悉数豢养了。各级官吏，仍官复原职。你要是还派军队帮助明朝，就别跟我说什么了。你们朝鲜是主持公正的国家，你难道不知道吗？何去何从，随你便吧！"②现实交往的需要，迫使朝鲜政府重视满语满文，设置机构，培养人才，翻译图书，办理文牍，持续到19世纪末。这种状况客观上促进了朝鲜清学的发展，并为今日韩国的满学研究奠定了历史基础。如今，在韩国，首尔大学、高丽大学、全北大学、檀国大学等高校都有学者研究满学，科研队伍在壮大。

清朝取代明朝的统治以后，明末来到中国的西洋传教士都归附新兴的大清王朝，有的人还长期在宫廷任职。康雍乾时期，清朝统治达到鼎盛，疆域辽阔，民族众多，社会安定，经济发展，文化昌盛，持续到19世纪40年代的鸦片战争前余晖尚存。这种社会现状吸引更多的传教士漂洋过海，陆续来到中国。他们在中国各地传教，同时学习满汉语文，研究中国文化包括满洲文化。到18—19世纪，满洲历史文化通过传教士传到欧美诸国。譬如，清朝入关以后，满洲文化人用满文翻译汉族历史典籍《诗经》《易经》等，这些译作通过传教士传到了西方，使西方人更容易了解中国传统文化，包括满洲文化。满文走向世界，既传播了满洲文化，也传播了中国传统文化，这是满文的一大历史功绩。有学者认为："满学作为世界性的学问，早在18世纪初到19世纪中期最先在俄国兴起，此期满学和蒙古学曾是研究的热门。最初是由俄国传教使团在北京开始活动的，成为培养俄国汉学和满学家的中心。最先在喀

---

① 《满文原档》，台北"故宫博物院"2005年影印本，第1册，第11页，以下只注书名及册页。

② 《满文原档》第2册，第53—54页。

山大学开设满语课，后又在彼德堡大学东方语言系设置满语专业，涌现出一批满语文学俄国学派。有十几位著名学者，翻译了《八旗通志初编》、《大清律例》、《理藩院则例》、《清史》等。为研究满学准备了参考书。后来又编出了《满俄大辞典》、《满语文法》等。此外，彼得堡图书馆、亚洲博物馆还收藏满文文献，为后来一些学者研究满学提供了条件。继俄国之后，日本对满学的研究是在本世纪初很快发展起来的。"① 其实，没有中国的满学，何来俄国的满学？

　　西洋人主要研究满文，研究满洲文学，掀起了满洲热。这个时期欧洲满学研究成果在国际上影响较大的，应该是德国学者保罗·乔治·穆麟德（Paul Georg von Möllendorff, 1847—1901）在其英文著作《满文文法》（*A Manchu Grammar with Analysed Texts*）中使用的满文拉丁字母转写法。尽管该转写法有些弊端，但使用简便，在国际满学界颇具权威，广为采用。② 进入20世纪以后，由于清朝覆亡了，满学也随之陷入低潮。中国实行改革开放政策以后，随着学术交流的频繁，欧美诸国的满学渐趋复兴。近年来，美国"新清史"的兴起及其在中国年轻学者中产生的巨大影响，从积极的方面来看，提高了清史研究领域满文史料的重要性，刺激了年轻学者学习满文的积极性，从而也促进了满学的发展。现在，在欧美地区，除上文提到的美、德、英、法四国外，匈牙利、波兰、捷克、荷兰、瑞士、瑞典等国也有学者研究满学。

　　日本与中国一衣带水，经济文化交往由来已久。19世纪中叶，日本开始研究满学。"日本的满学研究早期代表人物，是江户时代后期的高桥景保先生。那时，他主要开始从事满语的研究。真正的满学研究是从20世纪初期，由内藤湖南先生奠定了学术基础，是内藤湖南先生将《满文老档》及其他满文资料第一次大量介绍给日本满学界。自此之后，日本的满学界开始利用中国及朝鲜的汉文字资料与满文资料结合起来加以研究，并对清初的历史进行了深入细致的探讨。然而，日本的满

---

① 穆鸿利：《跨世纪满学研究的回顾与前瞻》，《满学研究》第5辑，民族出版社2000年版，第38—39页。

② 甘德星：《满文罗马字拼写法刍议》，《满学研究》第6辑，民族出版社2000年版，第50—59页。

学研究者与日本的藏学、蒙古学研究者在人数上相比仍可谓是寥若晨星。"① 不过,从 1895 年至 1968 年大约 70 年间,日本学者在有关杂志、论文集上发表了大量有关满洲历史、社会、语言、地理、生物等方面的论文。② 其中最重要、最负盛名者非《满文老档》莫属。《满文老档》是日本满文老档研究会译注的学术巨著,凡 7 册,自 1955 年至 1963 年,由东洋文库陆续出版。其译注者神田信夫、冈本敬二、松村润、冈田英弘都是当时日本满学界的著名学者,他们以这枚学术成果加惠于世界各国满学研究者,功莫大焉。

自 20 世纪 "80 年代以来,随着中国第一历史档案馆不断公布和开放了许多珍贵的满文档案,日本的满学及清史学界的学者们都深刻感到:进一步更加深入地开展满学研究的重要条件和必要手段,就是充分地利用现存的世界各地所藏的满文资料,这已迫在眉睫。所以,在近10 年内,关心清史与满学研究的日本研究者正在日益增多,尤其是自东洋文库清史研究室主办的满族史研究会成立以来,日本的各大学及研究机构的青年学者,以及大学生、研究生们都开始踊跃参加满族史研究会所举办的各种学术活动"③。这一时期,日本学者研究满学,成果累累。其中,最值得一提的学术成果应该是河内良弘编著的《满洲语辞典》,2014 年由日本松香堂书店出版,共 1217 页,收录满语词条多达 4万条,创下日本国内满语词典收词的最高纪录,是目前世界上收词最多的满语辞书。更值得称道的是该辞典解释详细,且大多使用汉文,认汉文不懂日语的人也可以使用。尤其值得称道的是,现在日本研究满学的年轻学者多通晓满语口语,利用满文档案史料驾轻就熟。

综上所述,满学自其产生之初,就成为一个国际性的学问。相比其他人文学科,称之为显学也名副其实。

---

① [日] 松村润:《在第二届国际满学研讨会闭幕式上的致辞》,《满学研究》第 5 辑,民族出版社 2000 年版,第 14 页。

② [日] 河内良弘编,赵阿平、杨惠滨译编:《日本关于东北亚研究成果选编——关于满学研究论文目录》(一)(1895—1968),《满语研究》2000 年第 1 期。

③ [日] 河内良弘编,赵阿平、杨惠滨译编:《日本关于东北亚研究成果选编——关于满学研究论文目录》(一)(1895—1968),《满语研究》2000 年第 1 期。

第四节　令人尴尬的学科

从前述满学定义可知，许多研究满学的学者都认为满学是一门学科。曾任北京市社会科学院满学研究所所长的阎崇年早在 1993 年就发表《满学：正在兴起的国际性学科》一文，认为："满学是近年来国内外人文科学中正在兴起的一门国际性学科。"① 1996 年又发表《满学——国际性的新兴学科》一文，认为"满学成为一门独立学科的条件，已经基本成熟"，"以满学名称的研究所或研究中心的建立，以满学为名称的学会的成立，以满学研究为名称的学术丛刊的出版，以资助满学研究为宗旨的基金会注册登记，以及满学研究成果的大量问世等，标志着满学已经开始形成为人文科学中的一门独立的学科"。他还认为"满学学科的建立，是学术史演化的必然，并已奠下坚固的基石"。对此，他提出了以下八条：

第一，满族历史悠久：从周代肃慎算起，已有 3000 年历史，从五代女真算起，已有 1000 年历史，从皇太极谕定满洲族名算起，也已有 360 年历史。

第二，满族营建清朝：在中国 55 个少数民族中，营建大一统王朝的只有蒙古族和满族，"康乾盛世"的清帝国屹立于世界的东方，盛清时的疆界东临大海，南极曾母暗沙，西达葱岭，西北至巴尔喀什湖，北跨大漠，东北依外兴安岭，疆土面积约 1260 余万平方公里，奠定了近世中华版图。

第三，满族创制文字：在中国东北和东北亚的满—通古斯诸语族中，其时唯独满族有文字；满文的创制是满族历史上的划时代事件，是中华文明史上的伟大事件，是东北亚文化史上的重大事件，也是人类文明史上的重要事件。

第四，满族文献丰富：现存满文档案 200 余万件，满文图书

---

① 　阎崇年：《满学：正在兴起的国际性学科》，《北京社会科学》1993 年第 1 期。

1000 余种。满文档案中关于清入关前、边疆民族、八旗事务、密要军机和内府官廷等，许多单一文字档案，不仅补充汉文档案的阙载，而且独具特殊价值。这是极珍贵的历史文化宝藏。

第五，满族人口众多：满族现有约 1000 万人，在中国民族人口分类统计中，满族人口仅少于汉族和壮族而位列第三。

第六，满族英杰辈出：在中华历史人物星汉中，满族是 55 个少数民族中贡献政治家、军事家、文学家、艺术家、科学家、语言学家、地理学家和民族学家最多的一个民族。满族努尔哈赤、皇太极、多尔衮、康熙帝、乾隆帝等，都是国际知名的政治家。满族可谓英杰迭出，群星灿烂。

第七，满洲治国方略：满族出身的清朝帝王，治理国家政治、经济、文化、外交诸要务，有着丰富的经验与沉痛的教训。特别在处理民族关系方面，更值得研究。在中国秦以降 2000 余年的王朝历史中，多民族的统一始终是历代帝王最为头疼的难题之一。为此，君王与权相，将帅与文臣，各展军威，各施谋略。秦之修墙，汉之和亲，隋之远征，唐之怀柔，宋之纳币，明之筑堡，或奏效于一时一地，或无济于一朝一代。但清朝在处理国内民族关系时，因清帝出身于满族，其立场，其视角，其情感，其策略，跟历朝汉族皇帝有所不同，有着鲜明的民族特点。应当说，清代民族关系是中国王朝史上最好的时期，其民族政策的经验与教训，值得中国和外国在处理当代国内民族关系时加以研究与借鉴。

第八，满学国际交流：满学在国外日益受到重视，日本、韩国、蒙古、哈萨克斯坦、美国、俄罗斯、德国、英国、法国、意大利、瑞典、波兰等国的满学研究都取得可喜的成果。满学正在成为一门国际性的学科。中国的满学研究正在成为人文科学中的一个热点。中国是满学的发源地，中国应当、有条件、也必须成为国际满学研究的中心。加强满学国际间的学术交流，已势在必行。①

---

① 阎崇年：《满学——国际性的新兴学科》，《中外文化交流》1996 年第 1 期。

　　此后，还有其他学者有此主张，如赵展教授发表《满学在我国已成为独立学科》一文，依然"从历史悠久、人口众多、尚有习俗、对缔造祖国的巨大贡献、研究者甚多等几个方面阐述"①。然而，时至今日，国家好像还没有正式承认满学是一门学科，遑论独立学科。《中华人民共和国学科分类与代码国家标准》，简称《学科分类与代码》，是我国关于学科分类的国家推荐标准，最新版本是 GB/T 13745—2009。在这个《学科分类与代码》中，有蒙古学、藏学，有维吾尔族文学、维吾尔语文，却没有满学的踪影。鉴于这种情况，现在满学研究者申报国家课题，必须根据所申报的课题内容，选择相应的学科如民族学、语言学、历史学等。不过，任何一门学科，都有一个产生和发展的过程。

　　值得欣慰的是，在满学研究者心目中，满学就是独具特色的知识体系。至于是不是一个学科，平心而论，没几个人关心。尤其在提倡跨学科研究的今天，更没人关心满学是不是一个独立学科。潜心治学，做好自己的事情，比什么都重要。

---

　　①　赵展：《满学在我国已成为独立学科》，《满族研究》2003 年第 1 期。

第二章

满学产生的背景

任何一门学科都有自己的历史。不了解一门学科的历史，就不能了解其性质。满学也不例外，它有自己的过去、现在和将来。满学研究者或爱好者应当了解它的起源，弄清它的来龙去脉。关于满学产生于何时，现在不同学者有不同看法。有的学者认为满学研究始于清朝康熙时期，有的学者认为满学的起源在清朝乾隆年间，有的学者则认为满学发轫于民国初年，有的学者认为满学形成于中华人民共和国成立以后。每个人都各抒己见，也都有各自的道理。然而，着眼于满学发展的整个过程，多数学者认为作为一门学科意义上的满学，其产生的时间应该是在明朝末年。尽管提出"满学"这一概念的时间很晚，但具体工作早就开始进行了。因此，在本章中，笔者将从汉、女真、蒙古及其文化三个方面，探讨 16 世纪末 17 世纪初辽东地区的社会状况，作为满学产生的宏观历史背景。

第一节　明朝羁縻女真

明朝对女真各部实行羁縻统治是满学产生的导火索。白山黑水，肃慎家园。繁衍生息，奕世不绝。自先秦以降，其挹娄、勿吉、靺鞨、建州诸部相继兴起，肇纪立极，彪炳寰宇。肃慎又作女真，同名而异文。辽时因避兴宗讳宗真，改称女直①，后世相沿，如明朝礼部曾奏称：

---

① 苕上愚公撰次：《东夷考略·女直通考》，浣花居藏板，第 2 页。

"女直系肃慎旧疆，亡金遗孽也。"① 明朝时，按其活动区域分为三部，即建州女真、海西女真和野人女真。建州女真部包括满洲部、苏克素浒部、哲陈部、完颜部、浑河部、董鄂部、鸭绿江部、讷殷部、珠舍里部；海西女真部，又称扈伦部，包括叶赫部、哈达部、乌拉部、辉发部；野人女真部，即清代所谓东海女真部，包括长白山部、瓦尔喀部、虎尔哈部、窝集部、萨哈尔察部、萨哈连部等。从女真人自己的表述来看，建州和海西是女真人，而野人女真各部不是女真人。②

明朝建立之初，女真各部先后归附。起初，明统治者尚称英明，运筹有方，如明太宗谕群臣曰："四夷顺则中国宁，然不可恃此有怠意。卿等相与一心，敬天恤民，恪勤政物（务），用感召至和，俾雨旸时若，百谷丰登，四海万民家给人足。然后，朕与卿等同享治平之福。"③到了晚明时期，形势大变，统治者"对辽东蒙古、女真等少数民族施行政治歧视、经济垄断、军事打击和文化输出等一系列民族政策，致使辽东地区民族关系持续紧张，民族矛盾日趋激化，对辽东民族关系的影响深远"④。从制度层面来看，这种事情都源于明初，终明之世，未尝或易，只是到了明朝后期更为严重罢了。

分而治之，以夷制夷。明朝在女真地区广设卫、所、城、站、地面，实行羁縻统治。据史书记载："永乐初年，女直来朝。其后，海西、建州女直悉境归附，乃设奴儿干都司，统卫、所二百有四，地面、城、站五十有八，官其酋长，自都督以至镇抚。"⑤ 明朝设立奴尔干都司的目的，是利用女真族和蒙古族的世代恩怨，以夷制房，故明人自言："自永乐九年，女直内附，我文皇帝即设奴儿干都司，以羁縻之。事同三卫，均资扞蔽者，盖以金元世仇，欲其蛮夷自攻也。"⑥ 换言之，

---

① 《明神宗实录》卷444，"中研院"史语所1962—1965年校印本，第8429页。
② 详见赵志强《清太祖时期女真与汉人之关系》，中国社会科学院近代史研究所编《清代满汉关系研究》，社会科学文献出版社2011年版，第20—31页。
③ 《明太宗实录》卷265，"中研院"史语所1962—1965年校印本，第2411—2412页。
④ 肖瑶：《论传统华夷观对晚明辽东民族关系的影响》，《东北师大学报》（哲学社会科学版）2006年第4期。
⑤ 《明神宗实录》卷444，"中研院"史语所1962—1965年校印本，第8429页。
⑥ 《明神宗实录》卷444，"中研院"史语所1962—1965年校印本，第8430页。

以女真为屏障，防御蒙古之侵略。既然如此，为什么还要分散女真势力呢？据明人自言："然必分女直为三，折（析）卫、所、地、站为六百六十二，各雄长，不使归一者，盖以犬羊异类，欲其犬牙相制也。祖宗立法，良有深意。"① 三卫：指兀良哈三卫，即泰宁卫、朵颜卫、福余卫。由此可见，明朝既利用女真防范蒙古，又蔑视之，歧视之，分而治之，使其犬牙交错，互相牵制，以防其声势连属，危及自己的统治。这使女真各部长期处于分散状态，极大地阻碍了女真社会的发展和进步。

为了防止女真族人多势众，明朝还实行极其反动的"减丁"政策，利用各种机会，调兵遣将，直奔女真之地，犁庭扫穴。例如：隆庆六年（1572）九月初五日，"兵部覆辽东巡抚张学颜奏建夷王杲屡肆窃掠，官军斩获二十八级。杲怀愤必求大逞，我以久疲之军当之，恐未必胜。宜乘其沮丧，再行宣谕，令杲送还所掠人口，准其入市。如仍前执迷，则调集重兵，相机剿杀，毋容姑息，贻害地方。报可"②。至万历二年（1574）七月，抚顺游击裴承祖将三百余骑，赴来力红寨，索要逃人，结果"杲与力红绐执承祖，剖其腹，并惨戮把总刘承奕、百户刘仲文"。于是，"总兵李成以十月誓师，捣杲巢，凡斩虏千一百四级"③。十一月初六日，蓟辽总督杨兆奏报："总兵李成梁攻剿建州卫酋首王杲，斩获甚众。"④ 显然，此事不虚。再如：万历六年（1578）二月二十七日，"以辽东大捷，上御皇极殿，群臣致词称贺"，"是役也，官军迎敌，冒险夜行，出境二百余里，直抵虏营击贼，死伤不下万余。在阵斩获首级四百三十五颗，内有名酋首五颗。夺获马驼、营帐、夷器等件，不啻数万。较昔年王杲之诛，俘斩人数尤多焉"⑤。尽管如此，三番五次犁庭扫穴，终于引火烧身，点燃了清太祖的复仇怒火。

万历十一年（1583）二月，发生了惨绝人寰的古勒寨之战。关于这场战役，明、清史料记载多有不同。据明朝史料记载：是年正月，建

---

① 《明神宗实录》卷444，"中研院"史语所1962—1965年校印本，第8430页。
② 《明神宗实录》卷5，"中研院"史语所1962—1965年校印本，第191—192页。
③ 苕上愚公撰次：《东夷考略·建州女直考》，浣花居藏板，第2页。
④ 《明神宗实录》卷31，"中研院"史语所1962—1965年校印本，第737页。
⑤ 《明神宗实录》卷72，"中研院"史语所1962—1965年校印本，第1561、1652页。

州王杲之子阿台等率兵纵掠沈阳、抚顺附近地方,李成梁"因与兵备使靖四方会议:此逆雏在者,辽祸未戢。乃于二月朔二日,勒兵从抚顺王刚台出塞百余里,直捣古勒寨。寨陡峻,三面壁立,壕堑甚设。李将军用火攻冲坚,经两昼夜,射阿台殪。而别将秦得倚等已前破阿海寨,诛海。海,毛怜卫夷,住莽子寨,与阿台济恶,亦枭逆也。是役得级二千二百二十二,御史洪声远勘前后功次,逾三千级"。更有甚者,弩尔哈齐(即努尔哈赤)之"祖叫场,父塔失,并及于阿台之难"①。叫场、塔失二人为何在古勒寨?明朝史料说他们是作为向导去的,如:"奴之祖、父教场、他失,昔李成梁用为乡导,并掩杀于阿台城下。"② 又如:"初,奴尔哈赤祖叫场、父塔失并从征阿台,为乡导,死兵火。"③ 而据清朝史料记载:"初苏苏河部内秃隆城有尼康外郎者,于癸未岁万历十一年,唆构宁远伯李成梁攻古勒城主阿太、夏吉城主阿亥。成梁于二月率辽阳、广宁兵,与尼康外郎约以号为记,二路进攻。成梁亲围阿太城,命辽阳副将围阿亥城。城中见兵至,遂弃城遁,半得脱出,半被截困,遂克其城,杀阿亥。复与成梁合兵,围古勒城。其城倚山险,阿太御守甚坚,屡屡亲出绕城冲杀,围兵折伤甚多,不能攻克。成梁因数尼康外郎谗构以致折兵之罪,欲缚之。尼康外郎惧,愿往招抚,即至城边,赚之曰:'天朝大兵既来,岂有释汝班师之理?汝等不如杀阿太,归顺。太师有令,若能杀阿太者,即令为此城之主。'城中人信其言,遂杀阿太而降。成梁诱城内人出,不分男妇老幼,尽屠之。"那么,弩尔哈齐的祖、父二人怎么被杀了呢?说是:"阿太妻系太祖大父李敦之女,祖觉常刚闻古勒被围,恐孙女被陷,同子塔石往救之。既至,见大兵攻城甚急,遂令塔石候于城外,独身进城,欲携孙女以归,阿太不从。塔石候良久,亦进城探视。及城陷,被尼康外郎唆使大明兵,并杀觉常刚父子。"④ 无论如何,在这场战役中,弩尔哈齐之祖觉常刚(叫场)、父塔石(塔失)二人遇害则是不争的事实。后来,明朝以误杀为

① 苕上愚公撰次:《东夷考略·建州女直考》,浣花居藏板,第3—4、6页。
② 《明神宗实录》卷582,"中研院"史语所1962—1965年校印本,第11074页。
③ 苕上愚公撰次:《东夷考略·建州女直考》,浣花居藏板,第11页。
④ 《清太祖武皇帝实录》卷1,台北"故宫博物院"1970年影印本,第63页。

辞，厚加赏赐，以安抚弩尔哈齐。清太祖本人也曾经说过："昔我父被大明误杀，与我敕书三十道、马三十匹，送还尸首，坐受左都督敕书，续封龙虎将军大敕一道，每年给银八百两、蟒段十五匹。"① 弩尔哈齐祖、父被杀，成为弩尔哈齐起兵的导火索。

明代后期，边境不靖，女真以及蒙古人动辄进来抢掠，往往引起大大小小的流血事件。这是因为边疆地区生产力发展水平低下，经济社会发展缓慢，生产和生活资料匮乏，不能满足人们的物质需求。此外，与明朝的贸易政策也有密切关系。明朝把贸易作为驾驭边疆民族的工具，在镇北关、清河关、广顺关、新安关和抚顺关等地所设的"马市"（集市）时开时闭，完全根据女真人、蒙古人对朝廷以及疆吏的态度，顺则开，逆则闭。在开市交易活动中，"女真人、蒙古人和汉族人的贸易很难做到平等交易，明朝辽东官兵，勒买人参，强征貂皮，横行马市等不法行为司空见惯。稍不顺从便以闭市、捣巢相威胁。腐败的明朝的边将和边吏以强凌弱，控制马市从中渔利，激化了民族矛盾"。尤其动辄闭市，边疆民族的日常生活颇受不利影响。有时为生计所迫，便铤而走险，成群结队，入边抢掠。这种行为可能给自身带来伤害，同时又造成边疆地区不安定，当地汉人的生命和财产也遭受巨大伤害和损失。人为操控马市的恶劣结果是阻碍了边疆地区商业经济的发展，更使女真人对明朝的怨恨愈积愈深。万历四十三年（1615）三月初一日，"兵部以建州、海西夷人进贡上闻。先是，祖宗朝，建州、海西诸夷世受抚驭，故进贡许一年一次，每次贡夷数踰千名。天顺、成化间，为其供费浩繁，量议裁减。嗣后，仍复加至一千五百名。其不禁多夷入京者，盖谓来享来王，所以尊天朝之体，然非制也。迨奴酋强富日盛，跋扈渐生，一进贡而横索车价，殴死驿夫，甚且招亡纳叛，蓄马练兵，谋益叵测。当事深切隐忧，复议裁抑，奴酋遂不胜觖望而不贡者凡几年。礼臣条议，欲令照北虏俺答事例，免其入京，俱在边守候赏赐，一应折宴折程口粮，照例给发。至是，蓟辽督抚奏称：迩日奴酋自退地、镌碑之后，益务为恭顺。此番进贡，止大针等一十五名。夫以千五百之贡夷而减至于十有

---

① 《清太祖武皇帝实录》卷1，台北"故宫博物院"1970年影印本，第27页。

五名，岂不惟命是从哉！虽然夷狄犬羊，安能保其百年恭顺？惟宜修我战守之具，戒严以待，何可以纳贡减夷、辄视奴酋为易与而遂泄泄弛备也？制驭机宜，当悉听边臣斟酌矣。上嘉纳之，命督抚等官悉心料理，毋致疏虞"①。显然，控制马市只是平时驾驭边疆民族的手段之一，在非常时期，还得诉诸武力，收拾这帮"犬羊"一样不恭顺的"夷狄"。

然而，时至晚明，养尊处优的文臣武将只能逞口舌之能，而无法阻挡清太祖以金马铁戈攻城略地的步伐了。抚顺首战后，朝野震惊，君臣决意北征金国，以消除对大明的威胁。万历四十六年（1618）冬，明朝调募福建、浙江、四川、陕西、甘肃等地主客兵共约9万人，在辽东集结。翌年（1619）二月，兵分四路，从东南西北四个方向围攻金国都城赫图阿拉（今辽宁新宾老城村）。结果，"四路进剿，三路败没"②。是为萨尔浒之战，在明清史上颇为著名。这一场战役，明军败北，彻底暴露了明朝外强中干的本质。此后，金军以摧枯拉朽之势，接连赢得开铁之战（1620）、辽沈之战（1621）、广宁之战（1622）的胜利。到了天命十一年（1626）宁远之战时，金军才遭受巨大挫折，弃城而返。在这场战役中，袁崇焕指挥明军以西洋炮轰击，金军伤亡惨重，其最高统帅弩尔哈齐身负重伤。自明清战争爆发以来，这是明军第一次取得重大胜利。

尽管如此，一场战役的胜利已无法挽救明朝行将灭亡的命运。宁远之战后不久，弩尔哈齐龙与上宾，天聪元年（1627）皇太极即位，是为清太宗。清太宗重用汉臣，在明清相争中，取得了辉煌战果。特别是他听取汉臣的建议，不为一城一地，与袁崇焕争夺，而是冲破长城关口，直趋北京，欲先取北京，然后传檄而定天下。为此，他几度深入明朝京畿地区，大肆抢掠，满载而归。不过，他英年早逝，没能实现自己的愿望。

顺治元年（1644）福临即位，是为清世祖。当年，清朝摄政王多尔衮奉命出征，要勘定中原。正当此时，农民领袖李自成已攻占北京，

---

① 《明神宗实录》卷530，"中研院"史语所1962—1965年校印本，第9963—9964页。
② 《明神宗实录》卷580，"中研院"史语所1962—1965年校印本，第11018页。

推翻了明朝的统治，并派兵奔赴山海关，征讨吴三桂。吴三桂势孤难支，便向清朝求援。多尔衮得此消息，率八旗劲旅直奔山海关而来，与吴三桂联手击败农民军。然后，马不停蹄，进驻北京，安抚百姓，并派兵追击李自成。迨京师局势稳定后，即于本年派遣大军，迎接清世祖入主紫禁城，完成明清易代的壮举。

第二节　女真诸部统一

女真诸部从分裂趋向统一是满学产生的重要历史背景。由于明朝的统治政策，女真各部长期处于分散状态，经济社会发展缓慢，百姓生计维艰，尤其遇到灾荒之年，饿殍遍地，流离失所。待到明朝末年，女真社会里出现人们希求统一的愿望。各部"称王争长，互相战杀，甚至骨肉相残，强凌弱，众暴寡"①，在一定程度上，也是这种愿望的表现。驻扎在辽东的明军或剿或抚，也卷入其中。当此之时，生长在苏子河畔的建州女真部首领、清王朝的奠基者弩尔哈齐奋然起兵，凭借先辈们遗留的十三副铠甲，拉开了统一女真诸部战争的序幕。

而后，清太祖以迅雷不及掩耳之势，统一了女真各部。自 1583 年起，至 1619 年止，经过短短 36 年的征战，就先后征服了建州女真、海西女真各部以及东海女真的一部分。这是非常了不起的，当时金国人非常自豪地说："西自明朝、东至海岸、朝鲜以北、蒙古以南，征服女真人，置于其管理之下。"② 明朝人则不无遗憾地说："今建州夷酋奴儿哈赤既并毛怜等卫，取其敕印，又举海西南关一带卫所酋目若卜占吉（台），若猛骨孛罗等卫而有之，虽婚姻亦所不恤，惟北关一带若那林孛罗与弟金台竭力死守，苟延旦夕。""夫国家本藉女直制北虏，而今已与北虏交通。本设海西抗建州，而今已被建州吞并。"③

清太祖为什么能够在明朝君臣的眼皮底下统一女真各部呢？简而言

---

① 《满洲实录》卷 1，中华书局 1986 年影印本，第 6 页。

② 《满文原档》第 1 册，第 59 页。

③ 《明神宗实录》卷 444，"中研院"史语所 1962—1965 年校印本，第 8430—8431 页。

之，策略正确。在统一女真各部的过程中，清太祖同明朝始终维持君臣关系，按时纳贡领赏。例如：万历三十六年十二月初二日（1609 年 1 月 7 日），"颁给建州等卫女直夷人奴儿哈赤、兀勒等三百五十七名，贡赏如例"。① 同年十二月二十一日（1609 年 1 月 26 日），"颁给建州右等卫女直夷人速儿哈赤等一百四十名贡赏如例"。② 速儿哈赤，即舒尔哈齐，乃弩尔哈齐胞弟。另外，在当时女真各部中，满洲部并不强大。万历四十三年（1615）正月二十八日，"兵部覆辽东巡抚郭光复疏称：祖宗朝以女直种类归款，分置建州、毛怜、海西等卫，各授指挥等官。万历初年，惟南关王台最强。自台故而其子猛骨孛罗与其孙歹商相残，遂弱。奴酋之祖教场、父他失为我兵掩杀，奴酋亦孑然一孤雏也。彼时，惟北关之逞加奴、仰加奴最强，遂日纠西虏，以攻杀南关为事，而我开、铁亦时被侵扰。十一年，逞、仰二奴被戮，而奴酋于是渐长，与二奴子卜寨、那林索罗角立矣。二十二年，卜、那二酋思报父雠，又日与南关相构，遂反戈以攻奴酋。卜酋竟为奴酋所杀，而奴酋势骎骎盛。比北关请卜酋尸，奴酋剖其半归之。于是，北关遂与奴酋为不共戴天之雠。二十六年，那酋又攻猛酋。猛酋力不能支，因质妻子，寄命于建寨者几二年。奴酋视猛酋为釜底鱼，遂以计杀之。此二十八年事也。"③ 在此，南关指哈达部，北关指叶赫部，那林索罗应作那林孛罗，奴酋指弩尔哈齐。由此可见，哈达、叶赫二部相争，两败俱伤，弩尔哈齐渔翁得利，趁机发展壮大，至万历二十二年（1594）才骎骎强盛，敢与叶赫叫板，并乘机杀死哈达部猛骨孛罗。

在女真各部争斗，满洲部趁机坐大时，明朝并非置若罔闻，而是有所干预。如接上引文："及我中国切责，欲问擅杀猛酋之罪而革其市赏，奴酋因悔罪，许妻猛酋子吾儿忽答以女，厚送之归。中国原其悔罪，置不问。至三十一年，那酋与白羊骨又纠庄南抢杀吾酋，吾酋穷因（困），投奴寨。自后，吾酋不还，而南关之敕书、屯塞（寨）、地土、

① 《明神宗实录》卷 453，"中研院"史语所 1962—1965 年校印本，第 8551 页。
② 《明神宗实录》卷 453，"中研院"史语所 1962—1965 年校印本，第 8835 页。
③ 《明神宗实录》卷 528，"中研院"史语所 1962—1965 年校印本，第 9935—9936 页。

人畜遂尽为奴酋有矣。"① 显然，明朝君臣掉以轻心，干预力度不够，使清太祖再度渔翁得利，吞并哈达部。据清代文献记载："辛丑年正月，太祖聪睿贝勒将其已许给孟格布禄贝勒之女莽姑姬公主，嫁给孟格布禄贝勒之子乌尔固代，作为女婿。大明国万历皇帝不喜太祖聪睿贝勒之生活，逼迫曰：'汝何故破哈达国而拿去？今将乌尔固代遣返其地。'然后，太祖聪睿贝勒绕不过万历帝之言，将其女、女婿、女真庶民，派往哈达地方居住。其后，叶赫国那林布禄贝勒率蒙古兵，屡次侵掠而去。太祖聪睿贝勒遂向大明国万历皇帝曰：'依汝之言，将我所获哈达人遣返其地居住。将哈达之人，叶赫人仍在侵掠。将我所获之人，为何归属叶赫？'大明国万历皇帝不听。由此，哈达人无粮而饥，向大明之开原城之人乞粮，则未给与，卖妻孥、家奴、牛马，买粮而食。因此，太祖聪睿贝勒说为何遣散我所获之人，将哈达人全部收来了。"② 在此，辛丑年即明万历二十九年（1601）。后来三十一年（1603）以后发生的事情，清实录没有记录其时间。

此后，兵部覆辽东巡抚郭光复疏又称："迩年以来，奴酋自称恭顺，每以北关戕杀南关为口实，而实以与为取。北关觊望于南关之不得，每以奴酋谋犯内地为口实而依附，愿效其忠。自四十一年，北关又收奴婿卜占台，妻之以女，坚不放归。奴酋于是与北关深恨积怨，且其富强已非一日，每藉婚婿为名，种地为繇，必欲将北关一鼓而吞，以为窥伺内地之渐。我南关既失，止靠北关如线之藩篱。若再失守，则奴酋纠结西虏，害可胜言哉！"③ 然而，接下来明朝君臣处置不当，叶赫部随即又被弩尔哈齐吞并。

在统一女真诸部的过程中，清太祖弩尔哈齐不断完善八旗制度，并着手建立国家行政、司法体制，卓有成效。弩尔哈齐时期的政权建设，大致分为两个阶段：第一阶段，自弩尔哈齐建国起，至万历四十三年（1615），历时 30 年左右。此阶段的特点是军事征战居于首位，政权建

① 《明神宗实录》卷528，"中研院"史语所1962—1965年校印本，第9936页。
② 中国第一历史档案馆藏：《清太祖武皇帝实录》（满文）卷2，第8—9页。
③ 《明神宗实录》卷528，"中研院"史语所1962—1965年校印本，第9936页。

设尚处于草创时期。第二阶段，自天命元年（1616）弩尔哈齐称"天命抚育列国英明汗"起，至天命十一年（1626）八月十一日弩尔哈齐逝世止，即现在一般所谓的天命时期，历时 11 年。此阶段的特点是女真诸部基本统一，完善国家体制的任务跃居首位，政权建设日新月异。

金国初期的政权建设。弩尔哈齐起兵以后，在硕里口、呼兰哈达东南嘉哈河之间的山岗上，修筑三重之城，至万历十五年（1587）建成，其中有衙署和楼、台。且"自中称王"，号称聪睿王。初步设立议政、行政机构，并按照自己的意志，确立一应规章制度。这体现了弩尔哈齐的自信和远大志向，也是他不同于一般草莽英雄或土匪流寇的显著标志。

天命时期的政权建设。天命元年（1616）正月初一日，弩尔哈齐称天命抚育列国英明汗，金国历史进入新的发展阶段。此后十余年间，在统一女真、绥抚蒙古、征讨明朝诸方面均取得重大进展的过程中，弩尔哈齐审时度势，致力于政治体制建设，金国的面貌为之一新。[①] 在戎马倥偬的年代，取得这些成就，也促进了女真诸部的统一进程。

在政权建设方面，特别值得注意的是，弩尔哈齐对待汉人的态度发生了很大变化。起初，因有杀祖、杀父之仇，怀着一腔报仇之心起兵，所以弩尔哈齐对待汉人的态度极为野蛮，动辄屠戮，如屠杀辽东镇江汉人即为一例。尽管任用个别汉族士人如龚正陆（歪乃）参加政权管理[②]，但为数不多。尽管任用一些汉官管理民人事务，如抚顺之役，明朝军民投降者数以万计，弩尔哈齐优待投诚游击李永芳及其部下，原官录用，以管辖众多汉人，也只是为了自我标榜，招降纳叛。后来，于天命六年（1621）三月既克辽阳之后，弩尔哈齐改变了以往的做法，不但于"二十四日，释辽阳狱中官民，查削职闲居者复其原职，设游击八员、都司二员，委之以事"[③]，而且将为数众多的汉人编户为民。委

---

① 详见赵志强《清代中央决策机制研究》，科学出版社 2007 年版，第 71—80 页。
② 申忠一《建州纪程图记》第 18 页云："歪乃本上国人，来于奴酋处，掌文书云，而文理不通。"所谓"上国"，即指明朝。又云："此人之外，更无解文者，且无学习者。"此属不实。辽宁大学历史系清初史料丛刊本，1979 年。
③ 《满洲实录》卷 7，中华书局 1986 年影印本，第 331 页。

任汉官以管理汉民事务，有利于缓和民族矛盾，对当时社会之稳定、政权之巩固起了积极作用。

努尔哈齐对待汉人的态度前后变化巨大，其中也包含平等甚至平均主义思想，最为典型的事例就是他对未来国家行政建设的理想。天命七年（1622），努尔哈齐谓其八子曰："八个孩子，你们当八个王。八王商议后，设立女真大臣八员、汉大臣八员、蒙古大臣八员。其八大臣之下，设立女真审理人八员、汉审理人八员、蒙古审理人八员……在八王处，委任女真巴克什八名、汉巴克什八名、蒙古巴克什八名。"① 这就是著名的八王共治国政的理想蓝图，后来事实证明八王可以设立，但在国家机构职官设置时采用平均主义是不可行的。天聪五年（1631）七月，皇太极召集诸贝勒大臣议定官制，设立吏、户、礼、兵、刑、工六部，每部派贝勒一人管理部务，设立女真、蒙古、汉族承政三员，参政、启心郎若干员，并酌量事务繁简补授笔帖式。②至崇德元年（1636）五月，以大凌河投降各官为部院汉承政，授"张存仁为都察院承政，祖泽洪为吏部承政，韩大勋为户部承政，姜新为礼部承政，祖泽润为兵部承政，李云为刑部承政，裴国珍为工部承政"。另外，同年六月十三日，又"以国舅阿什达尔汉为都察院承政，尼堪为蒙古衙门承政"③。各部院承政设置过滥，满洲、蒙古、汉人承政之间难免彼此推诿，互相掣肘。更有甚者，因不通女真（满洲）语，许多汉官形同虚设，如天聪六年（1632）正月刑部汉承政高鸿中所言："但臣不通金语，在别部犹可，而刑部时与贝勒大人计议，是非曲直，臣一语不晓，真如木人一般，虚应其名，虽有若无。"④ 有鉴于此，内院大学士"范文程、希福、刚林等奏请：每衙门止宜设满洲承政一员，以下酌量设左右参政、理事、副理事、主事等官，共为五等"。此建议为皇太极所采纳，"命吏部和硕睿亲王更定八衙门官制"⑤，并于崇德三年（1638）七月二十五

---

① 《满文原档》第 2 册，第 479—480 页。
② 《清太宗实录》卷 9，中华书局 1986 年影印本，第 124 页。
③ 《清太宗实录》卷 29、30，中华书局 1986 年影印本，第 377、382 页。
④ 罗振玉编：《天聪朝臣工奏议》，引自潘喆、孔方明、李鸿彬编《清入关前史料选辑》（二），中国人民大学出版社 1989 年版，第 3—4 页。
⑤ 《清太宗实录》卷 42，中华书局 1986 年影印本，第 559 页。

日，颁布部院新官制。清朝入关以后，以满蒙一家为由，取消蒙古缺，只设满缺和汉缺，是为满汉复职制，沿及清末。在满缺上，除满洲外，可任用蒙古人。

在政权建设诸项成就中，满文的创制极为重要，也可以说是重中之重。1599 年二月，清太祖命巴克什额尔德尼等人创制满文，如前所述创制满文的根本原因就是为了女真人行文方便。在此之前，女真人行文使用蒙古语文或汉语汉文。其结果，别说一般女真人看不懂，即使有人给读，也听不明白，因为一般女真人并不通晓蒙古语。因此，政令难以下达，下情也难以上报，只有面对面说女真语才能互相沟通，彼此交流。这对治理国家来说，是极不方便的。现实需求促使清太祖产生了创制文字的想法，遂命巴克什额尔德尼等借用蒙文创制满文。颁行国中，或用以书写公文，或用以记录政务，可谓便利。创制文字，也是一个研究女真（满洲）语言的过程。创制的文字能否准确记录女真（满洲）语言，取决于创制者对女真（满洲）语言的熟悉程度。老满文被使用 30 多年，仅用以记录政务就形成了大量档簿，今天我们还能看到的清太祖时期的档簿也有 20 册。由此可见，满学是适应明末女真社会发展的需要而产生的。清太祖不仅提出创制满文的想法，而且明确指示创制的做法，迄今为止，满语满文都是海内外满学研究的重要内容。清太祖统一女真各部，建立金国，为大清王朝的建立和发展奠定了坚实的基础。从这个意义上，我们可以把清太祖努尔哈齐视为满学的鼻祖。也正是在这个意义上，我们认为满学作为一门学科的历史应该从清太祖努尔哈齐开始。满文的创制，不仅便于书写，便于文移往来，而且在统一女真诸部的过程中发挥了无可替代的重要作用，增强了民族凝聚力，提高了民族自信心。应该说，这是最为重要的。老满文有其自身的弊端，主要是许多音节字母形体雷同，难以区分。因此，到清太宗时期，巴克什达海奉命改进满文，在有些音节字母的右侧增加圈或点，以区分形体雷同的音节字母，遂称之为新满文或加圈点满文。新满文一个音节字母一个音，便于学习，易于掌握。

创制老满文后，便用以记载政务。凡金国发生的重要事情，分门别类，记录成册。在太祖、太宗时期，究竟形成了多少档册，已无从稽考，流传至今的档册主要是《无圈点档》，其中原始记录是清太祖、太宗时期在政务活动中形成的最初记载，是真正的档册。这种档册分为两种：第一种是编年体形式的记载；第二种是某类事务的专门记录。所谓编年体形式的记载是指以时间为中心，按年、月、日顺序记述史事。例如：辰字档，以时间为中心，记述了天命七年（1622）六月值得记述的事情。腾字档，以时间为中心，记述了天聪四年（1630）三月至五月应该记录的事情。在《无圈点档》中，此类档册多以老满文记录，档内没有后人选取史料的标记，有些档册内略有删改，当为笔误所致。所用纸张，太祖朝多用明代旧公文纸，高丽笺纸用之较少，太宗朝均用高丽笺纸。集中记载某类事务的专档，主要有：（1）《黄字档》，是记载天命年间颁发八旗官员敕书的档簿。（2）《宙字档》，是记载天命七、八、九、十、十一年机密事项的档簿。（3）《往字档》，是记载天命年间八旗官员誓书与颁发敕书的档簿。（4）《宿字档》，是记载天命年间八旗官员誓词的档簿。（5）《藏字档》，是记载天命八年为投降汉官颁发敕书的档簿。（6）《岁字档》，是记载天聪二年正月至四月金明交涉事宜的档簿。（7）《成字档》，是记载天聪三年至五年金明往来书信的档簿。（8）《阳字档》，是记载天聪三年正月、二月及闰四月间丧葬事宜的档簿。（9）《云字档》，是记载天聪四年蒙古阿鲁等部书信及誓书的档簿。

创制老满文后，满语文的教学活动也随即展开。天命六年（1621）七月十一日，清太祖颁布告示："派出准托依、巴布黑、萨哈廉、乌巴泰、雅星阿、科贝、札海、浑岱此八人为八旗师傅，若巴克什八员殚精竭虑，教习尔等门下所收弟子，通晓文义，则记功。若不尽力教读，所收弟子不通晓文义，则治罪。若所录徒弟学习不勉励，则尔师傅告于诸贝勒。一应事务，勿派八位师傅。"[1] 教学成效如何？未见直接记载，但从一些史料中可以窥见一斑，如《满文原档》记载：天命六年（1621）七月 juwan uyun de, emu nirui juwanta niyalma tucibufi dangse araxa（十九日，派每牛录之人各十名，写档册矣）。[2] 在此，araxa 为动

---

① 《满文原档》第 2 册，第 147 页。

② 《满文原档》第 2 册，第 158 页。

词 arambi（做、写）的一般过去时形式，表示"做了""写了"之意。另据记载，截至天命六年闰二月，清太祖麾下已有 230 个牛录。[①] 照此计算，230 个牛录，每牛录派出 10 人，则共计 2300 人，为数过多。原文之 juwanta（各十），疑为 juwete（各二）之误。此两者老满文字形相近，前者仅多一字牙即辅音 - n - 。若每牛录派出 2 人，则 230 牛录，共计 460 人，分头抄写、校对、装订档册，足以应付。又如《无圈点档》天命六年（1621）五月二十六日记载：niqasa be, bucehe niyalma be gemu dasame encu dangse araxa（将汉人们，已死之人，都重新另写档册了）。[②] 当时记录政务的档册，均使用老满文，而各牛录均有通晓满文、能够缮写或制作档册的人员。天聪八年（1634）四月二十六日，"礼部贝勒萨哈廉初次奉旨考试满洲、汉、蒙古读书之人，得举人者：满洲习满书者：刚林、敦多惠；满洲习汉书者：查布海、恩格德；汉人习满汉书者：宜成格；汉人习汉书者：齐国儒、朱灿然、罗绣锦、梁正大、雷兴、马国柱、金柱、王来用；蒙古习蒙古书者：俄博特、石岱、苏鲁木。共十六人，俱赐为举人，各赐衣一袭。免四丁，宴于礼部"[③]。由此可知，在清太祖、太宗时期，满语文教学颇见成效。

满文的创制以及满语文教学的普及，无疑在清太祖肇纪立极、统一女真诸部的进程中发挥了重要作用，正如所谓"国必有所与立，文字其一也"[④]。

第三节　蒙古文化浸润

在满学产生的过程中，蒙古文化发挥了不可忽视的重要作用。历史上，女真和蒙古人地域相连，文化相近，如其语言都属于阿尔泰语系。两个民族曾经彼此统治和被统治：金朝时，女真是统治民族，蒙古是被

①《满文原档》第 2 册，第 24—26 页。
②《满文原档》第 2 册，第 108—109 页。
③《内国史院档·天聪八年》，"原文图板"。东洋文库 2009 年版，第 576 页，《清太宗实录》卷 18，中华书局 1985 年影印本，第 239 页。
④ 赵尔巽撰：《清史稿》卷 228，列传十五，中华书局 1977 年版，第 9269 页。

统治民族之一。元朝时，蒙古成为统治民族，女真成为被统治民族之一。清代包括金国时期，满洲（女真）再次成为统治民族，蒙古再次成为被统治民族之一。因此，从社会发展角度来看，这两个民族的交往十分频繁，政治上互相借鉴，经济上互相补充，文化上互相渗透，相辅相成，两全其美。

从政治制度和与之相关的政治文化角度来看，金国以及大清在其崛起过程中，女真（满洲）颇受蒙古的影响，换言之，有极深的蒙古文化背景。正如哈斯巴根所言："满洲霸权的建立得益于诸多因素，其中对蒙元遗产的继承是一个关键因素。"何为蒙元遗产？"蒙元遗产可以分为两种：一是有形遗产，包括人口、土地等；二是无形遗产，包括传国玉玺、护法神麻哈噶喇佛像和政治制度中的名号、官号等政治性符号及意识观念。"① 他"从后金（清朝）继承蒙元遗产（分为有形和无形）的角度出发，以政治制度史为研究中心，将纷繁复杂的清初满蒙关系的演变分为三个阶段，即学习阶段、同盟阶段和管辖阶段"，即，

第一阶段从努尔哈赤早起政权的建立到后金国和喀尔喀订立攻守同盟关系的 1619 年，这一阶段是满洲学习、模仿蒙古的时期。这一时期，汗、扎尔固齐、巴克什、达尔汗、巴图鲁等官号、名号，为满洲所继承，遂有演变，却极大地影响到努尔哈赤早期政权的结构。这是蒙元政治文化背景下满洲初期国家形态显著的特征。

第二阶段从 1619 年开始至天聪朝之始。1619 年，是满蒙关系的转折点，后金从此不仅与明朝对抗，也开始和蒙古林丹汗争夺内亚世界的霸权。满洲统治者采用的是满蒙地区的惯用做法——盟誓、质子等制度运作方式，拉拢、分化蒙古各部……

第三阶段是后金（清）有效管辖漠南蒙古的阶段。进入天聪朝以后，科尔沁、喀喇沁、敖汉、奈曼、阿鲁等蒙古各部纷纷归附后金，后金与蒙古的关系发生了新的变化，迫切需要建立一种更为

---

① 哈斯巴根：《清初满蒙关系演变研究·导言》，北京大学出版社 2016 年版，第 3 页。

适合新形势的新制度。①

　　由此，我们就不难理解弩尔哈齐、额尔德尼等创制满文时，为什么要借用蒙古文字。当时"太祖欲以蒙古字编成国语"时，"巴克什额尔德尼、噶盖对曰：'我等习蒙古字，始知蒙古语。若以我国语编创译书，我等实不能。'太祖曰：'汉人念汉字，学与不学者皆知；蒙古之人念蒙古字，学与不学者亦皆知。我国之言，写蒙古之字，则不习蒙古语者不能知矣。何汝等以本国言语编字为难，以习他国之言为易耶？'"② 这说明弩尔哈齐、额尔德尼和噶盖都通晓蒙古语文，深受蒙古文化的熏陶。唯其如此，想到了用蒙古文字创制满文，并很快实现了这种想法。也许有人会问，弩尔哈齐曾长期在明辽东大员李成梁麾下当差，熟悉汉语文，尤其爱看《三国演义》，为什么不用汉字创制满洲文字？不可否认，历史上，辽代的契丹人曾经参照汉字创制契丹文，以记录契丹语；金代的女真人也曾经参照汉字创制女真文，以记录女真语。弩尔哈齐当然也可以参照汉字创制女真文，或恢复消失的女真文。然而，他没有这么做。为什么呢？原因很简单，他对汉人有深仇大恨，怎么可能模仿汉人呢？譬如，明朝设立吏、户、礼、兵、刑、工六部，作为国家最高行政机构，运行有年。弩尔哈齐多年与明朝打交道，多次参加礼部筵宴，自然了解明朝国家机构设置情况。然而，他设置金国行政机构时，曾经设立三部、五部、七部，就不模仿明朝设立六部。③ 由此可见，他绝不会参照汉字创制女真文，也不可能恢复消失的女真文。

　　毫无疑问，清太祖时期，蒙古文化对女真人的影响较大，女真人较多地吸收了蒙古文化如官爵制度等。然而，随着金国势力的强大，自清太宗时期开始，特别重视本民族的文化建设与发展，推广女真（满洲）语言文字的使用，提倡以服饰、骑射、语言为核心的满洲旧道。在这种

---

① 哈斯巴根：《清初满蒙关系演变研究·导言》，北京大学出版社 2016 年版，第 3—4 页。

② 《满洲实录》卷 3，中华书局 1986 年影印本，第 111 页。

③ 详见赵志强《清太祖时期设部事实考》，中国人民大学清史研究所编《清代政治与国家认同》，社会科学文献出版社 2012 年版。

形势下，"去汉化""去蒙古化"都是无可避免发生的事情。

以语言为例，天聪八年（1634）四月初九日，皇太极谕曰："朕闻国家承天创业，各有制度，不相沿袭，未有弃其国语反习他国之语者……今我国官名，俱因汉文，从其旧号……嗣后我国官名及城邑名，俱当易以满语，勿仍袭总兵、副将、参将、游击、备御等旧名。凡赏册书名，悉为厘定……毋得仍袭汉语旧名，俱照我国新定者称之。若不遵新定之名，仍称汉字旧名者，是不奉国法，恣行悖乱者也，察出决不轻恕。"[1] 这种更改汉语官名、城邑名为女真语名称的举措，旨在剔除女真语中汉语借词，消除汉族文化因素，弘扬女真（满洲）文化。崇德元年（1636）四月二十三日，封"墨尔根戴青贝勒为和硕睿亲王，额尔克楚虎尔贝勒为和硕豫亲王"[2]。六月初六日，皇太极谕曰："沙金者，佛法也。嗣后，勿言之为沙金，以我国语说之为'发芬'……'道喇密'一词为蒙语，嗣后无论书之、言之，概禁用'道喇密'一词，皆用'阿尔胡达密'一词。外藩归降蒙古使者，勿称'额儿钦'。若来进牲畜财物，即称之为'来朝进牲畜财物'。若来告事，则谓之'来奏言'。内外和硕亲王、多罗郡王、多罗贝勒等互派之使者，则谓之'额儿钦'，亲王、郡王下遣使者往贝勒、贝子等处，亦谓之'额儿钦'。未封王之大小贝勒、贝子等之使者，若来亲王、郡王处馈送诸物，则不称'额儿钦'，谓之'馈送之人'。"[3]

以衣冠为例，早在天命八年（1623）三月二十三日，定四大贝勒、费扬古阿哥等六贝勒之东珠，及福晋之随从妇人等衣冠。[4] 至崇德元年（1636）十一月十三日，清太宗谕曰："先时，儒臣巴克什达海、库尔缠屡劝朕改满洲衣冠、效汉人服饰制度，朕不从，辄以为朕不纳谏。朕

---

[1]　《清太宗实录》卷18，中华书局1986年影印本，第237页。

[2]　中国第一历史档案馆、中国社会科学院历史研究所译注：《满文老档》（下），中华书局1990年版，第1440页。

[3]　中国第一历史档案馆、中国社会科学院历史研究所译注：《满文老档》（下），中华书局1990年版，第1497页。

[4]　《满文原档》第3册，第283页。四大贝勒之东珠，八分以下，三分以上。费扬古阿哥、斋桑古阿哥、济尔哈朗阿哥、多铎阿哥、岳托阿哥、硕托阿哥此六贝勒之东珠，六分以下，二分以上。跟随诸福晋之妇人、村中之妇人，令置备有披肩之衣、帽、额箍。

试设为比喻，如我等于此聚集，宽衣大袖，左佩矢，右挟弓，忽遇硕翁科罗巴图鲁劳萨挺身突入，我等能御之乎？若废骑射，宽衣大袖，待他人割肉而后食，与尚左手之人何以异耶！朕发此言，实为子孙万世之计也，在朕身岂有变更之理！恐日后子孙忘旧制、废骑射以效汉俗，故常切此虑耳。"继而，崇德三年（1638）七月定："有效他国衣冠、束发裹足者，治重罪。"①

　　以上这些事例，都是清朝入关以前"去汉化""去蒙古化"的显著事例。清朝入关伊始，清世祖就下令去掉皇家建筑如太庙匾额中的蒙古文，仅保留满汉文字，并且终清之世不再改变，甚至后来许多匾额只有汉文一种文字，连满文的影子都没有了。在国家职官制度中，以满蒙一体为由，取消了蒙古缺，蒙古人在满缺上可以委用，如前所述。尽管如此，终清之世，满蒙关系密切，蒙古文化对满洲的影响始终存在。尤其在蒙古地区，实行盟旗制度，虽然其中揉进许多满洲文化元素如各旗的编设及其都统、参领、佐领、骁骑校等官员的除授，但更多地继承了蒙古文化传统如札萨克、台吉、塔布囊官制的延续等。有清一代，蒙古地区得以长治久安，与这种制度设计不无关系。

---

① 赵尔巽等：《清史稿·太宗本纪二》卷3，中华书局1977年版，第58、64页。

第三章

晚明满学

　　晚明满学，从时间上看，大体上自 16 世纪 80 年代初至 17 世纪 40 年代中期，是满学的初创时期或萌芽时期。其标志性历史事件，始则明万历十一年（1583）清太祖弩尔哈齐起兵，终则明崇祯十六年、清崇德八年（1643）清太宗驾崩，明清交替即将发生。在这个时期，金国的女真人、明朝的汉人和李氏王朝的朝鲜人在互相交往、交流甚或交战的过程中，客观上都为满学的产生和发展做出了各自的贡献。其代表人物有清太祖弩尔哈齐、清太宗皇太极、巴克什额尔德尼、噶盖、达海，还有李氏王朝的申忠一、李民寏。这一时期的满学总体上具有一个特点，即国际性已显现，实用性很突出，但没有形成一门独立的学科。

第一节　女真人与满学

　　满学起源于女真（满洲）人的社会活动，建州女真所属满洲部为满学之策源地，而清太祖弩尔哈齐含恨起兵，肇纪立极，统一女真诸部，奠定了满学产生和发展的坚实基础，并成为创立满学的第一人。其继任者清太宗皇太极允文允武，厉行改革，颇有建树。

　　当时，女真人的各项活动都是围绕生存而展开的。也就是说，他们的所作所为都是为了解决生产和生活中遇到的实际问题，诸如金国初期的政权建设（包括修筑三重之城；建章立制；设官理政；创制文字）、天命时期的政权建设（包括任用亲贵，共理国政；任用汉官，管理民人；四迁国都；建立武职品级；设立都堂及都堂衙门；建立各项礼仪制度；改革行政机构）、天聪时期的政权建设（包括调整民族政策；任用和优待汉官；设立六部；改进文字；改汉语官名、城邑名为女真语名称；更改族名；改书房为内三院；设立蒙古衙门；设立都察院）、崇德时期的政权建设（包括更改满蒙汉达官显贵封爵名号；建立皇族礼制；更定内三院官制；定文武官员品级；增设议政大臣；更定蒙古衙门之名为理藩院；更定八衙门官制）等。① 所有这些活动后来都成为满学研究的重要内容之一。其中，创制与改进满文、翻译汉文典籍和编纂图书的活动对后世满学的影响尤为深远。

一　创制与改进满文

明朝末年，弩尔哈齐建立金国，始称聪睿贝勒，继而称汗。在统一女真诸部的过程中，逐步建章立制，使国家形态日益完备。其间，于明万历二十七年（1599）二月，命巴克什额尔德尼等创制满文，用以记注朝政，具有特别重要的意义。

关于满文的创制，清代文献多有记载，如《清太祖武皇帝实录》满文体称：

> taidzu sure beile mongɡo bithe be qūbulime. manju gisun i araki se-
> ci. erdeni baqsi gagai jarɡūci hendume：be mongɡoi bithe be taciχa
> daχame sambi dere：julgeci jihe bithe be te adarame qūbulibumbi seme
> marame gisureci：taidzu sure beile hendume：niqan gurun i bithe be
> χūlaci. niqan bithe sara niyalma sarqū niyalma gemu ulhimbi. mongɡo
> gurun i bithe be χūlaci. bithe sarqū niyalma inu gemu ulhimbiqai②：mu-
> sei bithe be mongɡorome χūlaci：musei gurun i bithe sarqū niyalma
> ulhiraqū qai：musei gurun i gisun i araci adarame mangɡa：encu mongɡo
> gurun i gisun adarame ja seme henduci：gagai jarɡūci erdeni baqsi

---

① 以上诸条详细内容，请参见赵志强《清代中央决策机制研究》，科学出版社 2007 年版，第 71—89 页。

② 此 ulhimbiqai，《满洲实录》分为 ulhimbi qai，中华书局 1986 年影印本，第 111 页。

jabume musei gurun i gisun i araci sain mujangɢa：qūbulime arara be me-
ni dolo baχanaraqū ofi marambi dere．taidzu sure beile hendume．a sere
hergen ara：a i fejile ma sindaci ama waqao：e sere hergen ara．e i fejile
me sindaci eme waqao：mini dolo ɢūnime wajiχa：suwe arame tuwa om-
biqai① seme emhun marame mongɢorome χūlara bithe be．manju gisun i
qūbulibuχa：tereci taidzu sure beile．manju bithe be fuqjin deribufi manju
gurun de selgiyehe：②

其汉文体云：

　　二月，太祖欲以蒙古字编成国语，榜识厄儿得溺、刚盖对曰：
"我等习蒙古字，始知蒙古语。若以我国语编创译书，我等实不
能。"太祖曰："汉人念汉字，学与不学者皆知；蒙古之人念蒙古
字，学与不学者亦皆知。我国之言，写蒙古之字，则不习蒙古语者
不能知矣。何汝等以本国言语编字为难，以习他国之言为易耶？"
刚盖、厄儿得溺对曰："以我国之言编成文字最善，但因翻编成
句，吾等不能，故难耳。"太祖曰："写阿字，下合一妈字，此非
阿妈乎（阿妈，父也）？（写）厄字，下合一脉字，此非厄脉乎
（厄脉，母也）？吾意决矣，尔等试写可也。"于是，自将蒙古字编
成国语颁行，创编满洲文字，自太祖始。③

　　由此可见，清太祖弩尔哈齐与巴克什（榜识）额尔德尼（厄儿得
溺）、噶盖（刚盖）创制满文的过程也是他们研究满语的具体实践活
动，如果不熟悉满语，不知道"阿妈，父也""厄脉，母也"，则无从
知道"写阿字，下合一妈字""（写）厄字，下合一脉字"，亦即无从
创制满文。

---

① 此 ombiqai，《满洲实录》分为 ombi qai，中华书局 1986 年影印本，第 112 页。
② 中国第一历史档案馆藏：《*daicing gurun i taidzu χorongɢo enduringge χūwangdi yargiyan qooli*》jai debtelin，第 1—3 页。
③ 《清太祖武皇帝实录》卷 2，台北"故宫博物院"1970 年影印本，第 1—2 页。

此外，关于满文的创制，《清太祖武皇帝实录》等书只提到了清太祖弩尔哈齐与巴克什（榜识）额尔德尼（厄儿得溺）、噶盖（刚盖）。今人则多归功于额尔德尼和噶盖，甚至额尔德尼一人。《清史列传》之"额尔德尼传"即云："会噶盖以事伏法……（额尔德尼）遵上指授，独任拟制。"实际上，当时参加的人员可能更多。如据《八旗满洲氏族通谱》"喀喇"传记载："喀喇，正白旗人，世居乌喇地方，国初来归。以喀喇奉命创制清书，赐巴克什号，授骑都尉，任郎中，兼佐领。"①由此可见，初创之满文并非成于一人之手，而应该是集体智慧的结晶，只是额尔德尼具体负责此事，出力尤多。

初创的满文形似蒙古文字，字母或音节字母的右边没有区分读音的圈和点，所以后来称之为"无圈点字"，又称"老满文"。

（一）老满文元音字母及其书写形式

在老满文中，元音字母共有 7 个。其中，o 与 u、ō 与 ū 形体雷同。兹据《无圈点字书》和《无圈点档》列表如下，并以罗马字母标音，详见表 3－1。

表 3－1　　　　　　　　　老满文元音字母表

老满文元音字母	え	ʃ	ƒ	ʋ	ʋ	ʒ	ʒ
罗马字母标音	a	e	i	o	u	ō	ū

现就有关问题说明如下：

1. 《无圈点字书》所列元音字母 e 的书写形式，除 ʃ 之外，尚有 ˏ、 ˏ、 ˏ 三种。其相关的例词有：与，附注之新满文为（emu）。，附注之新满文为（efime）。与、，附注之满文为（efin）。与、，附注之满文为（ebufi）。② 其实，数词"一"，老满文作（emu）。当

---

① 《钦定八旗满洲氏族通谱》卷23，乾隆《钦定四库全书》本。
② 鄂尔泰等奉敕编纂：《无圈点字书》卷1，a、e、i 字头，第3、4、5 页。以下只注书名及页码。

其前面有尾音 – n 的单词，且与之连读，语速较快时，读为 〔满文〕
（nemu）。例如《无圈点档》之 niqan i wanli χan i tehe orin nemuci meihe
aniya（明万历帝即位之二十一年，岁在癸巳）、juwan nemu ɕašan（十一
个村庄）、juwan nemui cimari（十一日清晨）、juwan nemu hecembe afame
ɕaifi...（攻克十一座城……）、jaqūn biyai juwan nemude（于八月十一
日）、juwan biyai juwan nemude（于十月十一日）① 等，皆如此。efime 为
动词 efimbi（玩耍、演）连用形式和副动形式，efin 系由 efimbi 派生的
名词。据博赫《清语易言·改念的韵》，在清代满语口语中，efimbi 的 e
读为 ei。另据舞格《清文启蒙》，元音 e 多念 ei 音，如：ebihe 读为
"恶意切逼呵"（eibihe）；ekisaqa 读为"恶意切欺萨喀"（eikisaqa）；
dehi 读为"得衣切稀"（deihi）等。ebufi 为动词 ebumbi（下）的连用
形式，老满文作 〔满文〕，当读为 ubufi。据《清文启蒙》《清语易言》，元
音 u 与 e 有互补现象，如：ume 读为"恶模"（eme）；kunesun 读为
"枯奴孙"（kunusun）等。② 在锡伯口语中，ebumbi 的 e 亦读称 u 音。
显然，〔满文〕（ne）、〔满文〕（ei）、〔满文〕（u）都不是元音字母 e 的另一种形体，而
是在特定条件下、在某些单词中的口语读音。《无圈点档》记事多用口
语，故难免如此。

  2.《无圈点字书》所列元音字母 i 的书写形式，除〔满文〕之外，尚有〔满文〕，
读音为 ei。所录单词仅有 〔满文〕，附注新满文为 〔满文〕（i jeo），③ 即义
州。疑《无圈点档》或《无圈点字书》所书亦为当时的口语读音。

  3.《无圈点字书》所列元音字母 o 的书写形式，除〔满文〕之外，尚有〔满文〕、
〔满文〕和〔满文〕三种。其中，〔满文〕之读音为 oo，〔满文〕之读音为 owe，属不同的拼写形
式，都不是元音字母〔满文〕（o）的不同形体。该书所录与〔满文〕相关的词，有：
〔满文〕，附注新满文为 〔满文〕（omosi）。〔满文〕，附注新满文为 〔满文〕

---

  ① 《满文原档》第 1 册，第 42、69、72、90、95、98 页。
  ② 以上《清语易言》《清文启蒙》词语，引自季永海《清语易言》语音探析——读书笔
记之二，载《满语研究》1992 年第 1 期；《清文启蒙》语音研究——读书笔记之三，载《满
语研究》1994 年第 2 期。
  ③ 《无圈点字书》第 1 卷，a、e、i 字头，第 5、7 页。

（oke）。▱，附注新满文为 okete。该书另有 gōcibi 即 ɡocifi（撤、吸）、dōlo 即 dolo（内）、mōro 即 moro（碗）。① 在这些词中，ō 为 o 的阴性形体，老满文中往往混用。

4.《无圈点字书》所列元音字母 u 的书写形式，除▱之外，尚有▱、▱、▱和▱四种。其中，▱为元音字母 e，与元音字母 u 可以互补，详见前述。▱的读音为 ut，▱的读音为 uu，属不同的拼写形式，都不是元音字母▱（u）的不同形体。该书所录与▱相关的词语颇多，如：▱，附注新满文为▱（ubu）。▱，附注新满文为▱（usin）。▱，附注新满文为▱（uqanju i）。▱，附注新满文为▱（ulan）等。② 在这些词中，ū 为 u 的阴性形体，老满文中也往往混用。

又，《无圈点字书》按新满文十二字头顺序，在第六元音位置列出的老满文元音字母是▱和▱，而开列的单词只有▱，附注新满文为▱。这一新满文单词的读音，多从《御制增订清文鉴》等书，标为 ūren。在清代翻译作品如《三国演义》中，也作 oren（神位）。③

在蒙古文中，后元音有▱（o）、▱（u），属于阳性元音；央元音有▱（ō）、▱（ū），属于阴性元音。o 与 u、ō 与 ū 的形体也雷同。

根据上述情况推断，额尔德尼奉命创制文字（即老满文）时，可能根据女真语元音和谐的特点和蒙古文元音字母的使用方式，在十二字头中制定了元音字母 o、u、ō、ū，意在 o、u 用于阳性词，ō、ū 用于阴性词。但在使用过程中，o 与 ō、u 与 ū 往往"阴差阳错"，尤其与中性元音 i 或有中性元音 i 的音节字母连缀成词时，时而用 o、u，时而用 ō、ū，加剧了单词书写形式的不统一。加之，在满语中，元音 o 的独立性极强，可与阳性元音 a、阴性元音 e 构成鼎立之势，极少出现在阴性词内。因此，在后来的文字改革中，索性将其阴性形式 ō 从十二字头里删除，于是在新满文中也就只剩了六个元音字母。老满文元音字母 u 的阴

---

① 《无圈点字书》第 1 卷，a、e、i 字头，第 7、13、31、36 页。
② 《无圈点字书》第 1 卷，a、e、i 字头，第 8 页。
③ 罗贯中：《ilan gurun bithe》，祁充格等译，顺治七年（1650）内府刻本，新疆人民出版社 1985 年版，第 85 页。

性形式 ū，实际上也被取消了，新满文中的 ū 与老满文中的 ū 并不相同。①

老满文元音字母在词首、词中、词尾的书写形式，基本与新满文相同，详见表 3－2。

表 3－2　　　　　　老满文元音字母的词首、词中、词尾形式

罗马字母标音	词首形式	词中形式	词尾形式
a			
e			
i			
o			
u			
ō			—
ū			

现就有些问题简单说明如下：

（1）元音字母 a 的词尾形式，在辅音 b、p 及 k、g、h 下用 ⌡，在其他辅音下俱用 ⌐。例如：⌐⌐⌐（xūba. 琥珀）、⌐⌐⌐（xūlaxa. 读了、传唤了）。

（2）元音字母 e 的词尾形式，在辅音 b、p、k、g、h 下用 ⌡，在其他辅音下俱用 ⌐。例如：⌐⌐⌐（xūsutulehe. 努力了）、⌐⌐⌐（xūdulame. 加快）。

（3）元音字母 i 的词中形式，在辅音下俱用 ／，独立成为音节（一般与前一音节连读）则用 ⌐。例如：⌐⌐⌐（ilifi. 站立）、⌐⌐⌐（aiseme. 何必）。

（4）元音字母 o 的词尾形式，在 b、p 及 k、g、h 下用 ⌐，且随辅音之笔顺向右倾斜，其词中形式亦如此。在其他辅音下，俱用 ⌐。例如：⌐⌐⌐（olbo. 马褂）、⌐⌐⌐（oforo. 鼻）。

---

① 详见沈原、赵志强《满语元音简论》，《满语研究》1995 年第 1 期。

（5）元音字母 u 的词尾形式，在 b、p、q、ᴄ、x 下用**ᵭ**，且随辅音之笔顺向右倾斜，其词中形式亦如此。在其他辅音下，俱用**ᶯ**。例如：**ᶛᶄᶲᶯ**（bulek'u. 镜子）、**ᶯᶗᶲ**（idu. 班）。

（二）老满文辅音字母及其书写形式

满文十二字头中，第一字头系元音字母及其与辅音结合而成的音节字母，其余十一字头，系第一字头元音字母和音节字母分别与 i、r、n、ng、q（k）、s、t、b、o、l、m 等辅音或元音结合的音节。将第一字头中的音节字母拆分，可得老满文辅音字母 22 个（详见表 3–3）。

表 3–3　　　　　　　　　　　老满文辅音字母表

罗马字母标音	词首形式	词中形式	词尾形式
n			
q			
G			—
χ			—
b			
p			—
s			
t			
d			
l			
m			
c			—
j			—
y			
k			
g			—
h			
r	—		
f			—
w			
ng	—		

现就有些问题简要说明如下：

1. 辅音 n 的词首形式，左边有一"点"，与新满文同。其词中、词尾形式，此一"点"或有或无，似无规律；新满文中一般不加点。

《无圈点字书》所载音节 nei 的形体，除 ⼽ 之外，尚有 ⼽。相关的词有 ～～～、～～、～～～，附注的新满文为 ～～～（neifi）。① 又音节 an 的形体，除 ⻊ 之外，尚有 ⻊。相关词语有 ～～～ 和 ～～～～，附注的新满文分别为 ～～～⻊（nantuχūn）和 ～～～ ～（nantuχūn sai）。② 其实，在老满文中，辅音字母 n 出现在词首时，左边如缺一"点"，则其音节字母 na、ne、ni、no、nu、nō、nū 的词首形式，与元音字母 a、i、o、u、ō、ū 的词首形式相混，如以上诸例中即与元音字母 a 的词首形式相混。此其一。其二，就《无圈点档》中所见之单词而言，词首辅音字母 n 的左边缺一"点"者不多，远远少于有"点"者，甚至可以说偶尔一见。故其缺"点"者，当属笔误，记载时遗漏所致，而不是辅音字母 n 出现在词首时的另一种书写形式。

2. 《无圈点字书》所载音节字母 χa 的形体，除 ⻊ 之外，尚有 ⻊ 和 ⼽，相应的词有 ～～～、～～～～，附注的新满文分别为 ～～～（χafan）、～～～（χafirame）。显然，在此 ⼽ 不是 ⻊ 的另一种形体，而是音节字母 ⻊ 与元音字母 i 构成的音节。老满文中增出元音字母 i，当是口语读音，详见前述元音部分。～～～ 之词首辅音 ⼽，已施一"圈"，虽然位置偏上，但已是加圈点满文了。因此，老满文辅音字母 χ 的形体，实际只有一种，且其词首、词中形式与辅音字母 ⼽（q）、⼽（ɡ）相同。

3. 《无圈点字书》所载音节字母 pi 的形体，有 ⼽、⼽ 两种，而所录之词则是 ～～～、～～～、～～～、～～～，附注的新满文分别作 ～～～（pileme）、～～～（pilehe）、～～～（pilefi）、～～～（pijan）。又所载音节字母 pu 的形体，有 ⼽、⼽、⼽ 三种，而所录词语有 ～～～、～～～～、～～～～，附

① 《无圈点字书》第 2 卷，ai、ei、ii 字头，第 2 页。
② 《无圈点字书》第 2 卷，an、en、yen 字头，第 2 页。

注的新满文分别作⟨满文⟩（puse）、⟨满文⟩（puse noxo）、⟨满文⟩（puseli）。[1] 又所载音节 poo 的书写形式有⟨满文⟩、⟨满文⟩两种，而所录之词仅有⟨满文⟩，附注的新满文作⟨满文⟩。[2] 由此推断，满（女真）语中可能有辅音 p，而在老满文中并没有相应的辅音字母，故遇到 p 辅音时，均用辅音字母⟨满文⟩替代，辅音字母⟨满文⟩属于新满文的书写形式。

4. 辅音字母 s 在老满文中作⟨满文⟩，颇规范。《无圈点字书》所载音节字母 su 的形体，除⟨满文⟩之外，尚有⟨满文⟩和⟨满文⟩两种。⟨满文⟩是辅音字母⟨满文⟩与元音字母⟨满文⟩（u）的阴性变体⟨满文⟩（ū）结合而成的音节字母，也就是音节字母⟨满文⟩（su）的阴性变体。而⟨满文⟩类似新满文的音节字母⟨满文⟩（žu），也类似新满文音节字母⟨满文⟩（že）与元音字母⟨满文⟩（u）构成的音节。然而，该书所录词语只有⟨满文⟩，附注的新满文作⟨满文⟩（sujure be）。其余 suju- 分别作⟨满文⟩、⟨满文⟩即⟨满文⟩（sujubume）、⟨满文⟩即⟨满文⟩（sujuhe）、⟨满文⟩即⟨满文⟩（sujure）。[3] 以此观之，《无圈点档》⟨满文⟩之"⟨满文⟩"或有笔误，即辅音字母⟨满文⟩之笔误，亦未可知。

此外，在老满文中，辅音字母⟨满文⟩也替代 š 辅音。《无圈点字书》第一字头所载音节字母 ša 的形体有⟨满文⟩、⟨满文⟩两种，而所录词语中有⟨满文⟩无⟨满文⟩，如：⟨满文⟩即⟨满文⟩（šaxūrun）、⟨满文⟩即⟨满文⟩（šajin）。所载音节字母 še 的书写形式有⟨满文⟩、⟨满文⟩、⟨满文⟩三种，所录词语中有⟨满文⟩、⟨满文⟩而无⟨满文⟩，如：⟨满文⟩即⟨满文⟩（šelefi）、⟨满文⟩、⟨满文⟩即⟨满文⟩（šerime）。⟨满文⟩读为 siye，系音节字母 si 与 ye 组成的音节。所载音节字母 ši 的书写形式有⟨满文⟩、⟨满文⟩两种，而所录词语中有⟨满文⟩无⟨满文⟩，如⟨满文⟩即⟨满文⟩（ši men）、⟨满文⟩即⟨满文⟩（ši san jan ci）。所载音节字母 šo 的书写形式有⟨满文⟩、⟨满文⟩、⟨满文⟩、⟨满文⟩四种，所录词语中有⟨满文⟩、⟨满文⟩、⟨满文⟩而无⟨满文⟩，如：⟨满文⟩即⟨满文⟩（šolo）、⟨满文⟩即⟨满文⟩（šolingxo）。⟨满文⟩读音为 sio，系音节字母 si 与元音 o 组成的音节。⟨满文⟩读音为 siyo，系音节

---

[1] 《无圈点字书》第 1 卷，a、e、i 字头，第 20、21 页。
[2] 《无圈点字书》第 4 卷，ao、eo、io 字头，第 3 页。
[3] 《无圈点字书》第 1 卷，a、e、i 字头，第 24 页。

字母 si 与 yo 组成的音节。šo 又作 si，仅见于上例 šolo 一词，故知其为 ⵣ（sio）或 ⵣ（siyo）之误。所载音节字母 šu 的书写形式有 ⵣ、ⵣ、ⵣ 三种，而所录词语中有 ⵣ、ⵣ 而无 ⵣ，如： ᠰᠣᠪᠠᠨ 即 ᠱᡠᠪᠠᠨ（šuban）、 ᠰᠣᠰᠠᠢ 即 ᠱᡠᠰᠠᠢ（šusai）、 ᠰᠣᠰᠢᡥᡳᠶᡝᠮᡝ 即 ᠱᡠᠰᡳᡥᡳᠶᡝᠮᡝ（šusihiyeme）。① 在其他字头中，大体亦如此。可见在满（女真）语中虽有 š 辅音，而在老满文中却没有辅音字母 š，凡遇 š 辅音处，以辅音字母 ⵣ 代替；创制辅音字母 š，书写为 ⵣ，则属新满文。

5. 辅音字母 t 的词首形式，或作 ⵣ，如： ᠲᠠᠴᠠᡥᠠ 即 ᠲᠠᠴᠠᡥᠠ（taqaxa）、 ᠲᠠᠴᡠᠷᠠ 即 ᠲᠠᠴᡠᠷᠠ（taqūra）、 ᠲᠣᠴᠣᠴᠣ 即 ᠲᠣᠴᠣᠴᠣ（toxoxo）、 ᠲᠣᠴᠣᠷᠣᠮᠪᡠᠮᡝ 即 ᠲᠣᠴᠣᠷᠣᠮᠪᡠᠮᡝ（toxorombume），或作 ⵣ，如： ᠲᡝᠪᡠᠮᠪᡳ 即 ᠲᡝᠪᡠᠮᠪᡳ（tebumbi）、 ᠲᡠᠲᠠᡶᡳ 即 ᠲᡠᠲᠠᡶᡳ（tutafi）。似乎 ⵣ 用于阳性词，ⵣ 用于阴性词。但就《无圈点档》所见而论，书写形式极不统一，如 tebu- 一词，既作 ᠲᡝᠪᡠᡶᡳ 即 ᠲᡝᠪᡠᡶᡳ（tebufi）、 ᠲᡝᠪᡠᠮᡝ 即 ᠲᡝᠪᡠᠮᡝ（tebume）、 ᠲᡝᠪᡠᠴᡳ 即 ᠲᡝᠪᡠᠴᡳ（tebuci），又作 ᠲᡝᠪᡠᠮᠪᡳ 即 ᠲᡝᠪᡠᠮᠪᡳ（tebumbi）、 ᠲᡝᠪᡠ�Kᡳ 即 ᠲᡝᠪᡠᡴᡳ（tebuki）、 ᠲᡝᠪᡠᡥᡝ 即 ᠲᡝᠪᡠᡥᡝ（tebuhe）。②

其词中形式，一般作 ⵣ，如： ᠠᡨᠠᠩᡤᡳ 即 ᠠᡨᠠᠩᡤᡳ（atanggi）、 ᠠᡨᡝᠮᠪᡳ 即 ᠠᡨᡝᠮᠪᡳ（etembi）。有时也作 ⵣ，如： ᠠᠶᡠᡨᡝ 即 ᠠᠶᡠᡨᡝ（eyute）、 ᡶᡝᡨᡝᠮᡝ 即 ᡶᡝᡨᡝᠮᡝ（feteme）。按其词首形式 ⵣ 而言，词中应作 ⵣ，而通常作 ⵣ 者，盖书写之便也。若在词中音节末位，通常作 ⵣ，如： ᡠᡨᠴᠠᡳ 即 ᡠᡨᡍᠠᡳ（utxai）、 ᡠᡨᡨᡠ 即 ᡠᡨᡨᡠ（uttu），③ 偶尔亦作 ⵣ，如： ᠪᡠᡨᠴᠠᡳ 即 ᠪᡠᡨᡍᠠᡳ（butxai）。④ 是为特例，或笔误所致。在词尾，则作 ⵣ，如： ᠵᠠᡵᡠᡨ 即 ᠵᠠᡵᡠᡨ（jarut）。是与新满文同。

此外，辅音字母 t 在词首、词中的书写形式，与辅音字母 d 亦

---

① 《无圈点字书》第 1 卷，a、e、i 字头，第 24、25 页。
② 《无圈点字书》第 1 卷，a、e、i 字头，第 26、28、32 页。
③ 《无圈点字书》第 1 卷，a、e、i 字头，第 4、50 页。第 3 卷，at、et、it 字头，第 1 页。
④ 《无圈点字书》第 1 卷，a、e、i 字头，第 2、3、50 页。第 3 卷，at、et、it 字头，第 2 页。

相混。

6. 辅音字母 d 的词首形式，或作 ∮，如： [满文] 即 [满文]（daχa）、[满文] 即 [满文]（daχasu）、[满文] 即 [满文]（dasame）、[满文] 即 [满文]（dalin），或作 ♭，如： [满文] 即 [满文]（de šeng men）、[满文] 即 [满文]（deduhe）。似乎 ∮ 用于阳性词，♭ 用于阴性词，但也极不统一。如：[满文]、[满文]、[满文] 俱为 [满文]（dube），[满文]、[满文]、[满文] 俱为 [满文]。又如：[满文] 为 [满文]（deberen）[满文] 为 [满文]（dele）、[满文] 为 [满文]（deheme）。[1]

其词中形式，一般作 ∂，如：[满文] 即 [满文]（adali）、[满文] 即 [满文]（adun）、[满文] 即 [满文] [满文]（ala de）。[2] 有时也作 ∂，如：[满文] 即 [满文]（fidere）、[满文] 即 [满文]（fudeme）等。[3] 从其词首形式 ♭ 而言，词中应作 ∂，而通常作 ∂ 者，或为书写之便也。

从以上辅音字母 t、d 在词首、词中的书写形式可知，两者形体多雷同，尤其词中形式一般都作 ∂，难以区分。清太宗上谕中所谓"ta、da、te、de"形体雷同之言，往往标点为"ta、da""te、de"，并不准确，不符合老满文的实际和太宗的旨意。实际上，四者雷同不分。如果只是 ta 与 da、te 与 de 形体雷同，那么，区分起来就容易许多。

7. 辅音字母 c 的书写形式，多不一致。在词首，有 ᠶ、ᠴ 两种书写形式，如：[满文] 即 [满文]（ceni）、[满文] 即 [满文]（cekemu）、[满文] 即 [满文]（coχome）。在词中，有 ᠴ、ᠶ、ᠴ 三种书写形式，如：[满文] 即 [满文]（acaname）、[满文] 即 [满文]（acan）、[满文] 即 [满文]（ananjime）、[满文] 即 [满文]（acambi）。[4] 按 ᠶᠴ 应为辅音字母 j 的书写形式（详后），辅音字母 c 的形体应为 ᠴ，且词首、词中书写形式均如此。《无圈点档》中有此不同的形体，盖属于记载者个人的书

---

① 《无圈点字书》第 1 卷，a、e、i 字头，第 26、27、28、29 页。
② 《无圈点字书》第 1 卷，a、e、i 字头，第 2 页。
③ 《无圈点字书》第 1 卷，a、e、i 字头，第 51、52 页。
④ 《无圈点字书》第 1 卷，a、e、i 字头，第 2 页。

写风格。

8. 辅音字母 j 的书写形式，相对统一。在词首，一般作 [满文]，如：[满文]即[满文]（jaqūci）、[满文]即[满文]（jaqūn）、[满文]即[满文]（jaqūnju）、[满文]即[满文]（jabuxa）、[满文]即[满文]（jabuxaqū）、[满文]即[满文]（jase）、[满文]即[满文]（jasixan）。在词中，一般作 [满文]，如：[满文]即[满文]（bujan de）、[满文]即[满文]（bujufi）、[满文]即[满文]（suje）、[满文]即[满文]（šajin）。① 《无圈点字书》所列音节字母 ja 的形体，除 [满文] 之外，尚有 [满文]、[满文] 两种，与之相关的词仅有 [满文]、[满文]，附注的新满文为 [满文]（jafu）。② 显然，与其说 [满文]、[满文] 是 [满文]（ja）的不同形体，不如把 [满文]、[满文] 作为"札付"的不同音译。其中，[满文]即辅音字母 s，详见前述。[满文]的读音为 dz，是后来新定音节字母 dza、dze、dzi、dzo、dzu 中代表辅音部分的符号，应属新满文的辅音字母。又，该书所列音节字母 ji 的形体，除 [满文] 之外，尚有 [满文]、[满文] 两种，与之相关的词各有一个，即 [满文]，附注新满文作 [满文]（jilame）；[满文]，附注新满文作 [满文]（jiramin）。③ 辅音字母 j 既在词中多作 [满文]，偶见于词首也势所难免，不足为奇。至于 [满文]，《无圈点档》或《无圈点字书》所录可能有误。因此，[满文]和[满文]不应成为[满文]的不同形体，辅音字母 j 的词首形式应为 [满文]。又《无圈点字书》所列音节 jib 的书写形式，有 [满文] 两种，所录之词只有 [满文]，附注新满文作 [满文]（jibca）。④ 其实，将词首音节字母 ji 写如 ki，或是笔误，或属于特定个体的特殊书写风格，若因此而认为 jib 又作 kib，则实不可取。有时，辅音字母 j 形若 c，如：[满文]即[满文]（kenehunjebuci）、[满文]即[满文]（fejile）。⑤ 凡此，盖亦笔误或书写风格不同所致。

---

① 《无圈点字书》第 1 卷，a、e、i 字头，第 19、24、25、39 页。
② 《无圈点字书》第 1 卷，a、e、i 字头，第 39 页。
③ 《无圈点字书》第 1 卷，a、e、i 字头，第 40 页。
④ 《无圈点字书》第 4 卷，ab、eb、ib 字头，第 6 页。
⑤ 《无圈点字书》第 1 卷，a、e、i 字头，第 43、51 页。

9. 辅音字母 y（或谓之半元音）的书写形式较规范，但其词首书写形式与辅音字母 j 的词首形式相混。在词首，一般作 ▲，如：〰〰 即 〰〰（yabume）、〰〰 即 〰〰（yasa）、〰〰 即 〰〰（yali）。[①] 这种书写形式，与辅音字母 j 的词首形式相同。清太宗曾说"ja、je、ya、ye"雷同不分，或由是也。以往认为仅"ja、je""ya、ye"雷同不分，不甚准确，也不符合老满文的实际。辅音字母 y 写作 ▲，以区别于辅音字母 j，这是后来的事情。在词中，写作 ▲，如：〰〰 即 〰〰（bayara）、〰〰 即 〰〰（bayan），〰〰 即 〰〰（beliyen）、〰〰 即 〰〰（heye）。[②]《无圈点字书》所列音节字母 yo 的形体，除 ▲、▲ 外，有 ▲，与之相关的词语为 〰〰，附注新满文为 〰〰（yo jeo ı）。又该书所列音节字母 yu 的形体，除 ▲、▲ 外，有 ▲、▲ 两种，与之相关的词语各有一个：〰〰 即 〰〰（yuyume），〰〰 即 〰〰（yuwanšuwai）。[③] 其实，▲ 为音节字母 yo 与元音字母 o 组成的音节，读为 yoo；▲ 为元音字母 i 和 u 组成的音节，读为 iu。此二者均属于不同的拼音方式。至于 〰〰，或读为 yayume，属于方言，或为 〰〰 之误。

10. 辅音字母 f 的书写形式，最为繁杂。在词首、词中，一般作 ▲ 或 ▲，如：〰〰 即 〰〰（afaχa）、〰〰 即 〰〰（afabu）、〰〰 即 〰〰（afabuχa）、〰〰 即 〰〰（afame）、〰〰 即 〰〰（afaci）、〰〰 即 〰〰（afanjiχa）、〰〰 即 〰〰（afanjifi）、〰〰 即 〰〰（fafun）、〰〰 即 〰〰（fe ba）、〰〰、〰〰 即 〰〰（fe an i）。[④] 从辅音字母 f 与元音组成音节字母的情况来看，在元音 i 前多用 ▲ 或 ▲，如：〰〰 即 〰〰（fi χoošan）、〰〰 即 〰〰（fisihe）、〰〰 即 〰〰（fisa）、〰〰 即 〰〰（fidere）；[⑤] 在其他元音前则作 ▲ 或 ▲，

---

① 《无圈点字书》第 1 卷，a、e、i 字头，第 38、40、41、42 页。
② 《无圈点字书》第 1 卷，a、e、i 字头，第 17 页。
③ 《无圈点字书》第 1 卷，a、e、i 字头，第 43 页。
④ 《无圈点字书》第 1 卷，a、e、i 字头，第 3、50 页。
⑤ 《无圈点字书》第 1 卷，a、e、i 字头，第 51 页。

如上例之〔满文〕、〔满文〕等。考虑到辅音字母 w 的形体（详后），辅音字母 f 的形体应为〔满文〕，而又写作〔满文〕者，或为书写之简便，新满文辅音 f 与元音 i、o、u 等结合而成的音节字母〔满文〕、〔满文〕、〔满文〕、〔满文〕中，将辅音字母 f 写成〔满文〕，也是如此。

按"蒙古字内，无'法''佛''费''㬐''扶''拂'等字"[1]，即没有辅音字母 f，故老满文中有无辅音字母 f，颇可怀疑。从上面所举各例分析，起初在老满文中，辅音 f 与元音结合而成的音节字母可能有 fa、fe、fi、fo、fu、fō、fū，而新满文词尾的音节字母-fi，在《满文原档》中始则以-bi 代替，可能当时就读 bi 音。如果按新满文读音，则这种书写方式，使〔满文〕（bi）、〔满文〕（fi）一体，彼此相混。于是，后来在〔满文〕（fi）的右边增加一"圈"，写作〔满文〕，以别于〔满文〕（bi）。既改之后，两者不再相混，但又导致辅音字母〔满文〕（f）与〔满文〕（f）同音而异形（当时的人，也许直观地认为音节字母 fi 与 fa、fe 等形状不同），于是又改音节字母〔满文〕（fi）的形体为〔满文〕。这种形体，已接近新满文〔满文〕的形体。经过此番改造，辅音字母 f 的形体趋于划一。

11. 辅音字母 w 的形体，规范划一。在词首，书写为〔满文〕，如：〔满文〕即〔满文〕（wanuci）、〔满文〕即〔满文〕（waxabi）、〔满文〕即〔满文〕（wase）、〔满文〕即〔满文〕（weme）。在词中，书写为〔满文〕，如：〔满文〕即〔满文〕（cuwan）、〔满文〕即〔满文〕（xūwa i）、〔满文〕即〔满文〕（xūwa de）。[2]《无圈点字书》所列音节字母 we 的形体，除〔满文〕之外，尚有〔满文〕、〔满文〕两种，与之相关的词语颇多，如：〔满文〕即〔满文〕（we be）、〔满文〕即〔满文〕（we de）、〔满文〕、〔满文〕即〔满文〕（wehe）等。〔满文〕是元音字母〔满文〕（u）与音节字母〔满文〕（we）组成的音节，读为 uwe，音近〔满文〕（we）。〔满文〕是〔满文〕的阴性形式。显然，两者都不是音节字母 we 的不同形体。

12. 关于辅音字母〔满文〕（q）、〔满文〕（ɢ）、〔满文〕（x）和〔满文〕（k）、〔满文〕（g）、〔满文〕

---

① 阿桂等奉敕撰：《御制满珠蒙古汉字三合切音清文鉴·凡例》，乾隆《钦定四库全书》本。
② 《无圈点字书》第 1 卷，a、e、i 字头，第 16、39、53 页。

（h）。老满文因无圈点，故辅音字母〔q〕、〔c〕、〔x〕形状相同，〔k〕、〔g〕、〔h〕形状亦相同。按其发音，〔q〕为小舌、送气、清、塞音，本书转写为 q；〔c〕为小舌、不送气、清、塞音，本书转写为 c；〔x〕为小舌、清、擦音，本书转写为 x；〔k〕为舌根（舌面后）、送气、清、塞音，本书转写为 k；〔g〕为舌根（舌面后）、不送气、清、塞音，本书转写为 g；〔h〕为舌根（舌面后）、清、擦音，本书转写为 h。[1] 〔q〕与〔k〕、〔c〕与〔g〕、〔x〕与〔h〕发音不同，最大区别在于：前者均为小舌音，而后者均为舌根音。新满文中，其发音亦如此。

按其与元音结合构成音节字母的特点，则〔q〕、〔c〕、〔x〕与 a、o、u 组成音节字母，即〔qa〕、〔ca〕、〔xa〕、〔co〕、〔co〕、〔xo〕、〔qu〕、〔cu〕、〔xu〕；〔k〕、〔g〕、〔h〕与 e、i、ū 组成音节字母，即〔ke〕、〔ge〕、〔he〕、〔ki〕、〔gi〕、〔hi〕、〔kū〕、〔cū〕、〔xū〕。此一特点，与新旧交替时期的满文和新满文略有区别。

女真人创制的老满文，基本上就是借用蒙古文字母（包括音节字母），作为拼写女真语的符号。其书写形式，多与蒙古文雷同。据载："蒙古语，凡字下之〔 〕，随上字音，各有读法，如：〔 〕读伯叶、〔 〕读萨喇、〔 〕读什讷、〔 〕读阿哈、〔 〕读灵呼斡、〔 〕读额埒、〔 〕读苏墨。"[2] 老满文受此影响，也有这样的书写形式，或读音为 a，如：〔 〕又作〔 〕即〔 〕（aniya）、〔 〕即〔 〕（niyaqūraxa）、〔 〕又作〔 〕即〔 〕（xaxa）、〔 〕又作〔 〕、〔 〕即〔 〕（yaya）、〔 〕又作〔 〕即〔 〕（hiya）、〔 〕即〔 〕（waliya），或读音为 e，如：〔 〕又作〔 〕即〔 〕（ejeme）、〔 〕又作〔 〕、〔 〕即〔 〕（feye）；或读音为 n，如：〔 〕又作〔 〕即〔 〕（cašan）、〔 〕即〔 〕

---

① 关于此六个辅音的发音，详见刘景宪、赵阿平、赵金纯《满语研究通论》第 12—19 页，黑龙江朝鲜民族出版社 1997 年版。

② 阿桂等奉敕撰：《御制满珠蒙古汉字三合切音清文鉴·凡例》，乾隆《钦定四库全书》本。

（jurcan）、 〔满文〕又作 〔满文〕即 〔满文〕（yafaxan）。①

音节字母 de 用作虚词、单独书写时，亦往往按蒙古文书写方式，写成 〔满文〕 和 〔满文〕 等形式，如： 〔满文〕又作 〔满文〕即 〔满文〕（ejen de）、〔满文〕即 〔满文〕（ula de）、 〔满文〕又作 〔满文〕即 〔满文〕（xafasa de）、〔满文〕即 〔满文〕（simiyan de）、 〔满文〕又作 〔满文〕（suwen de）、 〔满文〕即 〔满文〕（loode）。② 老满文受蒙古文之影响不止这些。然而，满洲（女真）语毕竟与蒙古语有区别，因此，作为记录满洲（女真）语的符号系统，老满文也有其自身的特点。

（三）新满文的改进

清太宗皇太极执政时，巴克什达海奉命采取"酌施圈点"等措施，改进满文，使之成为较为完善的符号系统。关于老满文的改革时间，史载有四，即天聪六年（1632）正月、天聪六年三月、天聪三年四月、天命年间。今从事满学专业的学者之间亦有争议，如季永海认为："老满文的改进是在天聪六年（1632）由达海完成的。""满文的改进工作在天聪六年正月以前已经开始，并且已经初具规模。"③ 关克笑认为："达海是从天命八年（1623）以后进行老满文的改革。"④ 张莉认为："皇太极即于天聪三年四月开始对文字进行改革，命达海改进无圈点满文。""于天聪六年正月十七日，皇太极将达海改进后的满文缮写十二字头颁布之。"⑤ 张虹确认："巴克什达海于天命年间开始着手改革老满文，天聪六年完成并加以推行。"⑥ 从《满文原档》书写文字来看，确实从天命年间就开始改变某些音节字母的书写形式，以区分形体雷同而读音不同的音节字母。这种事情最初应该是记载臣工的个人行为，只是日积月累，为达海奉命改进满文奠定了坚实基础。

天聪六年（1632）正月，达海改进满文大功告成。继而，清太宗

---

① 《无圈点字书》第 1 卷，a、e、i 字头，第 1、4、10、11、12、41、42、47、51、53 页。

② 《无圈点字书》第 1 卷，a、e、i 字头，第 4、8、13、23、24 页；第 4 卷，ao、eo、io 字头，第 5 页。

③ 季永海：《试论满文的创制和改进》，《中央民族学院学报》1981 年第 3 期。

④ 关克笑：《老满文改革时间考》，《满语研究》1997 年第 2 期。

⑤ 张莉：《简论满文的创制与改进》，《满语研究》1998 年第 1 期。

⑥ 张虹：《老满文改革的初始时间》，《满语研究》2006 年第 2 期。

正式颁布施加圈点的满文"十二字头",并保留了原来的无圈点字头,以备核查。① 改进后的满文被称为加圈点字,又称新满文。

老满文自身存在一些弊端。随着金国的日益强盛,领土不断扩大,民众迅速增加,外交事务空前频繁,多种文化交流与碰撞与日俱增,女真社会中异质文化因素逐渐增多。这个时期,老满文的弊端日益显露。与此同时,老满文也处于不断变化和逐步完善之中,以适应社会发展的需求。至天聪六年(1632)三月,"太宗谕达海曰:'十二字头无识别,上下字相同。幼学习之,寻常言语,犹易通晓;若人姓名及山川、土地,无文义可寻,必且舛误。尔其审度字旁加圈点,使音义分明,俾读者易晓。'达海承命寻绎,字旁加圈点。又以国书与汉字对音,补所未备,谓:'旧有十二字头为正字,新补为外字,犹不能尽协,则以两字合音为一字,较汉文翻切尤精当。'国书始大备"②。

根据新满文的实际情况来看,达海改革满文,主要做了以下三件事。

1. 在十二字头③内某些音节字母的右边增添了 tongki(字点)、fuqa(字圈)或左边增添了 šaqa(字撇),以区分一些形同音异的音节字母。今按音素文字分析,则圈点或增加在辅音字母右边,或增加在元音字母右边。例如:在老满文中,元音字母[o]和[u]的独立形式均为ᡩ,词首形式均为ᡩ,词中形式均为ᠨ,词尾形式均作ᡡ或ᠨ,形体相同。达海改进文字后,[o]仍保持原型,而在[u]的右边增添了一个字点,其独立、词首、词中、词尾形式分别作ᡩ、ᡩ、ᠨ·(ᠨ)、ᡡ·(ᡡ)或ᠨ·(ᠨ)。于是,这两个元音字母的形体就有区别,不再雷同了。又如,在老满文中,辅音字母[k]、[g]、[h]的词首形式均为

_____

① 《满文原档》第5册,《洪字档》,第139—140页。

② 赵尔巽撰:《清史稿》卷228,列传15,中华书局1977年版,第9257页。

③ 十二字头是女真(满洲)语的音节表。其中,第一字头是所有元音以及辅音与元音组成的音节,如a、na、qa等。第二至第十二字头分别是第一字头各音节与辅音i、r、n、ng、q或k、s、t、p、o、l、m组成的音节,如ai、nai、qai等。在金清时代,均编印成书,因此《清文补汇》ᠵᡠᠸᠠᠨ ᠵᡠᠸᡝ ᡠᠵᡠ ᠪᡳᡨᡥᡝ(juwan juwe uju bithe)条曰:"十二字头。是书乃清字字母也。"见该书卷7,第13页。嘉庆七年(1802)刻本。

。达海改进老满文后，[k] 仍作，而 [g] 作，[h] 作。于是，这三者的形体也有区别，不再雷同了。至于字撇，实际上分为长短两种。长者用于辅音字母（š）的左边，短者在某些情况下用于辅音字母（f）的右边。

在老满文中，音节字母 [ša]、[še]、[ši]、[šo]、[šu] 分别与 [sa]、[se]、[si]、[so]、[su] 形体雷同，均作（sa）、（se）、（si）、（so）、（su），若非寻常语言，难以分辨。达海改革文字时，[sa]、[se]、[si]、[so]、[su] 仍旧不变，而 [ša]、[še]、[ši]、[šo]、[šu] 在其左边加一撇，作（ša）、（še）、（ši）、（šo）、（šu）。于是，将此两组音节字母区别开来。例如："动弹"一词，老满文作（assa-），新满文作（ašša-）；十三山（辽西地名）之名，老满文作（sisan san）或（sisansan），新满文作（šisan šan）。

在老满文中，音节字母（fa）、（fe）、（wa）、（we）的词中形式和词尾形式都没有区别，词中形式都作（fa、fe 或 wa、we），词尾形式都作（fa、fe 或 wa、we）。达海改革文字时，除增加圈点以区分音节字母（fa）与（fe）、（wa）与（we）之外，在音节字母（fa）、（fe）的词中形式和词尾形式右边添加了一个短撇，即词中形式分别作（fa）、（fe），词尾形式分别作（fa）、（fe），以区别音节字母（wa）、（we）的词中形式（wa）、（we）和词尾形式（wa）、（we）。按音素分析，则老满文辅音字母 [f] 和 [w] 出现在词中时均作（f 或 w），形体相同。达海改进文字后，辅音字母 [w] 出现在词中时，辅音字母 [f] 出现在词中且后面有元音字母 [i]、[o]、[u] 时，仍均作（w 或 f），只有当辅音字母 [f] 出现在词中且后面有元音字母 [a]、[e] 时，均作（f），即在其右边增添了一个短撇，以区别于（w）。

2. 改变了某些老满文字母的形体，以区分一些形同音异的音节字母。例如，在老满文中，音节字母 [ta]、[da]、[te]、[de] 四者形体相同，独立形式均作〔字〕，词首形式均作〔字〕，词中形式均作〔字〕，词尾形式均作〔字〕。达海改进后，［ta］保持不变；［da］的右边增添一点，其独立、词首、词中、词尾形式分别作〔字〕、〔字〕、〔字〕、〔字〕；［te］的形体被改变，第一笔画均出头，其独立、词首、词中、词尾形式分别作〔字〕、〔字〕、〔字〕、〔字〕；［de］的形体也被改变，第一笔画均出头，且右边增添一点，其独立、词首、词中、词尾形式分别作〔字〕、〔字〕、〔字〕、〔字〕。若按音素分析，则辅音字母［t］、［d］的区别是前者仍保持原型，而后者在右边增加了一个字点；辅音字母［t］在元音字母［a］前，独立、词首形式均作〔字〕，词中音节首作〔字〕；在元音字母［e］前，独立、词首形式均作〔字〕，词中音节首作〔字〕；辅音字母［d］在元音字母［a］前，独立、词首形式均作〔字〕，词中音节首作〔字〕；在元音字母［e］前，独立、词首形式均作〔字〕，词中音节首作〔字〕。此外，辅音字母［t］在词中音节末作〔字〕，词尾形式作〔字〕。显然，辅音字母［t］、［d］的区别，有的表现在有没有圈点，有的体现在形体的变化。这种情况，在辅音字母［t］、［d］与元音字母［i］、［o］、［u］的组合中，也同样有所体现。

又如，在老满文中，音节字母［ja］、［je］、［ya］、［ye］四者形体相同，独立形式均作〔字〕，词首形式均作〔字〕，词中形式均作〔字〕（〔字〕），词尾形式均作〔字〕（〔字〕）。达海改进后，［ja］保持不变；［je］的右边增添一点，其独立、词首、词中、词尾形式分别作〔字〕、〔字〕、〔字〕、〔字〕；［ya］的形体被改变，第一笔画末端均向上弯曲，其独立、词首、词中、词尾形式分别作〔字〕、〔字〕、〔字〕、〔字〕；［ye］的形体也被改变，第一笔画末端均向上弯曲，且右边增添一点，其独立、词首、词中、词尾形式分别作〔字〕、〔字〕、〔字〕、〔字〕。若按音素分析，则辅音字母［j］、［y］的区别是前者仍保持原型（在新旧满文中，辅音字母［j］在词中音节首亦作〔字〕），而后者改变了书写形式。

3. 创制特定音节字母，以准确拼写外来借词，主要是汉语借词。老满文十二字头诸音节不足以准确拼写外来借词，特别是汉语借词。遇到这样的借词时，只能以读音相近的音节字母拼写，随意性大，颇欠准确。例如：盖州之名，老满文因无音节字母〔字〕（ga），有时拼写为〔字〕

（caiju），有时拼写为 ⟨满文⟩（geiju）①，形体既不统一，拼音亦欠准确。因此，达海改进文字时，创制了音节字母ㄆ（ka）、ㄆ（ga）、ㄆ（ha）、ㅎ（ko）、ㅎ（go）、ㅎ（ho）、ㄜ（tsa）、ㄜ（tse）、ㄒ（tso）、（tsu）、ㄜ（tsy）、ㄜ（dʐa）、ㄜ（dʐe）、ㄒ（dʐi）、ㄒ（dʐo）、ㄒ（dʐu）、ㄟ（ža）、ㄟ（že）、ㄅ（ži）、ㄒ（žo）、ㄖ（žu）、ㄘ（cy）、ㄆ（jy）、ㄜ（sy），共 24 个。这些音节字母基本可以满足拼写外来借词的需求，且读音较为准确。仍以盖州为例，新满文拼写为 ⟨满文⟩（gaiju）②，较前大有改观。这些特定的音节字母，如按音素分析，则达海"实际上只增加三个新的辅音即 ts、ts'、ʐ 和两个舌尖元音 ɿ 和 ʅ"③，其余辅音字母和元音字母原来都有，只是书写形式不同而已。

此外，还利用满语切音即语音连读形式拼写汉语借词，以补特定音节字母之不足。如《国朝耆献类征》引《国史馆本传·达海》云："又以国书与汉字对音未全者，于十二字头正字之外增添外字，犹有不能尽协者，则以两字连写切成。其切音较汉字更为精当。"又引《国史贤良小传·达海》云："又满文与汉字对音未全者，于正字外增造外字，犹有不能尽协者，则以两字切成一字。切韵之巧，较汉文更为精审。"④今有的研究者对此略有误解，以为满语切音方法是达海发明的。

其实，在满语中，语音连读现象较为普遍，主要有三条规律：一是含有元音 u 和 ū 的音节，后接音节 wa、we 时要连读。二是含有元音 i 的音节，后接音节 ya、ye、yo、yu 时要连读。三是含有复合元音 io 的音节，后接音节 wa、we 时要连读。表现在文字上，则是两字、三字连写切成。这种方法在额尔德尼等人创制满文时已被广泛使用，例如：满洲（女真）语谓"侍卫"为［hia］，老满文或以音节字母 ⟨hi⟩（hi）和 ⟨ya⟩（ya）连写切成，作 ⟨hiya⟩（hiya），或以音节字母 ⟨hi⟩（hi）、元音字母 ⟨i⟩（i）和 ⟨a⟩（a）切成，作 ⟨hiia⟩（hiia），其读音均为［hia］音，即

① 《满文原档》第 2 册，第 232、239 页。
② 《满文原档》第 3 册，第 80 页。
③ 季永海：《试论满文的创制和改进》，《中央民族学院学报》1981 年第 3 期。
④ 李桓辑：《国朝耆献类征》第 11 函第 1 卷，第 14 页。

两字、三字连读，不能分开读成"hi—ya""hi—i—a"或"hi—ia"；谓"使看守了"为［tua—kia—bu—xa］，老满文以音节字母 ◌（tu）、◌（wa）、◌（ki）、◌（ya）、◌（bu）、◌（xa）连写切成，作 ◌（tuwakiyabuxa），但其读音为［tua—kia—bu—xa］，即其中 ◌（tu）和 ◌（wa）、◌（ki）和 ◌（ya）都连读，不能逐一分开，读成"tu—wa—ki—ya—bu—xa"。

在《无圈点档》中，这种切音形式屡见不鲜，俯拾即是。

例如：表示时间和事物的名词中，谓"年"为［a—nia］，老满文或以元音字母 ◌（a）、音节字母 ◌（ni）和 ◌（ya）连写切成，作 ◌（aniya），或以元音字母 ◌（a）、音节字母 ◌（ni）、元音字母 ◌（i）和 ◌（a）切成，作 ◌（aniia），均读为［a—nia］；谓"月"为［bia］，老满文以音节字母 ◌（bi）和 ◌（ya）连写切成，作 ◌（biya），或以音节字母 ◌（bi）、元音字母 ◌（i）和 ◌（a）切成，作 ◌（biia），俱读为［bia］。

数词中，谓"十"为［juan］，老满文以音节字母 ◌（ju）、◌（wa）和辅音字母 ◌（n）连写切成，作 ◌（juwan），读为［juan］；谓"二"为［jue］，老满文或以音节字母 ◌（jū）和 ◌（we）连写切成，作 ◌（jūwe），或以音节字母 ◌（ju）和 ◌（we）连写切成，作 ◌（juwe），均读为［jue］。

表示颜色和天干的词中，谓"绿、甲或乙"为［nioang—gian］，老满文以音节字母 ◌（ni）、元音字母 ◌（o）、音节字母 ◌（wa）、辅音字母 ◌（ng）、音节字母 ◌（gi）、◌（ya）和辅音字母 ◌（n）连写切成，作 ◌（niowanggiyan），读为［nioang—gian］；谓"红、丙或丁"为［ful—gian］，老满文以音节字母 ◌（fu）、辅音字母 ◌（l）、音节字母 ◌（gi）、◌（ya）和辅音字母 ◌（n）连写切成，作 ◌（fulgiyan），读为［ful—gian］。其余 ◌（suwayan，黄、戊或己）、◌（šanyan，白、庚或辛）、◌（saxaliyan，黑、壬或癸）等词，亦皆类此。

家禽、家畜之中，谓"鹅"为［nioang—nia—xa］，老满文以音节字母（ni）、元音字母（o）、辅音字母（ng）、音节字母（ni）、（ya）和（xa）连写切成，作（niongniyaxa），读为［niong—nia—xa］；谓"猪"为［ul—gian］，老满文或以元音字母（ū）、辅音字母（l）、音节字母（gi）、（ya）和辅音字母（n）连写切成，作（ūlgiyan），或以元音字母（u）、辅音字母（l）、音节字母（gi）、（ya）和辅音字母（n）连写切成，作（ulgiyan），均读为［ul—gian］。

特别值得注意的是，这种切音方法早在达海改革文字以前已用以拼写汉语借词。例如：职官名称中，谓"备御"为［bei—guan］，老满文以音节字母（be）、元音字母（i）、音节字母（gu）、（wa）和辅音字母（n）连写切成，作（beiguwan），读为［bei—guan］；谓"总兵官"为［su—ming—guan］，老满文以音节字母（su）、（mi）辅音字母（ng）、音节字母（gu）、（wa）和辅音字母（n）连写切成，作（sumingguwan）读为［su—ming—guan］。再如：汉人姓氏之中，"黄"被音借为［xuang］，老满文以音节字母（xu）、（wa）和辅音字母（ng）连写切成，作（xuwang），读音为［xuang］；"宣"被音借为［siuan］，老满文以音节字母（si）、元音字母（u）、音节字母（wa）和辅音字母（n）连写而成，作（siuwan），读音为［siuan］。

尽管如此，达海改进满文功不可没。他因改进满文，加之翻译汉文典籍有功，得到时人的尊崇，统治者亦褒奖有加。据史书记载："达海，先世居觉尔察，以地为氏。祖博洛，太祖时来归。父艾密禅。旗制定，隶满洲正蓝旗。""达海幼慧，九岁即通满、汉文义。弱冠，太祖召直左右，与明通使命，若蒙古、朝鲜聘问往还，皆使属草；令于国中，有当兼用汉文者，皆使承命传宣，悉称太祖旨。旋命译明会典及素书、三略。太宗始置文馆，命分两直：达海及刚林、苏开、顾尔马浑、托布戚译汉字书籍；库尔缠、吴巴什、查素喀、胡球、詹霸记注国政。""达海治国书，补额尔德尼、噶盖所未备，增为十二字头。"天聪六年（1632）"六月，达海病，逾月病亟。上闻，垂涕，遣侍臣往视，赐蟒缎，并谕当优恤其子"。"达海廉谨，在文馆久，为领袖。其卒也，当敛，求靴无完者。七年二月，以其长子雅秦降一等袭职，授备御。国初文臣无世职，有之自达海始。十年，赐谥文成。康熙八年五月，圣祖从其孙禅布请，立碑纪绩。""达海以增定国书，满洲群推为圣人。其子孙：男子系紫带，亚于宗姓；女子不选秀女。"① 由此可见，由于达海的功绩，达海及其家族在清代获得了极高的社会地位。换言之，满文在清代曾得到满洲君臣的推崇，享有极高的政治地位。

二 翻译汉文典籍

中国文化博大精深，传统典籍汗牛充栋，其中不乏治国方略，历代统治者莫不重视，用以治国理政。女真（满洲）统治者也不例外。在清太祖弩尔哈齐时期，已命达海巴克什着手翻译《明会典》《素书》《三略》。②

《明会典》为明朝中央国家机关典章制度总汇，弘治十年（1497）奉敕撰。十五年（1502）书成，正德四年（1509）重校刊行，凡180卷。"其体例以六部为纲，吏、礼、兵、工四部诸司各有事例者，则以司分；户、刑二部诸司但分省而治共一事例者，则以科分。故一百八十卷中，宗人府自为一卷弁首外，余第二卷至一百六十三卷皆六部之掌故，一百六十四卷至一百七十八卷为诸文职，末二卷为诸武职，特附见其职守沿革而已。""其户口贡赋之盈缩，制度科条之改异，亦相连并载，以见变通。创建之由，大抵以洪武二十六年诸司职掌为主，而参以《祖训》《大诰》《大明令》《大明集礼》《洪武礼制》《礼仪定式》《稽古定制》《孝慈录》《教民榜文》《大明律》《军法定律》《宪纲》十二书，于一代典章，最为赅备。凡史志之所未详，此皆具有始末，足以备

① 赵尔巽撰：《清史稿》卷228，列传15，中华书局1977年版，第9258页。
② 赵尔巽撰：《清史稿》卷228，列传15，中华书局1977年版，第9256页。

后来之考证。"① 满文译本今不见。

《素书》即《黄石公素书》，按中国古代图书分类法，属子部，兵家类。《四库全书》"提要"曰："《黄石公素书》一卷，旧本题宋张商英注，分为六篇：一曰原始，二曰正道，三曰求人之志，四曰本德宗道，五曰遵义，六曰安礼。"② 达海所译满文本《素书》现存清初精写本，一册，包背装，白口。③

《三略》即《黄石公三略》，按中国古代图书分类法，亦属子部，兵家类。《四库全书》"提要"曰："《黄石公三略》三卷，始见于《隋书·经籍志》，云下邳神人撰，成氏注。唐、宋《艺文志》所载并同。相传其源出于太公圯上老人以一编书授张良者，即此本。宋时，尝颁之武学，与孙吴诸子并称七书，而先儒多疑其伪作，盖自汉以来，兵家之言，往往以黄石公为名。"④ 何谓三略？"三者，上、中、下三卷也。略者，谋略也。"⑤ 满文本《三略》，现存一册，系清初精写本，包背装，白口。⑥

由此看来，清太祖弩尔哈齐之所以能够在辽东崛起，肇纪立极，除了天时、地利、人谋之外，他还汲取了中国古代的政治智慧和军事谋略。唯其如此，他在统一女真诸部，进而与明抗争的过程中，几乎所向披靡，战无不胜。

清太宗皇太极也重视汉文典籍的翻译事宜。天聪三年（1629）四月初一日，"上命儒臣分为两直，巴克什达海同笔帖式刚林、苏开、顾尔马浑、托布戚等四人翻译汉字书籍，巴克什库尔缠同笔帖式吴巴什、查素喀、胡球、詹霸等四人记注本朝政事，以昭信史"。他为什么要这样做呢？文献记载："初太祖制国书，因心肇造，备列轨范。上躬秉圣明之资，复乐观古来典籍。故分命满汉儒臣翻译、记注，欲以历代帝王

---

① 《明会典》，乾隆《钦定四库全书》本，提要。
② 《黄石公素书》，乾隆《钦定四库全书》本，提要。
③ 北京市民族古籍整理出版规划小组办公室满文编辑部编：《北京地区满文图书总目》，辽宁民族出版社 2008 年版，第 281 页。以下只注书名及页码。
④ 《黄石公三略》，乾隆《钦定四库全书》本，提要。
⑤ （明）刘寅撰：《三略直解》卷上，乾隆《钦定四库全书》本，提要。
⑥ 《北京地区满文图书总目》，第 280 页。

得失为鉴，并以记己躬之得失焉。"① 由此可见，清太宗让儒臣达海等人翻译汉字书籍，就是想以历代帝王得失为鉴，加强自身修养，提高文化素质，以治理好国家事务。天聪四年（1630），达海"所译书成，授游击"。五年（1631）七月，赐号"巴克什"②。天聪六年（1632）九月，书房秀才王文奎奏请："其帝王治平之道，微妙者载在《四书》，显明者详诸史籍，宜于八固山读书之笔帖式内，选一、二伶俐通文者，更于秀才内选一、二老成明察者，讲解翻写，日进《四书》两段、《通鉴》一章，汗于听政之暇，观览默会，日知月积，身体力行，作之不止，乃成君子。"③ 清太宗采纳了他的建议，于是达海着手翻译《通鉴》《六韬》《孟子》《二国志》《大乘经》等书，可惜都没有完成就英年早逝，年仅 38 岁。④

《通鉴》即《资治通鉴》，凡 294 卷，宋司马光撰，胡三省音注。《资治通鉴》是中国第一部编年体通史，主要以时间为纲，事件为目，叙述历史，"上起战国，下终五代，凡一千三百六十二年"⑤，"文繁义博"⑥。其编著目的是要总结历史经验和教训，供统治者借鉴，因此，宋神宗赐名曰《资治通鉴》。至明代，王世贞编纂《通鉴》。达海等据此翻译为满文，现存内府精写本 72 册，线装，白口，另有康熙三年（1664）刻本，80 册，线装，白口。⑦

《六韬》又称《太公六韬》《太公兵法》，凡六卷，是中国古代著名兵书。其作者，"旧本题周吕望撰"，可能是后人"依托"⑧。满文本《六韬》现存清初精写本，二册，包背装，白口。⑨

《孟子》是孟轲及其弟子万章所著语录体散文集，记录了孟子及其弟子的活动和言论。全书原 11 篇，现存 7 篇，共 261 章，内容涉及孟

---

① 《清太宗实录》卷 5，中华书局 1985 年影印本，第 70 页。
② 赵尔巽撰：《清史稿》卷 228，列传 15，中华书局 1977 年版，第 9256、9257 页。
③ 《天聪朝臣工奏议》，辽宁大学历史系，1980 年，第 21 页。
④ 赵尔巽撰：《清史稿》卷 228，列传 15，中华书局 1977 年版，第 9257 页。
⑤ 《资治通鉴·进〈资治通鉴〉表》，乾隆《钦定四库全书》本。
⑥ 《资治通鉴》，乾隆《钦定四库全书》本，提要。
⑦ 《北京地区满文图书总目》，第 107 页。
⑧ 《六韬》，乾隆《钦定四库全书》本，提要。
⑨ 《北京地区满文图书总目》，第 279 页。

子的政治活动、政治学说以及唯心主义哲学、伦理教育思想等。在历史上，《孟子》极受尊崇，或谓："夫总群圣之道者，莫大乎六经。绍六经之教者，莫尚乎《孟子》。自昔仲尼既没……惟孟子挺名世之才，秉先觉之志，拔邪树正，高行厉辞，导王化之源，以救时弊；开圣人之道，以断群疑。其言精而赡，其旨渊而通，致仲尼之教，独尊于千古，非圣贤之伦，安能至于此乎?"① 现存满文本《孟子》均为乾隆以后刻本或写本，是否达海所译，尚待考证。

《三国志》是中国传统二十四史之一，西晋史学家陈寿著，记载中国三国时期曹魏、蜀汉、东吴三国事宜的纪传体国别史。在二十四史中，《三国志》是评价最高的"前四史"之一。该书完整地记叙了自汉末至晋初近百年间中国由分裂走向统一的历史全貌。现存满文本《三国志》24 册，有顺治七年（1650）抄本，线装。另有满汉合璧本，24册，系顺治七年刻本，宁完我、刚林等总校，叶成额等译写，包背装，白口。② 这或即达海翻译未竟者，顺治年间续译完成也。

《大乘经》是大乘佛学经典的总称，又称大乘修多罗、菩萨契经、方等经、方广经或大方等经等，卷帙浩繁，在佛教典籍中具有重要地位。其满文译本情况不详。

在崇德年间，大学士希福等人还摘译了《辽史》《金史》《元史》等书。据记载："大学士希福等奏言：窃稽自古史册所载，政治之得失，民生之休戚，国家之治乱，无不详悉具备。其事虽往而可以诏今，其人虽亡而足以镜世，故语云'善者吾师，不善者亦吾师'。从来嬗继之圣王，未有不法此而行者也。辽、金虽未混一，而辽已得天下之半，金亦得天下之大半。至元则混一寰区，奄有天下，其法令政教皆有可观者焉。我先帝鉴古之心，永怀不释，特命臣等将辽、金、元三史芟削繁冗，惟取其善足为法，恶足为戒，及征伐、畋猎之事，译以满语，缮写成书。臣等敬奉纶音，将《辽史》自高祖至西辽耶律大石末年，凡十

---

① （汉）赵岐注、（宋）孙奭疏《孟子注疏》"序"（孙奭撰），乾隆《钦定四库全书》本。

② 《北京地区满文图书总目》，第383—384 页。

四帝，共三百七年；金凡九帝，共一百十九年；元凡十四帝，共一百六十二年，详录其有裨益者，始于崇德元年五月，竣于崇德四年六月。"①

至顺治元年（1644）三月二十六日，大学士希福等将摘译的辽、金、元三史"敬缮成书以进"，并奏称："伏乞皇上万几之暇，时赐省览，懋稽古之德，弘无前之烈，臣等不胜幸甚。"奏疏既入，"上展阅再四，深加奖赏，命赐大学士希福鞍马一匹、银四十两，学士胡球、查布海、王文奎、员外郎刘弘遇、他赤哈笔帖式能图、叶成格马各一匹、银各三十两，铿特、卜尔凯、卦尔察银各四十两，卞为凤、科尔科代、尼满银各三十两，硕尔格、刘朝卿、李允昌银各二十两"②。此时，清朝还在山海关外。

这些汉文典籍的翻译和刊行，弥补了满洲自身文化典籍不足的缺憾，促进了满洲文化的繁荣和发展。

三 编纂图书

编纂满文图书是满学的重要内容之一。女真（满洲）人在关外时期，编纂的满文图书主要有两部：一是清太祖时期编纂的《聪睿汗政绩》；二是清太宗时期编纂的《清太祖实录》。这两者之间也有密切关系。

（一）额尔德尼编纂《聪睿汗政绩》

女真（满洲）在天命年间，已开始用老满文编纂图书。据现有文献资料记载，《无圈点档》中的《荒字档》并不是清太祖时期的原始记录，而是巴克什（baqsi）额尔德尼编撰的《聪睿汗政绩》一书的稿本。何以得知？依据有三：

其一，在《无圈点档》中，有明确记载。如《荒字档》老满文明确记载：su¹re¹ amba g¹engg¹iy¹e¹n χ¹an i ilibu¹χ¹a eit¹en χ¹ac¹in i sain d¹oro be¹ : erd²eni baq¹si eje¹me¹ bith¹ele¹me¹ ɢ¹aiχ¹a: an i bith¹e ere¹ inu¹:

---

① 《清世祖实录》卷3，中华书局1985年影印本，第48—49页。
② 《清世祖实录》卷3，中华书局1985年影印本，第48—49页。

（聪睿大汗所立各项善政，巴克什额尔德尼记录成册，寻常之书是也）。① 此言之后，《昃字档》增补老满文语句称：｛erd²eni baqˡsi kicˡeˡbeˡ ginggˡu ｛n｝ ｛ji｝ ejeˡsuˡ sūreˡ beˡ amcˡacˡi ojoraqu：ereˡ bithˡe beˡ［majigˡe dˡababuˡmeˡ araxˡabi：ūweˡri］mūjileˡn ｛i｝ fūkjin［araxˡa bithˡe beˡ adˡarameˡ dˡasara seˡmeˡ：inuˡ ambuˡla dˡasaxˡaqu：ineˡku gˡisuˡn baba d²e bi：］araxˡanggˡe inuˡ mangGˡa：｝（巴克什额尔德尼勤敬聪慧，不可及也。此书之撰，｛略微夸张。他人｝用心创｛制之书，如何修改耶？亦未大改。类似之言，处处有之。｝制者亦难）。② 这显然是太宗时期所加之言。清太宗初期的君臣在太祖时期皆为股肱之臣，当稔知巴克什额尔德尼编书记载聪睿大汗政绩一事。故此言足以采信，甚至可以作为当事人说当时事之论。诚如是，巴克什额尔德尼编纂之书可题名曰《聪睿汗政绩》，所记载者俱为清太祖建立的各项善政。此书当时属于"寻常之书"，也就是日常所见、所用之书。

额尔德尼早年投归清太祖麾下，参与机务，随军出征，创制文字，记录政事，功莫大焉，遂荣膺巴克什称号。至天命八年（1623）五月，身陷诉讼，旋即被杀。③ 残存《荒字档》记事，上起万历三十五年（1607）三月，下至天命四年（1619）三月；残存《昃字档》记事，上起万历四十三年（1615）六月，下至清太祖天命五年（1620）九月。据此推断，巴克什额尔德尼编撰《聪睿汗政绩》一书，内容当包括太祖起兵以降，直至天命八年五月诸项政务。因此，清太宗时期纂修清太祖《实录》时，直接将《聪睿汗政绩》作为底稿，加以补充修改，详见后述。至乾隆六年（1741）装裱时，编为荒字，遂成《荒字档》。

其二，《荒字档》即《聪睿汗政绩》的记述方式特殊，足以表明其编纂者为巴克什额尔德尼。《聪睿汗政绩》记述的内容可分为两类：一类是记事；另一类是评论。记事又可以细分为两种：一种是时间顺序逐条记录政务活动，即所谓编年体或日记体记录，如《荒字档》第77页

① 《满文原档》第1册，第62页。
② 《满文原档》第1册，第125页。
③ 《满文原档》第3册，第434页。

记载：

○ ju¹we¹ biy¹ad²e χ¹an h¹end²ume¹ niqan ɢⁱūru¹nd²e nad¹an amba qoro bi：bu¹y¹a qorobe¹ y¹abe¹ h¹end²ure¹ niqan be¹ d¹ailaqi se¹me¹ be¹ise¹ amba-sai emgⁱi h¹ebe¹d²eme¹ wajibi wan arara mo sacire¹be¹ gⁱere¹mbe¹ u¹lh¹iraχ¹u se¹me¹ be¹ise¹i morin χ¹orire¹ h¹ere¹n arara mo sac¹i se¹me¹ χ¹ulabi nad¹an tangɢⁱu niy¹alma be¹ u¹nggⁱibi mo sac¹i {bu¹} χ1a：（二月，汗曰：于明朝有七大恨，小恨何言，其征有明。乃与诸贝勒、大臣商议毕，恐众人知晓砍伐修梯之木，遂宣布砍伐建造诸贝勒马圈之木，派人七百名，使伐木）。

○ ilan biy¹ad²e cʋoχ¹ai acⁱurabe¹ icⁱi aqu eh¹e babe¹ d¹asa：morin tarχ¹ubu¹ se¹me¹ χ¹ulaχ¹a：（三月，宣令维修兵器之不顺手、损坏之处，养肥马匹）。

○ ilan biy¹ai ju¹wand²e wan arara moobe¹ niqan i t¹ungse¹ aiqa （bad²e） baitad²e jime¹ sabi se¹re¹raχ¹u se¹me¹ morin χ¹orire¹ ɢⁱuwan arabu¹χ¹a：：（三月初十日，恐明之通事有事前来，知修梯之木而发觉，命修建马厩）。

○ d²uin biy¹ad²e cooχ¹a ɢⁱaibi y¹abu¹re¹ be¹ise¹ ambasai baru¹ χ¹an h¹end²ume¹……（四月，汗谓统兵诸贝勒、大臣曰：……）①

另一种是完整地记载某人某事的始末，即所谓纪事本末体记载，如《荒字档》第11—14页清太祖杀其胞弟舒尔哈齐事，第29—37页清太祖杀其长子褚英事，都将数年间发生的事情集中记载（详见后述）。

采用这两种方式记述之事，显然都是后来巴克什额尔德尼根据原始记录编撰的结果，并非都是后来追记的。② 其显著标志就是《荒字档》内有大量编年体或日记体记录。此外，在编撰过程中，也留下了明显的痕迹。例如：该册第45页页眉，自左向右，横书 ere¹ bad²e gⁱibalaχ¹a

---

① 《满文原档》第1册，第77页。
② 关于《荒字档》和《昃字档》的形成，广禄、李学智先生认为："我们怀疑这两册老档的记事，均没有原档史料的根据，而系在某一稍晚的时间里，仅凭口耳相传或各人的记忆而追述编撰的。"《清太祖朝〈老满文原档〉与〈满文老档〉之比较研究》，《中国东亚学术研究计划委员会年报》1965年第4期。

χ¹ooš¹an i dˡangseˡ arambi（此处书写裱糊的纸质档子）之言。该页所记之事，共两条。一为乙卯年（1615）正月蒙古国科尔沁贝勒洪阔尔之女嫁给清太祖为妻。二为是年三月清太祖关于诸贝勒、大臣子女婚宴宰牲数目之谕的一小部分。该谕的大部分以及君臣之间的议论，均在第46、47页。观第45页书写之老满文，字体较小，笔画较细，仅占上半页之三行半，下半页空白，而其前后诸页书写之老满文，字体较大，笔画较粗，均书写五行。显然，这是因为巴克什额尔德尼编著《聪睿汗政绩》时，用以摘录的原始记录，已有糟朽不堪者，必须先行裱糊，而后方可利用，于是在书稿中留空，并注明"此处书写裱糊的纸质档子"。等到裱好之后，补充抄录，而此时书写尺度把握不准，未能写满五行，以至于页面空间前后不能连贯。

评论部分的内容，都是巴克什额尔德尼对某些重大事件的见解，在文字表述上也有明显的标志。一般来说，在评论的前面有提示语句，如《荒字档》第 87 页之：qoolibeˡ ejˡeˡmeˡ bithˡe araχˡa erd²eni baqˡsi hˡend²uhˡe gˡisuˡn：（将律例记录成册的巴克什额尔德尼所说的话）。[1] 又如《昃字档》第 133 页补而复删、第 188 页及第 193 页所补之言 erd²eni baqˡsi hˡend²umeˡ（巴克什额尔德尼曰）、第 182 页之 qoolibeˡ ejˡeˡmeˡ bithˡe araχˡa ｛amban｝ erd²eni baqˡsi hˡend²u（hˡe gˡisuˡn）｛meˡ｝（将律例记录成册的 ｛大臣｝ 巴克什额尔德尼（所说的话）｛曰｝）、第 229 页 qoolibeˡ ejeˡmeˡ bithˡe araχˡa erd²eni baqˡsi hˡend²u（hˡe gˡisuˡn）｛meˡ｝（将律例记录成册的巴克什额尔德尼（所说的话）｛曰｝）等言。[2] 其提示作用，犹如司马迁《史记》之"太史公曰"。所有评论宣扬天命观，充斥天佑太祖的唯心史观。清太宗时期纂修太祖《实录》时，说巴克什额尔德尼写得略微夸张，都指其评论而言。这种特殊的记述方式显然也不符合官修《实录》的要求，因此纂修清太祖《实录》时最终将这些提示语句全部删除，使原来的记事与评论混为一

---

① 《满文原档》第 1 册，第 87 页。
② 《满文原档》第 1 册，第 133、188、193、182、229 页。

体，难以区分，甚至造成"记事时间紊乱"①的假象。

　　其三，《荒字档》书写工整，页面整洁。该档残存部分，第 1 页至第 79 页每页书写老满文 5 行，第 80 页至第 142 页每页书写老满文 6 行，第 143 页至第 146 页每页书写老满文 5 行，后补第 48a 页至第 54 页，每页行数多寡不一（第 48a 页 9 行，第 48b 页 3 行，第 49、50 页各 11 行，第 51 页 9 行，第 52 页 5 行，第 53 页 9 行，第 54 页 7 行）。原有各页老满文书写工整，偶有笔误，未施浓墨涂抹，而是在其周围点若干点表示删除，例如：该档第 10 页倒数第二行第 10 词为 ᴄˈasᶯˈuᶯˈa（发誓了），书写时，先误作 ᴄˈasuˈ，后在其左、右、上各点一小点，表示删除。② 再如：该档第 12 页第 3 行第 1 词为 ergˈembuˈhˈequ（使未休息），书写时，先误作 ergˈembuˈᶯˈa，后在其左侧点 5 小点，右侧点 6 小点，表示删除。③ 偶有遗漏，则在相应位置，左侧书写应补之文，右侧画一小叉，表示增补。例如：该档第 20 页倒数第二行倒数第 1 词、第 21 页第 3 行倒数第 2 词均为 uˈ{weˈ}ihˈud²e（在独木舟上），第 21 页第 4 行第 5 词为 uˈ{weˈ}ihˈui（独木舟的），其中"独木舟"原先老满文均作 uˈihˈu，后在词首元音字母 uˈ 与元音字母 i 之间，左侧写音节字母 weˈ，右侧画一小"叉"，表示增补，遂成为 uˈweˈihˈu（独木舟）一词。再如：该档第 61 页第 3 行第 7 词，原先书写为 tˈuwabuˈᶯˈa（使看了），后在音节字母 wa 与 buˈ 之间，左侧书写两个音节字母"kiyˈa"，右侧划一小"叉"，表示补入，遂成 tˈuwakiyˈabuˈᶯˈa（使看守了）一词。遗漏单词或句子，也用这种方法增补。例如：该档第 14 页第 2 行 neˈneˈmeˈ{suˈwayˈan}coqo{anii~a}uˈyˈuˈn biyˈad²e（先于己酉年九月）之言，原先作 neˈneˈmeˈ coqo uˈyˈuˈn biyˈad²e（先于酉九月），所缺之 suˈwayˈan（己）④ 可以不用，原先可能就有意省略，而所缺之 anii~a（年）则不能没有，显然属于遗漏，后来在 neˈneˈmeˈ（先）与 coqo（鸡）之间，

---

　　① 广禄、李学智：《清太祖朝〈老满文原档〉与〈满文老档〉之比较研究》，《中国东亚学术研究计划委员会年报》1965 年第 4 期。

　　② 《满文原档》第 1 册，第 10 页。《清太祖朝老满文原档》第 8 页转写为"benesu"，误。

　　③ 《满文原档》第 1 册，第 12 页。

　　④ suwayan（黄）一词，用为天干，原指戊与己，后专指戊，另以 sohon（浅黄）专指己。

左侧书写 su^{1}way^{1}an（己），右侧画一小"叉"，表示补入。在 coqo（鸡）与 biy^{1}a（月）之间，左侧书写 anii ~ a（年），右侧亦画一小"叉"，表示补入。再如：该档第 21 页第 5 行第 3 词 g^{1}uru^{1}n（国）之前，遗漏 u^{1}lai（乌拉的）一词，后在 g^{1}uru^{1}n（国）之左侧偏上位置补写，但其右侧没有画一小叉，当属遗忘。诸如此类，说明巴克什额尔德尼用心编撰，态度相当认真。

不过，巴克什额尔德尼编撰的《聪睿汗政绩》不是正式写本，充其量是该书的稿本。何以见得？前述每页行数多少不一致，在书写过程中发生的笔误、遗漏之处，均没有挖补，而是加点表示删除，然后继续书写，或在相应位置补写之后，画叉表示增补。这些都说明它是稿本而不是正式写本。此外，该簿册内存在大量空白页，也充分说明这一点。统计《荒字档》的页数，在台北两次影印本中并不一致。《旧档》共编 293 页，其中空白页竟有 84 页之多。[1]《原档》共编 107 页，删除原档中多数空白页，仅保留 4 页（1a、2b、45b、72b），将两页并为一页影印，[2] 故页码较少。

《荒字档》即《聪睿汗政绩》中大量空白页码的存在，足以说明其为稿本，而不是正式写本。这些空白页中，有些是在编撰过程中预留的空间，实际上没有用完，如前述第 45 页的情况。有些则不是预留的空间，如《旧档》第 144、146、148 页等诸多空白页，显然都不是预留的空间，好像编撰之际有意只用半页，空留半页。其确切用意，留待以后探讨。

另外，巴克什额尔德尼于天命八年（1623）五月身陷诉讼，旋即被杀。[3] 因此，他没有完成《聪睿汗政绩》的编纂工作。额尔德尼死后，巴克什库尔缠继续编纂《聪睿汗政绩》。如天聪七年（1633）十月初十日，清太宗幸文馆，谕曰："额尔德尼乃一代杰出之人，今也则

---

① 《旧满洲档》（一），台北"故宫博物院"1969 年影印本。李学智先生曾因《旧档》空白页太多，严厉斥责台北"故宫博物院"靡费国帑，固有其实。然而，影印空白页，保持原貌，对于学术研究而言，亦有不可忽视的作用。

② 《满文原档》第 1 册，第 1—107 页。

③ 《满文原档》第 3 册，第 434 页。

亡。彼所造之书，义或有在。其后巴克什库尔缠所增，朕恐终有未合。尔记载诸臣，将所载之书，宜详加订正，若有舛伪之处，即酌改之。朕嗣大位，凡皇考太祖行政用兵之道，若不一一备载，垂之史册，则后世子孙无由而知，岂朕所以尽孝乎！"① 此条记载，原文出自国史院满文档案，唯后人翻译，行文略有差异，如"继之巴克希库尔禅所造，朕绝不认为文义相合。尔记载诸臣，将尔等所载之书，从头翻阅，若有舛错之处，尔等酌情订正"②。由此可见，巴克什库尔缠继承额尔德尼的未竟之业，完成了《聪睿汗政绩》的编纂工作。只是清太宗对他"所增"或"所造"部分，内容是否准确，心有疑虑，所以让文馆儒臣"详加订正"或"将尔等所载之书，从头翻阅"，如有"舛伪"或"舛错"，酌情修改。

从上所述，可知巴克什额尔德尼、库尔缠先后编纂完成的《聪睿汗政绩》，是女真人用满文编纂的第一部关于清太祖弩尔哈齐的传记，也是记述建州女真崛起史的历史著作，在女真（满洲）发展史上具有重大意义。

（二）刚林等编纂《清太祖实录》

如前所述，天聪七年（1633）十月初十日，清太宗命文馆儒臣详加订正巴克什额尔德尼和库尔缠先后编纂的《聪睿汗政绩》，将清太祖弩尔哈齐的行政用兵之道，一一备载，垂之史册，使后世子孙知创业之艰难，是为《太祖太后实录》，乃清太祖《实录》的初篡本。

因为有现成的《聪睿汗政绩》，所以，编纂清太祖《实录》的各项工作进展顺利。天聪九年（1635）八月初八日，清太祖《实录》的插图绘成，并赏赐画工。据满文档案记载："是日。先是，天聪汗命画匠张俭、张应魁二人恭绘先代英明汗《实录》图，至是绘成。赏张俭人一对，牛一；张应魁人一对。"③ 至崇德元年（1636）十一月，《太祖太

---

① 《清太宗实录》卷16，中华书局1985年影印本，第214页。
② 中国第一历史档案馆：《清初内国史院满文档案译编》（上），光明日报出版社1989年版，第42页。
③ 中国第一历史档案馆：《清初内国史院满文档案译编》（上），光明日报出版社1989年版，第184页。又见《清太宗实录》卷25，行文稍异："画工张俭、张应魁恭绘太祖实录图成，赏俭人口一户、牛一头，应魁人口一户。"中华书局1985年影印本，第320页。

后实录》满文本、蒙古文本、汉文本均告竣。

当时，编纂《太祖太后实录》无疑是一项重大政事，因此告竣之后，于十一月十五日在皇宫崇政殿举行隆重庆典，并赏赐在事人员。据记载："《太祖武皇帝实录》告成进呈，设大驾卤簿。和硕亲王、多罗郡王、多罗贝勒、固山贝子、文武各官左右序立，上御崇政殿，内国史院大学士刚林捧满字、希福捧蒙古字、罗绣锦捧汉字，率修纂满洲、蒙古、汉人笔帖式等上表进呈。礼部官受表文，于御前跪读。表云：'内国史院大学士希福、刚林率内院满洲、蒙古、汉人官员，稽首顿首，谨奏于宽温仁圣皇帝陛下：臣等钦奉上谕，纂修《太祖承天广运圣德神功肇纪立极仁孝武皇帝实录》，谨以满洲、蒙古、汉字编译成书，繇此丰功懋绩彪炳丹青，懿行嘉谟昭垂奕叶，仰慰继述之思，大启纂承之烈。臣等不胜欢忭，恭进以闻。'宣毕，俱行三跪九叩头礼，退。于时，大学士等奉实录，置龙亭内，自内国史院舁出，从甬道进。上见龙亭，降位，东向傍立。于是，希福、刚林复自龙亭内奉实录，置甬道黄案上，举案进上。上自侧首入，亲奉实录，捧置殿内黄案上。侍臣举黄案实录，送入翔凤楼。上始升座，大学士等官率修纂笔帖式复行三跪九叩头礼，退。和硕亲王等以下，率文武各官，上表称贺。礼部官捧表文，于御前跪读。表云：'和硕亲王、多罗郡王、多罗贝勒、文武官员等谨奏于宽温仁圣皇帝陛下：臣等幸际熙朝，躬逢盛典，恭覩《太祖承天广运圣德神功肇纪立极仁孝武皇帝实录》告成，仰令德之崇隆，昭垂万世；纪丰功于悠久，炳耀八纮。克申绍述之忱，弥惬臣工之志。臣等不胜踊跃欢忭，谨奉表称贺。'读毕，传制。制曰：'朕仰惟太祖承天广运圣德神功肇纪立极仁孝武皇帝功德昭垂万世，兹当纂辑告成，朕心嘉悦，与卿等共之。'谕毕，俱行三跪九叩头礼，退，复位。次外藩察哈尔国固伦额驸额哲、科尔沁国国舅祁他特、国舅桑噶尔寨各率蒙古贝勒、大臣，恭进贺表。次昂邦章京石廷柱率汉文武各官，恭进贺表。传制、行礼俱同前。上还清宁宫，命礼部官设宴于内国史院，宴修纂各官。赐希福、刚林各雕鞍良马一、银五十两，学士詹霸、胡球、员外郎苏开、扎素喀、吴巴什各披甲良马一、银四十两，汉学士罗绣锦、王文奎、员外郎宜成格、敦拜、杨方兴、顾尔马浑、石岱、古式各银四十两，梁正大、张应奎各银三十两，笔帖式布尔开、郑库讷、刘光斗各银二十两。"①

清太祖《实录》，崇德初纂本为《太祖太后实录》，顺治朝修改并更名为《清太祖武皇帝实录》，康熙时复加修改，更名为《清太祖高皇帝实录》，雍正、乾隆朝校订，遂成定本，另有《满洲实录》。有学者认为，《荒字档》《昃字档》是已失传的《太祖太后实录》的稿本，又认为《清太祖武皇帝实录》基本抄录《太祖太后实录》而成，几乎没有改动。② 诚如此，则《荒字档》《昃字档》既可作为《太祖太后实录》的稿本，也可以作为《清太祖武皇帝实录》的稿本。比较残存《荒字档》第一段记事与《清太祖武皇帝实录》之满文可知，二者从内容到形式都有一定差别，主要有以下四点：

1. 表述繁简不同。《荒字档》行文较烦琐，而《清太祖武皇帝实录》行文较简练。

2. 内容详略不同。《荒字档》记事较详细，而《清太祖武皇帝实录》记载较简略，如古时蒙古国汗委任大臣杭固拜征服诸国事，《清太祖武皇帝实录》省略未载。贝勒舒尔哈齐滞留不战之事，《清太祖武皇帝实录》记载亦明显简略。

3. 用词不同。如：ama χan（父汗）与 χan ama（汗父）、taquraχa（差遣了）与 unggihe（差遣了）、gelecuke（可怕的，极其）与 algim-buχa（使宣扬的）、absi aqu（无论如何）与 urunaqū（必定）等。

4. 满语语法不同。如：baiχa manggi（乞求之后）与 baire jaqade（由于乞求）、-χa（动词一般过去时形式）与-fi（动词连用形式）、-bi（动词连用形式）与-he（动词一般过去时形式）等。

比较残存《昃字档》第一段记事（从内容到形式）之满文，可知《清太祖武皇帝实录》基本按《昃字档》修改后的文字抄录，个别地方如（sidende）[siolode] 之言，仍照改动之前的文字抄录，而未抄录改动以后的文字。这些地方，似乎是后来又经过修改了。个别地方，《清

---

① 《清太宗实录》卷32，中华书局1985年影印本，第404—406页。
② ［日］松村润：《清太祖实录研究》，晓春译，民族出版社2011年版，第38页。

太祖武皇帝实录》可能有所遗漏，如《昃字档》之 ba nabe（将地方），《清太祖武皇帝实录》作 babe（将地方），尽管表意相同，但《清太祖武皇帝实录》行文中似乎遗失了 na（地、土地）。

此外，《清太祖武皇帝实录》与《昃字档》记事次序也有差异。如《清太祖武皇帝实录》有 tereci emu nirui juwanta χaχa：duite iχan be tucibufi sula bade alban i usin tarime jeku i ku gidaχa：tere jeku be ejeme ɢaijara. salame burede juwan ninggun amban. jaqūn bithesi be sindaχa：（从此，派出每牛录之丁十名、牛四头，耕种官田于空闲之地，盖造粮库矣。其粮之计收支给，委任大臣十六员、笔帖式八员矣）[1] 一段。在《昃字档》中，此段文字在第 124 页，与《清太祖武皇帝实录》上述文字相隔十余页。其行文亦略微详细，曰：c^{1}ū ru^{1}n d^{2}e je^{1}kui alban jaf^{1}ac^{1}i c^{1}ū ru^{1}n jobombi se^{1}me^1：emu^1 niru^{1}i ju^{1}wan χ^{1}aχ^{1}a：d^{2}uin iχ^{1}an be^1 sid^{2}end^{2}e t^{1}ūc^{1}ibu^{1}bi su^{1}la bad^{2}e ūsin taribu^{1}bi je^{1}ku ambu^{1}la baχ^{1}abi kuu g^{1}id^{1}abi：t^{1}ere^1 kui je^{1}kube^1 eje^{1}me^1 ɢ^{1}aijara salame^1 bu^{1}re^1 ju^{1}wan ningg^{1}un amban jaqun baq^{1}si be^1 af^{1}abu^1 χ^{1}a：（征粮于国人，则国人苦之。念及于此，公派每牛录之丁十名、牛四头，种田于空闲之地，粮食丰收，因盖粮库。其粮之计收支给，委任大臣十六员、笔帖式八员矣）。[2]

清太祖《实录》与《荒字档》相比，内容颇有差距者，当属隐讳事实。在清太祖执政时期，统治集团内部常有激烈的权力之争。对此，《荒字档》秉笔直书，如实记载，而太祖《实录》或许为尊者讳，这些内容多被删划涂抹，最终在官修书籍中或语焉不详，或消失得无影无踪。例如，关于清太祖胞弟舒尔哈齐之死，《荒字档》详细记载，而《清太祖武皇帝实录》记载颇为简单，其满文曰：taidzu kundulen χan i emu emei deo darχan baturu beile aqū oχo：dehi jaqūn se bihe：[3] 其汉文曰："八月十九日，太祖同胞弟打喇汉把土鲁薨，年四十八岁。"[4]《满洲实

---

① 中国第一历史档案馆藏：《清太祖武皇帝实录》（满文）卷 2，第 67 页。
② 《满文原档·昃字档》第 124 页。
③ 中国第一历史档案馆藏：《清太祖武皇帝实录》（满文）卷 2，第 34 页。
④ 《清太祖武皇帝实录》（汉文）卷 2，台北"故宫博物院"1970 年影印本，第 12 页。

录》之满文与此相同，汉文语句基本相同，只是将舒尔哈齐之名音译汉字改为"达尔汉巴图鲁"①。《清太祖高皇帝实录》之满文亦相同，汉文作："丙戌，上弟达尔汉巴图鲁贝勒舒尔哈齐薨，年四十八。"② 再如，关于清太祖处死长子褚英一事，《荒字档》记载更为详细，只是将此段记事的最后一部分圈划删除，代之以"i bood^{2}e x^{1}oribi t^{1}ebu^{1}h^{1}e"（囚居于屋）一句。《昃字档》因残缺不全，其抄录情况无从得知，或按《荒字档》删改结果抄录，亦未可知。而在《清太祖武皇帝实录》以及《满洲实录》《清太祖高皇帝实录》中统统只字不提，完全隐讳了。

清太祖《实录》之编纂，也体现了清朝（包括金国）文化多元的特性。清太祖《实录》修成时，有满文本、蒙古文本和汉文本三种文体，这是空前的创举，也为后世用三种文体纂修《实录》树立了典范。纂修开国皇帝的《实录》，使用三种文体，说明当时清朝（包括金国）文化的多元性，蒙古文化、汉文化与满洲文化同样重要，都受到人们的尊崇。这种做法胜过任何空洞的说教，能够提高蒙古人、汉人的荣誉感，也能够增强蒙古人、汉人对清朝的认同感，从而促使他们为朝廷效忠、效劳，甚至肝脑涂地、在所不辞。

第二节　明朝人与满学

中国与"四夷"交往，由来已久，故历代汉文典籍多有"四夷传"之类传记。女真及其先世的身影，往往亦在其中。不过，与以往有所不同的是，由于弩尔哈齐的起兵，建国称汗，继而与明分庭抗礼，横扫辽地，明朝朝野为之震惊，遂有文武大臣知情者纷纷上书，出谋划策，其中不乏女真地区的山川地理、历史沿革、风土人情等信息，更有文人学士著书立说，阐述女真（满洲）族的前世今生，为统治者治国安邦提供智力支持。如此举措，客观上促进了明朝满学的产生和发展，其诸多

---

① 《满洲实录》卷 2，中华书局 1985 年影印本，第 144—145 页。
② 《清太祖高皇帝实录》卷 3，中华书局 1985 年影印本，第 51 页。

奏疏和论著，也成为明朝人满学研究的成果。

明末奏疏见于官修典籍如《明实录》《皇明经世文编》者颇多。以《明实录》为例，历朝《实录》中有关女直、女真的记载多达 1132 条，其中晚明时期的记载多与清太祖弩尔哈齐有关系。以"奴酋"为关键词检索，则在 305 件奏疏中出现 482 次。由此可见，为数不少。如其第一件为："命辽东巡抚李植以原官在籍听用，从勘臣之议也。辽自李成梁父子世握兵权，抚镇以下非其亲媾，无不立被斥逐。植锐，欲复旧辽阳，请内帑十万，募精兵五千人，筑新边以御虏，卒为李氏所阻。及奴酋陷开原，植老矣，上书言其事曰……"① 第二件为："建州夷奴儿哈赤欹塞，北关夷那林孛罗请补进双贡。兵部言二酋叩关乞贡，不异反撜诸夷，并许之。初，南关夷王台与北关逞加奴、仰加奴二夷相雠。王台死，逞、仰二奴之子曰卜寨、曰那林孛罗，射杀其孙歹商。歹商之子幼，所遗部夷并敕百三十七道，属其叔父猛骨孛罗，猛酋请补双贡。北关那林孛罗数侵猛酋，猛酋不能支，求援奴儿哈赤，以子女为质。奴酋诱置寨中，诬之以罪，杀之。中国使往诘问，则请以其女女猛酋之子吾儿忽荅。二十九年七月，欹抚顺关外，刑白马，誓抚忽荅保寨，遂送女于忽荅，而那林孛罗亦归原虏敕六十道，请补进双贡，如猛酋故事。先是，两关夷互相雠杀，而南关之孽夷康古陆雠歹商，与猛酋反助北关。奴儿哈赤既杀猛酋而室其子，已又执而囚之，南关不绝如线。南关熸，乃蚕食北关，尽并海西诸夷。奴酋自此益强，遂不可制矣。"② 第三件为："礼部言：国家东北夷三种，女直系肃慎旧疆，亡金遗孽也。永乐初年，女直来朝，其后海西、建州女直悉境归附，乃设奴儿干都司，统卫、所二百有四，地面、城、站五十有八。官其酋长，自都督以至镇抚。许其贡市，自开原以达京师，岁以十月验放入关。如次年正月后到者，边臣奏请定夺。今自万历三十四年六月，建州、海西先后到京进贡去后，至三十五年，并无验放入关者。今春尚无消息。近辽东抚镇官会

① 《明神宗实录》卷 365，"中研院"史语所 1962—1965 年校印本，第 6821—6822 页。
② 《明神宗实录》卷 366，"中研院"史语所 1962—1965 年校印本，第 6849—6850 页。

题本内，有奴酋不肯进贡，抢了罢等语……"① 1983 年，辽宁大学历史系编《〈明实录〉中的女真史料选编》二册，作为清初史料丛刊第六种刊印②，查阅方便。私家著作如程开祜所辑《筹辽硕画》、王在晋所撰《三朝辽事实录》等书中，也多有收录。

在明朝末年，还产生了许多学术性研究著作，其中内容比较全面，或从某个侧面反映这个时期历史状况的重要著作也为数不少，其中较著名者，有以下九种：

1. 《万历武功录》凡十四卷，一百七十六篇，瞿九思撰。"瞿九思，明黄梅（今属湖北）人，字睿夫。举万历乡试。万历五年（1577）因事被诬陷，囚于武昌狱中三年，判流徙居庸关。过北京上书朝廷，暂未遣送，寄居京西近郊五年，乃交易姓名，微服入京购求书籍，搜集有关边事及少数民族资料。后获释归。万历三十七年以抚按疏荐授翰林待诏，力辞不受。卒年七十一。著有《万历武功录》。"③ 该书成于万历四十年（1612），按地区编次。④ 其中，卷十一"东三边"之"王台列传""虎儿罕赤、猛骨孛罗、康古六、歹商、温姐列传""逞加奴、仰加奴列传""卜寨、那林孛罗列传""王兀堂、赵锁罗骨列传""奴儿哈赤列传""王杲列传""阿台、阿海、阿革、来力红列传"等为建州女真、海西女真部重要人物的八篇传记，内容涉及女真人与兀良哈蒙古各部以及明王朝的关系，对研究清朝开国史颇有参考价值。

2. 《东夷考略》一卷，茗上愚公撰。茗上愚公即茅瑞征。"茅瑞征（徵），明浙江归安（今湖州）人，字伯符。万历进士。知泗水县，调黄冈。天启元年（1621）擢兵部职方主事，升郎中。历福建参政、湖广右布政使，晋南京光禄寺卿，后改鸿胪寺。因受排挤，即辞官归乡，闭户著书。自号'茗上渔父'或'茗上愚公'，又称'澹泊居士'、'清远居士'。著有《万历三大征考》、《皇明象胥录》、《东夷考略》、

---

① 《明神宗实录》卷444，"中研院"史语所1962—1965年校印本，第8429—8430页。
② 辽宁大学历史系刊印：《〈明实录〉中的女真史料选编》，1983年。
③ 郑天挺等主编：《中国历史大词典》，上海辞书出版社2000年版，第3272—3273页。
④ 潘喆、孙方明、李鸿彬编：《清入关前史料选辑》（第一辑），中国人民大学出版社1984年版，第107页。下同，只注书名、出版时间及页码。

《澹泊斋棠》。"① 其《东夷考略》内容"共有三篇：首篇女直通考，记自秦汉以来女真部族的历史沿革；次篇海西女真考，记海西南北关祝孔革、王台部族的发展变化；三篇建州女真考，记王杲、阿台之事迹，直到万历年间努尔哈赤兴起为止。由于茅瑞徵居官兵部，熟知辽东情况，因而记述详细，言事确切，是研究明代女真的重要资料"②。

3.《辽夷略》一卷，张鼐撰。"张鼐字世调，号侗初，松江人。万历三十二年（1604）进士，官至南京吏部右侍郎，詹事府（詹）事。此书是他于万历四十八年（1620）奉使辽东，于归后所撰，记当时辽东朵颜、泰宁、福余三卫，还有海西南北关及建州各部情况。他所记各部居处，牧放地点，参加马市交易以及各族之间和明王朝的关系，是研究明代东北卫所与清入关前历史的有用资料。"③

4.《剿奴议撮》（附建州考）一卷，"明于𬱟撰。𬱟字燕芳，松江人。万历四十七年，萨尔浒之战，明军大败之后，许多官僚士大夫大为震惊，自此十分关心辽东形势，纷纷为朝廷出谋献策。是书共有十一篇，皆谈论有关辽东攻守之法"④。此书对研究清入关前的历史，有一定参考价值。天启三年（1623），明人陈继儒刊刻此书，并附以所著《建州考》一文。该文内容涉及女真先世、女真与明朝的关系、女真各部之间的关系、女真人衣食住行生活习俗等。

5.《辽广实录》二卷，傅国撰。"傅国字鼎卿，别字丹水，山东临朐人。万历四十一年进士，官至户部郎中，督饷辽东，因辽阳失守，削职回乡。""此书是写万历四十七年萨尔浒之战，明军四路丧师，不久开原、铁岭、沈阳、辽阳相继失陷，明军退守辽河以西，广宁失守的历史过程。因是作者耳闻目睹，记载比较可信，是研究明和后金之间战争的重要史料"⑤。

6.《全边略记》十二卷，方孔炤撰。"方孔炤字潜夫，安徽桐城

---

① 郑天挺等主编：《中国历史大词典》，上海辞书出版社2000年版，第1743页。
② 《清入关前史料选辑》（第一辑），中国人民大学出版社1984年版，第43页。
③ 《清入关前史料选辑》（第一辑），中国人民大学出版社1984年版，第89页。
④ 《清入关前史料选辑》（第一辑），中国人民大学出版社1984年版，第119页。
⑤ 《清入关前史料选辑》（第一辑），中国人民大学出版社1984年版，第138页。

人，曾任明职方司。是书为其任职方司所记，成书于崇祯元年，专记明代边疆和内地的地理形势和一些民族状况，其中卷十《辽东略》，比较详细地记载了明王朝在东北地区的经营和对女真、蒙古各部的统治情况，是研究清入关前历史的重要资料。"①

7.《两朝从信录》三十五卷，沈国元撰。"沈国元，秀水人，家世不甚详悉……其所编著的《皇明从信录》，内容详实，取材公允，为时人所称道。该书实系《皇明从信录》的续编，凡泰昌至天启间明政府的政治施为，与女真、蒙古等少数民族的关系……都有较多地记载。特别女真族建立后金（清）后与明政府在东北地区的斗争，明政府关于命官遣将、战略、策略、方针的讨论与决定，失利后官将的更易，调兵加饷，以及逐年逐月战斗情况，记载极详"②，具有较高的史料价值。

8.《山中闻见录》十一卷，彭孙贻撰。"彭孙贻字仲谋，一字羿仁，浙江海盐人，明末拔贡生……《山中闻见录》卷一至卷六为建州，主要记述明末数十年间明与后金—清的战事以及与建州、海西各部的关系。卷七为戚继光、李成梁、徐从治、刘铤、杜松等六名将领在辽东作战的传记。卷八西人志，卷九至十一东人志，记述元代后裔和女真各部的渊源。该书所记……条理比较清晰，内容比较充实，所提供的史实，具有重要的参考价值，故该书久已为学界所重视。"③

9.《督师纪略》十六卷，鹿善继、杜应芳、茅元仪撰。该书内容主要记述明熹宗天启二年至五年（1622—1625）兵部尚书孙承宗在山海关外督师战守事。撰述者三人均为孙承宗麾下幕僚，故该书史料价值甚高。④

此外，在一些资料汇编类图书中，往往还有学术性较强的文章。如：《筹辽硕画》正文前，有歙渚生程令名撰《东夷努尔哈赤考》。《三朝辽事实录》首卷《总略》，概述辽东分野、沿革、战略地位、边防及

---

① 《清入关前史料选辑》（第一辑），中国人民大学出版社1984年版，第190页。
② 《清入关前史料选辑》（第二辑），中国人民大学出版社1989年版，第117页。
③ 《清入关前史料选辑》（第三辑），中国人民大学出版社1991年版，第1页。
④ 阎崇年主编：《20世纪世界满学著作提要》，民族出版社2003年版，第390页。以下只注书名及页码。

朵颜、海西、建州势态。其正文十七卷，叙列万历四十六年（1618）四月至天启七年（1627）辽东战事，且引录大臣奏议，多他书所未备，颇有价值。

从上可知，在明末特殊的历史条件下，有些文武官员、文人学士主观上纷纷向统治者献计献策，以维护其统治地位，或将有关奏疏等汇编成册，以备查阅，而客观上却成为晚明时期满学的缔造者之一。他们有关辽东或女真人的奏疏，尤其相关资料汇编和研究论著，都成为晚明满学成果的一部分。

第三节　朝鲜人与满学

16 世纪 80 年代初至 17 世纪 40 年代中期，为朝鲜李氏王朝宣祖十六年（明万历十一年，1583）至仁祖二十一年（明崇祯十六年，清崇德八年，1643）。在此期间，朝鲜人有关辽东地区和女真人的奏疏见于其官修典籍者颇多。以《李朝实录》为例，其中有关女真的奏疏和谕旨就为数不少。王锺翰先生辑录成书，题名《朝鲜〈李朝实录〉中的女真史料选编》，辽宁大学历史系作为清初史料丛刊第七种，于 1979 年 9 月出版。该选编"大约二十万字"[1]，其数之多，由此可见一斑。其他如《燕行录》等书中，都有许多有价值的史料。

朝鲜文献中关于中国的资料相当丰富，其中不乏满学资料。"朝鲜时代的文献也分成三类，一是官书典籍。朝鲜王朝重视历史文献的整理，编纂了一系列卷帙繁多的典籍，诸如，《朝鲜王朝实录》《龙飞御天歌》《同文汇考》《备边司誊录》《承政院日记》《日省录》《通文馆志》《新增东国舆地胜览》等。不少部头颇大的编年体官书，比较细致地记载了朝鲜与周边诸多民族交往的政治、军事、经济、文化、民族、宗教、人物等丰富的史事，提供许多新鲜史料……二是私著文集笔记。'丁卯虏乱'、'丙子胡乱'等中朝关系的重大事变，朝鲜官员都留下

---

① 王锺翰辑录：《朝鲜〈李朝实录〉中的女真史料选编·序言》，辽宁大学历史系 1979 年，第 3 页。

了较详细的记录，不少为手抄本，至今存世。朝鲜士人文集数量可观，已刊《韩国历史文集丛书》三千册、《韩国文集丛刊》二百册……朝鲜来华使臣人数颇众，留下了数量颇多、内容宏富的燕行记事，例如，《朝天录》、《燕行录》等。韩国东国大学整理刊布了 101 册《燕行录》……三系碑刻文物……《清太宗功德碑》（满蒙汉文、现立首尔市汉江南岸三田渡）等碑为数不少，许多碑文收入《朝鲜金石总览》（上、下册）等，均记载中朝交往与民族关系等史事。"① 这些文献中，约当晚明时期的文献多与满学有密切关系。

在这一时期，朝鲜有关满学的私人著作较为著名者，有以下六种：

1.《建州纪程图记》附解说，申忠一撰。是为申忠一出使建州的见闻录及其解说。"明万历二十三年（1595），建州卫女真人越境采参，为朝鲜边将所杀。努尔哈赤准备报复。朝鲜为缓和紧张局势，一面惩办边将，一面派南部主簿申忠一送文书赴建州修好，并刺探虚实。十二月二十二日，申忠一自满浦渡鸭绿江，沿今浑江支流新开河、富尔江至努尔哈赤驻地佛阿拉。翌年正月初五日，申忠一由原路回国。申忠一归国后，将一路所经，绘制纪程图长卷二幅，并将会谈经过以及闻见所及，分条记述，录于图后；其一作进呈朝鲜国王，其一自藏。"② "其内容涵盖了女真社会政治、经济、军事、文化、习俗等诸多方面"，③ 是研究建州女真社会的宝贵史料。

2.《丙子录》，罗万甲撰。罗万甲（1592—1642），曾任李朝兵曹参议。崇德元年十二月（1637 年 1 月），清太宗"皇太极率师，第二次出兵朝鲜，迫朝鲜称臣。朝鲜称此事件为'丙子胡乱'，《丙子录》即作者据亲历目睹，逐日记录，诸多重要细节为官书所不载"④，"为研究当时清国与朝鲜关系的变化，皇太极对朝鲜当局的强横，与清军上下贪

---

① 徐凯：《满洲认同"法典"与部族双重构建——十六世纪以来满洲民族的历史嬗变》，中国社会科学出版社 2015 年版，第 32—33 页。

② 《20 世纪世界满学著作提要》，第 367 页。

③ 闻家祯：《〈建州纪程图记〉〈建州闻见录〉校释与研究》，东北师范大学 2018 年博士学位论文。

④ 《20 世纪世界满学著作提要》，第 386 页。

索掳掠等作为，留下了可贵的史料"①。

3. 《乱中杂录》九卷，赵庆男撰。赵庆男，"朝鲜王朝显祖年间义兵将领"②。该书"汇录李朝前期至仁祖十六年（1638）约二百年朝鲜内外祸乱之相关材料，多有官书不载者"，"其卷五至卷九内容大部，主要反映李氏朝鲜与清（金）关系，李朝与明辽东当局及明廷关系及清（金）政治、军事、经济、社会状况等"。③

4. 《栅中日录》，李民寏撰。"李民寏（1573—1649），字而壮，号紫岩，朝鲜永川人，李朝仁祖朝官至刑曹参判。天命四年即明万历四十七年（1619）三月，明朝经略杨镐四路出师，进攻努尔哈赤的都城赫图阿拉，即史称为萨尔浒之战。朝鲜以姜弘立为元帅，率师万余助明，李民寏为元帅幕僚。三月，姜弘立战败投降，李民寏被俘，居住建州，至翌年七月，获释归国。《栅中日录》即李民寏记录其行军作战、投降被囚，到获释返国之所见所闻之书。是书史料价值极高。"④

5. 《建州闻见录》，李民寏撰。"李民寏在萨尔浒之战中被俘后，居住在建州。翌年七月，李民寏获释归国。回国后，李民寏将其所见所闻，写成《建州闻见录》，作为向朝鲜国王呈递之报告。其内容包含后金地理形势、风俗物产、社会阶级、军事制度以及女真贵族重要人物情况。所记均为耳闻目睹，史料价值极高。"⑤

6. 《沈阳状启》。"清朝崇德元年（1636）十二月，皇太极统兵征朝鲜，初确立清朝对朝鲜的宗主关系。皇太极自朝鲜退兵，携朝鲜王世子、二王子及内眷、六卿子弟等至沈阳，作为人质。至清顺治二年（1645），释其回国，凡居沈八年。朝鲜王世子等在沈馆居，除世子、二王子、内眷无清廷之命不得擅离外，其余人等均出入自由。该书即从朝鲜王世子居沈之宰臣、讲官对朝鲜承政院呈递之报告誊本，以及世子返国省亲、随皇太极征明、游猎等报告之汇篇，其史料价值极高。"⑥

---

① 《清入关前史料选辑》（第二辑），中国人民大学出版社 1989 年版，第 451 页。
② 《清入关前史料选辑》（第三辑），中国人民大学出版社 1991 年版，第 258 页。
③ 《20 世纪世界满学著作提要》，第 390 页。
④ 《20 世纪世界满学著作提要》，第 360—361 页。
⑤ 《20 世纪世界满学著作提要》，第 366 页。
⑥ 《20 世纪世界满学著作提要》，第 367—368 页。

以上所列诸书，在当时多属于情报，如《建州纪程图记》《栅中日录》《建州闻见录》《沈阳状启》都是其作者向朝鲜国王递交的重要情报，而对今日学术研究来说，都不失为珍贵的社会调查报告。因此，也都属于晚明满学学术成果的一部分。

特别值得一提的是，朝鲜人自明末便主动学习满文。"早在 17 世纪，与韩国毗邻的清王朝变得强大起来，创制了满文字母并发展了满语文字。在这种背景下，司译院认为学习满语为当务之急，朝鲜王朝的司译院设有一个女真学厅，是专门负责女真语的机构或办公室，内有女真课本，用于培养翻译者"，"女真语课本中，有五本书在 1639 年被译成满文手稿，这是司译院首批出版的满文课本"，"它们是：1.《仇难》；2.《去化》；3.《尚书》；4.《八岁儿》；5.《小儿论》"。① 显然，朝鲜人放弃女真文，改学满文，始于明末。

第四节　欧洲人与满学

明朝末年，欧洲传教士来中国传教，"其中有葡萄牙人、西班牙人、法国人、意大利人、德国人，此外还有少量英国人、爱尔兰人、波兰人、波希米亚（捷克、斯洛伐克）人、荷兰人、奥地利人、立陶宛人和比利时人等"②。他们长期生活在中国，除了传教之外，还将其所见所闻，汇集成书，公之于世。

随着建州女真的崛起，女真人的前世今生以及金明战争进入传教士的视野，并被写入其论著之中，成为晚明满学的重要内容。在这方面，曾德昭及其《大中国志》一书拔得头筹。

曾德昭是葡萄牙籍天主教耶稣会士，本名"奥伐罗·塞默多（Alvaro Semedo）"，"1585 年生于葡萄牙的尼泽城，十七岁入耶稣会。1608 年他学习期间申请赴印度，在果阿完成学业，又请赴中国，于 1613 年

---

① ［韩］成百仁、高东昊：《韩国的满语研究概况》，蒋理译、许明玉校，《满语研究》1999 年第 1 期。

② ［法］荣振华：《在华耶稣会士列传及书目补编·译者的话》，耿昇译，中华书局 1995 年版，第 1 页。

到达南京，取名谢务禄，在南京传教并研习中国语文。1616 年发生南京教案，他和另一传教士、意大利人王丰肃同时被捕，遣返澳门。1620年重入内地，改名曾德昭，以后在中国布道和开辟新教区，历居杭州、嘉定、上海、南京，迄至西安。1649 年至广州主持教务，旋至肇庆，为永历帝、后和宫里人员举行弥撒，不久推举新抵中国之卜弥格神父代主教务。1651 年清兵重取广州，德昭在教堂被拘数日，获释后至澳门养病，最后数年居于广州，卒于 1658 年，葬香山嶨，即澳门"①。

由于常年生活在中国，曾德昭自然熟悉中国的情况，遂写出《大中国志》。"于 1641 年完成的《大中国志》（*Relação Da Grande Monarquia da China*）是汉学史上的名著，全面深入地描述了中国明末的社会和文化，在欧洲广为人知，影响极大。"②"全书分两大部，上部根据作者多年见闻，记述中国各省的物产和情况，中国的政治制度、风俗习惯、语言文学、服饰、宗教信仰、商业活动以及中外商品交流等。葡人在澳门早期的建设，葡人协助明廷抗拒清兵，书中亦有记录。""该书第二部分记录耶稣会士在华的传教事迹。"③

关于《大中国志》的出版情况，"燕京大学教授（1937—1947）罗文达（Rudolf Lowenthal）在《中国早期的犹太人》一书中详细介绍了《大中国志》的文本历史。他首先指出：'据伯希和研究，没有人见过该书的葡语版本。伯希和认为 1640 年曾昭德到达葡萄牙的时候携带着该书的葡文手稿'（罗文达：380）。耶稣会士苏查（Manoel de Faria y Souza）将该书译为西班牙语，并对葡语原本有所修订。1642 年译本在马德里出版，题为 *Imperio de la China y Cultura Evangelica en el por los Religiosos de la Comania de Jesus sacado de los noticias de Padre Alvaro Semedo*（罗文达：380）。此外，曾德昭 1642 年在罗马期间携带着葡语书稿，同时该书稿的意语版本译就（罗文达：380）。译者是意大利耶稣会士

---

①　［葡］曾德昭：《大中国志·中译者序》，何高济译、李申校，上海古籍出版社 1998年版，第 1 页。

②　刘亚辉：《曾德昭〈大中国志〉中的汉字字体名称研究》，《洛阳师范学院学报》2017年第 4 期。

③　［葡］曾德昭：《大中国志·中译者序》，何高济译、李申校，上海古籍出版社 1998年版，第 1 页。

基尔凡尼－巴蒂斯塔·基亚蒂尼（Giovanni-Battista Giatinni，罗文达：381）。意大利版最早于 1643 年在罗马出版"①。

　　毫无疑问，曾德昭是 17 世纪最早向欧洲介绍女真人以及金明战争的一位传教士，只是限于当时欧洲人的认知水平，仍将女真人视为鞑靼人的一部分，称之为鞑靼人。他在《大中国志》第一部第二十一章"鞑靼人对中国的战争"中，高度概括地记述有明一代女真人始降终叛的历史过程。关于元亡明兴，女真人归附、明廷实行羁縻统治，他写道："现在统治中国的皇室，其首创者洪武把统治全国达 90 年的鞑靼人从中国驱逐出去，他不仅重新获得自己的国家，还进入别的国家并且征服那些北面离他最近的国土，强迫他们纳贡。他不让它们作为国家而存在，这位洪武把他们分成 160 个部族，封与他们不同的头衔和职位。"② 关于女真人以及金明战争，他写道："这持续了许多年，直到中国人发现东国发展迅速，这或许为面子，或许为别的特殊原因，他们决定进攻它，使对方屈服，于是鞑靼人被迫决心向中国人进袭；这就是一般所谓强暴专横的结果，那就是王公要向百姓索取他们所能交纳的东西。""鞑靼人因此秘密征集军队，突袭辽东省的一座城堡，并且攻占了它，然后进行多次侵略抢劫，给中国人造成巨大损失。""西部和北部的鞑靼人，或许出自爱国之情，或许更可能为利害关系，也调兵去援助他们的东部同胞；他们人数逐渐增长，终于在 1618 年，两支大军，一边是中国人，一边是鞑靼人，进入战场，中国军败逃，损失惨重。"③ 这是指天命三年（明万历四十六年，1618）三月，弩尔哈齐以"七大恨"告天，然后率领满蒙大军围攻抚顺城，明游击李永芳兵败投降。此后，弩尔哈齐连年用兵于明，攻城略地，势如破竹，明军接连败北。抚顺之战后，曾德昭当时就看到了兵部尚书为此事的奏疏，并且将它翻译之后，作为新闻，送往欧洲。后来又收入《大中国志》一书中，并有

---

　　① ［美］康士林（Nicholas Koss）：《曾德昭与英国前汉学文本〈大中国志〉》，姚斌译，《国际汉学》（第 25 辑）2007 年，第 81—82 页。

　　② ［葡］曾德昭：《大中国志》，何高济译、李申校，上海古籍出版社 1998 年版，第 121 页。

　　③ ［葡］曾德昭：《大中国志》，何高济译、李申校，上海古籍出版社 1998 年版，第 121—122 页。

交代。

　　关于抚顺之战后的金明战况，他写道："自那时以来，鞑靼人继续每年夏季大举入侵（因为冬季严寒，不能干甚么事），总的说来他们是胜利者，中国人则损失惨重。""因此在 1622 年，该省的主要堡垒，总督的驻驿地广宁（Kuamsi）堡的两名大员（或许出自不满，或许出自改善他们地位的愿望，和鞑靼人达成秘密协议，把该堡交给他们；他们的确这样做了，因为当鞑靼人进袭他们防守的一侧时，由于出卖很轻易地就攻占了它，迫使那些尚不知道逆谋的人逃走，其中有总督。他们逃到（可说是）该省最后的据点山海（Xam hai）关，这是进入北京省的第一站，全国的要害和屏障。"①

　　其他传教士如卜弥格、卫匡国、帕拉福克斯、汤若望、鲁日满、闵明我、安文思、李明等也撰写了一系列著作，记载金明战争以及明清易代的历史，详略各异，只是他们的著作出版时大清王朝已入主中原，取代大明王朝的统治了。

　　由上可见，明末来华的欧洲传教士群体也是晚明满学的缔造者之一，他们在欧洲出版的有关著作以及传送的"新闻"既是晚明满学研究成果的一部分，也是后人研究满学的重要参考文献。

---

　　① ［葡］曾德昭：《大中国志》，何高济译、李申校，上海古籍出版社 1998 年版，第123—124 页。此引文内（Kuamsi）处，原书有注曰："Kuamsi（或为 Kuamni 之误），应指天启二年广宁之溃。"

第四章

清代满学

　　清代满学，从时间上看，大体上自 17 世纪 40 年代中至 20 世纪第一个 10 年初，是满学的钦定或御制时代。其标志性历史事件，始则明崇祯十七年、清顺治元年（1644）清朝夺取明末农民战争的果实，入主中原，完成明清交替，终则清朝退出历史舞台，民国建立。

　　清朝入关、定都北京后，随着国家的统一，社会的稳定，经济的发展，文教事业也蒸蒸日上，特别是北京深厚的文化底蕴，滋养了满洲文化，极大地促进了满学之繁荣。清代满学硕果累累，北京成为满学研究的中心，所有研究满族历史、语言、文字等方面鸿篇巨制都产生于此。这个时期的主要代表人物是清圣祖玄烨、清高宗弘历。这一时期满学的主要特点是：钦定或御制有余，而学术性研究不足。

　　在这个时期，外国人主要是俄国人、德国人、英国人、法国人都为满学的发展做出了各自的贡献。满洲人建立大清王朝，进而入主中原，世界各国为之震惊，西方各国纷纷派遣传教士来到中国，借以了解大清王朝，了解满洲及其文化。特别是德、法两国学术界极力提倡，相互竞争，终于掀起了满学研究的热潮，甚至创造了 Manchulogy（满洲学）这一专有名词。在荷兰、意大利、俄罗斯、日本等国，满学研究也受到重视，出现了知名的满学家，诸多研究成果相继问世。

第一节　清代国内满学

　　有清一代，满洲成为统治民族，满语和满文也成为“国语”和

"国书"，满学自然成为"国学"，颇为统治者所重视。然而，清代不同时期满学的发展状况并不相同。因此，按照清代历史进程，清朝入关以后的满学可以分为清代前期的满学、清代中期的满学和清代后期的满学三个发展时期。

一　清代前期的满学

清代前期的满学，大致而言，包括顺治朝（1644—1661）、康熙朝（1662—1722）、雍正朝（1723—1735）三朝的满学，历时92年。这是清朝入关后，满学随着大清王朝逐步走向经济社会发展的高峰而快速发展的时期。其中，康熙朝满学成就更可圈可点。

（一）顺治时期的满学

顺治元年（1644）四月，清军入关。五月初，清朝摄政王多尔衮进驻北京，安抚官民，并派兵招抚各省，出关迎接顺治皇帝。九月十九日，顺治皇帝自正阳门进入紫禁城。十月初一日，"上以定鼎燕京，亲诣南郊，告祭天地，即皇帝位"[1]。数月之间，清朝移鼎北京，取代了明朝的统治地位。

清朝入关后，在逐步统一全国，恢复和发展社会经济的同时，继承清太宗的文治政策，注重文化建设，颇有成效，如：顺治二年（1645），诏修《明史》。顺治三年十二月二十日（1647年1月25日），"颁赐诸王以下，甲喇章京、理事官以上满文金、辽、元三史，并明《洪武宝训》"[2]。满文翻译的《辽史》凡八卷八册，《金史》凡九卷九册，《元史》凡十五卷十五册，均有顺治三年（1646）内府刻本。[3]《洪武宝训》即《洪武要训》（xūng u xan i oyongɡo tacihiyan），六卷，刚林等奉敕翻译，现存顺治三年（1646）刻本，线装，白口；精写本，包背装，黑口。两种版本，大小不同。[4] 可见，清朝入关伊始，便开始刻印满文金、辽、元三史，翻译并刻印《洪武宝训》。辽金元三史总结

---

① 《清世祖实录》卷9，中华书局1985年影印本，第91页。
② 《清世祖实录》卷29，中华书局1985年影印本，第243页。
③ 《北京地区满文图书总目》，第99—101页。
④ 《北京地区满文图书总目》，第128—129页。

了北方人口较少的契丹族、女真族、蒙古族成功的经验和失败的教训，而《洪武宝训》是大明王朝开国皇帝朱元璋训谕臣工的语录，清朝统治者在入关之初就把这些书的满文译本颁发给王公贵族和文武群臣，其深刻的用意是不言而喻的。

顺治一朝，十有八年，历时虽短，但编纂、抄录或刊刻的满文图书档册为数亦多，详见表 4 - 1。

表 4 - 1   顺治时期满文图书统计表①

序号	书名	时间与类型	条目号
1	《辽史》	顺治元年（1644）抄本	0499
2	《金史》	顺治元年（1644）抄本	0503
3	《元史》	顺治元年（1644）抄本	0508
4	《辽史》	顺治三年（1646）内府刻本	0498
5	《金史》	顺治三年（1646）内府刻本	0502
6	《元史》	顺治三年（1646）刻本	0506
7	《洪武要训》	顺治三年（1646）刻本	0638
8	《洪武要训》	顺治三年（1646）精写本	0639
9	《大清律集解附例》	顺治三年（1646）抄本	1097
10	《大清律集解附例》	顺治三年（1646）抄本	1098
11	《三国志》	顺治七年（1650）刻本	1695
12	《三国志》	顺治七年（1650）抄本	1696
13	《三国演义》	顺治七年（1650）抄本	1700
14	《三国演义》	顺治七年（1650）内府刻本	1698
15	《顺治敕谕西宁地面大小官员军民人等》	顺治十年（1653）写本	0642
16	《御制劝学文》	顺治十年（1653）刻本	1257
17	《诗经》	顺治十一年（1654）听松楼刻本	0031
18	《诗经》	顺治十一年（1654）内府刻本	0030
19	《顺天乡试录》	顺治十一年（1654）内府刻本	0915
20	《顺天乡试题名》	顺治十一年（1654）内府刻本	0916
21	《内办事簿》	顺治十二年（1655）写本	1119

① 该表格根据《北京地区满文图书总目》制作。

序号	书名	时间与类型	条目号
22	《中式满蒙进士录》	顺治十二年（1655）武英殿刻本	0913
23	《中式满蒙举人提名》	顺治十二年（1655）武英殿刻本	0914
24	《进土登科录》	顺治十二年（1655）刻本	0912
25	《御制人臣儆心录》	顺治十二年（1655）刻本	0950
26	《御制人臣儆心录》	顺治十二年（1655）刻本	0951
27	《顺治十一年档册》	顺治十二年（1655）抄本	1118
28	《御制劝善要言》	顺治十二年（1655）内府刻本	1251
29	《内政辑要》	顺治十二年（1655）内府刻本	1267
30	《御制资政要览》	顺治十二年（1655）内府刻本	1273
31	《内政辑要》	顺治十二年（1655）内府精写本	1269
32	《御制劝善要言》	顺治十二年（1655）刻本	1252
33	《范行恒言》	顺治十二年（1655）刻本	1271
34	《御制孝经》	顺治十三年（1656）刻本	0051
35	《表忠录》	顺治十三年（1656）刻本	0640
36	《御制牛戒》	顺治十三年（1656）内府刻本	1261
37	《内则衍义》	顺治十三年（1656）内府刻本	1263
38	《劝善要言》	顺治十三年（1656）刻本	1253
39	《御制劝学文》	顺治十三年（1656）刻本	1258
40	《寿诗》	顺治十三年（1656）刻本	1660
41	《内则衍义》	顺治十三年（1656）抄本	1264
42	《内政辑要》	顺治十五年（1658）刻本	1268
43	《御制董后行状及哀册》	顺治十七年（1660）刻本	0799
44	《都察院拟监察职权条例》	顺治十八年（1661）写本	1062
45	《诸王贝勒以下满汉文武百官以上誓词录》	顺治十八年（1661）精写本	0952
46	《内外王贝勒以下文武各官誓词录》	顺治十八年（1661）精写本	0953
47	《金史》	顺治年间写本	0504
48	《元史》	顺治年间内府精写本	0507
49	《医药治症通书》	顺治年间刻本	1394
50	《满汉格言》	顺治年间刻本	1497
51	《诗经》	顺治年间抄本	0033
52	《帝鉴图说》	顺治年间抄本	0759

序号	书名	时间与类型	条目号
53	《黄石公素书》	顺治年间抄本	1369
54	《梧冈琴谱》	顺治年间抄本	1461
55	《前宋演义》	顺治年间抄本	1710
56	《唐代演义》	顺治年间抄本	1716
57	《秘本档》	顺治朝抄本	0728

表4－1所列满文图书未必包括顺治朝抄录、刊刻的所有满文图书，但从刚刚入关、战火尚未熄灭的角度来看，其数量已经相当可观了。特别是有些图书还有不同的版本，如表中既有《三国志》，又有《三国演义》。关于《三国志》的翻译，亦有文献记载，如《内国史院满文档案译编》（顺治朝）记载：顺治七年（1650）四月"十八日，翻译《三国志》告成"①。浏览满文翻译的《三国志》，实有两种：一种是（晋）陈寿撰，宁完我、刚林等总校，叶成额等译写的《三国志》，凡24册；一种是（元）罗贯中撰、祁充格等译的《三国演义》，凡24卷24册。②根据李卓吾原评本翻译的满汉合璧刻本《三国演义》，其内封右侧自上而下有"李卓吾原评"五字，中间上面自右向左有"绣像古本"四字，下面自上而下有"三国志"三个大字，左侧自上而下有"吴郡绿荫堂藏版"七字。每卷之首，均有自上而下书写的满文 ilan gurun i bithe（居左）和汉文"三国志"（居右）三字。每页版心上方，自上而下亦有汉文"三国志"三字。③而实际上，这是《三国演义》的满文译本之一。又如满文翻译的《诗经》，既有顺治十一年（1654）的内府满文刻本，凡10册20卷，亦有顺治十一年听松楼刊刻满汉合璧本，凡6册6卷。④有人根据杨钟义《雪桥诗话续集》的记载，认为内府满文刻本的译者是"清初的翻译举人""酷爱诗歌的诗人"鄂貌图，而听松楼满汉

---

① 中国第一历史档案馆：《清初内国史院满文档案译编》（下），光明日报出版社1989年版，第80页。

② 《北京地区满文图书总目》，第383—384页。

③ 法兰西国家图书馆网站，http：//www.bnf.fr/pages/accedocu/docs_gallica.htm。

④ 《北京地区满文图书总目》，第6页。

合璧刻本是最早出现的满汉合璧本，也是现在有明确年款的最早的满文坊刻本。① 由此可见，顺治时期的满学已显出良好发展态势。

顺治时期，还敕修《清太宗实录》《清太祖圣训》《清太宗圣训》。顺治六年（1649）正月初八日，当睿亲王多尔衮摄政时，命大学士范文程等纂修《清太宗实录》。② 七年（1650）十二月初九多尔衮病逝，八年（1651）正月十二日清世祖福临亲政。二月二十一日，"追论睿王多尔衮罪状，昭示中外"③。闰二月二十八日，"定阿附多尔衮诸臣罪，刚林、祁充格俱坐罪"④，以其"擅改太祖实录，为睿亲王削匿罪愆、增载功绩"⑤，"擅改实录，隐匿不奏""将盛京所录太宗史册，在在改抹""钞录密书罪状二本，刚林取匿，不曾缴还"也。⑥ 大概此案了结后，命重修《清太祖实录》。九年（1652）正月二十九日，复命大学士希福等纂修《清太宗实录》。⑦ 二月初一日，"宴纂修《太宗实录》官于礼部"⑧。九月初八日，"命内国史院学士魏天赏、詹事府少詹事兼侍读学士高珩、李呈祥充纂修《太宗文皇帝实录》副总裁官"⑨。十年（1653）正月十九日，"以内翰林秘书院大学士陈名夏充纂修《太宗实录》总裁官"⑩。显然，这些都是不断充实编纂力量，正在加紧编纂的证据。大约在顺治十一年（1654）年初，《清太祖实录》《清太宗实录》均告成。⑪

从上所引可知，《清太祖实录》《清太宗实录》于顺治十一年（1654）告成后，翌年采纳内翰林国史院侍读黄机所奏，清世祖特命辅臣冯铨等纂修《清太祖圣训》和《清太宗圣训》，并于当年五月开馆，

---

① 章宏伟：《清朝初期的满文教育与满文译书出版》，《沈阳故宫博物院院刊》2008 年第 5 辑。

② 《清世祖实录》卷 42，中华书局 1985 年影印本，第 336 页。

③ 《清世祖实录》卷 53，中华书局 1985 年影印本，第 422 页。

④ 《清世祖本纪》卷 2，顺治八年闰二月。

⑤ 赵尔巽撰：《清史稿》卷 245，列传 32，中华书局 1977 年版，第 9630 页。

⑥ 《清世祖实录》卷 54，中华书局 1985 年影印本，第 432—433 页。

⑦ 《清世祖实录》卷 62，中华书局 1985 年影印本，第 488—489 页。

⑧ 《清世祖实录》卷 63，中华书局 1985 年影印本，第 490 页。

⑨ 《清世祖实录》卷 68，中华书局 1985 年影印本，第 531 页。

⑩ 《清世祖实录》卷 71，中华书局 1985 年影印本，第 565 页。

⑪ 《清世祖实录》卷 89，中华书局 1985 年影印本，第 702—703 页。

开始纂修。然而，此项编纂工作在顺治朝未能告成。

（二）康熙时期的满学

康熙时期，南平三藩，北拒沙俄，东南收台湾，西北抗准部，国家逐步统一，社会日趋安定，经济迅速发展。在此形势下，清圣祖"诏举博学鸿儒，修经史，纂图书，稽古右文，润色鸿业，海内彬彬向风焉"①。满学研究也呈现繁荣景象。

在康熙时期，编纂、刊刻或抄录的满学研究成果累累，仅据《北京地区满文图书总目》统计，就有94种之多，详见表4-2。

表4-2　　　　　　　　　康熙时期满文图书统计表②

序号	书名	时间与类型	条目号
1	《朝恭官数目》	康熙二年（1663）写本	1120
2	《通鉴》	康熙三年（1664）刻本	537
3	《使事纪略》	康熙八年（1669）精写本	628
4	《麻勒吉曾祖父母诰命》	康熙九年（1670）写本	849
5	《李林隆祖父母诰命》	康熙九年（1670）写本	853
6	《大清律集解附例》	康熙九年（1670）内府刻本	1099
7	《十二字头》	康熙九年（1670）刻本	232
8	《大清律集解附例》	康熙九年（1670）抄本	1100
9	《大清世祖章皇帝实录》	康熙十一年（1672）小黄绫精写本	568
10	《大清世祖章皇帝实录》	康熙十一年（1672）小红绫精写本	567
11	《大学衍义》	康熙十一年（1672）内府刻本	1196
12	《大清世祖章皇帝实录》	康熙十一年（1672）大红绫精写本	566
13	《大学衍义》	康熙十一年（1672）抄本	1198
14	《大清太宗文皇帝圣训》	康熙十二年（1673）小红绫精写本	683
15	《大清太祖高皇帝圣训》	康熙十二年（1673）大红绫精写本	677
16	《定南大将军兼多罗贝勒尚善致吴三桂约战书》	康熙十三年（1674）刻本	615
17	《龙世库及妻室诰命》	康熙十四年（1675）写本	850

① 赵尔巽撰：《清史稿》卷145，志120，艺文1，中华书局1977年版，第4219页。
② 该表格根据《北京地区满文图书总目》制作。

续表

序号	书名	时间与类型	条目号
18	《朱子节要》	康熙十四年（1675）刻本	1208
19	《日讲四书解义》	康熙十六年（1677）内府刻本	105
20	《诗经讲章》	康熙十八年（1679）曹鉴伦抄本	34
21	《刑部新定现行例》	康熙十九年（1680）武英殿刻本	1050
22	《日讲书经解义》	康熙十九年（1680）内府刻本	25
23	《谕稿》	康熙二十一年（1682）抄本	647
24	《随军纪行》	康熙十九年（1680）至二十一年（1682）写本	631
25	《出使交趾纪事》	康熙二十二年（1683）武英殿刻本	627
26	《日讲易经解义》	康熙二十二年（1683）内府刻本	9
27	《大清全书》	康熙二十二年（1683）京都宛羽斋刻本	304
28	《金榜》	康熙二十四年（1685）写本	909
29	《上谕》	康熙二十四年（1685）抄本	645
30	《古文渊鉴》	康熙二十四年（1685）内府刻本	1684
31	《平定三逆方略》	康熙二十五年（1686）内府精写本	602
32	《大清太祖高皇帝圣训》	康熙二十五年（1686）刻本	674
33	《平定三逆方略》	康熙二十五年（1686）稿本	603
34	《希福诰命》	康熙二十五年（1686）至嘉庆四年（1799）写本	851
35	《大清世祖章皇帝圣训》	康熙二十六年（1687）武英殿刻本	688
36	《工部奏销京师城墙修缮工程费用清册》	康熙二十九年（1690）写本	1139
37	《大清会典》	康熙二十九年（1690）内府刻本	1002
38	《大清会典》	康熙二十九年（1690）内府精写本	1003
39	《满汉同文全书》	康熙二十九年（1690）秘书阁刻本	313
40	《几何原本》	康熙二十九年（1690）抄本	1433
41	《新刻满汉字四书》	康熙三十年（1691）玉树堂刻本	75
42	《满文资治通鉴纲目》	康熙三十年（1691）武英殿刻本	539
43	《金榜》	康熙三十年（1691）抄本	910
44	《同文广汇全书》	康熙三十二年（1693）天绘阁刻本	310

序号	书名	时间与类型	条目号
45	《李林隆父母诰命》	康熙三十六年（1697）写本	854
46	《李林隆及妻室诰命》	康熙三十六年（1697）写本	855
47	《清书全集》	康熙三十八年（1699）听松楼重刻本	1762
48	《满汉类书》	康熙三十九年（1700）刻本	301
49	《满汉类书全集》	康熙四十年（1701）刻本	312
50	《清凉山新志》	康熙四十年（1701）刻本	925
51	《同文广汇全书》	康熙四十一年（1702）听松楼刻本	311
52	《联珠集》	康熙四十一年（1702）听松楼刻本	1509
53	《李林隆曾祖父母诰命》	康熙四十二年（1703）写本	852
54	《醒世要言》	康熙四十三年（1704）刻本	1237
55	《满汉合璧黄石公素书》	康熙四十三年（1704）刻本	1366
56	《满汉潘氏总论》	康熙四十六年（1707）刻本	1484
57	《潘氏总论》	康熙四十六年（1707）抄本	1486
58	《御制清文鉴》	康熙四十七年（1708）武英殿刻本	364
59	《孝经》	康熙四十七年（1708）刻本	52
60	《菜根谭》	康熙四十七年（1708）刻本	1488
61	《金瓶梅》	康熙四十七年（1708）刻本	1723
62	《精译六才子词》	康熙四十七年（1708）寄畅斋刻本	1756
63	《亲征平定朔漠方略》	康熙四十八年（1709）殿刻本	604
64	《宁寿宫万寿记载》	康熙四十九年（1710）武英殿刻本	633
65	《满汉西厢记》	康熙四十九年（1710）刻本	1757
66	《御制避暑山庄诗》	康熙五十年（1711）内府刻本	1662
67	《大清全书》	康熙五十二年（1713）三义堂重刻本	305
68	《大清全书》	康熙五十二年（1713）京都尊古堂重刻本	306
69	《薛文清公要语》	康熙五十三年（1714）刻本	1247
70	《御制满蒙文鉴》	康熙五十六年（1717）武英殿刻本	369
71	《御制满蒙文鉴》	康熙五十六年（1717）精写本	372
72	《镶黄蒙古旗履历册》	康熙五十六年（1717）抄本	1171
73	《御纂性理精义》	康熙五十六年（1717）武英殿刻本	1313
74	《佛说盂兰盆经》	康熙五十七年（1718）刻本	1631

续表

序号	书名	时间与类型	条目号
75	《清文备考》	康熙六十一年（1722）刻本	139
76	《孙吴子兵法》	康熙年间天绘阁刻本	1354
77	《亲征平定朔漠方略》	康熙年间内府精写本	605
78	《平定罗刹方略》	康熙年间内府精写本	614
79	《西洋药书》	康熙年间内府精写本	1393
80	《康熙敕谕天下朝觐官员》	康熙年间刻本	646
81	《大清律集解附例》	康熙年间刻本	1110
82	《清文论》	康熙年间刻本	1276
83	《七本头》	康熙年间刻本	1767
84	《平定察哈尔方略》	康熙年间精写本	600
85	《平定海寇方略》	康熙年间精写本	601
86	《御纂性理精义》	康熙年间精写本	1314
87	《清文汇书》	康熙年间京都四合堂刻本	346
88	《康熙上谕》	康熙年间抄本	643
89	《康熙上谕》	康熙年间抄本	644
90	《喀木地方一统志》	康熙年间抄本	924
91	《治河方略》	康熙年间抄本	927
92	《治河方略》	康熙年间抄本	928
93	《记事档》	康熙年间抄本	1121
94	《太平典训》	康熙年间抄本	1347

表4-2中，除少量满文档册外，多数为满文图书，由此可知康熙时期满文图书的编纂概况。其中有关满洲历史的研究，清太祖、太宗、世祖三朝《实录》和《圣训》的编纂尤为重要。

1. 纂修《清世祖实录》

康熙六年（1667）七月十七日，礼部尚书黄机等奏请纂修《清世祖实录》，得旨："这本说得是，著详议具奏。"① 是月二十七日，礼部遵旨详议《清世祖实录》编纂事宜，"从之"②。九月初五日，命大学士

---

① 《清圣祖实录》卷23，中华书局1985年影印本，第321页。
② 《清圣祖实录》卷23，中华书局1985年影印本，第323—324页。

班布尔善等纂修《清世祖实录》。① 十月初三日，"命学士吴格塞、布达礼、穆舒充纂修《世祖章皇帝实录》副总裁官"②。十二月初五日（1668 年 1 月 18 日），"吏部议覆：内秘书院大学士班布尔善等奏称：《世祖章皇帝实录》机务繁重，纂修人数不敷，请添设人员，以资料理。今应增入文学优通者，满洲八员，蒙古十员，汉军八员，汉人十员。从之"③。七年（1668）九月十四日，"命大学士对喀纳充《世祖章皇帝实录》总裁官"④。

康熙八年（1669）三月初一日，"《世祖章皇帝实录》纂修草稿告成，量留纂修等官详加校对，其余纂修官、笔帖式哈番及书办人等先行议叙有差"⑤。四月十八日，"命内国史院大学士杜立德充纂修《世祖章皇帝实录》总裁官"⑥。六月十三日，"以内秘书院大学士巴泰充监修《世祖章皇帝实录》总裁官"⑦。九月初十日，"命大学士索额图为纂修《世祖章皇帝实录》总裁官"⑧。十一年（1672）五月二十日，"以《世祖章皇帝实录》告成，礼部具仪注"⑨，举行隆重庆典。

2. 重修《清太宗实录》

康熙六年十一月二十三日（1668 年 1 月 6 日），"命内秘书院大学士班布尔善等校对《太宗文皇帝实录》"⑩。十二年（1673）七月十五日，命大学士图海等重修《太宗文皇帝实录》。⑪ 十四年（1675）四月二十二日，"以大学士巴泰、熊赐履充纂修《太宗文皇帝实录》总裁官"⑫。十六年（1677）八月十八日，"以大学士觉罗勒德洪、明珠充纂

---

① 《清圣祖实录》卷 24，中华书局 1985 年影印本，第 328 页。
② 《清圣祖实录》卷 24，中华书局 1985 年影印本，第 331 页。
③ 《清圣祖实录》卷 24，中华书局 1985 年影印本，第 341 页。
④ 《清圣祖实录》卷 27，中华书局 1985 年影印本，第 372 页。
⑤ 《清圣祖实录》卷 28，中华书局 1985 年影印本，第 389 页。
⑥ 《清圣祖实录》卷 28，中华书局 1985 年影印本，第 393 页。
⑦ 《清圣祖实录》卷 30，中华书局 1985 年影印本，第 407 页。
⑧ 《清圣祖实录》卷 31，中华书局 1985 年影印本，第 419 页。
⑨ 《清圣祖实录》卷 39，中华书局 1985 年影印本，第 518—519 页。
⑩ 《清圣祖实录》卷 24，中华书局 1985 年影印本，第 339 页。
⑪ 《清圣祖实录》卷 42，中华书局 1985 年影印本，第 566 页。
⑫ 《清圣祖实录》卷 54，中华书局 1985 年影印本，第 702 页。

修《太宗文皇帝实录》总裁官"①。二十一年（1682）九月二十二日，"《太宗文皇帝实录》告成。上御太和门，立视捧送实录进宫……"② 凡65 卷。③

3. 编纂清太祖、太宗、世祖三朝《圣训》，重修《清太祖实录》

康熙十年（1671）四月初四日，清圣祖以"世祖章皇帝时，曾命儒臣纂修太祖、太宗《圣训》。虽具稿进呈，未经裁定颁布"为由，特命图海等"悉依前式，分别义类，重加考订，勒成全书"④。旋因三藩之乱，重加考订清太祖、太宗《圣训》事宜停止。迨平定三藩之乱后，二十一年（1682）十月十八日，命武英殿大学士勒德洪等重修《太祖高皇帝实录》，纂修三朝《圣训》。⑤ 二十二年（1683）二月初四日，"以重修太祖高皇帝《实录》《圣训》，命内阁侍读学士翁英……为纂修官。又纂修太宗文皇帝、世祖章皇帝《圣训》，命内阁侍读学士徐廷玺……为纂修官"⑥。二十五年（1686）二月二十日，"以纂修太祖高皇帝《实录》《圣训》告成，上御太和门，立视捧送《实录》《圣训》……是日，赐监修总裁、总裁、副总裁、纂修各官宴于礼部，并赏赉如例"⑦。"《太祖高皇帝实录》合凡例、目录，满洲、蒙古、汉文各十二卷，《圣训》满洲、汉文各四卷"⑧。翌年（1687），《清太宗文皇帝圣训》六卷、《清世祖章皇帝圣训》六卷，均告成。⑨

有关满洲语言研究，则有《大清全书》《御制清文鉴》等传世之作。

1.《大清全书》

沈启亮辑，十四卷，康熙二十二年（1683）成书。这是第一部私

---

① 《清圣祖实录》卷 68，中华书局 1985 年影印本，第 875 页。

② 《清圣祖实录》卷 104，中华书局 1985 年影印本，第 61 页。

③ 《清太宗实录》，太宗实录康熙序，中华书局 1985 年影印本，第 1 页。

④ 《清圣祖实录》卷 35，中华书局 1985 年影印本，第 478—479 页。

⑤ 《清圣祖实录》卷 105，中华书局 1985 年影印本，第 69 页。

⑥ 《清圣祖实录》卷 107，中华书局 1985 年影印本，第 89—90 页。

⑦ 《清圣祖实录》卷 124，中华书局 1985 年影印本，第 319 页。

⑧ 《清太祖实录》首卷 2，太祖实录康熙朝进实录表，中华书局 1986 年影印本，第 7 页。

⑨ 《清太宗文皇帝圣训》御制序，《清世祖章皇帝圣训》御制序，乾隆《钦定四库全书》本。

人编纂的满文辞书，也是清代第一部满文辞书，比康熙四十七年
（1708）修成的《御制清文鉴》还早二十余年。沈氏云：对于满文，
"如欲一览了然，博涉无遗，必有如汉书之《字汇》一书，展卷即知，
则万绪千端，总不出其范围，可以包罗万象而无遗憾矣。予今照《字
汇》之法，编集诸清字，汇成一书，名曰《大清全书》，梓行于世，俾
学者既能认连字，即可以自问于全书。此诚路近易至，道显易明之捷径
也"①。由此可见其编书的目的与方法。该书限于个人能力之单薄，远
未能将当时的"诸清字"汇集无遗，然而辑录许多口语，有其无可代
之优长。另外，该书所收诸词，按"十二字"头顺序排列，检索方便，
成为后来私人编纂辞书的楷模。

2.《御制清文鉴》和《御制满蒙文鉴》

傅达礼、马齐、马尔汉等奉清圣祖之命编成，一函十册，二十五
卷，包括总纲四卷（按满文字母排列的单词索引）、后序一卷。收词
1.2万余条，按卷、部、类、则编排。这是清代官修满文分类辞书的开
山之作。

关于该书之编纂，康熙《起居注》有这样的记载：康熙十二年
（1673）四月十二日，"上谓侍臣曰：'此时满洲，朕不虑其不知满语，
但恐后生子弟渐习汉语，竟忘满语，亦未可知。且满汉文义照字翻译，
可通用者甚多。今之翻译者尚知辞意，酌而用之，后生子弟未必知此，
不特差失大意，抑且言语欠当，关系不小。'因顾谓翰林院学士傅达礼
曰：'尔任翰苑之职，可体朕此意，将满语照汉文《字汇》发明，某字
应如何用，某字当某处用，集成一书，使有益于后学。'傅达礼奏曰：
'皇上此旨，诚立教善后之盛心也。臣等虽不才，当祗遵旨，编辑成
书，敬呈御览。'上谕曰：'此书不必太急，宜详慎为之，务致永远可
传，方为善也。'"②

由上可知，《御制清文鉴》之编纂，非出于当时之急需，而是为
"后生子弟"着想。因有康熙帝"不必太急，宜详慎为之"之谕，故该

---

① 沈启亮辑：《大清全书·序》，辽宁民族出版社2008年影印本，第3页。
② 中国第一历史档案馆整理：《康熙起居注》，中华书局1984年版，第93—94页。

书之编纂，直到康熙四十七年（1708）方告成功，历时三十五年之久。此书分类详细，释义简明，成为其后诸"清文鉴"之范本。从上引清圣祖谕旨来看，该书不仅是一部满文词典，还是一部满语语法书。今人江桥著《康熙〈御制清文鉴〉研究》一书，对其编纂之背景、起止之时间、涵盖之内容等进行了深入探讨，全面分析。①

《御制清文鉴》成书后，以此为基础，于康熙四十九年（1710）开始编纂《御制满蒙文鉴》，至康熙五十六年（1717）告成。该书所收词汇与《御制清文鉴》相同，使用满洲、蒙古两种文字注解，但删除注解下引证的古文成语。

3.《清文汇书》

李延基编，十二卷，大约成书于康熙末年。② 据李氏自言，该书是其耗费八年的心血，译注康熙《御制清文鉴》而成的。因为"谨按十二字头挨次译注"，改变了原书的分类排列，便于检索，又因为"其中口头成语、虚实口气，不惮繁冗，详细注载"③，使《清文汇书》广为流传，影响远远超过《御制清文鉴》。从词条数量看，《清文汇书》较《御制清文鉴》多 2000 余条。④ 可见，李氏除了译注之外，还编入自己积累的词条。

康熙时期研究满语文的著作《清书十二字头》《广汇全书》《满汉类书》等也有其独特的学术价值。

此外，曾寿所著《随军纪行》是康熙时期较为特殊的满文著作。康熙十三年（1674），曾寿以满洲下级官员身份，随奉命大将军康亲王杰书出征"三藩"，前后凡十年，并以满文记录战事，写成该书，凡四卷。今"只存最后一卷——第四卷了"。"该书以日记体形式写成，内

---

① 江桥：《康熙〈御制清文鉴〉研究》，北京燕山出版社 2001 年。

② 关于《清文汇书》成书时间，拙文《清代的满语研究》（见《北京社会科学》1993年第 1 期）曾谓"雍正二年（1724）成书"，今据《北京地区满文图书总目》第 68 页记载，该书有"康熙年间京都四合堂刻本"。《御制清文鉴》成书于康熙四十七年（1708），李氏自言《清文汇书》耗费其八年的心血，译注《御制清文鉴》而成，可见该书大约成书于康熙五十五年（1716）以后。特此更正。

③ ［清］李延基：《清文汇书·序》，康熙京都四合堂刻本。

④ 孙文良主编：《满族大辞典》，辽宁大学出版社 1990 年版，第 697 页。

容是平定三藩，时间是康熙十九年（1680）至二十一年。书中详细记述了由粤入滇这一方面军的军事行动以及由滇返京的经过。对几个主要战役如陶登战役、黄草坝战役、围攻云南省城战役，描写具体而生动。尤为可贵的是作者真实地记录了八旗下级官兵的军事生活，为一般史书所不载。"①

（三）雍正时期的满学

雍正时期，仅十有三年，且忙于政权建设，如设立总理事务王大臣、确立秘密建储制度、设立会考府衙门、实行台省合一、停八旗都统议政、设立稽察钦奉上谕事件处、创设办理军机事务处，但在满学研究方面也有所建树。据《北京地区满文图书总目》统计，雍正时期编纂、刊刻或抄录的满文图书档册有62种，详见表4－3。

表4－3　　　　　　　　　雍正时期满文图书统计表②

序号	书名	时间与类型	条目号
1	《雍正上谕》	雍正元年（1723）刻本	648
2	《金榜》	雍正元年（1723）抄本	911
3	《格言》	雍正元年（1723）抄本	1498
4	《工部营缮等四司领过银钱数目核销清册》	雍正二年（1724）写本	1140
5	《凝华集》	雍正二年（1724）鸣皋堂刻本	110
6	《凝华集》	雍正二年（1724）刻本	111
7	《清文汇书》	雍正二年（1724）刻本	347
8	《雍正上谕》	雍正二年（1724）刻本	649
9	《上谕》	雍正二年（1724）刻本	654
10	《上谕》	雍正二年（1724）刻本	655
11	《圣谕广训》	雍正二年（1724）稿本	1292
12	《圣谕广训》	雍正二年（1724）三槐堂刻本	1281
13	《圣谕广训》	雍正二年（1724）内府刻本	1279
14	《圣谕广训》	雍正二年（1724）刻本	1282

① 季永海：《随军纪行译注·前言》，中央民族学院出版社1987年版，第1页。

② 该表格根据《北京地区满文图书总目》制作。

序号	书名	时间与类型	条目号
15	《圣谕广训》	雍正二年（1724）刻本	1283
16	《圣谕广训》	雍正二年（1724）稿本	1293
17	《圣谕广训》	雍正二年（1724）抄本	1288
18	《圣谕广训》	雍正二年（1724）内府刻本	1278
19	《圣谕广训》	雍正二年（1724）内府刻本	1280
20	《御制朋党论》	雍正二年（1724）刻本	1302
21	《大清律集解附例》	雍正三年（1725）武英殿刻本	1101
22	《雍正上谕》	雍正三年（1725）刻本	650
23	《小学合解》	雍正五年（1727）武英殿刻本	1221
24	《孝经集注》	雍正五年（1727）内府刻本	59
25	《翻译孝经》	雍正五年（1727）刻本	53
26	《孝经集注》	雍正五年（1727）刻本	60
27	《小学》	雍正五年（1727）刻本	1215
28	《小学》	雍正五年（1727）刻本	1216
29	《满汉字训旨十则》	雍正五年（1727）敬修堂刻本	250
30	《孝经集注》	雍正五年（1727）抄本	61
31	《小学集注》	雍正五年（1727）刻本	1224
32	《小学合解》	雍正五年（1727）内府精写本	1222
33	《满汉字清文启蒙》	雍正八年（1730）三槐堂刻本	112
34	《满汉字清文启蒙》	雍正八年（1730）老二酉堂刻本	114
35	《读史论酩》	雍正八年（1730）京都三槐堂刻本	1188
36	《满汉字清文启蒙》	雍正八年（1730）宏文阁刻本	113
37	《圣祖仁皇帝庭训格言》	雍正八年（1730）内府刻本	1296
38	《军令》	雍正九年（1731）武英殿刻本	1082
39	《丧葬婚礼之仪礼》	雍正九年（1731）刻本	1077
40	《大清会典》	雍正十年（1732）内府刻本	1004
41	《四书字解》	雍正十年（1732）鸿远堂刻本	457
42	《满汉合璧性理》	雍正十年（1732）墨华堂刻本	1243
43	《满汉合璧性理》	雍正十年（1732）刻本	1244
44	《新刻满汉字书经》	雍正十一年（1733）精一斋刻本	11
45	《满汉全字十二头》	雍正十一年（1733）京都老二酉堂刻本	242

续表

序号	书名	时间与类型	条目号
46	《满汉全字十二头》	雍正十一年（1733）京都宏文阁刻本	243
47	《满蒙翻译纲要》	雍正十二年（1734）抄本	490
48	《土默特固山贝子哈木噶巴雅斯呼朗图妻乌尔喀可哈氏册文》	雍正十二年（1734）抄本	905
49	《透登额尔诰命》	雍正十三年（1735）写本	857
50	《钦定吏部处分则例》	雍正十三年（1735）武英殿刻本	1028
51	《钦定吏部铨选官员则例》	雍正十三年（1735）武英殿刻本	1030
52	《音汉清文鉴》	雍正十三年（1735）文瑞堂刻本	407
53	《音汉清文鉴》	雍正十三年（1735）刻本	409
54	《音汉清文鉴》	雍正十三年（1735）宏文阁刻本	408
55	《三字经注解》	雍正十三年（1735）稿本	1233
56	《上谕八旗》	雍正年间武英殿刻本	661
57	《上谕旗务议复》	雍正年间武英殿刻本	662
58	《谕行旗务奏议》	雍正年间武英殿刻本	663
59	《和硕怡贤亲王行状》	雍正年间刻本	800
60	《钦定吏部则例》	雍正年间刻本	1033
61	《陆宣公集》	雍正年间精写本	1655
62	《三国演义》	雍正间坊刻本	1699

此外，雍正时期官修书籍有影响者，还有以下几种：

1. 《清圣祖实录》

雍正元年（1723）正月初八日，"大学士等议奏纂修《圣祖仁皇帝实录》开馆事宜，并开列纂修、翻译、收掌人员请旨。得旨：是。皇考御极六十一年，圣谟神烈甚多，卿等督率各官，务期悉心敬纂，速辑告成，俾永垂方册，以副朕继述显扬先德之意"①。六年（1728）六月初五日，"以大学士蒋廷锡为纂修《圣祖仁皇帝实录》总裁官"②。至九

---

① 《清世宗实录》卷3，中华书局1985年影印本，第81页。
② 《清世宗实录》卷70，中华书局1985年影印本，第1051页。

年十二月二十日（1732 年 1 月 17 日）告成①，凡 300 卷。②

2.《世宗宪皇帝上谕八旗》《世宗宪皇帝上谕旗务议覆》《世宗宪皇帝谕行旗务奏议》

这三者是清世宗时期有关八旗事务的上谕和臣工奏折的汇集。先是，"和硕庄亲王臣允禄、和硕果亲王臣允礼恭承敕旨，编刊雍正元年至五年上谕"，雍正九年（1731）"告成，谨奉表上进"。其中，"自雍正元年至五年《上谕八旗》清文一函，汉文一函，《上谕旗务议覆》《谕行旗务奏议》清、汉文各二函，共计三十册"③。后于乾隆年间续刊雍正六年至十三年（1728—1735）上谕和奏折，遂成"《世宗宪皇帝上谕八旗》十三卷，《上谕旗务议覆》十二卷，《谕行旗务奏议》十三卷"，"自康熙六十一年十一月十七日以后所奉谕旨涉于八旗政务者，曰《上谕八旗》，凡十三卷。其前录谕旨而附载八旗大臣所议于后者，曰《上谕旗务议覆》，凡十二卷。其前录八旗大臣所奏而恭录谕旨于后者，曰《谕行旗务奏议》，凡十三卷。并兼用国书、汉书刊刻颁行"④。

3.《上谕内阁》

这是清世宗时期通过内阁宣示的谕旨总集。"《上谕内阁》一百五十九卷，雍正七年世宗宪皇帝俯允廷臣之请，命和硕庄亲王允禄缮录刊布。所载起御极之初，止于是年，以雍正九年告成。皇上（清高宗）即阼以后，复命和硕和亲王弘昼编次雍正八年至十三年上谕，校正续刻，补为全书，以乾隆六年告成"⑤。

4.《满汉字清文启蒙》

又称《清文启蒙》，舞格寿平著述，四卷，满汉文合璧，雍正八年（1730）刊印。其第一卷内容包括："满洲十二字头单字联字指南""切韵清字""满洲外单字""满洲外联字""清字切韵法""异施清字"和"清书运笔先后"，第二卷为"兼汉满洲套话"，第三卷是"清文助语虚

---

① 《清世宗实录》卷 113，中华书局 1985 年影印本，第 511 页。
② 《清圣祖实录》卷首三，《进实录表》，中华书局 1985 年影印本，第 31 页。
③ 《世宗宪皇帝上谕八旗·表》，乾隆《钦定四库全书》本。
④ 《世宗宪皇帝上谕八旗·提要》，乾隆《钦定四库全书》本。
⑤ 《世宗宪皇帝上谕内阁·提要》，乾隆《钦定四库全书》本。

字"，第四卷包括"清字辨似"和"清语解似"①。从其内容可知，该书是一部满语教科书。因成书较早，内容比较全面，对后世影响较大。当前研究满语语法者，亦多参考。但平心而论，该书内容都比较简略，不能全面揭示满语的语法规律，盖因此书系"寿平先生著述，以课家塾者也"，是"幼学之初筏，入门之捷径"②。其中专讲语法的"清文助语虚字"部分，按其卷数，虽占全书的四分之一，内容却非常有限。由此可见，该书只是一部启蒙教科书。

在雍正时期，还有一些图书，清世宗敕修而未能蒇事，延至乾隆年间告成，如：

1. 敕修清太祖、太宗、世祖、圣祖四朝《国史列传》

雍正元年（1723）十一月十二日，"大学士等遵旨议奏：国史纪载，传信万世，应将太祖、太宗、世祖、圣祖四朝有功任事之臣，博采见闻，查核一切档册，陆续作传。其满汉监修、副总裁等官，恭候钦定。得旨：着修《圣祖仁皇帝实录》之大臣等兼修，翰林纂修官着另派"③。十一年（1733）十月初六日，以大学士鄂尔泰为四朝国史馆总裁官。④ 至乾隆年间，修成五朝国史。

2. 敕修《八旗通志初集》

雍正五年（1727）十一月初八日，清世宗敕修八旗志书。其谕曰："朕惟汉史始志地理，盖本《禹贡》《职方》之遗，而条其郡邑，纪其户口，以宣究其风俗教化也。今各省皆有志书，惟八旗未经纪载。我朝立制，满洲、蒙古、汉军俱隶八旗，每旗自都统、副都统、参领、佐领，下逮领催、闲散人，体统则尊卑相承，形势则臂指相使，规模宏远，条理精密，超越前古，岂可无以纪述其盛？况其间伟人辈出，树宏勋而建茂绩，与夫忠臣孝子、义夫节妇、潜德幽光，足为人伦之表范者，不可胜数。若不为之采摭荟萃，何以昭示无穷？朕意欲论述编次，

---

① 舞格寿平著述：《清文启蒙》卷首，雍正壬子（十年）新刻，墨华堂梓行本。
② 舞格寿平著述：《清文启蒙》，程明远"序"，雍正壬子（十年）新刻，墨华堂梓行本。
③ 《清世宗实录》卷13，中华书局1985年影印本，第235页。
④ 《清世宗实录》卷136，中华书局1985年影印本，第741页。

汇成八旗志书。年来恭修《圣祖仁皇帝实录》，今已渐次告成，即着诸总裁官领其事，选满汉翰林分纂。其满洲、汉军内有通晓汉文而学问优长堪备纂修之任者，无论进士、举人、贡监生员以至闲散人等，俱着该旗都统、副都统保送，但勿徇情滥举，以副朕慎重著述之至意。"① 十一年（1733）十月初六日，以大学士鄂尔泰为八旗志书馆总裁官。② 至乾隆四年（1739）告成，凡250卷。

3. 校订清太祖、太宗、世祖三朝《实录》

雍正十二年（1734）十一月二十九日，"大学士鄂尔泰等奏言：三朝《实录》内人名、地名字句，与《圣祖仁皇帝实录》未曾画一，请派满汉大臣率同简选翰林官员重加校对，敬谨缮录，用垂万世。得旨：大学士鄂尔泰、张廷玉、协办大学士工部尚书徐本着为总裁官，理藩院右侍郎班第、内阁学士索柱、岱奇、励宗万着为副总裁官"③。至乾隆四年（1739）告成。

二　清代中期的满学

清代中期的满学，大致而言，包括乾隆朝（1736—1795）、嘉庆朝（1796—1820）、道光朝（1821—1850）三朝的满学，历时115年。这是清朝入关后，满学随着大清王朝发展到顶峰而取得辉煌成就的时期。其中，乾隆朝的满学成就尤为突出。

（一）乾隆时期的满学

乾隆时期，清朝收服西域，实现大一统。随着政治、经济发展达到巅峰，文化事业也蒸蒸日上，图书之编纂，学术之繁荣，莫不成就斐然。或云："经籍既盛，学术斯昌，文治之隆，汉、唐以来所未逮也。"④ 当此之时，满学研究亦不例外。据《北京地区满文图书总目》统计，乾隆时期编纂、刊刻或抄录的满文图书档册有316种，详见表4－4。

---

① 《清世宗实录》卷63，中华书局1985年影印本，第963页。
② 《清世宗实录》卷136，中华书局1985年影印本，第741页。
③ 《清世宗实录》卷149，中华书局1985年影印本，第853页。
④ 赵尔巽撰：《清史稿》卷145，志120，艺文1，中华书局1977年版，第4220页。

表 4 - 4　　　　　　　　　乾隆时期满文图书统计表①

序号	书名	时间与类型	条目号
1	《日知荟说》	乾隆元年（1736）刻本	1304
2	《二十四孝图说》	乾隆元年（1736）刻本	1339
3	《塔他拉氏族谱》	乾隆元年（1736）抄本	831
4	《清折档》	乾隆二年（1737）抄本	730
5	《大清太宗文皇帝实录》	乾隆二年（1737）大红绫精写本	560
6	《大清世祖章皇帝圣训》	乾隆二年（1737）内府精写本	691
7	《日讲春秋解义》	乾隆二年（1737）内府刻本	49
8	《满汉经文成语》	乾隆二年（1737）文瑞堂刻本	269
9	《大清太宗文皇帝实录》	乾隆二年（1737）小红绫精写本	561
10	《大清太宗文皇帝实录》	乾隆二年（1737）小黄绫精写本	562
11	《纳国栋及妻室敕命》	乾隆二年（1737）写本	891
12	《内阁行文档》	乾隆二年（1737）写本	1122
13	《满汉经文成语》	乾隆二年（1737）英华堂刻本	268
14	《清文典要》	乾隆三年（1738）刻本	341
15	《清文典要》	乾隆三年（1738）秋芳堂刻本	339
16	《书经》	乾隆三年（1738）文锦二酉堂合刻本	12
17	《清文典要》	乾隆三年（1738）文锦二酉堂合刻本	340
18	《清文典要》	乾隆三年（1738）永魁斋刻本	338
19	《大清太祖高皇帝实录》	乾隆四年（1739）大红绫精写本	554
20	《大清太祖高皇帝圣训》	乾隆四年（1739）大红绫精写本	678
21	《大清太宗文皇帝圣训》	乾隆四年（1739）大红绫精写本	684
22	《大清太祖高皇帝圣训》	乾隆四年（1739）武英殿刻本	675
23	《大清太宗文皇帝圣训》	乾隆四年（1739）武英殿刻本	681
24	《大清世祖章皇帝圣训》	乾隆四年（1739）武英殿刻本	689
25	《清文八旗通志》	乾隆四年（1739）武英殿刻本	1078
26	《大清太祖高皇帝实录》	乾隆四年（1739）小红绫精写本	555
27	《大清太祖高皇帝圣训》	乾隆四年（1739）小红绫精写本	679
28	《大清太宗文皇帝圣训》	乾隆四年（1739）小红绫精写本	685

①　该表格根据《北京地区满文图书总目》制作。

序号	书名	时间与类型	条目号
29	《大清太祖高皇帝实录》	乾隆四年（1739）小黄绫精写本	556
30	《大清太祖高皇帝圣训》	乾隆四年（1739）小黄绫精写本	680
31	《大清太宗文皇帝圣训》	乾隆四年（1739）小黄绫精写本	686
32	《大清世宗宪皇帝圣训》	乾隆五年（1740）大红绫精写本	697
33	《钦定兵部事务则例》	乾隆五年（1740）刻本	1041
34	《大清世宗宪皇帝圣训》	乾隆五年（1740）武英殿刻本	696
35	《钦定大清律例》	乾隆五年（1740）武英殿刻本	1092
36	《大清世宗宪皇帝圣训》	乾隆五年（1740）小红绫精写本	698
37	《大清世宗宪皇帝圣训》	乾隆五年（1740）小黄绫精写本	699
38	《新旧清语汇书》	乾隆六年（1741）抄本	421
39	《大清圣祖仁皇帝实录》	乾隆六年（1741）大红绫精写本	570
40	《大清世宗宪皇帝实录》	乾隆六年（1741）大红绫精写本	574
41	《大清圣祖仁皇帝圣训》	乾隆六年（1741）大红绫精写本	693
42	《无圈点字书》	乾隆六年（1741）稿本	247
43	《无圈点字书》	乾隆六年（1741）内府精写本	246
44	《满文四书》	乾隆六年（1741）武英殿刻本	76
45	《大清圣祖仁皇帝圣训》	乾隆六年（1741）武英殿刻本	692
46	《大清圣祖仁皇帝实录》	乾隆六年（1741）小红绫精写本	571
47	《大清世宗宪皇帝实录》	乾隆六年（1741）小红绫精写本	575
48	《大清圣祖仁皇帝圣训》	乾隆六年（1741）小红绫精写本	694
49	《大清圣祖仁皇帝实录》	乾隆六年（1741）小黄绫精写本	572
50	《大清世宗宪皇帝实录》	乾隆六年（1741）小黄绫精写本	576
51	《大清圣祖仁皇帝圣训》	乾隆六年（1741）小黄绫精写本	695
52	《正红汉军旗闵文辉佐领下族长温成仁执照》	乾隆六年（1741）写本	980
53	《正黄汉军旗金璋佐领下族长温治明执照》	乾隆六年（1741）写本	981
54	《正黄满洲旗篇图佐领下族长纳住执照》	乾隆六年（1741）写本	982
55	《镶黄满洲旗舒德世管佐领下族长伊兰泰执照》	乾隆六年（1741）写本	983

序号	书名	时间与类型	条目号
56	《正黄满洲旗巴泰佐领下族长福珠执照》	乾隆六年（1741）写本	984
57	《钦定中枢政考》	乾隆七年（1742）武英殿刻本	934
58	《钦定吏部铨选满官则例》	乾隆七年（1742）武英殿刻本	1031
59	《钦定吏部铨选汉官则例》	乾隆七年（1742）武英殿刻本	1032
60	《钦定吏部则例》	乾隆七年（1742）武英殿刻本	1034
61	《钦定八旗则例》	乾隆七年（1742）武英殿刻本	1056
62	《镶红满洲旗七十佐领下族长觉罗罗尔逊执照》	乾隆七年（1742）写本	985
63	《正黄满洲旗德敏佐领下族长七十一执照》	乾隆七年（1742）写本	986
64	《正蓝满洲旗宗室诸木珠佐领下族长宝善执照》	乾隆七年（1742）写本	987
65	《镶蓝蒙古旗明泰佐领下族长法鲁执照》	乾隆七年（1742）写本	988
66	《大清律续纂条例》	乾隆五年（1740）至七年（1742）武英殿刻本	1104
67	《御制盛京赋》	乾隆八年（1743）武英殿刻本	1668
68	《御制满蒙文鉴》	乾隆八年（1743）抄本	374
69	《理藩院发给班弟巴勒珠尔执照》	乾隆八年（1743）刻本	1001
70	《御制满蒙文鉴》	乾隆八年（1743）内府精写本	373
71	《御制满蒙文鉴》	乾隆八年（1743）武英殿刻本	370
72	《兵部督捕则例》	乾隆八年（1743）武英殿刻本	1048
73	《正白满洲旗百福佐领下族长巴克唐阿执照》	乾隆八年（1743）写本	989
74	《正白蒙古旗富森泰佐领下族长德勒格呼库执照》	乾隆八年（1743）写本	990
75	《正白满洲旗百福佐领下族长巴当阿执照》	乾隆八年（1743）写本	991
76	《正白蒙古旗富森泰佐领下族长辉色执照》	乾隆八年（1743）写本	992

序号	书名	时间与类型	条目号
77	《正白蒙古旗富森泰佐领下族长常清执照》	乾隆八年（1743）写本	993
78	《镶蓝蒙古旗乌勒登佐领下族长黑子执照》	乾隆八年（1743）写本	994
79	《正白满洲旗百福佐领下族长和绅执照》	乾隆八年（1743）写本	995
80	《八旗满洲氏族通谱》	乾隆九年（1744）武英殿刻本	818
81	《一学三贯清文鉴》	乾隆十一年（1746）静宜斋刻本	401
82	《四本简要》	乾隆十一年（1746）刻本	1310
83	《一学三贯清文鉴》	乾隆十一年（1746）刻本	405
84	《一学三贯清文鉴》	乾隆十一年（1746）藜照阁刻本	403
85	《琉球国中山王奏折》	乾隆十一年（1746）写本	738
86	《一学三贯清文鉴》	乾隆十一年（1746）英华堂徐氏书坊刻本	402
87	《一学三贯清文鉴》	乾隆十一年（1746）紫竹斋刻本	404
88	《钦定满洲祭神祭天典礼》	乾隆十二年（1747）武英殿刻本	1065
89	《御制盛京赋》	乾隆十三年（1748）武英殿刻本	1669
90	《正黄旗汉军造送续添则例册》	乾隆十三年（1748）抄本	1156
91	《土默特固山贝子哈木噶巴雅斯呼朗图妻洪额喇特氏册文》	乾隆十四年（1749）抄本	906
92	《翻译类编》	乾隆十四年（1749）鸿远堂刻本	483
93	《翻译类编》	乾隆十四年（1749）文渊堂刻本	485
94	《镶红满洲旗松拜佐领下族长喜德执照》	乾隆十四年（1749）写本	996
95	《翻译类编》	乾隆十四年（1749）永魁斋刻本	484
96	《钦定同文韵统》	乾隆十五年（1750）武英殿刻本	215
97	《镶红蒙古旗袭官册》	乾隆十六年（1751）抄本	1168
98	《清文汇书》	乾隆十六年（1751）京都中和堂刻本	350
99	《清文汇书》	乾隆十六年（1751）藜照阁刻本	349
100	《舒明及妻室诰命》	乾隆十六年（1751）写本	858
101	《清文汇书》	乾隆十六年（1751）英华堂刻本	348

续表

序号	书名	时间与类型	条目号
102	《大清律续纂条例》	乾隆八年（1743）至十六年（1751）武英殿刻本	1105
103	《平定金川方略》	乾隆十七年（1752）武英殿刻本	609
104	《性理真铨》	乾隆十八年（1753）刻本	1315
105	《理藩院拨给公主格格等马料柴薪银两数目清册》	乾隆十九年（1754）写本	1141
106	《三合四书》	乾隆二十年（1755）保萃斋刻本	78
107	《镶黄正黄镶白三旗苏完瓜尔佳氏家谱》	乾隆二十年（1755）抄本	836
108	《御制翻译四书》	乾隆二十年（1755）二酉堂刻本	80
109	《御制翻译四书》	乾隆二十年（1755）刻本	81
110	《御制翻译四书》	乾隆二十年（1755）三槐堂刻本	79
111	《御制翻译四书》	乾隆二十年（1755）武英殿刻本	77
112	《大清通礼》	乾隆二十一年（1756）抄本	1075
113	《大清律续纂条例》	乾隆二十一年（1756）武英殿刻本	1106
114	《射的说》	乾隆二十二年（1757）刻本	1375
115	《音汉清文鉴》	乾隆二十二年（1757）二酉堂刻本	412
116	《音汉清文鉴》	乾隆二十二年（1757）刻本	413
117	《音汉清文鉴》	乾隆二十二年（1757）蔡照阁刻本	411
118	《音汉清文鉴》	乾隆二十二年（1757）中和堂刻本	410
119	《太上感应篇》	乾隆二十三年（1758）刻本	1637
120	《清话问答四十条》	乾隆二十三年（1758）刻本	171
121	《大威德哈达喇呢经》	乾隆二十四年（1759）刻本	1553
122	《御制满汉蒙西番合璧大藏全咒》	乾隆二十四年（1759）内府刻本	1517
123	《书经》	乾隆二十五年（1760）抄本	20
124	《满汉皇舆山河地名考》	乾隆二十五年（1760）抄本	920
125	《书经》	乾隆二十五年（1760）京都文盛堂刻本	15
126	《书经》	乾隆二十五年（1760）瑞锦堂刻本	14
127	《书经》	乾隆二十五年（1760）武英殿刻本	13
128	《大清律续纂条例总类》	乾隆二十五年（1760）武英殿刻本	1102
129	《题本》	乾隆二十五年（1760）写本	725

续表

序号	书名	时间与类型	条目号
130	《兼满汉字满洲套语清文启蒙》	乾隆二十六年（1761）刻本	121
131	《永龄敕命》	乾隆二十六年（1761）写本	892
132	《增补满汉篆字汇》	乾隆二十七年（1762）带月楼刻本	253
133	《大乘首楞严经》	乾隆二十八年（1763）刻本	1548
134	《御制楞严经》	乾隆二十八年（1763）泥金写本	1547
135	《钦定西域同文志》	乾隆二十八年（1763）武英殿刻本	314
136	《七训》	乾隆二十九年（1764）刻本	1346
137	《族谱》	乾隆二十九年（1764）抄本	843
138	《宗室王公功绩表传》	乾隆二十九年（1764）武英殿刻本	777
139	《钦定中枢政考》	乾隆二十九年（1764）武英殿刻本	935
140	《钦定大清会典》	乾隆二十九年（1764）武英殿刻本	1005
141	《大清会典则例》	乾隆二十九年（1764）武英殿刻本	1020
142	《钦定八旗则例》	乾隆二十九年（1764）武英殿刻本	1057
143	《周易》	乾隆三十年（1765）武英殿刻本	1
144	《易经》	乾隆三十年（1765）抄本	3
145	《钦定国史大臣列传》	乾隆三十年（1765）内府精写本	769
146	《清语易言》	乾隆三十一年（1766）刻本	122
147	《大记事》	乾隆三十二年（1767）写本	1123
148	《四本简要》	乾隆三十三年（1768）刻本	1311
149	《汉满蒙藏四体文翻译名义集正讹》	乾隆三十三年（1768）刻本	1633
150	《御制翻译名义集正讹》	乾隆三十三年（1768）刻本	1634
151	《书经》	乾隆三十三年（1768）武英殿刻本	16
152	《诗经》	乾隆三十三年（1768）武英殿刻本	32
153	《大清律》	乾隆三十三年（1768）武英殿刻本	1090
154	《大清律例》	乾隆三十三年（1768）武英殿刻本	1093
155	《御制大悲心忏法仪轨经》	乾隆三十四年（1769）精写本	1543
156	《钦定户部旗务则例》	乾隆三十四年（1769）武英殿刻本	1037
157	《射的说》	乾隆三十五年（1770）刻本	1376
158	《清话条·射的》	乾隆三十五年（1770）刻本	167
159	《平定准噶尔方略》	乾隆三十五年（1770）内府精写本	608
160	《平定准噶尔方略》	乾隆三十五年（1770）武英殿刻本	607

序号	书名	时间与类型	条目号
161	《御制增订清文鉴》	乾隆三十六年（1771）抄本	380
162	《御制满洲蒙古汉字三合切音清文鉴》	乾隆三十六年（1771）刻本	376
163	《御制增订清文鉴》	乾隆三十六年（1771）武英殿刻本	379
164	《御制增订清文鉴总纲》	乾隆三十六年（1771）武英殿刻本	388
165	《钦定清汉对音字式》	乾隆三十七年（1772）聚珍堂刻本	205
166	《钦定清汉对音字式》	乾隆三十七年（1772）三槐堂刻本	204
167	《国朝十二字头》	乾隆三十七年（1772）书种堂抄本	244
168	《钦定清汉对音字式》	乾隆三十七年（1772）武英殿刻本	203
169	《钦定国子监则例》	乾隆三十七年（1772）武英殿刻本	1053
170	《钦定八旗则例》	乾隆三十七年（1772）武英殿刻本	1058
171	《大清律纂修条例》	乾隆三十七年（1772）武英殿刻本	1107
172	《御制满汉蒙西番合璧大藏全咒》	乾隆三十八年（1773）武英殿刻本	1518
173	《御制满汉蒙古西番合璧阿礼嘎礼》	乾隆三十八年（1773）刻本	454
174	《合抄集》	乾隆三十九年（1774）抄本	1672
175	《清语易言》	乾隆三十九年（1774）刻本	123
176	《钦定中枢政考》	乾隆三十九年（1774）武英殿刻本	936
177	《钦定八旗则例》	乾隆三十九年（1774）武英殿刻本	1059
178	《恩封宗室王公表》	乾隆四十一年（1776）抄本	795
179	《御制满蒙文鉴总纲》	乾隆四十一年（1776）刻本	371
180	《恩封宗室王公表》	乾隆四十一年（1776）刻本	793
181	《恩封宗室王公表》	乾隆四十一年（1776）武英殿刻本	792
182	《钦定满洲源流考》	乾隆四十二年（1777）内府精写本	917
183	《御译大云轮晴雨经》	乾隆四十三年（1778）刻本	1555
184	《无圈点字档》	乾隆四十三年（1778）精写本	1113
185	《有圈点字档》	乾隆四十三年（1778）精写本	1115
186	《延寿格言》	乾隆四十四年（1779）刻本	1321
187	《三合乾隆上谕》	乾隆四十四年（1779）抄本	666
188	《白伞盖仪轨经》	乾隆四十五年（1780）刻本	1521
189	《平定两金川方略》	乾隆四十五年（1780）抄本	612
190	《御制满洲蒙古汉字三合切音清文鉴》	乾隆四十五年（1780）刻本	377
191	《三合使览》	乾隆四十五年（1780）刻本	440

序号	书名	时间与类型	条目号
192	《三合便览》	乾隆四十五年（1780）绍衣堂刻本	439
193	《平定两金川方略》	乾隆四十五年（1780）武英殿刻本	611
194	《呻吟语摘》	乾隆四十六年（1781）抄本	1246
195	《额驸拉旺多尔吉诰命》	乾隆四十六年（1781）写本	859
196	《额驸拉旺多尔吉祖父诰命》	乾隆四十六年（1781）写本	860
197	《各坛庙陵寝等处用过杂项钱粮核销清册》	乾隆四十六年（1781）写本	1142
198	《大清律纂修条例》	乾隆四十七年（1782）武英殿刻本	1109
199	《松窗集》	乾隆四十八年（1783）抄本	722
200	《礼记》	乾隆四十八年（1783）武英殿刻本	35
201	《钦定吏部则例》	乾隆四十八年（1783）武英殿刻本	1035
202	《京师八旗食饷人员领过饷米数目清册》	乾隆四十八年（1783）写本	1143
203	《心经》	乾隆四十九年（1784）刻本	1616
204	《心经》	乾隆四十九年（1784）刻本	1617
205	《军令》	乾隆四十九年（1784）刻本	1083
206	《春秋》	乾隆四十九年（1784）武英殿刻本	44
207	《论语》	乾隆五十年（1785）抄本	66
208	《钦定八旗则例》	乾隆五十年（1785）武英殿刻本	1060
209	《镶红蒙古旗萨克萨哈佐领下族长阿进泰执照》	乾隆五十年（1785）写本	997
210	《清文补汇》	乾隆五十一年（1786）刻本	357
211	《皇清开国方略》	乾隆五十一年（1786）武英殿刻本	597
212	《续编兼汉清文指要》	乾隆五十四年（1789）双峰阁刻本	149
213	《清文翻译全藏经》	乾隆五十五年（1790）内府刻本	1514
214	《多罗恪恭郡王裔谱》	乾隆五十七年（1792）抄本	826
215	《三合便览》	乾隆五十七年（1792）富氏刻本	441
216	《清文典要大全》	乾隆五十八年（1793）抄本	344
217	《初学指南》	乾隆五十九年（1794）绍衣堂刻本	182
218	《钦定增修中枢政考》	乾隆五十九年（1794）武英殿刻本	938
219	《满汉合璧三字经注解》	乾隆六十年（1795）京都二槐堂刻本	1226

序号	书名	时间与类型	条目号
220	《满汉合璧三字经注解》	乾隆六十年（1795）京都三槐堂刻本	1227
221	《钦定外藩蒙古回部王公表传》	乾隆六十年（1795）武英殿刻本	778
222	《钦定吏部则例》	乾隆六十年（1795）武英殿刻本	1036
223	《满汉话语》	乾隆朝抄本	154
224	《奏折档》	乾隆朝抄本	731
225	《军令条约》	乾隆朝刻本	1084
226	《正蓝满洲旗岳索哩佐领下族长伊尔格布执照》	乾隆朝写本	998
227	《钦定清语》	乾隆年间阿思哈、佛德家刻本	425
228	《清汉对音字式》	乾隆年间抄本	208
229	《皇清开国方略》	乾隆年间抄本	598
230	《庙碑记事笔记》	乾隆年间抄本	632
231	《职方志》	乾隆年间抄本	635
232	《实录馆行文档》	乾隆年间抄本	1131
233	《救度佛母赞》	乾隆年间抄本	1575
234	《清净经》	乾隆年间抄本	1589
235	《三分巴令经》	乾隆年间抄本	1591
236	《释迦佛赞》	乾隆年间抄本	1597
237	《无量寿佛吉祥偈》	乾隆年间抄本	1603
238	《无量寿佛面前观想经》	乾隆年间抄本	1605
239	《无量寿佛赞》	乾隆年间抄本	1608
240	《无量寿佛自身观想经》	乾隆年间抄本	1611
241	《药师琉璃光王佛经》	乾隆年间抄本	1620
242	《盛京舆图纪事》	乾隆年间稿本	923
243	《清文八旗通志》	乾隆年间稿本	1081
244	《御制五体清文鉴》	乾隆年间精写本	397
245	《八旗满洲氏族通谱》	乾隆年间精写本	819
246	《清文八旗通志》	乾隆年间精写本	1080
247	《御制金刚经》	乾隆年间精写本	1534
248	《大乘妙法莲华经》	乾隆年间精写本	1546
249	《无量寿佛陀罗尼经》	乾隆年间精写本	1606

续表

序号	书名	时间与类型	条目号
250	《四书》	乾隆年间聚珍堂刻本	83
251	《孟子》	乾隆年间刻本	67
252	《恩封宗室王公表》	乾隆年间刻本	794
253	《清文八旗通志》	乾隆年间刻本	1079
254	《御论附讲章》	乾隆年间刻本	1306
255	《清字咒赞偈文》	乾隆年间刻本	1515
256	《白伞盖经》	乾隆年间刻本	1520
257	《白伞盖仪轨经》	乾隆年间刻本	1522
258	《白文殊经》	乾隆年间刻本	1524
259	《般若波罗密多心经》	乾隆年间刻本	1525
260	《摩诃般若波罗密多心经》	乾隆年间刻本	1527
261	《金刚经》	乾隆年间刻本	1531
262	《催碎金刚经》	乾隆年间刻本	1535
263	《御制大悲心忏法仪轨经》	乾隆年间刻本	1542
264	《大乘持斋经》	乾隆年间刻本	1545
265	《首楞严经》	乾隆年间刻本	1549
266	《大乘因缘经》	乾隆年间刻本	1550
267	《读咒法》	乾隆年间刻本	1559
268	《功德三世祈祷文》	乾隆年间刻本	1562
269	《供奉祖师文》	乾隆年间刻本	1563
270	《皈依经》	乾隆年间刻本	1565
271	《皈依经》	乾隆年间刻本	1566
272	《火供经》	乾隆年间刻本	1567
273	《积光佛母经咒》	乾隆年间刻本	1568
274	《极乐世界愿文经》	乾隆年间刻本	1569
275	《吉祥偈》	乾隆年间刻本	1570
276	《九黑香法》	乾隆年间刻本	1573
277	《救度佛母赞》	乾隆年间刻本	1574
278	《绿像救渡佛母赞》	乾隆年间刻本	1577
279	《罗汉经》	乾隆年间刻本	1579
280	《弥勒愿文》	乾隆年间刻本	1580

序号	书名	时间与类型	条目号
281	《普提要义》	乾隆年间刻本	1584
282	《普贤行愿品经》	乾隆年间刻本	1586
283	《清净经》	乾隆年间刻本	1588
284	《三分巴令经》	乾隆年间刻本	1590
285	《三十五佛经》	乾隆年间刻本	1592
286	《三世吉祥愿文经》	乾隆年间刻本	1593
287	《十六罗汉经》	乾隆年间刻本	1595
288	《释迦佛赞》	乾隆年间刻本	1596
289	《释迦牟尼佛赞摄授要津》	乾隆年间刻本	1598
290	《水供经》	乾隆年间刻本	1599
291	《文殊赞》	乾隆年间刻本	1600
292	《无量寿佛迥向文》	乾隆年间刻本	1601
293	《无量寿佛吉祥偈》	乾隆年间刻本	1602
294	《无量寿佛面前观想经》	乾隆年间刻本	1604
295	《无量寿佛赞》	乾隆年间刻本	1607
296	《无量寿佛自身观想经》	乾隆年间刻本	1610
297	《无量寿经傅宗祈祷》	乾隆年间刻本	1612
298	《衍教经》	乾隆年间刻本	1618
299	《药师琉璃光王佛经》	乾隆年间刻本	1619
300	《真实名经》	乾隆年间刻本	1622
301	《宗喀巴祝文》	乾隆年间刻本	1624
302	《尊圣佛母》	乾隆年间刻本	1625
303	《满洲实录》	乾隆年间内府精写本	547
304	《大清国史功臣列传》	乾隆年间内府精写本	768
305	《御批历代通鉴辑览》	乾隆年间内府精写本	1190
306	《佛说四十二章经》	乾隆年间内府精写本	1561
307	《御制盛京赋》	乾隆年间内府精写本	1670
308	《实录内摘出旧清语》	乾隆年间内府刻本	423
309	《摩诃般若波罗密多心经》	乾隆年间泥金精写本	1526
310	《诸佛事略图说》	乾隆年间泥金精写本	1623
311	《白伞盖仪轨经》	乾隆年间泥金写本	1523

续表

序号	书名	时间与类型	条目号
312	《御制翻译四书》	乾隆年间武英殿刻本	82
313	《五译合璧集要》	乾隆年间武英殿刻本	318
314	《御制四体清文鉴》	乾隆年间武英殿刻本	393
315	《蒙古源流》	乾隆年间武英殿刻本	619
316	《行军纪律》	乾隆年间武英殿刻本	1087

表 4 - 4 所列，乃乾隆时期编纂的重要满文图书，其中不乏鸿篇巨制，影响深远。

1. 清太祖、太宗、世祖、圣祖、世宗五朝《实录》

清太祖、太宗、世祖、圣祖、世宗五朝《实录》记载了清朝自太祖至世宗 150 余年间政治、经济、军事、文化等领域的重大事宜，以及天文、地理等自然现象，是清代重要的编年体史书。其中，清太祖、太宗、世祖三朝《实录》几经编纂，至乾隆时校订（统一人名、地名，增加列祖尊谥字样等）告成，遂成定本。《清圣祖实录》因"未有重修之处"，"敬将恭加皇祖尊谥增入《实录》内，每卷只须换写前后两幅"，并告诫"后世子孙不得援以为例"[1]。《清世宗实录》则清高宗即位后敕修[2]，至乾隆六年十二月十一日（1742 年 1 月 17 日）告成[3]，凡 159 卷。

2. 《皇清开国方略》

这是满洲人研究本朝开国史的著作，凡 32 卷。卷首冠以《发祥世纪》一篇，不入卷数。卷 1 至卷 8，记载清太祖弩尔哈齐于癸未（明万历十一年，1583）五月起兵征尼堪外兰，克图伦城，至天命十一年

---

① 《清高宗实录》卷78，中华书局 1985 年影印本，第 227 页。

② 按，中华书局 1985 年影印《清高宗实录》卷 4，第 208—209 页记载：雍正十三年（1735）十月初三日，"谕总理事务王大臣：大学士鄂尔泰等奏请纂修皇考《世宗宪皇帝实录》。朕思……其条例款项及监修、总裁等应用人员，并一切开馆事宜，总理事务王大臣详议具奏"。其卷 6，第 258 页记载：雍正十三年十一月初一日，即"开馆纂修《世宗宪皇帝实录》"。而《清世宗实录》卷首 3，第 20 页《进〈实录〉表》则谓："乃于雍正十三年十二月，命臣鄂尔泰为监修总裁官……"时间略有差异。

③ 《清高宗实录》卷 156，中华书局 1985 年影印本，第 1235 页。

（1626）七月训诫群臣的历史。卷 9 至卷 31，记载天命十一年九月清太宗皇太极即位，至崇德八年（1643）八月赐宴来朝科尔沁部等外藩的历史。卷 32，记载清世祖福临于崇德八年八月即位，至顺治元年（1644）十月初一日定鼎京师，颁诏中外大赦的历史。所有记载皆编年纪月，列目提纲。卷首有清高宗所撰序言及阿桂等进书表。①

3. 《钦定满洲源流考》

这是满洲人探讨自身根源及流派的著作，凡 20 卷。全书"列为四门：一曰部族。自肃慎氏以后，在汉为三韩，在魏晋为挹娄，在元魏为勿吉，在隋唐为靺鞨、新罗、渤海、百济诸国，在金为完颜部，并一一考订异同，存真辨妄。而索伦、费雅喀诸部毗连相附者，亦并载焉。二曰疆域。凡渤海之上京龙泉府，靺鞨之黑水府、燕州、勃利州，辽之上京黄龙府，金之上京会宁府，元之肇州，并考验道里，辨正方位，而一切古迹附见焉。三曰山川。凡境内名胜，分条胪载，如白山之或称太白山、徒太山，黑水或称完水，或称室建河，以及松花江即粟末水，宁古塔即忽汗水。今古异名者，皆详为辨证。其古有而今不可考核者，则别为存疑，附于末。四曰国俗。如《左传》所载楛矢贯隼，可以见骑射之原。《松漠纪闻》所载软脂蜜膏，可以见饮食之概。而《后汉书》所载辰韩生儿以石压头之类妄诞无稽者，则订证其谬。至于渤海以来之文字，金源以来之官制，亦皆并列"。"其体例，每门以国朝为纲，而详述列朝，以溯本始。其援据以御制为据，而博采诸书，以广参稽，允足订诸史之讹而传千古之信，非诸家地志影响附会者所能拟也。"②

4. 《御制八旗满洲氏族通谱》

这是专门记载满洲、蒙古、汉军八旗内满洲人姓氏以及隶属于满洲八旗的其他民族姓氏的著作，凡 80 卷。所录姓氏，"考其入我朝来，得姓所始，表之以地，系之以名，官阶勋绩缀为小传。勋旧戚畹以及庶姓，厘然备具，秩然有条"。隶属于满洲八旗的其他民族姓氏记载情

---

① 参阅《皇清开国方略》"提要"，乾隆《钦定四库全书》本。该提要云："自太祖高皇帝癸未年五月起兵讨尼堪外兰、克图伦城始，至天命十一年秋七月训诫群臣，编为八卷。自太宗文皇帝御极始，至顺治元年世祖章皇帝入关定鼎以前，编为二十四卷。"其第二句话欠妥。

② 《钦定满洲源流考》"目录"，乾隆《钦定四库全书》本。

况，包括："科尔沁撤回者，俱附载于各姓、各地方篇末"，"蒙古、高丽、尼堪、台尼堪、抚顺尼堪等人员，从前入于满洲旗分内，历年久远者，注明伊等情由，附于满洲姓氏之后"①。尼堪，即满语 niqan 之音译，意为"汉人"。台尼堪是清初以来在驿站效力的汉人及其后裔，抚顺尼堪是抚顺城被女真（满洲）人攻克以后归降的汉人及其子孙。

5.《钦定满洲祭神祭天典礼》

这是专门记载满洲人祭神、祭天习俗的著作，凡6卷。卷1至卷4，记载有关祭祀的奏议、"汇记故事"及各种祭祀仪注、祝辞，卷5记载"祭神、祭天器用数目"，卷6记载"祭神、祭天器用形式图"，均"详晰胪载"②。

6.《御制增订清文鉴》等辞书

这是乾隆时期研究满语最重要的成果，由大学士傅恒等奉敕编纂，10函46卷，包括总纲8卷，补总纲2卷，补编4卷，收词1.8万余条。该书在康熙《御制清文鉴》的基础上扩充词汇而成，即在正编中增加新词4700余条，补编中收录稀见名词1600条，并将满文词条均译为汉文。该书的最大优点在于收词宏富，并有汉字切音。

《御制增订清文鉴》告成之后，以此为基础，陆续编纂《御制满洲蒙古汉字三合切音清文鉴》《御制四体清文鉴》和《御制五体清文鉴》等多种文字对照的分类辞书。

《御制满洲蒙古汉字三合切音清文鉴》是满洲、蒙古、汉文对照的分类辞书。与《御制增订清文鉴》相比，该书有所简化，即取消了补编，减少正编里的类别和分则，减少词条；取消了满文注解。每个词汇都用三种文字循环标记读音，每一种文字下面都有其他两种文字的对音，满蒙两种文字的左边还有汉字切音。

《御制四体清文鉴》是满洲、藏、蒙古、汉四种文字对照的分类辞书。其正编和补编的卷、部、类、则等编排即数目，与《御制增订清文鉴》完全相同，所录词汇总数也相等，但该书取消了所有注音和注解。

---

① 《御制八旗满洲氏族通谱》"凡例"，乾隆《钦定四库全书》本。
② 《钦定满洲祭神祭天典礼》"目录"，乾隆《钦定四库全书》本。

《御制五体清文鉴》是满洲、藏、蒙古、维吾尔、汉五种文字对照的分类辞书，6函36卷，其中初编32卷，补编4卷。其收词数目、编排体例，与《御制增订清文鉴》相同，但删除其满文注解部分。该书每页有8栏，第1栏为满文，第2栏为藏文，第3栏为藏文的满文切音，第4栏为藏文的满文对音，第5栏为蒙文，第6栏为维吾尔文，第7栏为维吾尔文的满文对音，第8栏为汉文。

7.《钦定西域同文志》

这是一部用满洲、汉、蒙古、藏、维吾尔、托忒六种文字对译新疆、青海、西藏地区地名、人名的辞书，凡24卷。该书"以天山北路、天山南路准部、回部，并西藏、青海等地名、人名诸门，举凡提要，始以国书，继以对音汉文，复继以汉字三合切音，其蒙古、西番、托忒、回字以次缀书。又于汉文下详注其或为准语，或为回语"①。"其部族之别，曰天山北路，曰天山南路，曰青海，曰西番。其门目之别，曰地，曰山，曰水，曰人。其文字之别，首列国书，以为枢纽，次以汉书详注其名义，次以三合切音曲取其音声，次列蒙古字、西番字、托忒字、回字，排比连缀，各注其译语对音。"② 显然，该书是研究西北少数民族历史地理和语言文字的重要工具书。

8. *yargiyan qooli ci tukiyeme tucibuhe fe manju gisun i bithe*

这是专门研究清朝入关前满洲（女真）人使用的"旧清语"的著作，共1函14卷，每卷订为一册。该书无汉名，或译为《实录内择出旧清语》，或译为《实录内摘出旧清语》。因书名较长，在清代档案和有关典籍中，多用简称，满文为 fe manju gisun i bithe，汉文作《旧清语》或《老清语》。该书从清太祖、太宗、世祖《实录》和清太祖、太宗朝《无圈点档》内摘出难解的词句共800余条，以乾隆时通行的满语逐一做了解释。全书分三次编撰而成。其前十卷，由大学士傅恒等编撰，于乾隆三十一年（1766）告成，并钦定满语书名。后两卷，由大学士舒赫德等在整理《无圈点字档册》并抄成《满文老档》时编撰，

---

① 《钦定西域同文志》"序"，乾隆《钦定四库全书》本。
② 《钦定西域同文志》"提要"，乾隆《钦定四库全书》本。

于乾隆四十一年（1776）"缮写完竣"，并移送武英殿刊刻。① 中间的第
11、12 卷，编撰者不详，其成书必在乾隆三十一年至四十一年
（1766—1776）之间。因多人先后编撰，该书所录词语略有重复，释义
详略亦不尽一致。②

9. *tongki fuqa aqū hergen i bithe*（《无圈点字书》）

这是满洲人专门研究《无圈点档》内老满文的著作，凡 4 卷。该
书从《无圈点档》内 "te i hergen ci encu, taqara de mangɡa hergen be
yooni tukiyefi, te i hergen qamcibufi, juwan juwe uju be daxame emu yohi
bithe banjibume arafi dele tuwabume wesimbuhe." ③ 意为：将异于今字、
难于辨认之字，全行摘出，兼写今字，依照十二字头，编书一部，恭呈
御览。卷 1 为 a、e、i 字头。卷 2 为 ai、ei、ii 字头，ar、er、ir 字头，
an、en、in 字头。卷 3 为 ang、eng、ing 字头，aq、ek、iq 字头，as、
es、is 字头，at、et、it 字头。卷 4 为 ab、eb、ib 字头，ao、eo、io 字
头，al、el、il 字头，am、em、im 字头。卷首有乾隆六年（1741）十一
月十一日大学士鄂尔泰、尚书徐元梦的奏折及所奉谕旨。每卷之内，各
字头开始处，列有满文书名。

10.《无圈点字档》和《加圈点字档》

清朝入关前后形成的《无圈点档》因年久糟朽，至乾隆年间，"照
写"和"音写"若干部，分别庋藏于内阁、上书房和盛京崇谟阁，是
为《无圈点字档》《加圈点字档》。④ 所谓照写，就是照猫画虎，按老满
文原样抄录，其成果即为《无圈点字档》。所谓音写，就是按照老满文
的实际读音，用新满文重抄，其成果即为《加圈点字档》。乾隆抄本有
利于保存这部早期档案，其中《加圈点字档》也有助于解读《无圈点
档》内的老满文。

11.《清文补汇》

这是宗室宜兴编著的满文辞书，凡 8 卷，乾隆五十一年（1786）

---

① 中国第一历史档案馆藏：国史馆《行文档》。

② 详见赵志强《〈旧清语〉研究·绪论》，北京燕山出版社 2002 年版，第 1—19 页。

③ 中国第一历史档案馆藏：《无圈点字书》卷首，大学士鄂尔泰、尚书徐元梦奏折。

④ 详见赵志强、江桥《〈无圈点档〉及乾隆抄本补絮》，《历史档案》1996 年第 3 期。

成书。宜兴受李延基《清文汇书》的启发，收集乾隆《御制增订清文鉴》等书内新定语词，加以译注而成。其书序云："后有李氏敬遵是编（指康熙《御制清文鉴》——引者），纂辑《清文汇书》，以各类清语分隶于十二字头之下，以汉字注释之，亦颇觉简便，易于翻阅也。今恭读我皇上《钦定增订清文鉴》，续入数千言……惜《汇书》已作于前，于钦定续增之语未能补入，则后之览是书者，固不无缺略不全之叹矣。愚不揣固陋，谨遵《御制增订清文鉴》内新定国语及新旧互相改易者，并有曾经钦定他书中翻用清语，而《汇书》不载之字句，共集有七千九百余言，照依《汇书》规模续编一册，名之曰《清文补汇》。"① 该书作为《清文汇书》之续编，与之齐名，流传亦广。据称，"自二书行世，学者视为津梁，秉为圭臬"②。

12.《圆音正考》

这是一本满汉音韵学著作，辑录者佚名，成书于乾隆八年（1743），刊行于道光元年（1821）。"这本书不大，15.5×11.5cm"，"正文加上原序和凡例只有 30 页，连同后人所加序跋，一共才 40 页。"③ 从满语语音来看，该书实际上是考证音节字母 [kʰi]、 [ki]、 [xi] 及其与音节字母 [ja]、 [jə]、 [jo] 等组成的 [kʰia]、 [kia]、 [xia]、 [kʰiə]、 [kiə]、 [xiə]、 [kʰio]、 [kio]、 [xio] 等"切音"，以及 [kʰioi]、 [kioi]、 [xioi] 等"满洲外单字"读音的书。因为这些音节字母、切音、满洲外单字的读音，汉语不具备（或不区分），所以音译为汉语时，向来选用与 [tɕʰi]、 [tɕi]、 [ɕi] 及其与音节字母 [ja]、 [jə]、 [jo] 等组成的 [tɕʰia]、 [tɕia]、 [ɕia]、 [tɕʰiə]、 [tɕiə]、 [ɕiə]、 [tɕʰio]、 [tɕio]、 [ɕio] 等"切音"，以及 [tɕʰioi]、 [tɕioi]、 [ɕioi] 等"满洲外单字"读音相对的汉字。

从满文字形上看， [kʰi]、 [ki]、 [xi] 等音节字母、切

---

① 宜兴：《清文补汇·序》，乾隆五十一年刻本。
② 志宽等：《清文总汇》凤山"跋"，光绪二十三年（1897）本。
③ 李永海：《清代满汉音韵书三种》，《满语研究》1991 年第 2 期。

音、外单字，起笔处都是"圆"的，故称团音字，又称圆音字，而 **ᡱ** [tɕʰi]、**ᡫ** [tɕi]、**ᠰ** [ɕi] 等音节字母、切音、外单字，起笔处都是"尖"的，故称尖音字。其书名曰《圆音正考》，可能就是因为尖音字的读音无须考证，而团音字都有两种读音，需要考证。从使用情况来看，**ᠠ** [kʰi]、**ᡝ** [ki]、**ᠷ** [xi] 等音节字母、切音在满语固有词汇中都读团音，在汉语音译借此中读尖音。外单字本来就是拼写外来语主要是汉语借词的，都读尖音。

满语中的汉语音译借词，为什么要把 **ᡱ** [tɕʰi]、**ᡫ** [tɕi]、**ᠰ** [ɕi] 等尖音用 **ᠠ** [kʰi]、**ᡝ** [ki]、**ᠷ** [xi] 等团音字书写呢？起初，或许汉语中存在团音，或许满洲（女真）人把汉语的尖音听成团音了，有待考察。后来则规定汉语音译借词中尖音字，要用团音字书写，而读尖音。

综上所述，乾隆时期满学颇为繁荣，硕果累累。但需要注意的是，这些成果多出自"钦定""御制"，规范有余而研究不足。

（二）嘉庆时期的满学

自乾隆后期，清朝的衰落已然显现。清仁宗即位后，诛和珅，整饬军机处，试图扭转乾坤，然而江河日下，难以遏制。当此之时，满学亦今非昔比，成果寥寥。据《北京地区满文图书总目》统计，嘉庆时期编纂、刊刻或抄录的满文图书档册仅有 72 种，详见表 4 – 5。

表 4 – 5　　　　　　　　　　嘉庆时期满文图书统计表①

序号	书名	时间与类型	条目号
1	《傅森曾祖父母诰命》	嘉庆元年（1796）写本	864
2	《八旗官兵嘉庆元年俸饷银两数目清册》	嘉庆元年（1796）写本	1144
3	《满汉西厢记》	嘉庆元年（1796）抄本	1759
4	《蒙古托忒汇书》	嘉庆二年（1797）抄本	324
5	《京察一等笔帖式册》	嘉庆三年（1798）写本	1153

① 该表格根据《北京地区满文图书总目》制作。

序号	书名	时间与类型	条目号
6	《戒赌十条》	嘉庆三年（1798）刻本	1333
7	《玉麟父母诰命》	嘉庆四年（1799）写本	861
8	《傅森曾祖父母诰命》	嘉庆四年（1799）写本	863
9	《傅森祖父母诰命》	嘉庆四年（1799）写本	865
10	《傅森父母诰命》	嘉庆四年（1799）写本	866
11	《傅森及妻室诰命》	嘉庆四年（1799）写本	867
12	《韩甲辰父母敕命》	嘉庆四年（1799）写本	893
13	《韩明辰祖父母敕命》	嘉庆四年（1799）写本	894
14	《韩明辰父母敕命》	嘉庆四年（1799）写本	895
15	《玉麟父母诰命》	嘉庆六年（1801）写本	862
16	《韩明辰及妻室敕命》	嘉庆六年（1801）写本	896
17	《大清律例》	嘉庆七年（1802）武英殿刻本	1094
18	《清文补汇》	嘉庆七年（1802）刻本	358
19	《记慕篇》	嘉庆七年（1802）抄本	1689
20	《诗余》	嘉庆七年（1802）抄本	1692
21	《庸言知旨》	嘉庆七年（1802）刻本	1316
22	《钦定军器则例》	嘉庆九年（1804）武英殿刻本	1049
23	《清文汇书》	嘉庆十一年（1806）双峰阁刻本	351
24	《觉罗寿喜承袭散秩大臣骑都尉执照》	嘉庆十二年（1807）写本	1000
25	《大清高宗纯皇帝实录》	嘉庆十二年（1807）小黄绫精写本	580
26	《大清高宗纯皇帝圣训》	嘉庆十二年（1807）小黄绫精写本	703
27	《大清高宗纯皇帝实录》	嘉庆十二年（1807）小红绫精写本	579
28	《大清高宗纯皇帝圣训》	嘉庆十二年（1807）小红绫精写本	702
29	《大清高宗纯皇帝圣训》	嘉庆十二年（1807）武英殿刻本	700
30	《大清高宗纯皇帝实录》	嘉庆十二年（1807）大红绫精写本	578
31	《大清高宗纯皇帝圣训》	嘉庆十二年（1807）大红绫精写本	701
32	《白镕父母诰命》	嘉庆十四年（1809）写本	869
33	《甄逢原父母敕命》	嘉庆十四年（1809）写本	897
34	《清文指要》	嘉庆十四年（1809）三槐堂重刻本	143
35	《清文指要》	嘉庆十四年（1809）大西堂重刻本	142

序号	书名	时间与类型	条目号
36	《长龄世袭云骑尉执照》	嘉庆七年（1802）至十四年（1809）写本	999
37	《单语》	嘉庆十六年（1811）达斋抄本	255
38	《阿什达尔汉家谱》	嘉庆十八年（1813）抄本	833
39	《钦定续纂外藩蒙古回部王公表传》	嘉庆十九年（1814）武英殿刻本	779
40	《镶蓝蒙占旗佐领明泰承袭轮管佐领执照》	乾隆七年（1802）至嘉庆十九年（1814）写本	962
41	《清文汇书》	嘉庆二十年（1815）四和堂刻本	352
42	《各坛庙陵寝制帛四柱数目奏销清册》	嘉庆二十一年（1816）写本	1145
43	《清文指要》	嘉庆二十三年（1818）重刻本	144
44	《钦定大清会典》	嘉庆二十三年（1818）武英殿刻本	1006
45	《钦定大清会典》	嘉庆二十三年（1818）精写本	1007
46	《钦定大清会典事例》	嘉庆二十三年（1818）精写本	1015
47	《钦定大清会典事例》	嘉庆二十三年（1818）精写本	1016
48	《戒赌十则》	嘉庆二十三年（1818）杭州将军萨炳阿重刻本	1334
49	《白镕祖父母诰命》	嘉庆二十四年（1819）写本	868
50	《白镕父母诰命》	嘉庆二十四年（1819）写本	870
51	《庸言知旨》	嘉庆二十四年（1819）刻本	1317
52	《白镕父母诰命》	嘉庆二十五年（1820）写本	871
53	《广储司缎库嘉庆二十五大进数目清册》	嘉庆二十五年（1820）写本	1146
54	《番部合奏乐章满洲蒙古汉文合谱》	嘉庆初年精写本	1467
55	《古稀祝嘏乐章》	嘉庆初年精写本	1468
56	《皇帝八旬万寿舞词清汉文合谱》	嘉庆初年精写本	1469
57	《皇帝七旬万寿舞词清汉文合谱》	嘉庆初年精写本	1470
58	《皇太后八旬万寿舞词清汉文合谱》	嘉庆初年精写本	1471
59	《皇太后七旬万寿舞词清汉文合谱》	嘉庆初年精写本	1472
60	《笳吹乐调清调汉文合谱》	嘉庆初年精写本	1473
61	《笳吹乐章满洲蒙古汉文合谱》	嘉庆初年精写本	1474
62	《笳吹乐章满洲蒙古汉文合谱》	嘉庆初年精写本	1475

续表

序号	书名	时间与类型	条目号
63	《廓尔喀王拉特纳巴都尔恭颂歌词》	嘉庆初年精写本	1476
64	《缅甸献琛抒悃乐章》	嘉庆初年精写本	1477
65	《平定金川乐章清汉文和谱》	嘉庆初年精写本	1478
66	《平定西陲乐章清汉文合谱》	嘉庆初年精写本	1479
67	《乾清官普宴宗亲世德舞乐章清汉文合谱》	嘉庆初年精写本	1480
68	《庆隆舞乐章汉清文合谱》	嘉庆初年精写本	1481
69	《御制世德舞乐章清汉文合谱》	嘉庆初年精写本	1482
70	《太上皇帝筵宴庆隆舞乐章》	嘉庆初年精写本	1483
71	《太宗皇帝大破明师于松山之战书事文》	嘉庆年间武英殿刻本	625
72	《太祖皇帝大破明师于萨尔浒山之战书事文》	嘉庆年间武英殿刻本	626

从表4-5所列，可知嘉庆时期满学研究的成果确实不多。其中，对后世影响较大者，仅有以下几种。

1.《清高宗实录》

这是雍正十三年（1735）八月至嘉庆四年（1799）正月清高宗弘历在位及当太上皇时期的编年体史料长编，凡1500卷，又首卷1至5为清仁宗御制序及修纂凡例、目录、进实录表、修纂官职名。嘉庆四年（1799）二月初九日，"命恭纂《高宗纯皇帝实录》，以协办大学士庆桂为监修总裁官……"① 清高宗在位年久，实际执政时间亦长，其《实录》之纂修，工程浩大，人员众多，遂将"地方宽敞""颇为整齐静肃"的清字经馆"作为实录馆，并将清字经馆后屋四十余间一并归入，俾纂办之地益得宽展"②。至十二年（1807）三月二十五日，告成。③ 在清朝诸帝《实录》中，该书部头最大。

---

① 《清仁宗实录》卷39，中华书局1985年影印本，第453页。
② 《清仁宗实录》卷40，中华书局1985年影印本，第484页。
③ 《清仁宗实录》卷176，中华书局1985年影印本，第308页。

2. 《钦定八旗通志》

这是继《八旗通志初集》之后，后一部关于八旗的重要典籍，凡342 卷。其中，志 269 卷，依次为旗份（31 卷）、兵制（10 卷）、职官（12 卷）、氏族（8 卷）、土田（16 卷）、典礼（16 卷）、学校（8 卷）、选举（10 卷）、营建（8 卷）、艺文（1 卷）、人物（149 卷）志；表 73卷，依次为封爵（8 卷）、世职（32 卷）、宗人府大臣年表（1 卷）、内阁大臣年表附翰林院（3 卷）、部院大臣年表（3 卷）、内大臣年表（3卷）、八旗都统年表（9 卷）、直省大臣年表（10 卷）、附八旗大臣题名（4 卷）。另有卷首 12 卷，依次收录"天章"即清圣祖、世宗的御制诗，清高宗的御制诗文，天命、天聪、崇德、顺治、康熙、雍正、乾隆年间的敕谕。其人物志 149 卷内，包括宗室王公（14 卷）、大臣（74卷）、忠义（27 卷）、循吏（4 卷）、孝义（1 卷）、烈女（29 卷）传。该书于乾隆五十一年（1786）敕修，而告成时间不明，或谓"嘉庆间成书"。① 据《清仁宗实录》记载，嘉庆二十四年十二月十六日（1820年 1 月 31 日），"谕内阁：本日，八旗王大臣等以颁赐《八旗通志》谢恩。《八旗通志》所载，要不出'教养'二字。满洲、蒙古、汉军皆系国初时随来，是以八旗子弟性本淳厚，兹因日久渐染流俗，习尚浮华，不知学习技艺。此皆各该都统、副都统平日不善教养，挑缺时只论家口挑取，并不教训，令其勤习技艺。嗣后，八旗都统等务将八旗子弟善为训导，俾其勤习技艺，复归淳厚，庶不负朕教养旗仆之至意。"② 由此推论，该书之编纂拖延颇久，直至嘉庆末年方告竣。

3. 《庸言知旨》

这是宗室宜兴编著的会话类满语教科书，凡 2 卷，满汉合璧，成书于嘉庆七年（1802）。该书搜集了作者"童时之所咨询于耆老，与夫承乏东省采诸故乡人之口颊者"凡三百余条，"爰加考酌""分次缕条"③，题材包罗万象，涉及京旗生活的诸多方面，是研究当时的旗人

---

① 李洵、赵德贵、周毓芳、薛虹主校点：《钦定八旗通志》"前言"，吉林文史出版社2002 年版，第 1 页。

② 《清仁宗实录》卷 365，中华书局 1985 年影印本，第 289 页。

③ 《庸言知旨·序》，嘉庆二十五年（1820）刻本。

社会和满语面貌的重要资料。

（三）道光时期的满学

道光时期，大清王朝颓势加剧。尽管清宣宗实行改革，如裁撤稽察军机处御史、废除挑补军机章京回避制度等，但王朝的衰败仍不能遏制。特别是第一次鸦片战争以后，内忧外患日益严重，清朝统治迅速衰落。当此之时，满学的衰落亦在情理之中。据《北京地区满文图书总目》统计，道光时期编纂、刊刻或抄录的满文图书档册仅有83种，详见表4－6。

表4－6　　　　　　　　道光时期满文图书统计表①

序号	书名	时间与类型	条目号
1	《清汉文海》	道光元年（1821）江南驻防衙门刻本	336
2	《百家姓氏》	道光元年（1821）抄本	481
3	《康熙字典姓氏》	道光元年（1821）抄本	482
4	《八旗蒙古姓氏部落》	道光元年（1821）抄本	823
5	《方舆全览》	道光元年（1821）抄本	921
6	《同音合璧》	道光元年（1821）抄本	1764
7	《镶黄满洲旗佐领和兴承袭世管佐领执照》	乾隆八年（1743）至道光元年（1821）写本	964
8	《白镕曾祖父母诰命》	道光二年（1822）写本	872
9	《圣谕广训》	道光二年（1822）伊兴阿刻本	1284
10	《武备院道光二年各库四柱清册》	道光三年（1823）写本	1147
11	《吏治辑要》	道光三年（1823）三槐堂重刻本	939
12	《御论附讲章》	道光三年（1823）刻本	1307
13	《大清仁宗睿皇帝实录》	道光四年（1824）小黄绫精写本	583
14	《大清仁宗睿皇帝圣训》	道光四年（1824）小黄绫精写本	707
15	《大清仁宗睿皇帝实录》	道光四年（1824）小红绫精写本	582
16	《大清仁宗睿皇帝圣训》	道光四年（1824）小红绫精写本	706
17	《大清仁宗睿皇帝圣训》	道光四年（1824）武英殿刻本	704
18	《辽金元三史国语解》	道光四年（1824）刻本	510

---

① 该表格根据《北京地区满文图书总目》制作。

续表

序号	书名	时间与类型	条目号
19	《大清仁宗睿皇帝实录》	道光四年（1824）大红绫精写本	581
20	《大清仁宗睿皇帝圣训》	道光四年（1824）大红绫精写本	705
21	《奏折档》	道光四年（1824）抄本	732
22	《有关布特哈地区垦荒问题奏文》	道光九年（1829）抄本	750
23	《三合语录》	道光十年（1830）五云堂刻本	155
24	《圆音正考》	道光十一年（1831）存之堂集刻本	223
25	《京察二等官员花名册》	道光十一年（1831）写本	1154
26	《圣谕广训》	道光十一年（1831）刻本	1285
27	《四十条》	道光十二年（1832）刻本	168
28	《行军纪律》	道光十二年（1832）刻本	1088
29	《满汉合璧八旗箴》	道光十二年（1832）刻本	1336
30	《满蒙合璧三字经注解》	道光十二年（1832）京都五云堂刻本	1228
31	《满蒙合璧三字经注解》	道光十二年（1832）京都三槐堂刻本	1229
32	《圣谕广训》	道光十二年（1832）抄本	1289
33	《春安嫡室完颜氏诰命》	道光十三年（1833）写本	898
34	《钟灵父母诰命》	道光十四年（1834）写本	873
35	《白维清兄嫂诰命》	道光十五年（1835）写本	874
36	《清汉对音字式》	道光十六年（1836）重印本	206
37	《圆音正考》	道光十六年（1836）刻本	222
38	《沙金傅察氏家谱》	道光十六年（1836）抄本	834
39	《镶蓝满洲旗佐领珠章阿承袭世管佐领执照》	乾隆十五年（1750）至道光十六年（1836）写本	974
40	《上谕集要》	道光十七年（1837）抄本	668
41	《圣谕广训》	道光十七年（1837）乔逢源张泽纯抄本	1290
42	《四书集注》	道光十八年（1838）炳蔚堂朱氏刻本	101
43	《钦定续纂外藩蒙古回部王公表传》	道光十九年（1839）武英殿刻本	780
44	《音韵逢源》	道光二十年（1840）裕恩氏家刻本	220
45	《音韵逢源》	道光二十年（1840）刻本	221
46	《音韵逢源》	道光二十年（1840）聚珍堂刻本	219
47	《翻译千字文》	道光二十年（1840）抄本	478

序号	书名	时间与类型	条目号
48	《正蓝汉军旗佐领李治承袭世管佐领执照》	乾隆八年（1743）至道光二十年（1840）写本	965
49	《奏折档》	道光二十一年（1841）抄本	734
50	《满汉六部成语》	道光二十二年（1842）小西堂刻本	283
51	《钦定回疆则例》	道光二十二年（1842）武英殿刻本	1055
52	《满汉六部成语》	道光二十二年（1842）文英堂刻本	282
53	《满汉六部成语》	道光二十二年（1842）聚星堂刻本	284
54	《正白旗满洲旗佐领泰费音承袭世管佐领执照》	乾隆十年（1745）至道光二十二年（1842）写本	971
55	《满汉六部成语》	道光二十三年（1843）刻本	285
56	《吏治辑要》	道光二十四年（1844）三槐堂刻本	940
57	《贵嫔丧礼奏议》	道光二十五年（1845）抄本	1124
58	《小儿语》	道光二十五年（1845）刻本	1234
59	《小儿语》	道光二十五年（1845）刻本	1235
60	《小儿语》	道光二十五年（1845）聚珍堂刻本	1236
61	《三合语录》	道光二十六年（1846）炳蔚堂重刻本	156
62	《孙子兵法》	道光二十六年（1846）聚珍堂刻本	1358
63	《易经》	道光二十七年（1847）抄本	4
64	《四书》	道光二十七（1847）广州驻防官学刻本	84
65	《蒙文指要》	道光二十八年（1848）刻本	333
66	《蒙文晰义》	道光二十八年（1848）刻本	334
67	《千字文注解》	道光二十八年（1848）抄本	480
68	《菜根谭》	道光二十八年（1848）刻本	1489
69	《择翻聊斋志异》	道光二十八年（1848）刻本	1725
70	《钦定续纂外藩蒙古回部王公表传》	道光二十九年（1849）武英殿刻本	781
71	《钦定理藩院则例》	道光二十九年（1849）武英殿刻本	1051
72	《钦定续纂外藩蒙古回部王公表传》	道光二十九年（1849）内府精写本	785
73	《读史论略》	道光二十九年（1849）京都三槐堂刻本	1189

续表

序号	书名	时间与类型	条目号
74	《钦定续纂外藩蒙古回部王公表传》	道光二十九年（1849）稿本	789
75	《钦定宗人府则例》	道光二十九年（1849）抄本	1026
76	《身世准绳》	道光二十九年（1849）稿本	1351
77	《古文观止》	道光二十九年（1849）抄本	1682
78	《皇后册文格式》	道光三十年（1850）抄本	904
79	《喀喇沙尔呈册》	道光三十年（1850）抄本	1183
80	《呈册》	道光三十年（1850）抄本	1184
81	《钦定续纂中枢政考》	道光年间武英殿刻本	937
82	《太常寺则例》	道光年间精写本	1063
83	《八旗满洲姓氏部落》	道光年间抄本	822

从表4-6所列，可知道光朝30年间满学研究的成果并不丰富，其中对后世影响较大者更属寥寥，仅有《清仁宗实录》作为道光一朝的编年体史料长编，影响较大。此外，《音韵逢源》4卷，裕恩撰，成书于道光二十年（1840），以满文十二字头为基础的字谱，较有价值。

考察其满学不昌的原因，除国势日益衰弱外，也在于有关人员怠惰不勤。如《清宣宗实录》记载，嘉庆二十五年（1820）十月初四日，清宣宗"又谕：武英殿刊刻各馆书籍，交原馆校对，有迟至十余年未经办竣者，实属延缓。其应如何限期之处，著军机大臣详查核议具奏。寻奏：嗣后，武英殿写样交原馆校对者，书百卷以半年为限。武英殿修改误字，一千字以二十日为限。迟逾，分别参处。又，方略馆订正《辽金元三史》，校勘难于速竣，请勒限于道光二年校竣，送武英殿。从之"①。该书又记载，道光二年十二月十九日（1823年1月30日），"大学士曹振镛等奏：方略馆有应校《辽金元三史》，前奏请限于道光二年校竣。惟原板模糊脱落及糟烂之处甚多，应另行刊板以垂久远。计缮写副本、正本、殿本共三分，未能刻期完竣，请再展限一年，以便缮对无讹。从之"②。在事人员如此，难怪满学亦衰落。

---

① 《清宣宗实录》卷6，中华书局1986年影印本，第143—144页。

② 《清宣宗实录》卷47，中华书局1986年影印本，第830页。

三　清代后期的满学

清代后期的满学，大致而言，包括咸丰（1851—1861）、同治（1862—1874）、光绪（1875—1908）、宣统（1909—1912）四朝的满学，历时 62 年。在此期间，随着帝国主义列强的肆意宰割，中国逐步沦为半殖民地半封建的畸形社会，大清王朝在内忧外患中步履蹒跚，由衰弱走向灭亡，最终退出历史舞台。满学也伴随大清王朝的日薄西山而趋于衰亡。比较而言，光绪朝历时较长，满学成就相对较高。

（一）咸丰时期的满学

咸丰一朝，十有一年。遭逢列强入侵，国运日蹙，甚至清文宗迫不得已逃命热河，客死他乡。其治国行政，除凛遵成宪外，仅设立总理各国事务衙门，专办外交事务。唯其如此，咸丰朝满学极其衰微，相关成果为数不多。据《北京地区满文图书总目》统计，咸丰时期编纂、刊刻或抄录的满文图书档册仅有 45 种，详见表 4 - 7。

表 4 - 7　　　　　　　　咸丰时期满文图书统计表①

序号	书名	时间与类型	条目号
1	《清汉文海》	咸丰元年（1851）琴剑堂星恒氏抄本	337
2	《忠孝经》	咸丰元年（1851）刻本	1211
3	《翻译忠孝二经》	咸丰元年（1851）刻本	1214
4	《小学》	咸丰元年（1851）三槐堂刻本	1217
5	《小学》	咸丰元年（1851）刻本	1218
6	《六事箴言》	咸丰元年（1851）京都文英堂刻本	1323
7	《六事箴言》	咸丰元年（1851）三槐堂刻本	1324
8	《翻译古文》	咸丰元年（1851）聚星堂刻本	1675
9	《翻译古文》	咸丰元年（1851）刻本	1677
10	《翻译古文》	咸丰元年（1851）槐荫山房刻本	1676

---

①　该表格根据《北京地区满文图书总目》制作。

序号	书名	时间与类型	条目号
11	《正蓝满洲旗佐领岳索哩承袭世管佐领执照》	乾隆七年（1742）至咸丰元年（1851）写本	963
12	《董醇祖父母诰命》	咸丰三年写本	899
13	《御论附讲章》	咸丰三年（1853）刻本	1308
14	《御论附讲章》	咸丰三年（1853）刻本	1309
15	《锡振生母诰命》	咸丰四年（1854）写本	875
16	《光禄寺咸丰四年六月给发各处钱粮清册》	咸丰四年（1854）写本	1148
17	《大畏德金刚源流》	咸丰五年（1855）抄本	1554
18	《秘密金刚源流》	咸丰五年（1855）抄本	1581
19	《上药王源流》	咸丰五年（1855）抄本	1594
20	《孝经》	咸丰六年（1856）武英殿刻本	54
21	《满汉字清文启蒙》	咸丰六年（1856）品经堂刻本	115
22	《大清宣宗成皇帝实录》	咸丰六年（1856）小黄绫精写本	587
23	《大清宣宗成皇帝实录》	咸丰六年（1856）大红绫精写本	585
24	《大清宣宗成皇帝实录》	咸丰六年（1856）小红绫精写本	586
25	《大清宣宗成皇帝圣训》	咸丰六年（1856）武英殿刻本	708
26	《大清宣宗成皇帝圣训》	咸丰六年（1856）大红绫精写本	709
27	《大清宣宗成皇帝圣训》	咸丰六年（1856）小红绫精写本	710
28	《大清宣宗成皇帝圣训》	咸丰六年（1856）小黄绫精写本	711
29	《大学衍义》	咸丰六年（1856）武英殿刻本	1197
30	《御制翻译孝经》	咸丰七年（1857）广州满洲八旗义学重刻本	55
31	《璧勤襄公列传》	咸丰七年（1857）抄本	801
32	《三合吏治辑要》	咸丰七年（1857）刻本	947
33	《镶红旗佐领图比承袭世管佐领执照》	乾隆九年（1744）至咸丰七年（1857）写本	970
34	《钦定续纂外藩蒙古回部王公表传》	咸丰九年（1859）武英殿刻本	782
35	《钦定续纂外藩蒙古回部王公表传》	咸丰九年（1859）武英殿刻本	783
36	《钦定续纂外藩蒙古回部王公表传》	咸丰九年（1859）内府精写本	786
37	《旨意汇奏折》	咸丰十年（1860）抄本	669

续表

序号	书名	时间与类型	条目号
38	《中俄条约档》	咸丰十年（1860）晒印本	1129
39	《镶红满洲旗佐领岳成额承袭世管佐领执照》	乾隆二十年（1755）至咸丰十年（1860）写本	975
40	《宜振曾祖父母诰命》	咸丰十一年（1861）写本	876
41	《宜振及妻室诰命》	咸丰十一年（1861）写本	877
42	《十二字头》	咸丰十一年（1861）京都文兴堂刻本	233
43	《全文恪奏稿》	咸丰十一年（1861）抄本	742
44	《丹书克经》	咸丰十一年（1861）写本	1556
45	《满汉杂抄》	咸丰年间丁纯久抄本	1769

由表 4-7 可知，咸丰时期编纂、刊刻或抄录的满文图书不多，其中满学成果仅有《清宣宗实录》作为道光一朝的编年体史料长编，影响较大。

（二）同治时期的满学

同治一朝，十有三年。清穆宗幼龄即位，两宫太后垂帘听政，有清治统为之大变。徒有"中兴"之誉，实无振兴之效。当此之时，自然无暇顾及满学，故研究成果寥寥。据《北京地区满文图书总目》统计，同治时期编纂、刊刻或抄录的满文图书档册仅有 23 种，详见表 4-8。

表 4-8　　　　　　　同治时期满文图书统计表①

序号	书名	时间与类型	条目号
1	《弟子规》	同治二年（1863）刻本	1326
2	《钦命总理神机营事务议政王谕令》	同治三年（1864）刻本	724
3	《练兵示谕》	同治三年（1864）刻本	1085
4	《大清文宗显皇帝实录》	同治五年（1866）小黄绫精写本	590
5	《大清文宗显皇帝圣训》	同治五年（1866）小黄绫精写本	715

---

①　该表格根据《北京地区满文图书总目》制作。

续表

序号	书名	时间与类型	条目号
6	《大清文宗显皇帝实录》	同治五年（1866）小红绫精写本	589
7	《大清文宗显皇帝圣训》	同治五年（1866）小红绫精写本	714
8	《大清文宗显皇帝圣训》	同治五年（1866）武英殿刻本	712
9	《清文接字》	同治五年（1866）聚珍堂刻本	132
10	《大清文宗显皇帝实录》	同治五年（1866）大红绫精写本	588
11	《大清文宗显皇帝圣训》	同治五年（1866）大红绫精写本	713
12	《醒世要言》	同治六年（1867）武英殿刻本	1238
13	《多罗敏郡王嫡福晋昕生女册文》	同治七年（1868）写本	907
14	《钦定国史大臣列传》	同治九年（1870）内府精写本	770
15	《正白旗满洲叶赫那喇氏宗谱》	同治九年（1870）抄本	830
16	《镶蓝满洲旗佐领永泰承袭世管佐领执照》	乾隆十年（1745）至同治九年（1870）写本	972
17	《镶白旗修房图》	同治十年（1871）绘本	933
18	《早事档》	同治十二年（1873）抄本	1128
19	《圣谕广训》	同治十二年（1873）重刻本	1286
20	《定保祖父母诰命》	同治十三年（1874）写本	878
21	《定保父母诰命》	同治十三年（1874）写本	879
22	《董莲庶母曾氏诰命》	同治十三年（1874）写本	880
23	《三合圣谕广训》	同治十三年（1874）北京萧氏重刻本	1295

表4-8所列，唯《清文宗实录》作为道光一朝的编年体史料长编，影响较大。此外，《清文接字》1卷，嵩洛峰撰，系满语语法教材，较有价值。

（三）光绪时期的满学

光绪一朝，历时三十四年。清德宗幼龄即位，两宫皇太后再度垂帘听政，继而慈禧太后独掌大权。在内外交困中，因循守旧，艰难维持残局。迨及光绪末年，为形势所迫，提出政治改革，然而多无实效。当此之时，满学似乎呈现出复兴景象。据《北京地区满文图书总目》统计，光绪时期编纂、刊刻或抄录的满文图书档册有121种，详见表4-9。

表 4 - 9　　　　　　　　　　　光绪时期满文图书统计表①

序号	书名	时间与类型	条目号
1	《阎锡龄祖父母诰命》	光绪元年（1875）写本	882
2	《阎锡龄父母诰命》	光绪元年（1875）写本	883
3	《阎锡龄父母诰命》	光绪元年（1875）写本	884
4	《阎锡龄伯父母诰命》	光绪元年（1875）写本	887
5	《蒙文晰义》	光绪元年（1875）三槐堂刻本	335
6	《清篆举隅》	光绪元年（1875）柳荫山房刻本	254
7	《丹书克经》	光绪元年（1875）写本	1557
8	《阎锡龄父母诰命》	光绪二年（1876）写本	885
9	《阎锡龄叔父母诰命》	光绪二年（1876）写本	888
10	《阎锡龄及妻室诰命》	光绪二年（1876）写本	889
11	《史从龙祖父母敕命》	光绪二年（1876）写本	900
12	《醒世要言》	光绪二年（1876）隆福寺重刻本	1239
13	《阎锡龄父母诰命》	光绪三年（1877）写本	886
14	《满汉合璧四十条》	光绪四年（1878）重刻本	170
15	《清文典要》	光绪四年（1878）文渊堂刻本	342
16	《钦定宗人府则例》	光绪四年（1878）精写本	1022
17	《钦定辽金元三史国语解》	光绪四年（1878）江苏书局刻本	511
18	《御制满汉四书》	光绪四年（1878）成都驻防八旗官学刻本	85
19	《满汉文四种》	光绪四年（1878）八旗官学刻本	1765
20	《正红汉军旗佐领闵文辉承袭世管佐领执照》	乾隆六年（1741）至光绪四年（1878）写本	958
21	《八旗光绪五年拴养官马银钱数目清册》	光绪五年（1879）写本	1149
22	《八旗官兵光绪五年俸饷银两数目清册》	光绪五年（1879）写本	1150
23	《八旗官兵光绪五年俸饷银两数目清册》	光绪五年（1879）写本	1151

---

①　该表格根据《北京地区满文图书总目》制作。

序号	书名	时间与类型	条目号
24	《京师八旗笔帖式光绪五年饷银数目清册》	光绪五年（1879）写本	1152
25	《大清穆宗毅皇帝实录》	光绪五年（1879）小黄绫精写本	593
26	《大清穆宗毅皇帝圣训》	光绪五年（1879）小黄绫精写本	719
27	《大清穆宗毅皇帝实录》	光绪五年（1879）小红绫精写本	592
28	《大清穆宗毅皇帝圣训》	光绪五年（1879）小红绫精写本	718
29	《大清穆宗毅皇帝圣训》	光绪五年（1879）武英殿刻本	716
30	《大清穆宗毅皇帝实录》	光绪五年（1879）大红绫精写本	591
31	《大清穆宗毅皇帝圣训》	光绪五年（1879）大红绫精写本	717
32	《考试候补满誊录官试题》	光绪五年（1879）写本	1511
33	《三合名贤集》	光绪五年（1879）护国寺萧氏刻本	1329
34	《正蓝汉军旗佐领李树楷承袭勋旧佐领执照》	乾隆五年（1740）至光绪五年（1879）写本	954
35	《镶红满洲旗佐领讷仁泰承袭世管佐领执照》	乾隆八年（1743）至光绪五年（1879）写本	966
36	《钦定国史大臣列传》	光绪六年（1880）内府精写本	771
37	《千字文》	光绪七年（1881）刻本	474
38	《千字文》	光绪七年（1881）聚珍堂刻本	473
39	《董莲庶母曾氏诰命》	光绪七年（1881）写本	881
40	《大行慈安皇太后尊谥册》	光绪七年（1881）抄本	901
41	《对音辑字》	光绪十年（1884）刻本	199
42	《镶红蒙古旗佐领萨尔珠承袭世管佐领执照》	乾隆八年（1743）至光绪十年（1884）写本	967
43	《字法举一歌》	光绪十一年（1885）文宝堂刻本	135
44	《清文虚字指南编》	光绪十一年（1885）刻本	124
45	《字法举一歌》	光绪十一年（1885）聚珍堂刻本	136
46	《吏治辑要》	光绪十三年（1887）三槐堂刻本	942
47	《吏治辑要》	光绪十三年（1887）聚珍堂重刻本	941
48	《清文接字》	光绪十四年（1888）三槐堂刻本	133
49	《钦定宗人府则例》	光绪十四年（1888）精写本	1023
50	《御制翻译四书》	光绪十四年（1888）京都聚珍堂重刻本	86

续表

序号	书名	时间与类型	条目号
51	《神机营马步枪炮各队合操阵式图》	光绪十四年（1888）抄绘本	1374
52	《清语摘抄》	光绪十五年（1889）聚珍堂刻本	432
53	《清语摘抄》	光绪十五年（1889）三槐堂刻本	433
54	《奏折》	光绪十六年（1890）写本	726
55	《清文补汇》	光绪十六年（1890）书业堂重刻本	359
56	《对音辑字》	光绪十六年（1890）刻本	201
57	《清汉对音字式》	光绪十六年（1890）聚珍堂刻本	207
58	《御制翻译四书》	光绪十六年（1890）荆州驻防西城学道街积古斋徐楚善刻本	87
59	《御制翻译四书》	光绪十六年（1890）荆州驻防翻译总学重刻本	88
60	《对音辑字》	光绪十六年（1890）荆州翻译总学刻本	200
61	《初学必读》	光绪十六年（1890）京都三槐堂课本	229
62	《初学必读》	光绪十六年（1890）京都聚珍堂刻本	228
63	《圣谕广训》	光绪十六年（1890）京都聚珍堂重刻本	1287
64	《蒙文汇书》	光绪十七年（1891）武英殿刻本	326
65	《蒙文总汇》	光绪十七年（1891）武英殿刻本	330
66	《清语摘抄》	光绪十七年（1891）名德堂刻本	434
67	《蒙文汇书》	光绪十七年（1891）理藩院刻本	327
68	《清语摘抄》	光绪十七年（1891）刻本	435
69	《单清语》	光绪十七年（1891）荆州驻防翻译总学刻本	257
70	《成语辑要》	光绪十七年（1891）荆州驻防翻译总学刻本	264
71	《清语辑要》	光绪十七年（1891）荆州驻防翻译总学刻本	430
72	《清文试册》	光绪十七年（1891）抄本	141

序号	书名	时间与类型	条目号
73	《庸言知旨》	光绪十七年（1891）抄本	1320
74	《御制翻译四书》	光绪十八年（1892）刻本	89
75	《劝善要言》	光绪十八年（1892）重刻本	1254
76	《祝礼列传》	光绪十九年（1893）重抄本	1074
77	《重刻清文虚字指南编》	光绪二十年（1894）聚珍堂刻本	127
78	《相马总论》	光绪二十年（1894）抄本	1383
79	《吏治辑要》	光绪二十二年（1896）荆州驻防翻译总学重刻本	943
80	《吏治辑要》	光绪二十二年（1896）荆州驻防翻译总学重刻本	944
81	《书经》	光绪二十二年（1896）荆州驻防翻译总学刻本	17
82	《清文总汇》	光绪二十三年（1897）荆州驻防翻译总学刻本	362
83	《镶蓝汉军旗佐领李耀承袭族中佐领执照》	乾隆四十四年（1779）至光绪二十三年（1897）写本	979
84	《虚字歌》	光绪二十四年（1898）抄本	130
85	《钦定大清会典》	光绪二十五年（1899）武英殿刻本	1008
86	《钦定大清会典》	光绪二十五年（1899）精写本	1009
87	《钦定大清会典》	光绪二十五年（1899）抄本	1010
88	《钦定大清会典事例》	光绪二十五年（1899）抄本	1019
89	《满汉文八种》	光绪二十五年（1899）京都翻译书坊刻本	1766
90	《威远步队总令口号》	光绪二十六年（1900）抄本	1086
91	《翻译养真集》	光绪二十六年（1900）抄本	1512
92	《择抄古文渊鉴》	光绪二十六年（1900）抄本	1685
93	《十二字头》	光绪二十八年（1902）抄本	237
94	《正黄汉军旗佐领耿普承袭勋旧佐领执照》	乾隆五年（1740）至光绪二十八年（1902）写本	955
95	《镶蓝旗护军营题稿》	光绪二十九年（1903）抄本	751
96	《正蓝满洲旗世袭佐领家谱档》	光绪二十九年（1903）抄本	838

序号	书名	时间与类型	条目号
97	《五常堡镶黄满洲旗三代丁册》	光绪二十九年（1903）抄本	1157
98	《墨尔根城丁数册》	光绪二十九年（1903）抄本	1165
99	《镶红满洲旗佐领富明额承袭世管佐领执照》	乾隆八年（1743）至光绪二十九年（1903）写本	968
100	《正白蒙古旗佐领富森泰承袭轮管佐领执照》	乾隆八年（1743）至光绪二十九年（1903）写本	978
101	《盛京义州镶黄新满洲旗佐领车瑠承袭世管佐领执照》	乾隆十四年（1749）至光绪二十九年（1903）写本	973
102	《镶红蒙古旗佐领阿成阿承袭世管佐领执照》	同治四年（1865）至光绪二十九年（1903）写本	976
103	《色钦谱》	光绪三十年（1904）写本	842
104	《土默特旗固山贝子棍布扎布庶母索常氏册文》	光绪三十年（1904）写本	908
105	《河南道查刷各部院钱粮并各省解到银两清册》	光绪三十年（1904）抄本	1155
106	《正黄蒙古旗佐领曾保承袭勋旧佐领执照》	乾隆二十一年（1756）至光绪三十一年（1905）写本	957
107	《满汉合璧奏折底》	光绪三十二年（1906）抄本	743
108	《孙子十三篇吴子六篇》	光绪三十二年（1906）荆州驻防翻译总学刻本	1356
109	《孙吴武经》	光绪三十二年（1906）荆州驻防翻译总学刻本	1357
110	《分类汉语入门》	光绪三十三年（1907）北京石印馆石印本	261
111	《择翻聊斋志异》	光绪三十三年（1907）二酉斋刻本	1726
112	《镶红汉军旗佐领金廉承袭世管佐领执照》	乾隆六年（1741）至光绪三十三年（1907）写本	959
113	《钦定宗人府则例》	光绪三十四年（1908）精写本	1024
114	《镶白汉军旗佐领王殿臣承袭世管佐领执照》	乾隆六年（1741）至光绪三十四年（1908）写本	960
115	《御制劝善要言》	光绪年间新疆巡抚陶模等刻本	1255

续表

序号	书名	时间与类型	条目号
116	《对音辑字》	光绪年间抄本	202
117	《类林》	光绪年间抄本	299
118	《廷寄抄存》	光绪年间抄本	670
119	《满汉文奏稿》	光绪年间抄本	745
120	《近支名册》	光绪年间抄本	841
121	《闱墨》	光绪年间抄本	1510

由表4－9可知，光绪时期大量刊刻前朝编纂的书籍，当朝编纂的满学成果并不多。其中影响较大者，仅有《清穆宗实录》作为同治一朝的编年体史料长编。此外，在满语研究方面取得了一些成就，如：

1. 《清文虚字指南编》1卷，万福编撰，满汉文合璧，光绪十年（1884）成书。此书之编撰，据作者称："取《清文虚字歌》稍加润色，逐句逐字引以譬语，集成一帙，命之曰《指南》。"① 至光绪二十年（1894），由凤山酌加增删，补入"目录""发明"，交京都隆福寺聚珍堂书坊梓行，"增其名曰《重刻清文虚字指南编》"②，并改为上下两卷。该书为专门研究满语语法之作，与同类著作相比，对当前研究满语语法影响尤深。

2. 《对音辑字》2卷，培宽、志宽编，成书于光绪十六年（1890）。"这本书采集《钦定清文鉴》《钦定清汉对音字式》《圆音正考》《音韵逢源》等收录的对音汉字，删繁就简编成，是满汉对音字书的集成之作"③。

3. 《清文总汇》12卷，志宽、培宽编，光绪二十三年（1897）刊印。该书是前人所编《清文汇书》与《清文补汇》的合编本。其编纂原由，据该书宗室祥亨序云："此二书于学习清文良有裨益，岁月既久，原版字迹模糊，深恐不免亥豕之讹，因属八旗翻译总学教习志宽、

① 万福：《清文虚字指南编·序》，光绪十一年（1885）刻本。
② 凤山校订：《重刻清文虚字指南编·序》，光绪二十年（1894）聚珍堂刻本。
③ 孙明、汪丽：《从清代满汉合璧语音资料看满汉对音规律及作用》，《中央民族大学学报》（哲学社会科学版）2018年第3期。

培宽令肄业诸生端楷妥缮，复加详校，合订二书为一编，名曰《清文总汇》。"① 志宽、培宽合写之跋，也有类此交代。该书因将《清文汇书》与《清文补汇》合钞成帙，仍按"十二字头"顺序编排，故查阅更属便利，迄今还作为研究满语的重要工具书之一。

特别值得一提的是，大清王朝日趋没落之际，自20世纪伊始，学风大变，在《东方杂志》《湖北商务报》《清议报》等报刊上，发表有关满学的文章，涉及八旗、风俗、交通、经济、军事、历史、民族关系、人物、社会、外交、文化、语言文字、园林建筑、政治，凡52篇，详见表4－10。

表4－10   　　　　　　　光绪末年有关满学的文章

序号	文章名	期刊	发表时间
1	《满洲贸易事情》（译大阪朝日新闻东九）	《湖北商务报》28册	1900.2.20
2	《满洲商农情形》（译英国东方商务报西三）	《湖北商务报》4册	1900.6.17
3	《俄报论满洲》	《清议报》76册	1901.4.1
4	《满州（洲）与俄人》	《清议报》75册	1901.4.9
5	《满州（洲）之俄兵》	《清议报》76册	1901.4.19
6	《满州（洲）开放论》	《清议报》79册	1901.5.1
7	《俄人在满州（洲）之行动》	《清议报》79册	1901.5.18
8	《俄人在满州（洲）设民政》	《清议报》79册	1901.5.18
9	《满州（洲）之富饶》	《清议报》66册	1901.7.26
10	《满洲问题》	《清议报》87册	1901.8.5
11	《论满洲事》	《清议报》91册	1901.9.13
12	《俄营满州（洲）近情》	《清议报》95册	1901.10.22
13	《盛京将军奏大凌河垦务折》	《农学报》179册	1902.4
14	《南部满洲地方农业近情》（牛庄领事馆报告，译通商江纂东九）	《湖北商务报》127册	1902.12.20
15	《满洲问题之危状》	《上海万国公报》179册	1903.1

① 志宽等：《清文总汇》，祥亨"序"，光绪二十三年（1897）本。

序号	文章名	期刊	发表时间
16	《满州（洲）之密约》（译支那新闻）	《江苏》3 期	1903.5
17	《满蒙为俄国之玩具》	《上海万国公报》174 册	1903.7
18	《满蒙近事》	《上海万国公报》175 册	1903.8
19	《辟雍》（掌故）	《启蒙画报》2 卷 2 上	1903.9
20	《雍和宫》（掌故）	《启蒙画报》2 卷 2 上	1903.9
21	《俄国满洲兵数》	《东方杂志》1 卷 1 期	1904.3.1
22	《康有为与刚毅之比较》	《大陆》2 卷 3 号	1904.3
23	《满洲善后策》	《东方杂志》1 卷 2 期	1904.4.10
24	《论满州（洲）当为立宪独立国》（录五年二十日时报）	《东方杂志》1 卷 6 期	1904.8.1
25	《改营为旗》	《东方杂志》1 卷 6 期	1904.8.6
26	《东三省权宜策》	《东方杂志》1 卷 9 期	1904.11.2
27	《论豫定满州（洲）政策》	《东方杂志》1 卷 11 期	1904.12.31
28	《满州（洲）之煤矿》（译东论西报）	《东方杂志》7 卷 2 期	1905.3.24
29	《满州（洲）名称考》	《东方杂志》10 卷 12 期	1905.3.28
30	《清太祖遗闻》	《华北日报》副页 80、81、83—88	1905.4.15
31	《清宫新年盛况》	《新民报》（半月刊）4 卷 1 期	1905.4.25
32	《康熙爷私访年明楼》	《三六九画报》13 卷 6 期	1905.4.25
33	《论满洲税则之沿革》	《东方杂志》2 卷 9 期	1905.9.1
34	《略论东三省终宜开放》	《东方杂志》2 卷 8 期	1905.9.23
35	《吏部户部奏遵议署黑龙江将军程奏汤旺河添设知县并试为垦荒事宜折》	《东方杂志》3 卷 2 期	1906.3.19
36	《论满洲实业考略》	《东方杂志》3 卷 6 期	1906.5.1
37	《论中国宜注意移民满洲主义》	《东方杂志》3 卷 5 期	1906.6.16
38	《满洲之富源》	《政治学报》2 期	1907.2
39	《满洲实业谈》（节录丁未二年三十日新闻报）	《东方杂志》4 卷 6 期	1907.8.3
40	《论消融满汉之政策》	《东方杂志》4 卷 7 期	1907.9.2

序号	文章名	期刊	发表时间
41	《日俄满州（洲）铁路条约》（附章约）	《东方杂志》4 卷 8 期	1907. 10. 1
42	《化除满汉畛域议》	《上海万国公报》225 册	1907. 10
43	《学部奏议复八旗及驻防学堂特设满文专科折》	《东方杂志》4 卷 11 期	1907. 12. 29
44	《学部奏议复八旗及驻防学堂特设满文专科折》	《东方杂志》4 卷 11 期	1907. 12. 29
45	《中俄议定北满洲税关试办章程》	《东方杂志》4 卷 12 期	1908. 1. 28
46	《明清最初之交涉》	《民报》19 号	1908. 2
47	《清初赫图阿喇四祖考》	《民报》19 号	1908. 2
48	《明清战谭》（一）	《民报》20 号	1908. 4
49	《会议政务处奏议复直隶布政使增韫奏推广旗丁生计借实边陲折》	《东方杂志》5 卷 3 期	1908. 4. 25
50	《明清战谭》（二）	《民报》22 号	1908. 7
51	《会议政务处议复察哈尔都统诚奏妥筹旗丁生计折》	《东方杂志》5 卷 6 期	1908. 7. 23
52	《吏部奏议复御史俾寿奏满汉给事中御史升阶一律妥定章程折》	《东方杂志》5 卷 10 期	1908. 11. 1

（四）宣统时期的满学

宣统一朝，三年而终，是清代最短命的王朝。溥仪幼龄即位，醇亲王载沣摄政，力图振作。然而，"济变乏术，以至受人蒙蔽，贻害群生"，遂退归藩邸，不再预政。① 继而，隆裕皇太后主持御前会议，宣布清帝退位，共襄共和。当此仓促之际，满学研究成果无多。据《北京地区满文图书总目》统计，宣统时期编纂、刊刻或抄录的满文图书档册仅有 22 种，详见表 4 - 11。

---

① 《宣统政纪》卷 65，中华书局 1987 年影印本，第 66、1222 页。

表 4 - 11　　　　　　　　　宣统时期满文图书统计表①

序号	书名	时间与类型	条目号
1	《实录满蒙晰义》	宣统元年（1909）油印本	449
2	《满蒙汉三文合璧教科书》	宣统元年（1909）写本	187
3	《田步蟾父母诰命》	宣统元年（1909）写本	890
4	《满蒙汉三文合璧教科书》	宣统元年（1909）石印本	189
5	《满蒙汉三文合璧教科书》	宣统元年（1909）铅印本	190
6	《满蒙汉三文合璧教科书》	宣统元年（1909）刻本	185
7	《谕哲里木盟十旗兴学劝业文》	宣统元年（1909）刻本	671
8	《清文虚字指南编》	宣统元年（1909）镜古堂刻本	125
9	《京口驻防镶蓝旗蒙古两甲喇官兵闲散三代册》	宣统元年（1909）抄本	1158
10	《镶白汉军旗佐领李国纲承袭世管佐领执照》	乾隆六年（1741）至宣统元年（1909）写本	961
11	《正蓝满洲旗佐领宗室诺木珠承袭勋旧佐领执照》	乾隆七年（1742）至宣统元年（1909）写本	956
12	《钦定同文韵统》	宣统二年（1910）理藩部重刻本	216
13	《翻译朱子家训》	宣统二年（1910）荆防广化善堂刻本	1206
14	《三合清文接字》	宣统二年（1910）抄本	134
15	《镶蓝汉军旗佐领朱国荣承袭世管佐领执照》	乾隆八年（1743）至宣统二年（1910）写本	969
16	《奏折》	宣统三年（1911）写本	727
17	《吾主耶稣基督新约圣书》	宣统三年（1911）上海圣经公会铅印本	1647
18	《路加福音》	宣统三年（1911）上海铅印本	1644
19	《马可福音》	宣统三年（1911）上海铅印本	1645
20	《马太福音》	宣统三年（1911）上海铅印本	1646
21	《约翰福音》	宣统三年（1911）上海铅印本	1649
22	《皇清帝典简明手册》	宣统年间抄本	840

----

① 该表格根据《北京地区满文图书总目》制作。

从表 4 - 11 所列，可知宣统时期编纂的满学著作乏善可陈，仅有《满蒙汉三文合璧教科书》较有影响。该书凡 10 卷，蒋维介、庄愈等编，荣德译，宣统元年（1909）内府写本，满蒙汉合璧，为清末民初内蒙古哲里木盟各旗蒙古族学校所使用的初级教科书。

《清德宗实录》凡 597 卷，作为光绪一朝的编年体史料长编，影响较大。据记载，"宣统元年六月特敕开馆，先后命臣世续为监修总裁官……"至"宣统十三年十二月初十日"奉表进书。① 可见，该书修成时，已至民国十年（1921）。另外，清代前朝《实录》均有满、蒙、汉三种文本，而《清德宗实录》只有汉文本，没有满蒙文本，盖时势艰难，无力编译了。

此外，宣统时期，在《东方杂志》《地学杂志》等刊物上，发表有关满学的文章，涉及八旗、风俗、经济、历史、人物、社会、外交、政治，凡 22 篇，详见表 4 - 12。

表 4 - 12　　　　　　　　宣统时期有关满学的文章

序号	文章名	期刊	发表时间
1	《宁古塔商会会长激变记》	《东方杂志》6 卷 12 期	1910.1.6
2	《直隶旗地概略》	《地学杂志》1 卷 2 期	1910.2
3	《满洲矿产》	《地学杂志》1 卷 4 期	1910.4
4	《满洲史迹》（节录）	《地学杂志》1 卷 8 期	1910.4
5	《满洲人种考》（节录）	《地学杂志》1 卷 3 期	1910.4
6	《东三省要闻汇录》	《东方杂志》7 卷 3 期	1910.5.4
7	《东三省要闻汇录》	《东方杂志》7 卷 4 期	1910.6.2
8	《东三省要闻汇录》	《东方杂志》7 卷 6 期	1910.7.1
9	《东三省中日交涉近闻》	《东方杂志》7 卷 6 期	1910.7.1
10	《论中俄之松花江交涉》	《东方杂志》7 卷 7 期	1910.8.1
11	《俄人对于满蒙之政策》	《东方杂志》7 卷 7 期	1910.8.1
12	《黑龙江风俗记》（节录）	《地学知识》1 卷 8 期	1910.9

① 《清德宗实录》首卷 4，中华书局 1987 年影印本，第 62、64 页。

序号	文章名	期刊	发表时间
13	《东三省要闻汇录》	《东方杂志》7 卷 8 期	1910.9.1
14	《俄国黑龙江探险队记略》	《东方杂志》7 卷 8 期	1910.9.1
15	《东三省水灾补记》	《东方杂志》7 卷 9 期	1910.10.27
16	《东三省要闻汇录》	《东方杂志》7 卷 10 期	1910.11.1
17	《东三省路矿记闻》	《东方杂志》7 卷 10 期	1910.11.26
18	《洵贝勒遇险志详》	《东方杂志》7 卷 11 期	1910.12.26
19	《东三省胡匪近状》	《东方杂志》7 卷 11 期	1910.12.26
20	《俄国在东三省之近事》	《东方杂志》7 卷 12 期	1911.1.1
21	《论满蒙之农牧业》（译公论西报）	《东方杂志》8 卷 3 期	1911.5.23
22	《满州（洲）之将来》	《东方杂志》8 卷 5 期	1911.7.1

第二节　清代海外满学

明清交替，江山易主，满洲的历史、文化、语言、文字比过去更为外国人所关注，成为其学术研究的重要内容。但是，各国满学研究参差不齐，并不平衡。

一　清代欧洲满学

在欧洲，"在满学早期发展阶段（17—19 世纪），以法国、意大利、德国、俄国的研究成果最为突出"①，尤其法德两国，满洲研究如火如荼，掀起学术热潮，以致创造了 Manchulogy（满洲学）这一专有名词。满学在欧洲盛极一时，主要取决于三点：一是清朝的外交政策和宗教政策；二是在华天主教传教士和东正教布道团成员搜集和传递中国各方面的情报；三是欧洲诸国有关高校、科研机构及其专业科研人员的考察与研究，譬如在俄罗斯，"俄国从事满语教学和满学研究的机构主要有：俄国东正教会驻北京传教士团、圣彼得堡皇家科学院亚

---

① 汪颖子：《简述欧洲满学研究——兼论清史研究在欧洲现状》，《吉林师范大学学报》（人文社会科学版）2017 年第 6 期。

洲博物馆、喀山大学东方系、圣彼得堡大学东方系、东方学院（符拉迪沃斯托克），以及皇家东方学学会、俄国东方学家协会等"，且其"研究人员层次高"，"一般都接受过高等教育，其中不少人都具有高学衔和高级职称。如瓦西里耶夫、波兹涅耶夫、格列宾希科夫等都获得了博士学位；沃伊采霍夫斯基、瓦西里耶夫、伊万诺夫斯基、施密特、格列宾希科夫等被聘为大学教授；而比丘林、卡缅斯基、利波夫措夫、瓦西里耶夫等则获得了俄国科学院的最高荣誉——通讯院士或院士称号"，"正是这些高层次的人材，把俄国的满学研究推向了世界各国的前列"①。

　　综观清朝时期欧洲满学发展状况，可谓兴旺发达，硕果累累，其中不乏名闻遐迩影响巨大的论著。较为遗憾的是，俄罗斯学者的大量研究成果仅以手稿形式存世，迄今没有正式公布。从研究内容来看，欧洲满学丰富多彩，涉及方方面面，而重大学术成果则集中于满洲的历史、语言、文字和文学研究领域，详见表4-13。

表4-13　　　　　　　　欧洲满学研究重要论著（清代）②

序号	论著名称	作者	出版时间
1	《鞑靼战纪》	卫匡国	1654 年
2	《中国新地图册》	卫匡国	1655 年
3	《中国新史》	安文思	1688 年
4	《康熙帝传》	白晋	1697 年
5	《鞑靼纪行》	张诚	

---

　　①　黄定天：《论俄国的满学研究》，《满语研究》1996 年第 2 期。
　　②　参阅杜文凯《清代西人见闻录》，中国人民大学出版社 1985 年版，第 1 页。江桥：《德国的满学研究》，《北京社会科学》1995 年第 1 期。黄定天：《论俄国的满学研究》，《满语研究》1996 年第 2 期。[日] 神田信夫：《内藤湖南的满学研究》，《满学研究》第 5 辑，民族出版社 2000 年版。任国英：《关于俄罗斯学者对满—通古斯语族民族的研究》，《黑龙江民族丛刊》2001 年第 1 期。佟克力：《俄罗斯满学学者与满学研究》，《满语研究》2006 年第 1 期。张先清：《"鞑靼"话语：十七世纪欧洲传教士关于满族的民族志观察》，《学术月刊》2009 年 2 月号。汪颖子：《简述欧洲满学研究——兼论清史研究在欧洲现状》，《吉林师范大学学报》（人文社会科学版）2017 年第 6 期。

续表

序号	论著名称	作者	出版时间
6	《中华帝国和蒙古地理、历史、编年史、政治与自然状况的概述》	荷尔德	1741 年
7	《鞑靼语—满语—法语辞典》	钱德明	1789 年
8	《鞑靼语研究》	雷暮沙	1820 年
9	《满族文学选文集》	克拉普罗特	1828 年
10	《满德字典》	汉斯·加贝伦茨	1864 年
11	《满俄大辞典》	扎哈罗夫	1875 年
12	《满语文法》	扎哈罗夫	1879 年
13	《满洲志》	瓦西里耶夫	1857 年
14	《满俄辞典》	瓦西里耶夫	1866 年
15	《满洲史概要》	伊万诺夫斯基	1887 年
16	《满语语法》	穆麟德	1892 年
17	《满族文学概述》	贝罗德劳弗	1908 年

表 4－13 所列，都是在欧洲乃至国际上颇有影响的论著，如卫匡国所著《鞑靼战纪》主要记述金明、明清战争，其间不乏所谓鞑靼即满洲人相貌、性情、习俗等方面的记载。该书于 1654 年在荷兰、德国、比利时和意大利用拉丁文出版，在英国伦敦用英文出版，轰动欧洲，迄今仍有影响。再如汉斯·加贝伦茨编纂的《满德字典》、扎哈罗夫编纂的《满俄大辞典》迄今还在使用，而穆麟德在《满洲语法》中使用的以罗马字母转写满文的方法，成为国际上最为通用的满文转写法。

二　清代亚洲满学

在亚洲，朝鲜和日本两国研究满学最值得关注。朝鲜延续了明末以来满学研究的传统，注重满语文的学习和研究，特别注重满学文献的搜集和整理。司译院编撰的满语书籍，详见表 4－14。

表 4 - 14　　　　　　　　　　　朝鲜满学著作（清代）①

序号	编纂者	书名	卷数	时间
1	司译院	《三译总解》	10	1684 年
2	司译院	《新翻老乞大》即《清语老乞大》	8	1684 年
3	司译院	《同文类集》	1	1691 年
4	司译院	《老乞大》（清语）		1703 年
5	司译院	《三译总解》		1703 年
6	司译院	《小儿论》		1703 年
7	司译院	《八岁儿》		1703 年
8	司译院	《同文类解》	2	1748 年
9	司译院	《新译清语老乞大》	8	1765 年
10	司译院	《重刊三译总解》	10	1774 年
11	司译院	《新译小儿论》	1	1777 年
12	司译院	《新译八岁儿》	1	1777 年
13	洪命福、徐命膺	《方言集释》，又名《方言类释》	4	1778 年
14	李义风	《三译总解》（汉韩蒙满日词汇表）	6	1789 年
15	司译院	《汉清文鉴》	15	1779 年（?）

此外，朝鲜还有许多汉文典籍，其中有些典籍保存了大量满学资料。例如《燃藜室记述》编撰者李肯翊乃朝鲜全州人，李氏朝鲜英祖、正祖、纯祖时期著名学者。该书 30（一说 32）卷、续编 7 卷、别集 19卷，记述李氏朝鲜历代史事并附人物传略，搜集摘抄 400 余种朝鲜官私著作，保存有大量史料。其中，关于建州女真的记载颇多，是研究女真—满洲史的重要资料。再如为数众多的《燕行录》，也是满学研究不可多得的宝贵资料。

日本学术研究历史源远流长，而时至清末，在极为特殊的情况下，"满蒙"成为其特别关注的领域。正是在这样的情况下，满学研究登上其学术殿堂，还出现了内藤湖南②、白岛库吉等著名满学家。他们研究满学的成果，详见表 4 - 15。

----

① 根据［韩］成百仁、高东昊著，蒋理译，许明玉校《韩国的满语研究概况》（《满语研究》1999 年第 1 期）一文开列。

② ［日］神田信夫：《内藤湖南的满学研究》，《满学研究》第 5 辑，民族出版社 2000 年版，第 261—264 页。

表4-15　　　　　　　　　　　　　　　　　　　　　日本满学研究成果（清代）①

序号	著者	题目	杂志名	卷号	年月	页
1	石泽发身	《黑龙江畔的居民(1)》	《东京人类杂志》	15*5	1900.2	177—183
2	石泽发身	《黑龙江畔的居民(2)》	《东京人类杂志》	15*6	1900.3	226—228
3	石泽发身	《白山黑水纪行(4)》	《史学杂志》	11*3	1900.3	366—377
4	石泽发身	《黑龙江畔的居民(3)》	《东京人类杂志》	15*7	1900.4	265—270
5	伊东忠大	《满洲的佛塔》	《历史地理》	7*12	1905.12	1029—1038
6	内藤湖南	《奉天宫殿所见图书》			1906	
7	白岛库吉	《历史上满洲的地位》	《斯民》	2*5	1907	
8	伊东忠大	《满洲的佛塔》	《建筑杂志》	21*252	1907.12	636—642
9	稻叶岩吉	《皇清开国方略之曲笔》	《历史地理》	11*3	1908.3	428—431
10	内藤湖南	《满洲照片集》（满洲写真帖）			1908	
11	白岛库吉	《满洲民族的过去》	《东洋时报》	133	1909	
12	服部宇之吉	《满洲人的今昔》	《史学杂志》	20*10	1909.10	1159—1200
13	市村瓒次郎	《清朝国号考》	《东洋协会报告》	1	1909.7	129—158
14	伊东忠大	《满洲的佛寺建筑》	《东洋协会报告》	1	1909.7	1—76
15	鸟居龙藏	《兴安岭附近萨满教的遗风》	《东洋文化》	24*10	1909.7	367—373
16	小川琢治	《长白山附近地势及松花江水源》附《完颜城址考》	《史学研究会讲演集》	2	1909.9	53—125

① 根据［日］河内良弘编、赵阿平、杨惠萍译编《日本关于东北亚研究成果选编——关于满学研究文目录（1895—1968）》（1—4，《满语研究》2000年第1期、2000年第2期、2001年第1期、2002年第1期）一文选列。

表 4-15 所列内藤湖南《奉天宫殿所见图书》一文,"第一次向学界介绍了《满文老档》《满洲实录》及汉文旧档的存在,在满学研究史上具有重大的意义。现今通行世界的《满文老档》这一书名,实际就是湖南此时命名的"。其"《满洲照片集》(满洲写真帖)一书,收载 1905 年旅行中所拍摄的一百张照片。这些照片,主要为奉天、永陵等处的清朝史迹和有关历史的学术史料,每一张照片都附有湖南的解说。20 世纪初,发表这样的照片版的清朝史学术资料,是值得特别一提的"①。

综上所述,有清一代三百年,满学研究曾经兴旺发达,硕果累累,但受到时代的局限,基本没有摆脱"钦定""御制"的藩篱,没有超出传统史学和"小学"的研究范围,对于满洲的文学、宗教、风俗、艺术等方面的关注较少,尤其缺少学者的自主研究。海外满学研究兴旺发达,且已具有现代学术研究的特点。

---

① [日] 神田信夫:《内藤湖南的满学研究》,《满学研究》第 5 辑,民族出版社 2000 年版,第 262 页。

第五章

民国满学

民国满学，从时间上看，大体上自 20 世纪第一个 10 年初至 20 世纪 40 年代末，是满学在中国的转型发展时期。其标志性历史事件，始则清宣统四年、民国元年（1912）初清朝退出历史舞台、中华民国建立，终则中华人民共和国于 1949 年宣布成立。在这个时期，中国人、外国人主要是苏联人、日本人都为满学的转型发展做出了自己的贡献。这个时期的主要代表人物有赵尔巽、金梁、孟森、内藤虎次郎。这个时期满学研究的主要特点是：满学摆脱了皇权的束缚，登上了学术殿堂，成为一门真正的学问；"满文文献的发掘整理和研究，取得了拓荒性的成果。"①

第一节　民国时期国内满学

辛亥革命，清朝覆亡，满洲人社会地位发生陵谷变迁，普遍遭受歧视和排斥；满语和满文不再是"国语"和"国书"，且迅速衰落。当此之时，在东北和西北边远地区，还有人说满语，用满文，甚至在学校还开展满语文教学，因而也印行了若干满文图书。另外，伪满洲国也刊印了一些满文图书。详见表 5－1。

---

① 关嘉禄：《中国大陆满学研究的回顾与展望》，《社会科学辑刊》1998 年第 6 期。

表 5 - 1   民国时期满文图书统计表①

序号	书名	时间与类型	条目号
1	《满蒙汉三文合璧教科书》	民国元年（1912）奉天都督抄本	188
2	《御制避暑山庄诗》	民国二年（1913）武进陶氏涉园影印本	1663
3	《三合汇书》	民国二年（1913）北京正蒙印书局石印本	445
4	《镶蓝旗护军营题行稿》	光绪十三年（1887）至民国三年（1914）文稿	752
5	《镶蓝旗护军营行稿》	光绪十三年（1887）至民国三年（1914）抄本	1130
6	《钦定同文韵统》	民国十四年（1925）蒙藏院重刻本	217
7	《圆音正考》	民国十八年（1929）石印本	224
8	《满洲字母》	民国十九年（1930）待曙堂铅印本	251
9	《钦定满洲祭神祭天典礼》	伪康德二年（1935）蕡园精舍铅印本	1066
10	《满文老档》	1936—1937 年户田茂喜钢笔抄本	1117
11	《满俄字典》	1939 年铅印本	468
12	《盛京内务府顺治年间档册》	伪康德九年（1942）影印本	1185
13	《满洲实录》	伪满洲帝国国务院影印本	552
14	《巴彦塔拉盟史资料集成》	伪巴彦塔拉盟公署编	1186

从学术研究的角度来看，清亡民兴，开启中国满学研究新时代。中国研究满学者彻底摆脱了"钦定""御制"的桎梏，完全进入科学研究的状态。唯其如此，这个时期的满学研究取得了可观的学术成就。据粗略统计，有关满学研究的重要成果有徐珂的《清稗类钞》（1917）、黄维翰的《黑水先民传》（1922）、赵尔巽的《清史稿》（1928）、金梁的《满洲老档秘录》（1929）等著作。此外，有关满学文章达 700 余篇，

① 该表格根据《北京地区满文图书总目》制作。

内容涉及八旗、地理、法律、风俗、交通、教育、经济、军事、科学技术、历史、民族关系、人物、社会、外交、文化、文物古迹、文献史料、文学、学术、医药、艺术、语言文字、园林建筑、政治、宗教诸方面，特别是著名学者孟森发表有关八旗和满族历史、人物、文献史料等方面的学术论文 23 篇，郑天挺发表有关满族人物、语言文字的学术论文 6 篇。详见表 5 - 2。

表 5 - 2　　　　　　　　　　民国时期满学研究主要论文

序号	题名	作者	报刊名称及卷、期	时间
1	《经营满蒙议》	—	《东方杂志》8 卷 11 期	1912.5.1
2	《清宫秘史》	高劳	《东方杂志》9 卷 1 期	1912.7.1
3	《南满州（洲）水田志》	王渊	《地学杂志》3 卷 7、8 期	1912.8
4	《南满洲水田志》	—	《东方杂志》9 卷 3 期	1912.9.1
5	《爱德华满洲煤矿调查》	梁宗鼎	《东方杂志》9 卷 5 期	1912.11.1
6	《奉天新图序》	缪学贤	《地学杂志》5 卷 1 期	1913.1
7	《长白三江源流考》	—	《地学杂志》5 卷 5 期	1913.5
8	《追忆满洲防疫事》	汪德伟	《东方杂志》10 卷 10 期	1914.4.1
9	《论修清史》	—	《东方杂志》10 卷 12 期	1914.6.1
10	《康熙时御用各物》	秉衡居士	《文艺杂志扫叶山房》11	1915.1
11	《圆明园游记》	寿鹏	《民权素》12	1915.1
12	《圆明园记》	黄凯钧	《文艺杂志扫叶山房》4	1915.4
13	《清孝庄后秘事》	容盦	《小说新报》1	1915.4
14	《长春风俗谈》	刘冠昭	《妇女生活》1 卷 5 期	1915.5
15	《嘉庆初两宫之嫌疑》	涵秋	《文艺杂志扫叶山房》8	1915.8
16	《乾隆帝与回女之写真》	涵秋	《文艺杂志扫叶山房》8	1915.8
17	《渤海地域之研究》	俞肇康	《学生杂志》3 卷 1 期	1916.1
18	《吉林旧界变迁纪要》	杨耀垲	《地学杂志》8 卷 3 期	1916.3
19	《南满铁路论》	章锡琛	《东方杂志》13 卷 3 期	1916.3.10
20	《清史拾遗》	苦海余生	《小说新报》2 卷 5 期	1916.5
21	《萨满教》	善之	《地学杂志》	1916.6
22	《吉林旧界变迁纪要》	杨耀垲	《东方杂志》14 卷 7 期	1916.7.1
23	《前清摄政王多尔衮贻唐通书墨》（照片二幅）	—	《东方杂志》13 卷 8 期	1916.8.1

序号	题名	作者	报刊名称及卷、期	时间
24	《掌故笔记：清宫谈旧录》	迦龛	《小说大观》9	1917.9
25	《丽娟小传》（清宫秘史）	仪	《小说丛报》4	1918.6.20
26	《鸭绿江之交通》	魏声和	《东方杂志》15卷9期	1918.9.15
27	《满蒙经济大要》	高劳译	《东方杂志》15卷10期	1918.10.1
28	《满蒙之农业》	雨时	《科学》4卷6期	1919.2
29	《满洲发展之概况》（节译远东时报）	罗罗译	《东方杂志》16卷5期	1919.5.15
30	《无后之皇帝》（清史备考）	记者	《小说新报》7	1920.7
31	《满蒙家畜之调查》	—	《银行月刊》1卷12期	1921.1
32	《乾隆御用十二辰本字题四库全书》	—	《亚洲学术杂志》1	1921.8
33	《北京午门历史博物馆移交清内阁档案等物》	—	《东方杂志》19卷12期	1922.6.1
34	《明清最初交涉史》	陈去病	《国学丛刊》1卷4	1923.2
35	《内阁大库档案访求记》	金梁	《东方杂志》20卷4期	1923.2.1
36	《收回旅大与满蒙实业问题》	童蒙正	《商学季刊》1卷3号	1923.8
37	《三十年前日本研究东北文献》	桐冈	《黑白半月刊》3卷2期	1924.1
38	《东北关系之中文书举要》	宗孟	《黑白半月刊》3卷4期	1924.2
39	《清代第一词家纳兰性德之略传及其著作》	陈铨	《清华周刊》305	1924.3
40	《清朝的玉玺》	开明	《语丝》1	1924.11
41	《溥仪出走》	愈之	《东方杂志》22卷8期	1925.3.10
42	《再说"红楼梦"的地点问题》	刘大杰	《晨报》副刊	1925.5.11
43	《游清宫内中路纪略》	吴剑煌	《东方杂志》22卷13期	1925.7.1
44	《满蒙的劳动状况与移民（完）》	徐恒耀	《东方杂志》22卷22期	1925.11.25

续表

序号	题名	作者	报刊名称及卷、期	时间
45	《游圆明园》	毛坤	《京报》副刊352	1925.12.9
46	《满洲之农林概况及日人开发满洲农业设施》	陈植	《东方杂志》22卷24期	1925.12.25
47	《盛京清宫藏品录》	—	《历史博物馆丛刊》1卷2期	1926.1
48	《文溯阁四库全书运奉记》	—	《图书馆学季刊》1卷1期	1926.3
49	《故宫图书记》	施延铺	《图书馆学季刊》1卷1期	1926.3
50	《嘉庆二年乾清宫失慎与天禄琳琅》	齐念衡	《图书馆学季刊》1卷3期	1926.9
51	《天禄琳琅查存书目》	施延铺	《图书馆学季刊》1卷3期	1926.9
52	《盛京清宫藏品录》	—	《历史博物馆丛刊》1卷1期	1926.1
53	《北京名人故宅考补》	傅芸子	《文字同盟》10	1927.1
54	《渔猎民族之葬礼》	李寓一	《妇女生活》13卷12期	1927.1
55	《盛京清宫藏品录》	—	《历史博物馆丛刊》1卷3期	1927.2
56	《明清之际史料》	陈守实	《国学月报》2卷3期	1927.5
57	《纳兰容若》	滕固	《小说月报》17号外	1927.6
58	《直鲁移民与满洲经济》	执无	《现代评论》6卷133期	1927.6.25
59	《清帝打猎地方的自然史》	建人	《东方杂志》24卷19期	1927.10.1
60	《日本侵略满蒙的经过》	张以藩	《知难周刊》34期	1927.1
61	《关于纳兰词》	赵景深	《北新半月刊》1卷51、52期	1927.1
62	《日本南满铁道公司经营东省之现状》	何维华	《东方杂志》24卷20期	1927.10.25
63	《苏联在北满活动之近况》	Y. Hugh	《东方杂志》24卷22期	1927.11.1

续表

序号	题名	作者	报刊名称及卷、期	时间
64	《论档案的售出》	蒋彝潜	《北新半月刊》2 卷 1 期	1927.11
65	《清代升平署戏剧十二种校勘记》	刘澄清	《国学月刊》1 卷 7、8 期	1927.11
66	《奉天的妇女》	顾学范	《妇女生活》14 卷 1 期	1928.1
67	《谈所谓"大内档案"》	鲁迅	《语丝》4 卷 7	1928.1
68	《黑龙江的妇女生活状况》	张效愚	《妇女生活》14 卷 1 期	1928.1
69	《满蒙侵略底社会的根据》	朱镜我	《文化批评月刊》1 号	1928.2
70	《东三省的经济发展与铁路》	莫萨尔	《东方杂志》25 卷 3 期	1928.2.10
71	《清世祖御笔》（题西征随笔）	—	《掌故丛编》3	1928.3
72	《清世祖谕旨》	故宫博物院文献馆	《掌故丛编》3	1928.3
73	《古今图书集成考略》	万国鼎	《图书馆学季刊》2 卷 2 期	1928.3
74	《长平公主曲》	杨云史	《南金杂志》8	1928.3
75	《清摄政王多尔衮致明将马科书稿》	故宫博物院文献馆	《掌故丛编》5	1928.5
76	《清摄政王多尔衮致明将唐通书稿》	故宫博物院文献馆	《掌故丛编》5	1928.5
77	《向玉轩畿地圈拨将尽本（顺治三）》	故宫博物院文献馆	《掌故丛编》6	1928.6
78	《允禩致何焯书二》（影片）	故宫博物院文献馆	《文献丛编》6	1928.6
79	《清军机处档案一览表》	刘儒林	《中华图书馆办会会报》3 卷 6 期	1928.6.1

序号	题名	作者	报刊名称及卷、期	时间
80	《满洲之对外贸易》	仲廉	《银行周报》12 卷 23 号	1928.6.9
81	《满洲移民的历史和现状》	朱契	《东方杂志》25 卷 12 期	1928.6.25
82	《八角鼓之起源》	—	《霞光画报》10	1928.8
83	《东三省的移民问题》	徐伯园	《建国》15—17 期	1928.8
84	《清军机处档案移存故宫博物院后整理之经过》	刘儒林	《图书馆学季刊》2 卷 3 期	1928.9
85	《皇史宬记》	袁同礼	《图书馆学季刊》2 卷 3 期	1928.9
86	《满洲源流所考明代满洲疆域之发微》	孟森	《史学与地学》4	1928.1
87	《关于清代词人顾太清》	储皖峰	《国学月报》2 卷 12 期	1929.1
88	《满蒙考志》	金长佑	《东北大学周刊六周纪念增刊》	1929.1
89	《清内阁所收明天启崇祯案清折跋》	朱希祖	《国学季刊》2 卷 2 期	1929.1
90	《北满一带牧畜及东铁改良该业设施》	—	《东省经济月刊》5 卷 1 期	1929.1
91	《挑选三旗女子的旧俗》	容肇祖	《民俗》56 期	1929.4
92	《北满水田事业近况》	李琴堂	《村治月刊》1 卷 3 期	1929.5
93	《所谓满蒙特殊势力范围》	纪庸	《认识周报》1 卷 16 号	1929.5.15
94	《嘉庆八年仁宗遇刺案》	故宫博物院文献馆	《掌故丛编》9、10	1929.6
95	《从数字上观察内地居民向满洲移动之趋势》	义农	《工商半月刊》1 卷 11 期	1929.6.11
96	《纳兰成德传》	张荫麟	《学衡》70	1929.7
97	《东省农产调查》	季草字头下弗	《东省经济月刊》5 卷 8 期	1929.8
98	《中东路事件发生后南满的情形》	颂华	《东方杂志》26 卷 15 期	1929.8.1

序号	题名	作者	报刊名称及卷、期	时间
99	《清档琐记》（附清档工作之报告）	张逢辰	《中央大学国学图书馆月刊》2	1929.1
100	《满州（洲）中俄事件之写真》	J. B. Powell	《东方杂志》26 卷 19 期	1929.10.10
101	《北满移垦之调查》	—	《东省经济月刊》5 卷 11、12 期	1929.11
102	《乾隆八字》	故宫博物院文献馆	《掌故丛编》10	1929.11
103	《"满洲"字义考》	宁恩承	《东北丛镌》1	1930.1
104	《纳兰性德年谱》	张任政	《国学季刊》2 卷 4 期	1930.1
105	《本所整理档案之过去及将来》	赵肯甫	《语言历史研究所周刊》10 卷 116	1930.1
106	《历史上东北民族之研究》	卞鸿儒	《东北丛刊》2	1930.2
107	《雍亲王致年羹尧书真迹》	故宫博物院文献馆	《文献丛编》1	1930.3
108	《世祖遗事》（荷香琐言）	常熟秉衡居	《人文月刊》1 卷 4 期	1930.5.1
109	《珍妃传略》	—	《故宫周刊》30 期	1930.5
110	《中正殿等处应需光禄寺奶子款目》	故宫博物院文献馆	《史料旬刊》3	1930.6
111	《俄人黑水访古所得记》	罗福苌	《国立北平图书馆馆刊》4 卷 3 期	1930.6
112	《嘉庆二年乾清宫失火案》	故宫博物院文献馆	《史料旬刊》7	1930.8
113	《清初测绘地图考》	翁文灏	《地学杂志》3	1930.9
114	《武英殿遗失经板案》	—	《史料旬刊》13	1930.1
115	《清代男女两大词人恋史的研究》（一）	苏雪林	《武大文哲季刊》1 卷 3	1930.1
116	《清开国史料考》	凡	《国立北平图书馆》5 卷 6 期	1931.1
117	《满洲文字之来源及其演变》	李德启	《北平图书馆刊》5 卷 6 期	1931.1

序号	题名	作者	报刊名称及卷、期	时间
118	《清代男女两大词人恋史的研究》（二）	苏雪林	《武大文哲季刊》1 卷 4	1931.1
119	《东夷考略跋》	谢国桢	《学文》1 卷 2 期	1931.1
120	《整理升平署档案记》	朱希祖	《燕京学报》10	1931.1
121	《研究日本与东北问题的要籍一览》	—	《中国新书月报》1 卷 12 期	1931.1
122	《圆明园建筑蓝图发现》	—	《中国图书馆协会会报》6 卷 4	1931.2
123	《清宗室禧恩诗稿九册跋》	洪煨莲	《燕京大学图书馆报》4	1931.2
124	《北平宫殿池囿考》	袁震	《清华周刊》35 卷 4 期	1931.3
125	《乾隆御题生春诗图》	—	《中国营造学社汇刊》2 卷 1 期	1931.4
126	《圆明园匾额清单》	—	《中国营造学社汇刊》2 卷 1 期	1931.4
127	《清惇亲王绵恺府第寓园囚禁多人案（道光十八）》	故宫博物院文献馆	《史料旬刊》32	1931.4
128	《乾隆西洋画师王致诚述圆明园状况》	唐在复译	《中国营造学社汇刊》2 卷 1 期	1931.4
129	《圆明园遗物与文献》（附大事年表）	向达	《中国营造学社汇刊》2 卷 1 期	1931.4
130	《清朝初期之继嗣问题》（一）	［日］内藤虎次郎著，谢国桢译	《国学丛编》1 卷 1	1931.5
131	《圆明园》	多岛	《生活》6 卷 20	1931.5
132	《馆藏清永忠延芬室集稿本》	侯云圻	《燕京大学图书馆报》9	1931.5
133	《馆藏清永忠延芬室集稿本跋尾》	侯云圻	《燕京大学图书馆报》9	1931.5
134	《满洲地理研究》	李长傅	《新亚细亚》2 卷 2 期	1931.5
135	《金源国书石刻题名跋》	罗福成	《东北丛镌》17 期	1931.5

序号	题名	作者	报刊名称及卷、期	时间
136	《中国人辫发之历史》	［日］桑原隲藏著，杨筠如译	《暨大文学院集刊》2	1931.6
137	《道光六年南府乐器配置单》	—	《故宫周刊》96	1931.8
138	《嘉庆三年太上皇起居注》	明	《国立北平图书馆馆刊》5 卷 4 期	1931.8
139	《顺治元年内外官署奏疏》	—	《国立北平图书馆馆刊》5 卷 5 期	1931.1.
140	《满州（洲）研究之文献》	［日］田中季，李长傅译	《新亚细亚》3 卷 1 期	1931.1
141	《关于东北之图书举要》	编者	《南开》114 期	1931.1
142	《乾隆朝西洋画师王致诚述圆明园轶事》（法文版）	—	《中国营造学社汇刊》2 卷 3 期	1931.11
143	《东北事件的最近趋势》	生	《东方杂志》28 卷 22 期	1931.11.1
144	《"九一八"前之南满》	王室四郎	《新时代半月刊》2 卷 1 期	1931.11
145	《英法德四十年来对于中国东北之关系》	白世昌	《行健月刊》1 卷 3 期	1932.1
146	《觉罗诗人年谱》	侯堮	《燕京学报》12	1932.1
147	《建州（洲）卫地址变迁考》	孟森	《国学季刊》3 卷 4 期	1932.1
148	《跋清信郡王如松竹窗雅课稿本》	建猷	《燕京大学图书馆报》25	1932.3
149	《清朝初期之继嗣问题》（二）	［日］内藤虎次郎著，谢国桢译	《国学丛编》1 卷 6	1932.5
150	《倭寇统治下之东北》	记者	《时事月报》6 卷 5 期	1932.5
151	《故宫博物院刊行外交史料与清代实录》	大公报	《浙江省立图书馆月刊》1 卷 4	1932.6

序号	题名	作者	报刊名称及卷、期	时间
152	《明季关外十三山之义勇军》	李鯤斋	《大公报文学副刊》231	1932.6.6
153	《清朝初期之继嗣问题》（三）	［日］内藤虎次郎著，谢国桢译	《国学丛编》2 卷 1	1932.1
154	《清史稿中建州（洲）卫考辨》	孟森	《历中语言研究所集刊》3 卷 3 期	1932.1
155	《清始祖布库里雍顺之考订》	孟森	《历史语言研究所集刊》3 卷 3 期	1932.1
156	《清嘉庆四年太上皇帝起居注之一页》	—	《河北第一博物院半月刊》28	1932.11
157	《档案拾零》	编者	《故宫周刊》191—194	1932.11
158	《清允禧山静日久》（附允禧小传）	—	《故宫周刊》208	1933.1
159	《苏联和满州（洲）的关系》	孟如	《东方杂志》30 卷 2 期	1933.1.1
160	《最近三百年来日本关于满蒙研究的史的检讨》	萧桑	《历史科学》1 卷 1 期	1933.1
161	《后金国汗姓氏考》	朱希祖	《史语所集刊外编第一种》（上册）	1933.1
162	《东三省热河早为我国领土考》	陆费逵	《新中华》1 卷 3 期	1933.2
163	《东三省国际关系之史的发展》	陈烈甫	《新亚细亚》5 卷 4、5 期	1933.4
164	《古代中国民族东北迁移的一些史料》	梁园东	《中庸半月刊》1 卷 3 期	1933.4
165	《中国移民满洲之过去及现在》	让慈	《湖南大学期刊》8	1933.4
166	《再述内阁大库档案之由来及其整理》	徐中舒	《历史语言研究所集刊》3 卷 4 期	1933.4
167	《清福珠哩殉难碑》	—	《河北第一博物院半月刊》40	1933.5

序号	题名	作者	报刊名称及卷、期	时间
168	《前清内廷演戏回忆录》	曹心泉述，邵茗生记	《剧学月刊》2 卷 5 期	1933.5
169	《东北义勇军运动之探讨》	腾鸿凯	《行健月刊》2 卷 5 期	1933.5
170	《清内府书籍目录》	—	《河南图书馆馆刊》3	1933.6
171	《回忆中的热河避暑山庄》	李守廉	《国风半月刊》2 卷 11 期	1933.6
172	《明治以后日本学者研究满蒙史的成绩》	［日］和田清著，翁独健译	《史学月报》1 卷 5 期	1933.8
173	《满州（洲）名称之种种推测》	冯家升	《东方杂志》30 卷 17 期	1933.9.1
174	《东三省日本移民的过去和将来》	王检	《东方杂志》30 卷 17 期	1933.9.1
175	《从前史实辟"满蒙非支那领土"的谬说》	陈啸江	《国立中山大学文史学研究所月刊》2 卷 1 期	1933.1
176	《圆明园营志详考》	崇贤	《清华周刊》40 卷 2 期	1933.1
177	《清初史料四种》	明	《国立北平图书馆馆刊》7 卷 5 期	1933.11
178	《东北史中诸名称之解释》［东夷、东胡、鞑靼、满州（洲）］	冯家升	《禹贡》2 卷 7 期	1934.1
179	《内务府为庄头等一年差务成数题本》	故宫博物院文献馆	《文献丛编》22	1934.1
180	《清初关外农垦的检讨》	贺扬灵	《新中华》224	1934.1
181	《清初三大疑案考实》	锦孙	《图书季刊》1 卷 4 期	1934.1
182	《清档之价值及其整理》	刘官谔	《中法大学月刊》4 卷 3 期	1934.1
183	《专制时代的妇女宫闱生活》	穆因	《女子月刊》2 卷 1 期	1934.1

序号	题名	作者	报刊名称及卷、期	时间
184	《清代蒙古之兵制》	征夫	《新蒙古》2卷5、6期	1934.1
185	《多尔衮摄政日记司道职名》	—	《大公报图书副刊》11	1934.1.27
186	《中国辫发史》	［日］桑原隲藏著，苏乾英译	《东方杂志》31卷3期	1934.2.1
187	《半年要闻：伪满僭号与察省危机》	—	《新中华》2卷3期	1934.2
188	《清热河避暑山庄各殿宇陈设书籍目录》	—	《图书馆学季刊》8卷1期	1934.3
189	《中国民族中之通古斯族系》	梁园东	《大夏》1卷1期	1934.4
190	《明辽东"卫""都卫""都司"建置年代考略》	张维华	《禹贡半月刊》1卷4期	1934.4
191	《故宫博物院文献馆所藏档案的分析》	单士元	《中国近代经济史研究集刊》2卷2期	1934.5
192	《清华大学所藏档案的分析》	吴晗	《中国近代经济史研究集刊》2卷2期	1934.5
193	《中央研究院历史语言研究所所藏档案的分析》	徐中舒	《中国近代经济史研究集刊》2卷2期	1934.5
194	《北京大学所藏档案的分析》	赵泉澄	《中国近代经济史研究集刊》2卷2期	1934.5
195	《日本支配伪满之新通货政策》	周伯棣	《新中华》2卷9期	1934.5
196	《纳兰容若评传》	徐裕昆	《光华大学半月刊》2卷10	1934.6
197	《介绍辽海丛书》	卞宗孟	《东北文献丛谭》1	1934.7
198	《沈阳故宫藏书整理记》	卞宗孟	《东北文献丛谭》1	1934.7
199	《董小宛系年要录》	圣旦	《文艺月刊》6卷1	1934.7
200	《明辽东边墙建置沿革考》	张维华	《史学月报》2卷1期	1934.9
201	《乾隆皇帝之西洋趣味》	曾铁忱	《中国社会》1卷2期	1934.1

续表

序号	题名	作者	报刊名称及卷、期	时间
202	《清世祖实录稿本残卷》	故宫博物院文献馆	《文献丛编》20	1934.1
203	《日军占领下之满洲》	沈越石	《东方杂志》31卷20期	1934.10.1
204	《万历妈妈年杶庐所闻录》	铢庵	《申报月刊》3卷10期	1934.1
205	《总管内务府大臣为三旗媚妇孤子钱粮事题本》	故宫博物院文献馆	《文献丛编》21	1934.11
206	《清末内廷梨园供奉表》	松	《剧学月刊》3卷11期	1934.11
207	《金史氏族表初稿》	陈述	《中央研究院史语研究所集刊》5卷3期	1935.1
208	《故都雍和宫概观》	何佳圭	《蒙藏月报》4卷3期	1935.1
209	《我们的江东六十四屯》	吉东	《大公报史地周刊》19期	1935.1.1
210	《清初三大疑案考实》	锦孙	《大公报图书副刊》64	1935.1.1
211	《清皇城宫殿衙署图年代考》	刘敦桢	《中国营造学社汇刊》6卷2期	1935.1
212	《清乾隆时福将军治理西藏之办法》	罗友仁	《边事研究》1卷2期	1935.1
213	《清太祖告天七大恨之真本研究》	孟森	《史学》1期	1935.1
214	《民间的俗曲（上）》	佟晶心	《剧学月刊》4卷1期	1935.1
215	《清代后宫之制》	铢庵	《申报月刊》4卷12期	1935.1
216	《环绕渤海湾之古代民族》	［日］八木奘三郎	《禹贡》4卷2期	1935.2
217	《总管内务府为酌议陵寝内务府考试笔帖式章程折》（道光廿五）	故宫博物院文献馆	《文献丛编》23	1935.2
218	《日本侵略满蒙之史的研究》	江昌绪	《边事研究》1卷3期	1935.2
219	《纳兰词五卷补遗一卷》	金涛	《学风月刊》5卷1期	1935.2
220	《满族未入关前的经济生活》	马奉琛	《食货》1卷6期	1935.2

续表

序号	题名	作者	报刊名称及卷、期	时间
221	《所谓满洲国之承认问题》	周甦生	《武大社会科学季刊》5卷1期	1935.2
222	《明清炮术西化考略》	龚化龙	《珞珈》2卷7期	1935.3
223	《满蒙的外交新史料》	历樵译述	《国闻周报》12卷11、12期	1935.3
224	《易县清西陵》	刘敦桢	《中国营造学社汇刊》5卷3期	1935.3
225	《民间的俗曲（下）》	佟晶心	《剧学月刊》4卷3期	1935.3
226	《清初进貂之情形》	刘振卿	《晨报艺圃》	1935.3.25
227	《东北问题之史的发展》	许兴凯	《求实月刊》2卷1期	1935.4
228	《读〈御珰疏稿·后记〉》（明末辽东社会情况之一斑）	—	《华北日报史学周刊》32、33期	1935.4.25
229	《本数总册》（批本处档）	故宫博物院文献馆	《文献丛编》26	1935.5
230	《内务府议复考核陵寝官员事折》（乾隆三十六年）	故宫博物院文献馆	《文献丛编》26	1935.5
231	《满洲秘档》	缪篆	《新民月刊》1卷1期	1935.5
232	《满洲民族的变迁》	王而山	《宇宙旬刊》12	1935.5
233	《清初东北土人的生活》	周信	《禹贡半月刊》3卷5期	1935.5
234	《读"琦善与鸦片战争"》	陶元珍	《大公报图书副刊》77期	1935.5.2
235	《内务府抖晾实录档》	故宫博物院文献馆	《文献丛编》27	1935.6
236	《"大义觉迷录"》	语堂	《人间世》30	1935.6
237	《中国衣冠中之满服成分》	赵振纪	《人言周刊》2卷15期	1935.6
238	《嘉庆后之进貂》	刘振卿	《晨报艺圃》	1935.6.18
239	《阿济格略明事件之满文木牌》	—	《中华图书馆协会会报》10卷6期	1935.6.30
240	《满蒙纠纷与日苏关系》	方秋苇	《新中华》3卷14期	1935.7
241	《纳兰容若》	陈适	《人间世》32	1935.7.20

序号	题名	作者	报刊名称及卷、期	时间
242	《清世祖实录三种不同的节本》	吴相湘	《大公报》	1935.7.26
243	《前清司法制度》	—	《法学杂志》8 卷 4 期	1935.8
244	《宫中藏书》	铢庵	《申报月刊》4 卷 8 期	1935.8
245	《书清世祖赐建言词臣牛丸令疾事》	孟森	《国学季刊》5 卷 4 期	1935.9
246	《故宫博物院文献馆整理之经过》	沈兼士	《中国博物馆协会会报》1 卷 1 期	1935.9
247	《晚明军费与毕白阳疏草》	刘阶平	《华北日报》图书周刊》48	1935.9.30
248	《整理军机处档案之经过》	—	《文献特刊》	1935.1
249	《整理内阁大库满文黄册之经过》	—	《文献特刊》	1935.1
250	《整理内阁大库满文老档之缘起与计划》	—	《文献特刊》	1935.1
251	《清代蒙古之军制》	关震华	《蒙藏月报》4 卷 1 期	1935.1
252	《明末的兵与饷》	知堂	《宇宙风》2	1935.1
253	《明末辽饷问题》（一）	朱庆永	《政治经济学报》4 卷 1 期	1935.1
254	《满族未入关前的俘虏与降人》	陶希圣	《食货》2 卷 12 期	1935.11
255	《满洲老档译件论证之一》	孟森	《天津益世报读书周刊》23 期	1935.11.7
256	《洪承畴章奏文册汇辑跋》	必史	《益世报读书周刊》24	1935.11.14
257	《明季满洲蚕食蒙古方略纪要》	杨实	《大公报史地周刊》63	1935.12.6
258	《晚明流寇与辽东战争的关系》	朱庆永	《天津史学》17	1935.12.10

序号	题名	作者	报刊名称及卷、期	时间
259	《法人对于东北的研究》	［日］田口稔著，刘选民译	《禹贡》6 卷 7 期	1936.1
260	《清仁宗实录馆奏折档》	故宫博物院文献馆	《文献丛编》36	1936.1
261	《金人反辽之背景与动机》	毛汶	《学风》6 卷 9 期	1936.1
262	《清开国前后》	吴宗慈	《史学专刊》3 卷 4 期	1936.1
263	《清开国前纪》	吴宗慈	《史学专刊》1 卷 4 期	1936.1
264	《怀柔县清和亲王墓中之铜版金刚经拓本》	许文泉赠	《河北第一博物院画刊》105	1936.1
265	《明季满洲蚕食蒙古方略纪要》	杨实	《蒙藏旬刊》110 期	1936.1
266	《清代的堂子与沙曼教》	张锡纶	《治史》1 卷 1 期	1936.1
267	《国人对东北应有之认识》	张印堂	《东方杂志》33 卷 1 期	1936.1.1
268	《实录考》	赵士炜	《辅仁学志》1 卷 1、2 期	1936.1
269	《八角鼓今昔谈》	仲琅	《长春游艺画刊》4	1936.1
270	《明末辽饷问题》（二）	朱庆永	《政治经济学报》4 卷 2 期	1936.1
271	《环绕渤海湾之古代民族》	［日］八木奘三郎	《禹贡》4 卷 12 期	1936.2
272	《光绪皇帝之悲剧》	白蕉	《人文》7 卷 2 期	1936.3
273	《杭州（洲）旗营之陈迹》	一士	《越风》1 卷 9 期	1936.3
274	《苏满蒙边境问题的归趋》	允恭	《东方杂志》33 卷 6 期	1936.3.1
275	《清世祖入关前章奏程式》	天挺	《益世报读书周刊》41	1936.3.26
276	《清宫戏单》	—	《晨报国剧周刊》75	1936.3.27

序号	题名	作者	报刊名称及卷、期	时间
277	《朱舜水先生述明季致虏之由》	—	《复兴月刊》4 卷 8 期	1936.4
278	《旗下异俗》	金梁	《越风》1 卷 12 期	1936.4
279	《东北原始民族和中国本部民族在人种上的关系》	李长垣	《新亚细亚月刊》11 卷 4 期	1936.4
280	《满州（洲）发达史》	林同济	《政治经济学报》4 卷 3 期	1936.4
281	《书评〈满洲发达史〉》	林同济	《政治经济学报》4 卷 3 期	1936.4
282	《董小宛考》	孟森	《心史丛刊》3	1936.4
283	《明总兵兵梁廷栋请斩袁崇焕原疏》（附跋）	孟森	《史学集刊》1	1936.4
284	《曹雪芹的家世和红楼梦的由来》	宋孔显	《青年世界》9 卷 4 期	1936.4
285	《红楼梦的地点考》	—	《晨报艺圃》	1936.4.5
286	《顺治朝的逃人及投充问题》	—	《食货》3 卷 11 期	1936.5
287	《纳兰词的几种作风》	邓懿	《文学月报》2	1936.5
288	《日人对于我东北的研究近况》	冯家升	《禹贡半月刊》5 卷 6 期	1936.5
289	《关于红楼梦作者家世和新材料》	严微青	《时代青年》1 卷 1 期	1936.5
290	《清史国语解》	赵振纪	《学艺》15 卷 4 期	1936.5
291	《英国第一次使臣来华记》	朱杰勤	《现代史学》3 卷 1 期	1936.5
292	《八角鼓》	齐如山	《实报半月刊》15	1936.5.16

序号	题名	作者	报刊名称及卷、期	时间
293	《宋金议和之新分析》	朱契	《东方杂志》33 卷 10 期	1936.5.16
294	《跋纳兰词》	蒋礼鸿	《中国文学会集刊》2	1936.6
295	《中国历史上的东北四省》	臻郊	《中学生》66	1936.6
296	《朱蒙传说及老獭稚传说》（朱蒙传为扶余开国始祖，老獭稚传为满清始祖）	［日］今西龙著，侯庸译	《北平研究院院务汇报》7 卷 4 期	1936.7
297	《八旗制度考实》	孟森	《历史语言研究所集刊》6 卷 4 期	1936.7
298	《清太祖起兵为父祖复仇事详考》	孟森	《北平故宫博物院月刊》	1936.7
299	《清世祖（顺治）学习汉文汉语的史料》	卢逮曾	《天津益世报读书周刊》56 期	1936.7.9
300	《明代蓟昌道墙之建置》	杨淑英	《天津大公报史地周刊》96 期	1936.7.31
301	《皇清奏议》	高	《大公报图书副刊》143	1936.8.1
302	《清初满汉社会经济冲突之一斑》（上）	马奉琛	《食货》4 卷 6 期	1936.8
303	《粹子经》（上）	秋宗章	《逸经》1 卷 2 期	1936.8
304	《清高宗宠信福康安秘记》	西陵	《北平晨报》艺圃	1936.8.14
305	《康熙大帝与路易十四》（续）	［日］后藤末雄著，周景濂译	《人文月刊》7 卷 6 期	1936.8.15
306	《清初满汉社会经济冲突之一斑》（中）	马奉琛	《食货》4 卷 8 期	1936.9
307	《粹子经》（下）	秋宗章	《逸经》1 卷 3 期	1936.9
308	《禹贡学会最近得到之清季档案》	赵泉澄	《禹贡》6 卷 2 期	1936.9

续表

序号	题名	作者	报刊名称及卷、期	时间
309	《内阁大库现存清代汉文黄册目录》	—	《大公报图书馆副刊》148	1936.9.17
310	《满洲年远东战争的根据地》	Fedorol 著，毛晋译	《新世纪》1 卷 2 期	1936.1
311	《清内阁汉文黄册联合目录序》	蔡元培	《文献论丛》	1936.1
312	《东北书目之书目》	陈鸿舜	《禹贡》6 卷 3、4 期	1936.1
313	《清代题本制度考》	单士魁	《文献论丛》	1936.1
314	《清代档案释名发凡》	单士元	《文献论丛》	1936.1
315	《清代档案分类问题》	方甦生	《文献论丛》	1936.1
316	《清代汉人拓殖东北述略》	龚维航	《禹贡半月刊》6 卷 3、4 期	1936.1
317	《禹贡学会的清季档案》	顾颉刚	《文献论丛》	1936.1
318	《读"黑龙江外记"随笔》	候仁之	《禹贡半月刊》6 卷 3、4 期	1936.1
319	《满文老档之文字及史料》	李德启	《文献论丛》	1936.1
320	《清初满汉社会经济冲突之一斑》（下）	马奉琛	《食货》4 卷 9	1936.1
321	《清高祖内禅事证闻》	孟森	《历史学报》	1936.1
322	《清高祖内禅事证闻》	孟森	《历史学报》	1936.1
323	《明代之辽东边墙》	潘承彬	《禹贡半月刊》6 卷 3、4 期	1936.1
324	《东北在周代以前已隶中国之史地证》	沈思孚	《人文月刊》7 卷 8 期	1936.10.1
325	《沈阳史迹》	王华隆	《禹贡》6 卷 3、4 期	1936.1
326	《整理内阁大库杂乱档案记》	王梅庄	《文献论丛》	1936.1
327	《升平署之沿革》	吴志勤	《文献论丛》	1936.1
328	《军机处及其档案》	张德泽	《文献论丛》	1936.1

序号	题名	作者	报刊名称及卷、期	时间
329	《述满文老档》	张玉全	《文献论丛》	1936.1
330	《墨勒根王（清初多尔衮称号之一）》	天挺	《天津益世报读书周刊》	1936.10.22
331	《满洲通史》	—	《史学消息》1卷2期	1936.11
332	《圆明园史》	—	《史学消息》1卷2期	1936.11
333	《明末辽东的军事》	李旭	《史地半月刊》1卷2期	1936.11
334	《谈所谓"大内档案"》	鲁迅	《越风》1卷21期	1936.11
335	《多尔衮与"九王爷"》（清初俗呼多尔衮为九王爷）	天挺	《天津益世报读书周刊》	1936.11.26
336	《多尔衮与九王爷》	郑天挺	《益世报读书周刊》76	1936.11.26
337	《冒巢民与董小宛》	林琼父	《晨报艺圃》	1936.12.25
338	《三百年来之满洲研究》	［日］中山久四郎著，刘选民译	《禹贡半月刊》6卷10期	1937.1
339	《太祖圣训》	方甦生	《文献丛编》26卷1期	1937.1
340	《清宫阙名》	故宫博物院文献馆	《文献丛编》1	1937.1
341	《渤海国志长编（金毓黻）》	谭其骧	《燕京学报》22期	1937.1
342	《后金之兴起》（上）	吴晗	《越风》2卷1期	1937.1
343	《史可法答多尔衮书之撰人及书者》	愬庐	《益世报人文周刊》4	1937.1.22
344	《乾隆惩妃嫔》	刘振卿	《晨报艺圃》	1937.1.26
345	《康熙重修太祖实录跋》	孟森	《大公报图书馆副刊》167	1937.1.28
346	《清世祖实录初纂本跋》	孟森	《大公报图书副刊》167	1937.1.28
347	《东北义勇军》	春风	《逸经》24期	1937.2
348	《后金之兴起》（下）	吴晗	《越风》2卷2期	1937.2
349	《抚远大将军奏议跋》	吴玉年	《禹贡》6卷12期	1937.2

序号	题名	作者	报刊名称及卷、期	时间
350	《东北义勇军现况》（东北通讯）	张皓	《新学识》1 卷 2 期	1937.2
351	《近世文武争衡考》	陈登原	《人文月刊》8 卷 1 期	1937.2.15
352	《再谈清代毒军器》	刘振卿	《晨报艺圃》	1937.2.16
353	《盛京事迹图》	刘官锷	《文献丛编》3	1937.3
354	《康熙重修太祖实录跋》	孟森	《青鹤》5 卷 9 期	1937.3
355	《清太祖由明封龙虎将军考》	孟森	《国学季刊》6 卷 1 期	1937.3
356	《东北的黑暗面和光明面》	张健甫	《自修大学》1 卷 4 期	1937.3
357	《多尔衮称皇父之臆测》（附图）	郑天挺	《国学季刊》6 卷 1 期	1937.3
358	《读〈清实录〉商榷》	孟森	《大公报图书副刊》174	1937.3.25
359	《清代的"尚书房"》	雪菴	《越风》2 卷 3	1937.3.30
360	《清代本章制度之改题为奏考》	邓诗熙	《史学集刊》3	1937.4
361	《铁蹄下的东北》（通讯）	关外征夫	《解放》1 卷 1 期	1937.4
362	《清世祖实录初纂本跋》	孟森	《青鹤》5 卷 10 期	1937.4
363	《萨哈连非黑龙江考》	孟森	《天津益世报读书周刊》94 期	1937.4.1
364	《东北史稿跋》	谢国祯	《禹贡半月刊》7 卷 1—3 期	1937.4
365	《清代后妃之位号与等级》	抑斋主人	《越风》2 卷 4 期	1937.4
366	《袭荫封赠经费》	素声	《晨报艺圃》	1937.4.9
367	《亮灯渠》（清宫廷内新年挂灯典礼）	刘振卿	《晨报艺圃》	1937.4.19
368	《康熙朝议修实录圣训等事题稿档》	故宫博物院文献馆	《文献丛编》5	1937.5

序号	题名	作者	报刊名称及卷、期	时间
369	《论康熙字典之非》	黄焯记	《制言半月刊》40	1937.5
370	《原始时代东北居民与中国之关系略识》	田凤章	《禹贡半月刊》7 卷 5 期	1937.5
371	《顺治年间三大社会问题》（圈地、投充、逃人）	—	《益世报食货》22	1937.5.4
372	《汉蒙满回藏五族名称之研究》	吴宗慈	《逸经》29	1937.5.5
373	《明末辽东失陷后辽民的安插》	萨土武	《大公报史地周刊》135 期	1937.5.7
374	《清高宗内禅事证闻之补正》	许霁英	《大公报史地周刊》137	1937.5.21
375	《明末东北抗敌之熊廷弼与袁崇焕》	陈同	《教与学月刊》2 卷 12	1937.6
376	《跋朱郎上摄政王多尔衮请用明代衣冠启》	王崇武	《中央日报文史副刊》28	1937.6.13
377	《东北诸名称之传入欧洲及其与中国领土之关系》	刘选民	《大公报史地周刊》141	1937.6.18
378	《满文木牌和老满文档》	曹宗儒	《大公报图书馆副刊》188	1937.7.1
379	《曹雪芹的生平及其哲学》	李辰冬	《光明》3 卷 3 期	1937.7
380	《跋旧写本东华录十六卷》（乾隆时传抄本）	王立中	《大公报图书副刊》188	1937.7.1
381	《年羹尧奏折之朱批及其遗作》	柿生	《逸经》34	1937.7.20
382	《"太后下嫁考实"驳议》	吴宗慈	《史学专刊》2 卷 1 期	1937.8
383	《午门》	凌霄汉阁主	《实报》	1937.10.31
384	《清太庙中汉大臣之配享》	许霁英	《人文月刊》8 卷 9、10 期	1937.12.15

序号	题名	作者	报刊名称及卷、期	时间
385	《雍正帝被刺之传说》	许霁英	《人文月刊》8 卷 9、10 期	1937. 12. 15
386	《北平宫阙建筑创建时繁难之一斑》	廉君	《华北日报》	1937. 12. 21
387	《肃王府故址》	邢景屏	《华北日报》	1937. 12. 21
388	《清代皇储问题》	崇雪庐	《民治月刊》16 期	1938. 1
389	《恭王府沿革考略》	单士元	《辅仁学志》7 卷 1、2 合刊	1938. 1
390	《清太祖实录纂修考》	方甦生	《辅仁学志》7 卷 1、2 合刊	1938. 1
391	《海宁陈家》	孟森	《北京大学五十周月纪念论文集》	1938. 1
392	《清三通之研究》	王锺翰	《史学月报》2 卷 5 期	1938. 1
393	《清时大燕礼》（清廷遗闻）	洧厂	《华北日报》	1938. 2. 7
394	《宫禁地名》	振卿	《实报》	1938. 2. 20
395	《皇族生活考：日用、年例、圣寿三种》	李依吟	《华北日报》	1938. 2. 21
396	《清宫女巫萨满》	鞠农	《新北平》	1938. 3. 8
397	《文庙盖黄瓦始于乾隆元年》	觉簃	《实报》	1938. 3. 11
398	《正大光明匾》	刘振卿	《实报》	1938. 3. 24
399	《雍和宫如意室》	刘振卿	《实报》	1938. 3. 28
400	《太平歌》	百之	《民治月刊》19 期	1938. 4
401	《清开国初征服诸部疆域考》	刘选民	《燕京学报》23	1938. 6
402	《清代内廷供奉戏随笔》	余叟	《华北日报》	1938. 6. 30
403	《摄政王之服制》	孤血	《新北京报》	1938. 8. 25
404	《清廷衬衣与两膳》	斌如	《新北京报》	1938. 8. 30
405	《东北抗日联军与民众》	克辛	《华美》1 卷 22 期	1938. 9
406	《满洲的游击运动》	群泽	《华美》1 卷 22 期	1938. 9
407	《东北抗日军的艰苦斗争》	［日］伊东锐太郎	《华美》1 卷 22 期	1938. 9

序号	题名	作者	报刊名称及卷、期	时间
408	《清八家铁帽子王》（寄影轩琐记）	鹧鸪	《立言画报》3	1938.1
409	《养性殿墨云室匾为清高宗所撰，因毕沅进呈古墨得名》	孤云	《实报》	1938.10.6
410	《清升平署腰牌》	方言	《实报》	1938.10.7
411	《中秋筵宴同治前无一定地址》	孤云	《实报》	1938.10.10
412	《清宁宫》	刘振卿	《实报》	1938.10.13
413	《太和殿》	振卿	《实报》	1938.10.30
414	《清代离宫御苑》	刘振卿	《实报》	1938.11.15
415	《雍和宫小史》	——	《新北京报》	1938.11.23
416	《清实录修改问题方》	苏甡生	《辅仁学志》8 卷 2	1939.1
417	《清代东三省疆理志》	谭其骧	《中学月报》3 卷 1 期	1939.1
418	《清宫新右门前桥栏石狮，帝经过时以黄帛封之》	瘦石	《新北京报》	1939.1.26
419	《东北边境的变迁与张鼓峰的地位》	李安和	《东方杂志》36 卷 3 期	1939.2.1
420	《纳兰容若本传》	衡庐	《近代杂志》1 卷 11 期	1939.2.5
421	《清宫新年之灯联腊年二十日进设》	瘦石	《新北京报》	1939.2.8
422	《清宫门联一律白色》	昨非	《新北京报》	1939.2.9
423	《清代特有祭祠年坤宁宫内之万历妈妈》	昨非	《新北京报》	1939.2.14
424	《清八大家王府除夕赏赐"王哈番"》	——	《实报》	1939.2.18
425	《清宫春联：康熙朝由南斋拟词》	刘振卿	《实报》	1939.2.23
426	《历代实录考略》	金毓黻	《经世》37	1939.4
427	《东北近况概述》	民傁	《东北论坛》2 卷 1 期	1939.4
428	《宫戏》	沈正元	《立言画刊》28	1939.4

序号	题名	作者	报刊名称及卷、期	时间
429	《秀女与宫女：秀女可指婚王公贝勒，宫女遇幸不能封贵人》	刘振卿	《实报》	1939.4.27
430	《语录与顺治宫廷》	陈垣	《辅仁学志》8 卷 1 期	1939.6
431	《辽金北边部族考》	冯承钧	《辅仁学志》8 卷 1 期	1939.6
432	《清宫端节》	功赞	《新北京报》	1939.6.23
433	《参与坤宁宫吃肉，入座吃肉列入官衔牌》	恨生	《实报》	1939.7.3
434	《记清廷题主》	刘振卿	《实报》	1939.7.17
435	《八角鼓》	南	《民众报》17	1939.7.23
436	《升平署祀喜音娘娘，非乾隆贵妃》	恨生	《实报》	1939.7.24
437	《故宫》（随便随笔）	少牢	《立言画刊》53	1939.9
438	《乾隆五十八年英国之赠献品单》	傅用良	《新民报》1 卷 11	1939.11.1
439	《清宫灯联》	崇璋	《晨报》	1939.12.30
440	《清代东三省军制》	汪海境	《东北》2 卷 4	1940.1
441	《明失辽东考原》	赵光贤	《辅仁学志》9 卷 2 期	1940.1
442	《清宫不论骨肉情》 （史话）	宗羽	《时事画报》38	1940.1.5
443	《曹雪芹家点滴》	慧先	《学术》1 期	1940.2
444	《曹雪芹家的籍贯》	适之	《申报文史》10 期	1940.2
445	《圆明园之回忆》（上）	蔡申之	《中和》1 卷 3 期	1940.3
446	《清康熙重修太祖实录跋》	孟森	《图书季刊》新 2 卷 1 期	1940.3
447	《清世祖实录初纂本跋》	孟森	《图书季刊》新 2 卷 1 期	1940.3
448	《漫谈宫戏》	千	《民众报》49	1940.3.10
449	《玉泉水与御茶房》	振卿	《实报》	1940.3.26
450	《圆明园之回忆》（中）	蔡申之	《中和》1 卷 4 期	1940.4
451	《苗山今昔谈年避暑山庄圣容抖晾记》	陶在东	《宇宙风》乙刊 23	1940.4

续表

序号	题名	作者	报刊名称及卷、期	时间
452	《圆明园之回忆》（下）	蔡申之	《中和》1 卷 5 期	1940.5
453	《满人文字狱与民族性》	梁岵庐	《广西大学周刊》2 卷 8	1940.5
454	《从北海仿膳斋说到清宫御膳房》	崇璋	《晨报》	1940.5.11
455	《中国东北部民族考》	金毓黻	《时代精神》2 卷 5 期	1940.6
456	《明析城伯赵世新之孙种佳等上清摄政睿亲王多尔衮奏本并跋》	陶元珍	《责善半月刊》1 卷 7	1940.6
457	《清宫巡礼记》	益津居士	《民声月报》1 卷 1 期	1940.6
458	《"喜起舞"与"世德舞"，清时殿廷筵宴制》	—	《实报》	1940.6.21
459	《圆明余忆》	拙庵	《中和》1 卷 8 期	1940.8
460	《年光玛与清宫祭年》	啸	《晨报》	1940.9.14
461	《国子监古迹》	久庭	《晨报》	1940.9.28
462	《清代的东三省行政组织》	海镜	《东北》2 卷 2 期	1940.1
463	《逊清及前明权要住址》	鳏	《晨报》	1940.10.26
464	《前清诸王府第之变易实状》	大林山人	《实报》	1940.10.30
465	《黑龙江省的胜境年五大莲池》	海镜	《东北》2 卷 3 期	1940.11
466	《清帝每次巡幸，后妃"留园""留宫"》	焕卿	《实报》	1940.11.1
467	《清代之"园寝"制度》	崇璋	《晨报》	1940.11.9
468	《皇室生育》	国亮	《民众报》	1940.11.13
469	《清代帝后御膳》	学朴	《实报》	1940.11.14
470	《雍和宫》	—	《民众报》	1940.12.3
471	《御膳房与光禄寺之关系》	焕卿	《实报》	1940.12.6
472	《南三所御茶膳房现状》	崇璋	《晨报》	1940.12.14

序号	题名	作者	报刊名称及卷、期	时间
473	《养心殿御膳房现状》	焕卿	《晨报》	1940.12.21
474	《太和殿冬至大朝》	单宏	《民众报》	1940.12.29
475	《明失辽东考原》（续）	赵光贤	《辅仁学志》10 卷 1、2 合刊	1941.1
476	《嘉庆年间除夕之"庆隆舞"》	浚订	《实报》	1941.1.26
477	《清宫除夕拾闻》	文俊	《民众报》	1941.1.26
478	《顺治皇帝出家》	陈垣讲、诸葛记	《国民杂志》2	1941.2
479	《辽海先贤志年王浍》	金毓黻	《志林》2 期	1941.2
480	《满汉二族之历史因缘》	马秀文	《东北》2 卷 6 期	1941.2
481	《满洲古代之土著与客族》	杨师魁	《学艺》1 辑	1941.2
482	《东北卅年》	卞宗孟	《益州（洲）报重庆边疆研究周刊》11 期	1941.2.6
483	《清宫之灯：花灯烟火皆在郊园，二年二日为撤灯之期》	长白山人	《实报》	1941.2.11
484	《耳朵眼儿：清皇族女每耳穿三孔》	崇璋	《实报》	1941.2.26
485	《香妃入宫始末》	退叟	《立言画刊》126—129	1941.3
486	《北平宫阙建筑的经过》	凤子	《民众报》	1941.4.1
487	《刘译〈乾隆英使觐见记〉之考证》（1）	陶在东	《宇宙风》乙刊 42	1941.4
488	《金代女真之配布及对契丹人之处置》	张云波	《文史教学》1 期	1941.4
489	《清代围猎》	崇璋	《国民杂志》1 卷 5 期	1941.5
490	《刘译〈乾隆英使觐见记〉之考证》（3）	陶在东	《宇宙风》乙刊 44	1941.5
491	《天鹅宴：清季御馔分四部，堪称无席不珍馐》	崇璋	《实报》	1941.5.11

续表

序号	题名	作者	报刊名称及卷、期	时间
492	《东北之地理环境与稻》（附图表）	高福珍	《东北集刊》1 期	1941.6
493	《刘译〈乾隆英使觐见记〉之考证》（4）	陶在东	《宇宙风》乙刊 46	1941.6
494	《清代宫廷消夏之设备》	刘崇璋	《国民杂志》1 卷 7 期	1941.7
495	《满洲词人纳兰成德丛录》	张裕京	《中日文化》1 卷 4 期	1941.7
496	《景运门重修史话：自顺治迄嘉庆重修凡五次，禁门启闭掌司钥职》	崇璋	《实报》	1941.8.18
497	《康熙时代耶稣会教士初次测绘之中国地图》	［德］福克司（Water Fuchs）著，顾华译	《中德学志》3 卷 3 期	1941.9
498	《清代设置驻藏大臣考》	黄奋生	《边政公论》1 卷 2 期	1941.9
499	《明清两朝档案考略》	君石	《新东方杂志》2 卷 5 期	1941.9
500	《清宫话旧》	汪隐村	《新河北》1 卷 6 期	1941.9
501	《棍王府为考证》	门一厂	《晨报》	1941.9.13
502	《今日的东北》（资料）		《解放日报》	1941.9.13
503	《清代统治东北之二重体系》	金毓黻	《东北集刊》2 期	1941.1
504	《养和室随笔年康乾南巡实况》	渠弥	《中和》2 卷 10 期	1941.1
505	《清宫话旧》	汪隐村	《新河北》2 卷 1 期	1941.1
506	《近代东北移民史略》	吴希庸	《东北集刊》2 期	1941.1
507	《释"巴克什"》（清史满语解之五）	郑天挺	《真理杂志》1 卷 4 期	1941.1
508	《清代妇女的宫闱生活》	子岐	《新河北》2 卷 2 期	1941.11
509	《东北大学之东北研究工作》	宗孟	《益州（洲）报重庆》	1941.11.13

序号	题名	作者	报刊名称及卷、期	时间
510	《汉满蒙各民族在满洲之流变》	杨师魁	《学艺》2 辑	1942.1
511	《清宫上元承应戏》	寒羽	《三六九画报》13 卷 17	1942.2.1
512	《清内廷举行喜起、庆隆二舞为清代肇兴东土旧俗》	退叟	《立言画刊》179	1942.2
513	《北京故宫之美》	砚斋	《新民报》4 卷 3	1942.2.1
514	《殷族与史前渤海系诸氏族的关系》	剪伯赞	《群众周刊》7 卷 6 期	1942.3
515	《谈清代的太监》	笠堪	《古今》1 期	1942.3
516	《内阁档案散出轶闻》	郭邑	《实报》	1942.3.5
517	《乾隆帝与都一处》	红玉	《民众报》	1942.3.8
518	《清宫祭典散记》	忏龛	《新民报月刊》4 卷 10	1942.5.1
519	《道光朝之君相》	迁斋	《中和》3 卷 5 期	1942.5
520	《明清萨尔游之战》（附图）	隋觉	《东北集刊》3 期	1942.5
521	《明代之宽甸六堡与辽东边患》（附图表）	孙祖绳	《东北集刊》3 期	1942.5
522	《清代题本制度考补订》	单士元	《师大学刊》	1942.6
523	《与向觉明先生论孙元化及毛文龙事》	方豪	《益世报文史副刊》8	1942.6.4
524	《养心殿非独宿之寝宫》	崇璋	《实报》	1942.6.6
525	《端凝殿懋勤殿命名之由来》	崇璋	《实报》	1942.6.8
526	《内宫迎驾》	崇璋	《实报》	1942.6.11
527	《八角鼓年带小戏之起源》	—	《三六九画报》16 卷 2	1942.7.1
528	《清代驻藏大臣考》（上）	丁实存	《边政公论》1 卷 11、12	1942.7
529	《故宫话旧》	隐村	《新河北》3 卷 4	1942.7
530	《东四省收复后之行政区划问题》（附表图）	高福珍	《东北集刊》4 期	1942.8
531	《清初圈地考》	纪果庵	《真知学报》1 卷 6	1942.8

续表

序号	题名	作者	报刊名称及卷、期	时间
532	《清代东北之屯垦与移民》（上）（附表）	萧一山	《东北集刊》4 期	1942.8
533	《清开国传说与地理背景》	王崇武	《益世报文史副刊》13	1942.8.27
534	《八角鼓、子弟书、岔曲》	—	《民众报》	1942.10.7
535	《满洲渊源考略》	唐洪	《政治月刊》4 卷 4、5 期	1942.11
536	《清代宫中的乐舞》	炳璋	《民众报》	1942.11.6
537	《读纳兰性德的词》	王亮	《新民报》4 卷 24	1942.12.1
538	《清初史料四种考释》	谢希凝	《论文月刊》3 卷 11	1943.1
539	《一七九三年英使马戛尔尼来华考》	许玄风	《学术》界 1 卷 5 期	1943.1
540	《清初诸王争国记》	赵光贤	《辅仁学志》12 卷 1、2 期	1943.1
541	《清世祖与董鄂妃》	忏盦	《新民报》5 卷 4	1943.2.1
542	《清代的满蒙译文》	谢再善	《西北研究》6 卷 2	1943.2
543	《清宫上元灯火》	崇璋	《实报》	1943.2.18
544	《清宫之奶妈子：译音"嬷嬷"》	崇璋	《实报》	1943.2.23
545	《清宫各应节之习俗》	傅君	《新民报》5 卷 6	1943.3.1
546	《清宫御寿两膳房遗闻》	退叟	《立言画刊》234	1943.3
547	《清代宗室及满洲婚丧葬礼》	傅僧梦	《立言画刊》137	1943.4
548	《清帝宾天时御衣例付火至成庙始禁止》	隐	《实报》	1943.4.23
549	《谈"庆王府"》	凌霄汉阁主	《新北京报》	1943.4.26
550	《辫发》	［日］桑原隲藏著，于浚涛译	《盟大文学院集刊》4 卷 5 期	1943.5
551	《秀女与宫女：一则世家贵族，一则三旗包衣》	崇璋	《实报》	1943.5.24

序号	题名	作者	报刊名称及卷、期	时间
552	《清代药王诞日：御祭"药王堂"，御药库之药王殿派官祭》	习听	《实报》	1943. 5. 31
553	《圆明园》	白林	《华北作家月报》6	1943. 6
554	《清宫词》	枝巢子撰注	《师大学刊》2	1943. 6
555	《请黄梯子，正大光明匾后藏金书密缄，新帝即位前司匠上梯取封》	崇璋	《实报》	1943. 6. 12
556	《和珅故宅初为庆王府后为恭王府》	习听	《实报》	1943. 6. 14
557	《汤若望回忆录》	大林山人	《实报》	1943. 6. 20
558	《尚书房皇子读书届炎夏亦有暑假》	习听	《实报》	1943. 6. 21
559	《明清两代内廷吉庆承应戏》（梨园史话）	刘雁声	《新民报》5 卷 14	1943. 7. 1
560	《清代东北之屯垦与移民》（下）（附表）	萧一山	《东北集刊》5 期	1943. 7
561	《皇上的棺材》	刘振卿	《实报》	1943. 7. 26
562	《天街之禁话往事：清代出殡路线有三禁例，帝后梓宫亦不能出前门》	雪菴	《实报》	1943. 7. 26
563	《三希堂刻石在北海琼岛》	李智超	《实报》	1943. 8. 19
564	《南府沧桑：昔日吴驸马府今成艺文中学》	习听	《实报》	1943. 8. 19
565	《上书房尊师礼始自雍正》	崇璋	《实报》	1943. 8. 20
566	《女真译名考》	韩儒休	《中国文化研究所集刊》3 卷 1—4 期	1943. 9
567	《清代宫廷戏剧考》	翦伯赞	《中原》1 卷 2 期	1943. 9
568	《谈故宫》	堪隐	《古今》30 期	1943. 9
569	《帝王宫阙》	刘雁声	《新河北》5 卷 6 期	1943. 9

续表

序号	题名	作者	报刊名称及卷、期	时间
570	《先师庙御匾清代每帝一块》	崇璋	《实报》	1943.9.7
571	《还宫，清代还宫分四种》	崇璋	《实报》	1943.9.17
572	《"乌鸦救驾"与"吃包"，清代两种特别纪念》	崇璋	《实报》	1943.9.26
573	《朝鲜三田渡清帝功德碑文考》	王崇武	《东方杂志》39卷15期	1943.10.1
574	《康熙雍正二帝之提倡拉丁文》	方豪	《说文月刊》3卷11期	1943.11
575	《论清代与蒙古之关系》	楚金	《中和》5卷12期	1944.1
576	《明末西洋火器流入我国之史料》	方豪	《东方杂志》40卷1期	1944.1.1
577	《从史实上澄清东北为中国领土》	金毓黻	《东北集刊》6期	1944.1
578	《选定国都与建设东北》	王惠民	《东北集刊》6期	1944.1
579	《清史满语解》	郑天挺	《真理杂志》1卷1期	1944.1
580	《清宫寿诞名词，共分六级》	崇璋	《实报》	1944.1.14
581	《黑水头人与百姓》	蒋旨昂	《大学》3卷3、4期	1944.3
582	《清玉牒跋》	赵子亨	《中国学报》1卷1期	1944.3
583	《清乾隆帝的出生》	周梨庵	《古今》45期	1944.4
584	《康熙时代耶稣会教士初次测绘之中国地图》	［德］福克司（Water Ficjs）著，顾华译	《中德学志》6卷1、2期	1944.6
585	《评〈康熙皇舆全览图〉研究》（福克司编）	傅吾康（W. Franke）著，胡吟译	《中德学志》6卷1、2期	1944.6

序号	题名	作者	报刊名称及卷、期	时间
586	《关于多尔衮史可法书牍》	徐一士	《古今》48 期	1944.6
587	《明清两代军器变革及其影响》	郑师许	《新中华》复刊 2 卷 6	1944.6
588	《释"巴图鲁"》(清史满语解之四)	郑天挺	《真理杂志》1 卷 3 期	1944.6
589	《秋星阁笔记》(太后下嫁摄政王等)	包天笑	《大众》	1944.9
590	《旧京掌故之一：清宫凉棚》	崇璋	《国民杂志》4 卷 9	1944.9
591	《论东北四省为中国之重心》	金毓黻	《东北集刊》7 期	1944.9
592	《年羹尧折子》	薛佩苍	《古今》35 期	1944.9
593	《东北收复后省区缩小刍议》	杨锡福	《东北集刊》7 期	1944.9
594	《读〈清初三大疑案考实〉》	蔡尚穆	《古今》56 期	1944.1.
595	《清代秋节之万寿山泛舟宴》	崇璋	《中华周报》1 卷 2 期	1944.10.1
596	《清代制诏诰敕题奏表笺说略》	单士魁	《文献专刊》	1944.1
597	《后妃姊妹侄女备挑宫女》	侯甲峰	《文献专刊》	1944.1
598	《太后宫之妈妈女子》	侯甲峰	《文献专刊》	1944.1
599	《清史世家略记》	纪果庵	《古今》56、57 期	1944.1
600	《各典礼皇后穿戴之一斑》	梁仪衡	《文献专刊》	1944.1
601	《雍正批奏折略述》	王善瑞	《文献专刊》	1944.1
602	《清宫内廷戏台考略》	王声和、魏世培	《文献专刊》	1944.1

续表

序号	题名	作者	报刊名称及卷、期	时间
603	《记黑水旅行》	于式玉	《旅行杂志》18 卷 10 期	1944.1
604	《军机处所藏清册之分类》	张德泽	《文献专刊》	1944.1
605	《清秘堂对子本与春帖子》	崇璋	《中华周报》2 卷 1 期	1945.1.1
606	《节过年跑谈宫腊》（掌故杂话）	崇璋	《中华周报》2 卷 11、12 期	1945.3.1
607	《明代的辽东》	王之屏	《边政公论》4 卷 2、3 期	1945.3
608	《因喝豆汁再谈御膳房》	崇璋	《中华周报》2 卷 13 期	1945.3.25
609	《清代太监之等级》	崇璋	《中华周报》2 卷 16 期	1945.4.15
610	《东北九省辖区表》		《解放日报》	1945.4.21
611	《和珅与勺园》（燕京大学校园掌故谈）	陆知征译	《南风》1 卷 4、5 期	1945.7
612	《满清皇室之氏族与血系》	郑天挺	《人文科学学报》1 卷 3 期	1945.9
613	《东北地理》	胡南	《解放日报》	1945.9.19
614	《歌场掌故年八角鼓、岔曲、单弦之兴》	周英	《新中华周报》4 卷 5 期	1945.1
615	《东北九省各民族之起源》	林翰	《新东北》1 卷 2 期	1945.11
616	《东北名称之由来及其与关内之血统关系》	高煜	《文史选刊》	1946.1
617	《看到我们的东北》	黄大受	《旅行杂志》12 卷 12 期	1946.1
618	《清代诸王考略》	四郎	《礼拜天》3	1946.1
619	《史阁部答清摄政王书起草者考证》	王季芗	《文史选刊》	1946.1
620	《史可法答多尔衮书的作者考证》	霄雷	《文史选刊》	1946.1
621	《有清一代东北屯垦政策》	赵之蔺	《正论》3	1946.1

续表

序号	题名	作者	报刊名称及卷、期	时间
622	《东北抗日联军的生长》	王力	《新华日报》重庆	1946.2.20
623	《东北的经济资源》	娄立齐	《中国经济》1卷3期	1946.5
624	《东北九省的地理基础》	卢村禾	《新学生》1卷1期	1946.5
625	《满怀沧桑话东北》（附东北大事年表）	宋念慈	《新学生》1卷2期	1946.6
626	《圆明园之由来》	—	《纪事报每周增刊》2	1946.6.29
627	《清初八旗联盟的组织与满清的勃兴》	曾资生	《中央日报》	1946.6.29
628	《关向应同志传略》		《新华日报》	1946.7.24
629	《北平故宅考》	金受申	《晴雨画报》4卷8、10	1946.8
630	《北平宅第略考》	金受申	《晴雨画报》2	1946.8
631	《谈御膳房，聊作帖秋臕》	刘振卿	《晴雨画报》4	1946.8
632	《御膳珍谈》	郑逸梅	《茶话》3	1946.8
633	《东北释名》	恨石	《经世日报》《经世》副刊10期	1946.8.9
634	《生的伟大、死的光荣年悼念关向应政委》	穆欣	《新华日报》	1946.9.21
635	《吉林市附近之史迹及遗物》	李文信	《历史与考古》1	1946.1
636	《东北中苏国界与中蒙国界的今昔》	修炎	《边疆建设》1卷1期	1946.1
637	《东北名胜要地纪实》	逸民	《边疆建设》1卷1期	1946.1
638	《清代女诗人西林春姓氏里贯考》	白育	《汝都》创刊号	1946.11
639	《息庐偶记》	金息侯	《故都旬刊》1卷2	1946.11
640	《法国白晋著〈清圣祖本纪〉论略》	陆微诂	《大公报综合》47	1946.11.1
641	《康熙帝与西洋文化》	杨卫玉、潘公昭	《读书通讯》121期	1946.11

续表

序号	题名	作者	报刊名称及卷、期	时间
642	《东北名胜要地纪实》	逸民	《边疆建设》1 卷 2 期	1946.11
643	《清代文献评议》	岁寒	《中央日报》	1946.11.29
644	《沈阳东北文物古迹展览》	—	《燕京学报》33	1947.1
645	《北京的都市发展（四）：清代的园林营造》	陈正祥	《中国文化研究所学报》7 卷 1 期	1947.1
646	《吴三桂与山海关城》	琼武	《燕京学报》33 期	1947.1
647	《明清之际史事论丛》（一）	李光涛	《学原》1 卷 7 期	1947.1
648	《论东北五大宗教》	穆仁	《边疆建设》2 卷 1 期	1947.1
649	《吴三桂与山海关之战》	王崇武	《燕京日报》33	1947.1
650	《东北名胜要地纪实》	逸民	《边疆建设》2 卷 1 期	1947.1
651	《略谈清宫演剧的后台准备》	春厂	《大公报》	1947.1.9
652	《内廷演剧之沿革》	木厂	《新民报》	1947.1.21
653	《清初皇父摄政王多尔衮起居注跋》	—	《中央日报》	1947.1.28
654	《满清皇太后的伙食》	—	《时代生活》4 卷 20 期	1947.2
655	《说清代军机处》（遐菴漫录）	叶恭绰	《新闻报新闻周刊》3、4 期	1947.4
656	《前代权要居第》	张柏森	《新民报》	1947.4.1
657	《记故都湖海之胜》	朱偰	《旅行杂志》21 卷 4 期	1947.4
658	《姜白石与纳兰性德词的比较》	康家乐	《协大艺文》20	1947.5
659	《写故都昆明湖》	朱偰	《旅行杂志》21 卷 5 期	1947.5
660	《记清咸丰那拉后》（遐菴漫录）	叶恭绰	《新闻报新闻周刊》5 期	1947.5.11
661	《跋〈坤舆格致略说〉抄本》	方豪	《益世报人文周刊》新 2	1947.5.19
662	《满官汉释》	聂崇歧	《燕京学报》32 期	1947.6
663	《东北之行政区划》	王成组	《边政公论》6 卷 2 期	1947.6

续表

序号	题名	作者	报刊名称及卷、期	时间
664	《明清两代宫苑建置沿革图考》（朱偰著）	毓	《图书季刊》新8卷1、2期合刊	1947.6
665	《明清两代宫苑建置沿革图考》	朱偰	《图书季刊》新8卷1、2期合刊	1947.6
666	《东北新省区之划定》	傅角今	《东方杂志》43卷13期	1947.7.1
667	《清代国号渊源考略》	李树桐	《现代学报》1卷6、7期	1947.7
668	《漫话清宫》	在春	《小象旬刊》1卷1	1947.7.15
669	《慈禧的缪素筠》	陈澄之	《京沪周刊》2卷31期	1947.8
670	《清初剃发令之厉行及其反响》	鲍光豹	《东南日报》	1947.8.27
671	《清人入关前求款之始末》	李光涛	《历史语言研究所集刊》9	1947.9
672	《东北方志略初稿》（附图表）	郝瑶甫	《国立沈阳博物院筹备委员会汇刊》1	1947.1
673	《满文老档考》	金毓黻	《国立沈阳博物院筹备委员会汇刊》1	1947.1
674	《清太祖时代农业的发展》	孙渊	《东南日报》	1947.10.1
675	《论明清萨尔浒之战》	王崇武	《学原》1卷6期	1947.1
676	《东北产业之检讨》	曹振哈	《银行通讯》新25、26期	1948.1
677	《李如松征东考》	琼武	《历史语言研究所集刊》16	1948.1
678	《黑水国探古》	贾兰坡	《旅行杂志》22卷12期	1948.1
679	《记奴儿哈赤之倡乱及萨尔浒之战》	李光涛	《历史语言研究所集刊》12	1948.1
680	《记清太宗皇太极三字称号之由来》	李光涛	《历史语言研究所集刊》12	1948.1
681	《论建州（洲）与流贼相因亡明》	李光涛	《历史语言研究所集刊》12	1948.1

续表

序号	题名	作者	报刊名称及卷、期	时间
682	《明清之际史事论丛》（二）	李光涛	《学原》1 卷 10 期	1948.1
683	《清入关前之真象》	李光涛	《历史语言研究所集刊》12	1948.1
684	《清太宗求款始末提要》	李光涛	《历史语言研究所集刊》12	1948.1
685	《清太宗与三国演义》	李光涛	《历史语言研究所集刊》12	1948.1
686	《清内阁大库明清旧档之历史及其整理》	罗福颐	《岭南学报》9 卷 1 期	1948.1
687	《金人建国前后之孛堇制》	王统照	《文讯》8 卷 1 期	1948.1
688	《记金国汗之迫而求款》	李光涛	《学原》1 卷 10 期	1948.2
689	《洪承畴背明始末》	李光涛	《历史语言研究所集刊》17	1948.4
690	《论万历征东岛山之战及明清萨尔浒之战》	王崇武	《历史语言研究所集刊》17	1948.4
691	《论毛文龙死后之流毒》	李光涛	《文史杂志》6 卷 2 期	1948.5
692	《白山黑水间之传说》	之徒	《凯旋》31 期	1948.5
693	《论崇祯二年"己巳虏变"》	李光涛	《历史语言研究所集刊》18	1948.9
694	《慈安慈禧两太后垂帘章程之轶闻》	何恩华	《文献论丛》（沈原士先生纪念刊）	1948.1
695	《毛文龙酿乱东江本末》	李光涛	《历史语言研究所集刊》19	1948.1
696	《清内务府造办烟火情形》	杨学文	《文献论丛》	1948.1
697	《东北地理介绍》	李德尊	《学习生活》2 卷 3 期	1948.11
698	《儿女英雄传里的满语释义》	李德启	《中央日报》俗文学 84	1948.12.26

续表

序号	题名	作者	报刊名称及卷、期	时间
699	《雍正之得位》	文白	《公论报》	1949.1.7
700	《清初旗人生计考》	马小进	《经济论坛》1 卷 6	1949.3
701	《清世宗夺嫡考实》	王锺翰	《燕京学报》36	1949.6
702	《显曾祖考》	杨士宏	《中央日报》	1949.6.3
703	《二千年间肃慎部族的滋演》	刘继祖	《风土杂志》3 卷 1 期	1949.9

第二节　民国时期海外满学

民国时期，海外学术界对满学的态度大异其趣。由于清朝覆灭，欧洲诸国满学研究的热情逐渐消退，而亚洲的日本却热衷于满学研究，乐此不疲。

一　民国时期欧洲满学

民国时期，在欧洲诸国，满学失去了昔日的光辉。"随着清王朝的灭亡，欧洲学者们对满学的学术兴趣开始减弱。大多数的西方汉学家与深受民族主义影响的中国学者都普遍认为，满族已经完全汉化，因此没有真正的理由再继续满语或者满学研究"，"在 20 世纪的大部分时间里，欧洲的满学传统由语言学家和历史学家在圣彼得堡和柏林（以及后来波恩）继承下来"[1]。不过，在苏联，与沙皇时期相比，满学研究已呈明显衰落趋势，尽管涌现了格列宾希科夫等 20 余位著名满学家，出版了有关满族的语言、历史与考古、文化与宗教方面的研究著作，但总体来看，满学研究成果的数量和质量都今非昔比，主要研究成果仅有 13 种，详见表 5－3。

---

① 汪颖子：《简述欧洲满学研究——兼论清史研究在欧洲现状》，《吉林师范大学学报》（人文社会科学版）2017 年第 6 期。

表 5 - 3　　　　　　　苏联满学研究主要成果（民国）①

序号	作者	成果名称	出处	时间
1	格列宾希科夫	《满洲人，他们的语言和文字》	《东方学院通报》（14）	1912 年
2	格列宾希科夫	《论满俄关系史·斯帕法里大使在中国》	《满语讲义参考书》	1912 年
3	鲁德涅夫	《活的满语和萨满教的新资料》	摘自《帝俄考古学会东方部会刊》第 21 卷	1912 年
4	格列宾希科夫	《满语和满文文献大纲》	《东方学院学术讲授述评》	1913—1916 年
5	格列宾希科夫	《满文文选资料（满语讲义参考资料 1912—1913 学年）》		1913 年
6	格列宾希科夫	《中国满语情况的现代研究》	《东方研究所消息》（1）	1913 年
7	科特维奇	《满族文化》	《世界文化·东方文化》（2）	1920 年
8	格列宾希科夫	《满语和满文文献大纲》	《国立远东大学通报》（8）	1921 年
9	希罗科戈洛夫（史禄国）	《满族的社会组织——满族氏族组织研究》	上海商务印书馆	1924 年
10	沃罗比耶夫	《论满文字母表》	《1931 年苏联科学院报告集》	1931 年
11	沃罗比耶夫	《满文起源和发展的新资料》	《苏联科学院东方学研究所学报》卷 5	1935 年
12	苏尼克	《通古斯满语系句法纲要》		1947 年

---

① 参阅［苏联］M. П. 沃尔科娃《满学》，白滨译，《民族译丛》1979 年第 3 期（原载《亚洲博物馆——苏联科学院东方学研究所列宁格勒分所》）。［苏联］Б. К. 帕什科夫，胡增益摘译：《俄国学者对满语文研究的贡献》，《世界民族》1983 年第 6 期（原载《苏联科学院东方学研究所通报》1956 年第 18 期）。黄证天：《论俄国的满学研究》，《满语研究》2000 年第 2 期。任国英：《关于俄罗斯学者对满—通古斯语族民族的研究》，《黑龙江民族丛刊》2001 年第 1 期。佟克力：《俄罗斯满学学者与满学研究》，《满语研究》2006 年第 1 期。［俄］庞晓梅著，于洋译：《格列宾希科夫和他的满语、民族志与萨满教研究》，《吉林师范大学学报》（人文社会科学版）2018 年第 3 期。

续表

序号	作者	成果名称	出处	时间
13	涅维尔斯科伊	《俄国海军军官在俄国远东的功勋——黑龙江流域考察记》		1947 年

在欧洲诸国中，德国较为特殊，"20 世纪以来，德国满学更见发展"①。除贝罗德·劳弗（Berlold Laufer, 1874—1934）于 1908 年出版《满族文学概述》（*Skizze der mandjurischen Literatur*）一书外，埃里希·郝爱礼（Erich Hauer, 1878—1936）在满语研究方面功绩卓著，编纂了《满德字典》（*Handwörterbuch der Mandschusprache*），可惜生前未能出版；在满洲历史研究方面，节译《皇清开国方略》，介绍了满洲建国历程。埃里希·海尼诗教授（Erich Haenisch, 1886—1966）于 1924 年发表《北京碧云寺四体建寺铭文》一文，探讨了满语的一些现象；1959 年发表专文，谈论 1788 年的廓尔喀之役。瓦尔特·富赫兹（Walter Fuchs, 1902—1979）教授在前人研究基础上继续全力推展满学，卓有成效，并于 1930—1932 年间发表专文，探讨满文《大藏经》，1936 年和 1942 年又先后撰文，介绍满文文献"②。尽管如此，德国满学研究的学者较少，规模较小。③

二 民国时期亚洲满学

民国时期，在亚洲，满学研究依然主要在日本和朝鲜。尤其在日本，秉承清末以来的政治野心，热衷于游历、考察、研究"满蒙"地区，对满洲族和蒙古族历史与现状包括政治、经济、文化、宗教、风俗诸方面的研究尤为热心。其游历、考察、研究的成果，一度成为其侵华

---

① 黄淑娟：《德国的满学研究》，载任继愈主编《国际汉学》（第 4 辑），大象出版社 1999 年版，第 522 页。

② 黄淑娟：《德国的满学研究》，载任继愈主编《国际汉学》（第 4 辑），大象出版社 1999 年版，第 522 页。汪颖子：《简述欧洲满学研究——兼论清史研究在欧洲现状》，《吉林师范大学学报》（人文社会科学版）2017 年第 6 期。

③ 江桥：《德国的满学研究》，《北京社会科学》1995 年第 1 期。

战争的先声。从学术的角度来看，这个时期，当满学研究在中国、在欧洲都衰落之时，日本学者却醉心于满学研究，掀起满学研究的高潮。其发表的大量文章中，较为重要的就有 456 篇之多，详见表 5 - 4。

表 5 - 4　　　　　　　　民国时期日本满学研究主要成果

序号	著者	题目	杂志名	卷号	年月
1	内藤虎次郎	《清朝开国期史料（1）》	《艺文》	3 * 11	1912.11
2	内藤虎次郎	《清朝开国期史料（2）》	《艺文》	3 * 12	1912.12
3	内藤虎次郎	《清朝姓氏考》	《艺文》	3 * 3	1912.3
4	高桥作卫	《清国领土保全的意义研究及关东洲租借地国际法上的性质》	《国际法杂志》	10 * 9	1912.3
5	内藤虎次郎	《清朝姓氏考（勘误）》	《艺文》	3 * 4	1912.4
6	稻叶岩吉	《建洲女真的原住地及迁住地》	《满洲历史地理》	2	1913.5
7	稻叶岩吉	《清初的疆域》	《满洲历史地理》	2	1913.5
8	箭内亘	《满洲原有的疆域》	《满洲历史地理》	2	1913.5
9	市村瓒次郎	《明代的满洲》	《文学杂志》	24 * 7	1913.7
10	羽田享	《五体清文鉴》	《艺文》	4 * 8	1913.8
11	新村出	《高桥景保的满语学》	《艺文》	5 * 6	1914.6
12	新村出	《满语学史料补遗》	《艺文》	5 * 7	1914.7
13	稻叶岩吉	《前清宗室之领地禁买》	《外交时报》	22 * 9	1915.11
14	羽田享	《五体清文鉴》	《东洋学艺杂志》	32 * 408	1915.9
15	新村出	《长崎唐通事的满语学》	《艺文》	8 * 11	1917.11
16	新村出	《朝鲜司译院日满蒙语言学书简解说》	《艺文》	9 * 8	1918.8
17	稻叶岩吉	《池内学士所论鲜初东北境与女真之关系》	《史学杂志》	29 * 9	1918.9
18	白岛库吉	《满鲜史论》	《大鹏》	7 * 4	1921
19	内藤虎次郎	《女真种族的同源传说》	《民族与历史》	6 * 1	1921.7
20	天海谦三郎	《关于清朝皇族庄园所有权的问题》	《资料汇存》	11	1922
21	内藤虎次郎	《清朝初期继嗣问题》	《史林》	7 * 1	1922.1

序号	著者	题目	杂志名	卷号	年月
22	矢野仁一	《关于清初直隶侵略战》	《历史与地理》	9 * 3	1922.3
23	西村真次	《东北亚民族的宗教思想》	《东洋》	25 * 2.3	1922.3
24	今和次郎	《古代日本建筑与满洲、朝鲜》	《满洲建筑杂志》	3 * 6	1923
25	泉廉治	《太祖与崇焕》	《满蒙》	4 * 8	1923.8
26	八木装三郎	《满洲最古老的文化民族(2)》	《调查事情》	4 * 1	1924.1
27	泷泽真弓	《满鲜旅行日记（3）》	《建筑杂志》	38 * 460	1924.1
28	村越信夫	《满洲特用作物栽培气候》	《满蒙》	5 * 12	1924.12
29	八木装三郎	《满洲最古老的文化民族(3)》	《调查事情》	4 * 2	1924.2
30	泷泽真弓	《满鲜旅行日记（1）》	《建筑杂志》	3 * 458	1924.8
31	泷泽真弓	《满鲜旅行日记（2）》	《建筑杂志》	38 * 459	1924.9
32	和田清	《清太祖与李成梁的关系》	《史学杂志》	35 * 9	1924.9
33	西山荣久	《满蒙及北支杂记（下）》	《东亚经济研究》	9 * 4	1925.1
34	渡部薰太郎	《满语女真语与汉字音的关系》	《亚细亚研究》	2	1925.2
35	村越信夫	《满洲机械农业的经济地位》	《满蒙》	6 * 4	1925.3
36	小田内通敏	《满洲村落出现的民族关系》	《东洋》	28 * 5	1925.5
37	西山荣久	《满蒙及北支杂记（上）》	《东亚经济研究》	9 * 3	1925.7
38	矢野仁一	《清朝的满洲统治与汉人的移住》	《支那》	17 * 3	1926
39	白岛库吉	《亚洲北族的发祥（1）》	《史学杂志》	37 * 1	1926.1
40	田边赖三	《清朝发祥地的传说》	《满蒙》	7 * 1	1926.1
41	白岛库吉	《亚洲北族的发祥（2）》	《史学杂志》	37 * 2	1926.3
42	白岛库吉	《亚洲北族的发祥（3）》	《史学杂志》	37 * 4	1926.4
43	村越信夫	《关于满洲的霜》	《满蒙》	7 * 4	1926.4
44	鸳渊一	《辽阳喇嘛坟碑文与解说》	《内藤还历论丛》		1926.5
45	村越信夫	《有希望的满洲小麦生产》	《满蒙》	8 * 2	1927.2

序号	著者	题目	杂志名	卷号	年月
46	白岛库吉	《干珠满珠》	《史学杂志》	38＊6	1927.6
47	中岛胜次	《满清肇祖与其血统》	《满蒙》	8＊7	1927.7
48	村越信夫	《满洲天气谚语（1）》	《满蒙》	8＊8	1927.8
49	村越信夫	《满洲天气谚语（2）》	《满蒙》	8＊9	1927.9
50	远藤隆次	《满洲的化石故事》	《满蒙》	9＊1	1928.1
51	鸳渊一	《清初清鲜关系与三田渡碑文（1）》	《史林》	13＊1	1928.1
52	鸳渊一	《清初清鲜关系与三田渡碑文（4）》	《史林》	13＊4	1928.1
53	渡部薰太郎	《满日对译佛说阿弥陀经》	《亚细亚研究》	7	1928.1
54	八木装三郎	《北满古今的诸民族（1）》	《满蒙》	9＊8	1928.2
55	稻叶岩吉	《夫余系神话的展开——清太祖的感生说》	《民族》	3.3	1928.3
56	鸳渊一	《清初清鲜关系与三田渡碑文（2）》	《史林》	13＊2	1928.4
57	鸳渊一	《清初清鲜关系与三田渡碑文（3）》	《史林》	13＊3	1928.7
58	渡部薰太郎	《满洲民族与其语言》	《满蒙》	9＊9	1928.9
59	八木装三郎	《北满古今的诸民族（2）》	《满蒙》	9＊9	1928.9
60	稻叶岩吉	《关于满洲民族两方面的观察（上）》	《东亚经济研究》	13＊4	1929.1
61	与谢野宽	《满蒙游记（5）》	《东亚》	2＊11	1929.11
62	与谢野宽	《满蒙游记（6）》	《东亚》	2＊12	1929.12
63	与谢野宽	《满蒙游记（1）》	《东亚》	2＊4	1929.4
64	与谢野宽	《满蒙游记（2）》	《东亚》	2＊6	1929.6
65	与谢野宽	《满蒙游记（3）》	《东亚》	2＊7	1929.7
66	小林胖生	《东陵发掘的真相》	《历史与地理》	24＊1	1929.7
67	与谢野宽	《满蒙游记（4）》	《东亚》	2＊8	1929.8
68	与谢野宽	《满蒙游记（7）》	《东亚》	3＊1	1930.1

续表

序号	著者	题目	杂志名	卷号	年月
69	出村良一	《满—通古斯语动词转化的后续词（下）》	《东洋学报》	18 * 4	1930.1
70	鸳渊一	《建州左卫的设立年代》	《历史与地理》	26 * 6	1930.12
71	村田治郎	《铁岭圆通寺白塔》	《满蒙》	11 * 2	1930.2
72	渡部薰太郎	《满语缀字全书》	《亚细亚研究》	9	1930.3
73	稻叶岩吉	《关于满洲民族两方面的观察（下）》	《东亚经济研究》	14 * 2	1930.4
74	出村良一	《满—通古斯语动词转化的后续词（上）》	《东洋学报》	18 * 3	1930.6
75	岛田好	《萨尔浒山战碑考》	《满蒙》	11 * 6	1930.6
76	山本谦语	《关于满语文言活用词尾——mbihe》	《TYGKK》	16	1930.7
77	中村荣孝	《满鲜关系的新史料——清太宗征伐朝鲜古文书》	《青丘学丛》	1	1930.8
78	村田治郎	《满洲萨满教建筑》	《满洲建筑杂志》	11 * 3	1931
79	村田治郎	《满洲佛教建筑史概说》	《满洲建筑杂志》	11 * 8	1931
80	鸳渊一	《建州左卫的迁住地》	《桑原还历论丛》		1931.1
81	今西龙	《满洲语之话》	《青丘论丛》	2	1931.1
82	森为三	《满洲的野生羊类》	《满蒙》	12 * 1	1931.1
83	小林胖生	《清始祖与传说"麻虎子"》	《满蒙》	12 * 1	1931.1
84	稻叶岩吉	《满洲开国故事的历史考察（下）》	《青丘学丛》	6	1931.11
85	户田茂喜	《关于 Manzi》	《史学研究》	3 * 2	1931.12
86	鸟居龙藏	《满蒙族行谈》	《东方学报》（东京）	1	1931.4
87	水野馨	《关于满洲的特殊鸟类》	《满蒙》	12 * 4	1931.4
88	村田治郎	《满洲的仓库》	《满蒙》	12 * 5	1931.5
89	八木装三郎	《满洲现存的古堡种类》	《满蒙》	12 * 5	1931.5
90	稻叶岩吉	《满洲开国故事的历史考察（上）》	《青丘学丛》	5	1931.8

序号	著者	题目	杂志名	卷号	年月
91	稻叶岩吉	《满蒙诸民族建国之一考察》	《东亚经济研究》	16＊2	1932
92	出村良一	《满语》	《短期中国语讲座》	1	1932
93	稻叶岩吉	《满洲事变之时追忆清初的英雄人物》	《满蒙》	13＊1	1932.1
94	矢野仁一	《近代满洲历史序说》	《东亚经济研究》	16＊1	1932.1
95	矢野仁一	《从历史上看满洲》	《怀德》	10	1932.1
96	岛田好	《我国的满蒙史研究》	《书香》	43	1932.1
97	渡部薰太郎	《增订满语图书目录》	《亚细亚研究》	3	1932.1
98	稻叶岩吉	《涂改本清太祖实录残卷及其年代》	《青丘学丛》	10	1932.11
99	天野元之助	《满洲佃农及其性质》	《满铁调查月报》	12＊11	1932.11
100	园田一龟	《清朝历代皇帝的满洲巡幸（4）》	《满蒙》	13＊11	1932.11
101	八木装三郎	《满洲最古老的文化民族（EI）》	《调查事情》	3＊11	1932.12
102	小林胖生	《萨满的祭仪》	《满蒙》	13＊5	1932.5
103	村田治郎	《满洲的孔子庙建筑》	《满洲学报》	1	1932.6
104	园田一龟	《乾隆帝东巡沿路考》	《满蒙》	13＊6	1932.6
105	天野元之助	《满洲经济的发展》	《满铁调查月报》	12＊7	1932.7
106	村上嘉实	《舒尔哈齐之死》	《史林》	17＊3	1932.7
107	井美老雄	《满蒙庶民金融机构》	《东洋》	35＊7	1932.7
108	园田一龟	《清朝历代皇帝的满洲巡幸（1）》	《满蒙》	13＊7	1932.7
109	米田实	《满洲问题之一面》	《明大政经论丛》	7＊3	1932.7
110	稻叶岩吉	《满洲社会史的断层》	《东亚》	5＊8	1932.8
111	园田一龟	《清朝历代皇帝的满洲巡幸（2）》	《满蒙》	13＊8	1932.8
112	园田一龟	《清朝历代皇帝的满洲巡幸（3）》	《满蒙》	13＊9	1932.9

序号	著者	题目	杂志名	卷号	年月
113	天野元之助	《满洲农村的借贷制度》	《满铁调查月报》	13 * 1	1933.1
114	大山彦一	《观察满洲（2）》	《关西大学学报》	113	1933.1
115	天野元之助	《满洲佃农及其他性质》	《觉书帐书香》	46	1933.1
116	三村清三郎	《满洲的新年》	《石墓》	2 * 1	1933.1
117	矢野仁一	《满洲的汉族人口与汉文化》	《东亚经济研究》	17 * 1	1933.1
118	和田清	《满洲旅行谈》	《史学杂志》	44 * 1	1933.1
119	中山久四郎	《三百年来的满洲研究（1）》	《外交时报》	68 * 1	1933.1
120	园田一龟	《清太宗与宸妃之死》	《满蒙》	14 * 10	1933.1
121	中山久四郎	《三百年来的满洲研究（2）》	《外交时报》	68 * 2	1933.1
122	稻叶岩吉	《满洲国创立的历史认识》	《东亚》	6 * 11	1933.11
123	今泽慈海	《满洲地名与我国文化》	《历史公论》	13	1933.11
124	大山彦一	《观察满洲（3）》	《关西大学学报》	114	1933.11
125	稻叶岩吉	《满鲜史体系的再认识（4）》	《青丘学丛》	14	1933.11
126	八木装三郎	《满土俗学的概念》	《东亚》	6 * 11	1933.11
127	阿部真琴	《关于十八世纪俄罗斯人的虾夷地探险》	《历史地理》	62 * 6	1933.12
128	园田一龟	《清太宗朝的"皇太子"问题——"朝鲜国王来书"的史料价值》	《书香》	55	1933.12
129	稻叶岩吉	《满鲜史体系的再认识（1）》	《青丘学丛》	11	1933.2
130	森修	《满洲土民的结婚》	《石墓》	2 * 2	1933.2
131	村上嘉实	《贝勒尚善致吴三桂信函之探》	《史学研究》（广岛）	4 * 3	1933.3
132	秋叶隆	《关于满洲与朝鲜的萨满教》	《满蒙》	14 * 4	1933.4
133	村上嘉实	《关于褚英之死——满文老档研究一例》	《史林》	18 * 2	1933.4

续表

序号	著者	题目	杂志名	卷号	年月
134	森修	《满洲儿童书尸体遗弃与迷信》	《石墓》	2 * 4	1933.4
135	水野馨	《报春的满洲鸟类》	《满蒙》	14 * 4	1933.4
136	中岛利一郎	《日本与满蒙语言学的结合》	《历史公论》	6	1933.4
137	八木装三郎	《满洲的古物与中国的古文献》	《石墓》	2 * 4	1933.4
138	三村竹清	《过去的满洲》	《石墓》	2 * 4	1933.4
139	稻叶岩吉	《满鲜史体系的再认识（2）》	《青丘学丛》	12	1933.5
140	稻叶岩吉	《满鲜关系史杂考》	《满蒙》	14 * 5	1933.5
141	中岛利一郎	《满洲名义考》	《石墓》	2 * 5	1933.5
142	村田治郎	《萨满见闻》	《石墓》	2 * 6	1933.6
143	目加田诚	《关于雍正帝的思想对策》	《汉学会杂志》	1 * 1	1933.6
144	村田治郎	《奉天宫殿建筑史考》	《满洲学报》	2	1933.7
145	园田一龟	《清太祖努尔哈齐崩殂考》	《满洲学报》	2	1933.7
146	山下泰藏	《满洲圣人达海碑》	《满蒙》	14 * 7	1933.7
147	泷川政次郎	《访满洲学者》	《东亚》	b * 7	1933.7
148	稻叶岩吉	《满洲汉民族的地位》	《东亚》	6 * 8	1933.8
149	稻叶岩吉	《满鲜史体系的再认识（3）》	《青丘学丛》	13	1933.8
150	中山久四郎	《关于满洲的楷矢》	《市村古稀论丛》		1933.8
151	大山彦一	《观察满洲（1）》	《关西大学学报》	112	1933.9
152	村田治郎	《奉天宫殿建筑概况》	《满洲建筑杂志》	14 * 2	1934
153	卫藤利夫	《满洲文化史上的一段插曲》	《奉天图书馆丛刊》	16	1934
154	和田清	《明初满洲经略（上）》	《满鲜地历报告》	14	1934
155	金九经	《满汉合璧满洲祭天典礼（1）》	《奉天图书季刊》	1	1934
156	秋叶隆	《满洲萨满教的家祭》	《宗教研究新》	11 * 1	1934.1
157	石浜纯太郎	《满蒙语言系统岩波讲座》	《东洋思潮》	5	1934.1

序号	著者	题目	杂志名	卷号	年月
158	秋叶隆	《满洲人的文化与社会》	《朝鲜》	224	1934.1
159	山本守	《北平图书馆所藏贝勒尚善致吴三桂信件》	《史林》	19 * 1	1934.1
160	中山八郎	《清太祖上谕一节》	《历史学研究》	1 * 3	1934.1
161	三宝杏东	《民族与民家——满洲土俗》	《满蒙》	15 * 1	1934.1
162	小林胖生	《结婚与生产，诞生——满洲的土俗》	《满蒙》	15 * 1	1934.1
163	小林胖生	《民间信仰杂记》	《满蒙》	15 * 1	1934.1
164	园田一龟	《清仁宗"东巡谒陵图"考》	《书香》	56	1934.1
165	稻叶岩吉	《固有满洲诸民族的潜在意识》	《东亚》	7 * 11	1934.11
166	有高严	《满洲京旗屯垦》	《史潮》	4 * 3	1934.11
167	稻叶岩吉	《满鲜古代产铁史料》	《东亚经济研究》	18 * 4	1934.11
168	村田治郎	《满蒙巫史（1）》	《满蒙》	15 * 11	1934.11
169	村田治郎	《满蒙巫史（2）》	《满蒙》	15 * 12	1934.12
170	稻叶岩吉	《关于朝鲜孝宗朝两次满洲出兵（上）》	《青丘学丛》	15	1934.2
171	园田一龟	《评清太宗》	《东亚》	7 * 3	1934.3
172	稻叶岩吉	《满洲国号的由来》	《朝鲜》	227	1934.4
173	村田治郎	《清太祖与烟囱》	《石墓》	3 * 4	1934.4
174	稻叶岩吉	《关于朝鲜孝宗朝两次满洲出兵（下）》	《青丘学丛》	16	1934.5
175	沼田赖辅	《安部赖时的黑龙江探查》	《历史公论》	19	1934.5
176	村田治郎	《长白山的崇拜》	《满蒙》	15 * 6	1934.6
177	小林胖生	《满洲娘娘祭所用的咒物》	《人类学杂志》	49 * 6	1934.6
178	小林胖生	《满洲的萨满》	《人类学杂志》	4 * 7	1934.7
179	村田治郎	《太阳崇拜》	《满蒙》	15 * 7	1934.7
180	和田清	《关于满洲实录的修改》	《史学杂志》	45 * 7	1934.7
181	村田治郎	《满蒙民族的祭天》	《满蒙》	15 * 9	1934.9

续表

序号	著者	题目	杂志名	卷号	年月
182	山田孝雄	《满字随笔》	《典籍说稿》		1934.9
183	村田治郎	《祭天建筑》	《南满洲工业专门学校建筑丛刊》	5	1935
184	村田治郎	《奉天福陵的历史》	《南满洲工业专门学校建筑丛刊》	19	1935
185	金九经	《满语与汉语混用的歌本"吃螃蟹"》	《满蒙》	16 * 9	1935
186	卫藤利夫	《满州（洲）诸民族的开国传说》	《支那》	26 * 10	1935.1
187	今西春秋	《清太宗立太子问题（2）》	《史学研究》	7 * 2	1935.1
188	今西春秋	《增补满洲像册——堂子与长白山图的照片》	《东洋史研究》	1 * 1	1935.1
189	今西春秋	《清初史研究的展望》	《东洋史研究》	1 * 1	1935.1
190	今西春秋	《清三朝实录的编修（2）》	《史林》	20 * 4	1935.1
191	和田清	《康熙·乾隆时代》	《满蒙》	16 * 1	1935.1
192	村田治郎	《堂子——清宫宝萨满思想（1）》	《满蒙》	16 * 1	1935.1
193	羽田享	《满洲调查旅行谈》	《史林》	20 * 4	1935.1
194	和田清	《明代的蒙古与满洲》	《世界历史大系》	7	1935.1
195	中山八郎	《明末女真与八旗统制概况》	《历史学研究》	5 * 2	1935.12
196	三田村泰助	《关于天命建元的年次——满文志档之一考察》	《东洋史研究》	1 * 2	1935.12
197	三岛一	《满洲史研究序说》	《历史学研究》	5 * 2	1935.12
198	三田村泰助	《关于天命建元的年次（1）》	《东洋史研究》	1 * 2	1935.12
199	秋叶隆	《满洲萨满参观记》	dolmen	4 * 2	1935.2
200	村田治郎	《清宁宫与坤宁宫——清宫宝萨满思想（2）》	《满蒙》	16 * 2	1935.2
201	户田茂喜	《清太祖之七大恨》	《史学研究》	6 * 3	1935.3

续表

序号	著者	题目	杂志名	卷号	年月
202	村田治郎	《清宁宫的祭器（3）》	《满蒙》	16＊3	1935.3
203	赤松智城	《满洲旗人的家祭》	《民族学研究》	1＊2	1935.4
204	五十岚贤隆	《大清宫志（1）》	《满蒙》	16＊4	1935.4
205	服部四郎	《满洲语言》	《石墓》	4＊4	1935.4
206	五十岚贤隆	《太清宫志（2）》	《满蒙》	16＊5	1935.5
207	服部四郎	《满洲的诸民族与民族性》	《石墓》	4＊5	1935.5
208	秋冈武次郎	《满洲国的地形》	《地理学评论》	11＊6	1935.6
209	今西春秋	《清太宗立太子问题（1）》	《史学研究》	7＊1	1935.7
210	村上嘉实	《古代的满洲》	《世界历史大系》	11	1935.7
211	村上嘉实	《满族兴起时代》	《世界历史大系》	11	1935.7
212	小川裕人［鸳渊一］	《女真族衰亡后的满洲》	《世界历史大系》	11	1935.7
213	今西春秋	《清三朝实录的编修（1）》	《史林》	20＊3	1935.7
214	村上嘉实	《清朝的兴起》	《世界历史大系》	11	1935.7
215	矢野仁一	《清代的满洲》	《世界历史大系》（朝鲜满洲史）		1935.7
216	山本守	《满语 Niqan 的意义》	《史林》	20＊3	1935.7
217	柴三九男［讲］	《清初旗地》	《史学杂志》	46＊7	1935.7
218	村田治郎	《奉天天坛历史》	《满蒙》	16＊8	1935.8
219	村田治郎	《奉天·天坛的历史》	《满蒙》	16＊8	1935.8
220	村上嘉实	《清太祖初期与蒙古关系之一面观》	《满蒙》	16＊9	1935.9
221	青木富太郎	《清朝发祥的传说》	《历史公论》	36	1935.9
222	岩本一男	《清朝的兴起与传说》	《历史公论》	36	1935.9
223	村田治郎	《满洲古美术史略》	《满蒙》	16＊9	1935.9
224	今西春秋	《清太宗实录初修开始年次与摄政敕谕》	《东洋史研究》	2＊1	1936.1
225	今西春秋	《阿济格略明事件之满文木牌》	《东洋史研究》	1＊4	1936.1
226	白岛库吉	《满鲜竿木崇拜》	《史学杂志》	47＊1	1936.1
227	泷泽俊亮	《满洲民间信仰》	《满蒙》	17＊11	1936.11

序号	著者	题目	杂志名	卷号	年月
228	三田村泰助	《满洲国成立过程的考察》	《东洋史研究》	2*2	1936.12
229	户田茂喜	《关于宁古塔贝勒》	《东洋史研究》	2*2	1936.12
230	户田茂喜	《陵丹汗之书信（1）》	《史学研究》	7*3	1936.2
231	三田村泰助	《关于天命建元的年次（2）》	《东洋史研究》	1*3	1936.2
232	三田村泰助	《关于天命建元的年次——满文志档之一考察（续）》	《东洋史研究》	1*3	1936.2
233	我妻荣	《满洲国土地制度确立的企图》	《法学协会杂志》	54*2	1936.2
234	中川德治	《满洲汉代遗迹》	《东方学报》（东京）	6	1936.2
235	关野贞	《满洲清代的文化遗迹》	《东方学报》（东京）	6	1936.2
236	今西春秋	《努尔哈齐七大恨论》	《东洋史研究》	1*4	1936.4
237	稻叶岩吉	《钞本百二老人语录及其作者》	《服部古稀论集》		1936.4
238	今西春秋	《孟森氏的〈清太祖告天七大恨之根源研究〉与鸳渊、户田两氏合著〈清太祖的七大恨〉》	《东洋史研究》	1*4	1936.4
239	米田实	《俄罗斯与满洲、新疆、外蒙的关系》	《明大政经论丛》	11*2	1936.4
240	户田茂喜	《陵丹汗之书信（2）》	《史学研究》	8*1	1936.5
241	今西春秋	《答孟森氏——努尔哈齐七大恨论》	《东洋史研究》	1*5	1936.6
242	户田茂喜	《关于满洲实录》	《史学杂志》	47*6	1936.6
243	户田茂喜	《清初的 bainiyalma（白身）》	《东洋史研究》	1*6	1936.8
244	稻叶岩吉	《满洲国的治安与匪贼的由来》	《东亚研究》	20*3	1936.8

序号	著者	题目	杂志名	卷号	年月
245	羽田享	《清文鉴日文解·翻译满语纂编解说》	《东洋史研究》	1 * 6	1936.8
246	羽田享	《满洲及蒙古》	《东洋史研究》	1 * 6	1936.8
247	园田一龟	《清太祖勃兴初期的行迹》	《满洲学报》	4	1936.9
248	和田清	《明初满洲经略（下）》	《满鲜地历报告》	15	1937
249	服部四郎	《满语音韵史资料》	《音声的研究》	6	1937
250	稻叶岩吉	《朝鲜传统的对满感情及智识》	《朝鲜》	260	1937.1
251	今西春秋	《高桥景保解说增订清文鉴卷首照片》	《东洋史研究》	3 * 1	1937.1
252	山本守	《清代满洲珠轩之制》	《满蒙》	18 * 11	1937.11
253	山本守	《开国实录小考》	《满蒙》	18 * 12	1937.12
254	户田茂喜	《清太祖都城迁移问题（2）》	《史学研究》	9 * 2	1937.12
255	田中克己	《睿亲王多尔衮·九王的意义》	《满洲学报》	5	1937.12
256	稻叶岩吉	《满洲史研究的现状》	《青丘学丛》	27	1937.2
257	小岛武男	《满语文典（1）》	《日本文化》	9	1937.2
258	山本守	《三姓杂记——土城满文档案的调查报告》	《满蒙》	18 * 2	1937.2
259	户田茂喜	《清太祖都城迁移问题（1）》	《史学研究》	8 * 3	1937.3
260	泷泽俊亮	《满洲民族的萨满教信仰（1）》	《满蒙》	18 * 4	1937.4
261	向井章	《满洲移民及其研究文献》	《东亚经济研究》	21 * 2	1937.4
262	泷泽俊亮	《满洲民族的萨满教信仰（2）》	《满蒙》	18 * 5	1937.5
263	户田茂喜	《满文老档日文译稿》	《史学研究》	9 * 1	1937.6
264	马奉深著 池田孝译	《满族入关前的经济生活》	《满铁调查月报》	17 * 7	1937.6

序号	著者	题目	杂志名	卷号	年月
265	井岛重保	《满蒙兽疫（1）》	《满蒙》	18 * 6	1937.6
266	泷泽俊亮	《满洲民间信仰的神统》	《满洲史学》	1 * 1	1937.6
267	八木装三郎	《满洲考古学漫笔》	《历史公论》	59	1937.6
268	小岛武男	《满语文典（2）》	《日本文化》	10	1937.6
269	井岛重保	《满蒙兽疫（2）》	《满蒙》	18 * 7	1937.7
270	船越巧	《满洲宗教思想之见》	《满蒙》	18 * 7	1937.7
271	稻叶岩吉	《申忠一书启及图记》	《青丘学丛》	29	1937.8
272	我妻荣	《满洲国民法典的公布》	《法学协会杂志》	55 * 8	1937.8
273	东川德治	《对满洲蒙古旗人的旧特制》	《东洋文化》	98	1937.8
274	山本守	《满语虚字的研究》	《满蒙》	18 * 8	1937.8
275	和田清	《明初女真社会的变迁》	《史学杂志》	48 * 9	1937.9
276	村田治郎	《满洲的住宅》	《住宅》	22 * 9	1937.9
277	户田茂喜	《清初旗地满文老档记事（上）》	《史林》	23 * 1	1938.1
278	今西春秋	《增订清文鉴之不同版本》	《史林》	23 * 4	1938.1
279	今西春秋	《清太祖实录地名人名索引》	《东洋史研究》	4 * 1	1938.1
280	岛田好	《大清历朝实录》	《书香》	102	1938.1
281	田村实造	《北方民族与中国文化》	《东洋文化史大系》（宋元时代）		1938.1
282	鸟山喜一	《乾隆时代的战争画卷》	《朝鲜》	281	1938.1
283	稻叶岩吉	《满洲神话及其展开》	《满蒙》	19 * 11	1938.11
284	小仓勉	《北满火山的形态》	《地理学评论》	14 * 11	1938.11
285	高桥匡四郎	《塔察篇古后裔觉罗氏的碑与记录》	《满洲史学》	2 * 3	1938.11
286	户田茂喜	《清太祖都城迁移问题（4）》	《史学研究》	10 * 2	1938.12
287	户田茂喜	《清初旗地满文老档记事（下）》	《史林》	23 * 2	1938.4
288	今西春秋	《我国传存的清三朝实录》	《稻叶还历论丛》		1938.6

续表

序号	著者	题目	杂志名	卷号	年月
289	户田茂喜	《清初摆牙喇考》	《稻叶还历论丛》		1938.6
290	村田治郎	《关于满洲的古瓦》	《梦殿》	18	1938.6
291	和田清	《清太祖与李成梁的关系》	《稻叶还历论丛》		1938.6
292	浦廉一［讲］	《清朝旗民关系的考察》	《史学杂志》	49 * 7	1938.7
293	户田茂喜	《牛录的组织》	《史学研究》	10 * 1	1938.7
294	户田茂喜	《清太祖都城迁移问题 (3)》	《史学研究》	10 * 1	1938.7
295	百懒弘青木富太郎	《李朝实录中建州三卫的世系》	《史学杂志》	49 * 7	1938.7
296	户田茂喜	《满文太祖老档的族籍表》	《史学杂志》	49 * 7	1938.7
297	和田清	《关于长白山的知识》	《史学杂志》	49 * 7	1938.7
298	浦廉一	《满洲人的宗教生活》	《东洋文化史大系》	6	1938.9
299	户田茂喜	《满语与文字、满州（洲）文学》	《东洋文化史大系》	6	1938.9
300	户田茂喜	《清初八固山额真》	《山下还历论集》		1938.9
301	今西春秋	《满文老档重抄年次补说》	《东洋史研究》	3 * 6	1938.9
302	浦廉一	《满洲人的社会生活》	《东洋文化史大系》	6	1938.9
303	户田茂喜	《赫图阿拉城构成概况》	《山下还历论集》		1938.9
304	前岛又次	《以睿亲王多尔衮为中心看清初继嗣问题》	《山下还历论集》		1938.9
305	户田茂喜	*jušen*	《东洋史研究》	5 * 1	1939.1
306	川久保悌郎	《清代满洲的围场（2）》	《史学杂志》	50 * 10	1939.1
307	三田村泰助	《鞑靼漂流记的研究》	《东洋史研究》	5 * 1	1939.1
308	川久保悌郎	《清代满洲的围场（3）》	《史学杂志》	50 * 11	1939.11
309	赤松智城	《关于满蒙宗教》	《密教研究》	71	1939.11
310	小川裕人［鸳渊一］	《满洲民族的所谓"还原性"及其发展》	《满蒙史论丛》	2	1939.12
311	户田茂喜	《满语》	《亚细亚问题讲座》	8	1939.12
312	三上次男	《满洲民族》	《亚洲问题讲座》	8	1939.12

序号	著者	题目	杂志名	卷号	年月
313	植野武雄	《满洲地方志综合目录》	《收书月报》	37	1939.2
314	浅海正三	《满洲东部国境的界碑》	《历史教育A》	13＊12	1939.3
315	百懒弘青木富太郎	《清朝创业期的社会》	《历史学研究》	9＊3	1939.3
316	户田茂喜［讲］	《北方民族历史方面的文化形态》	《史学研究》	10＊3	1939.4
317	户田茂喜［讲］	《清初八旗制的建立》	《史学杂志》	50＊7	1939.7
318	稻叶岩吉	《大清帝国论》	《亚洲问题讲座》	7	1939.7
319	户田茂喜［讲］	《辽阳东京城及东京陵》	《史林》	24＊3	1939.7
320	和田清	《关于满洲诸部的位置》	《东亚论丛》	1	1939.7
321	和田清	《满蒙史论》	《亚洲问题的讲座》	7	1939.7
322	和田清	《满蒙史论》	《东亚史论丛》		1939.7
323	和田清	《清太祖与李成梁的关系》	《东亚史论丛》		1939.7
324	和田清	《盛京吉林黑龙江等处标注战迹舆图》	《东亚史论丛》		1939.7
325	今西春秋	《乾隆北京全图》	《东洋史研究》	4＊6	1939.8
326	川久保悌郎	《清代满洲的围场（1）》	《史学杂志》	50＊9	1939.9
327	高桥匡四郎	《金国末期军粮支给问题与其展开》	《满洲史学》	1＊2	1939.9
328	山本守	《关于满汉二体满洲实录满洲古文书整理概要》	《满蒙》	1＊2	1939.9
329	服部四郎	《阿尔泰诸语的研究》	《明治圣德记念学会纪要》	54	1940.1
330	百懒弘青木富太郎	《满洲八旗的成立过程考察——关于牛录的成立》	《东亚论丛》	2	1940.2
331	远藤隆次	《满洲地质调查怀古录》	《国立博时报》	4	1940.3
332	户田茂喜	《内藤湖南与今西龙》	《史学研究》	11＊3.4	1940.3
333	田中克己	《清太祖努尔哈齐与东部内蒙古》	《蒙古》	94	1940.3

序号	著者	题目	杂志名	卷号	年月
334	周藤吉之	《清朝满洲驻防特殊性的考察》	《东方学报》（东京）	11 * 1	1940.3
335	和田清	《关于清祖发祥的地域》	《池内还历论丛》		1940.3
336	泷泽俊亮	《满洲的民间信仰与路旁祠》	《收书月报》	51	1940.4
337	石桥智信	《鲜、满、中的宗教实情考查》	《季刊宗教研究》	2 * 2	1940.6
338	前岛又次	《关于清朝国号》	《史学研究》	12 * 1	1940.6
339	小仓勉	《满洲的火山》	《国立博时报》	6	1940.7
340	户田茂喜	《八旗制建立初期的牛录组织》	《史学杂志》	51 * 7	1940.7
341	三上次男	《满族的停滞性》	《东亚论丛》	3	1940.9
342	野村正良	《关于通古斯语》	《声音教育》	8 * 2	1941
343	大山彦一	《萨满教与满族的家族制度》	《民族学研究》	7 * 2	1941.1
344	保井克已	《满洲民族与土语》	《国立博时报》	9	1941.1
345	长岛宣隆	《历史上的长白山》	《收书月报》	69	1941.1
346	三国谷宏	《关于满鲜诸族始祖神话（1）》	《史林》	26 * 4	1941.1
347	江嶋寿雄〔讲〕	《京旗穷乏的过程》	《史渊》	26	1941.11
348	周藤吉之	《清朝满洲殖民及旗人政策》	《服部研究报告》	9	1941.11
349	野村正良	《有关满语的消息》	《言语研究》	9	1941.12
350	布村一夫	《明末清初的满族社会——通论"崩溃过程中的氏族社会说"》	《书香》	134	1941.12
351	户田茂喜	《赫图阿喇纪行——兴城老城的今昔》	《史学研究》	12 * 3	1941.2
352	田中克己	《满族勃兴与清的兴隆》	《世界历史》（河出）	5	1941.3
353	今西春秋	《满洲地窖考》	《纪元二六论集》		1941.4

续表

序号	著者	题目	杂志名	卷号	年月
354	三田村泰助	《清太宗即位与君主权的确立》	《东洋史研究》	6 * 2	1941.4
355	泷泽俊亮	《中国满洲动物信仰（上）》	《满蒙》	22 * 4	1941.4
356	服部四郎	《寻吉林省之满语》	《言语研究》	7 * 8	1941.4
357	周藤吉之	《清朝中期旗地的佃耕关系——以户部地亩档册为中心介绍》	《东方学报》（东京）	12 * 1	1941.5
358	泷泽俊亮	《中国满洲动物信仰（中）》	《满蒙》	22 * 5	1941.5
359	岛田好	《锡伯卦尔察部族考》	《满洲学报》	6	1941.6
360	森修	《满洲石庖丁考》	《人类学杂志》	56 * 6	1941.6
361	河野六郎	《语言上的鲜满关系》	《朝鲜》	313	1941.6
362	泷泽俊亮	《中国满洲动物信仰（下）》	《满蒙》	22 * 6	1941.6
363	周藤吉之	《清朝初期旗地的发展过程》	《史学杂志》	52 * 6	1941.6
364	远藤隆次	《满洲产化石中的趣味》	《国立博时报》	12	1941.7
365	三宅宗悦	《关于满洲考古学》	《历史教育》（A）	16 * 3	1941.7
366	户田茂喜	《关于清初的 shin ni zeku 牛录》	《史学杂志》	52.7	1941.7
367	周藤吉之	《清朝入关前旗地的发展过程》	《东方学报》（东京）	12 * 2	1941.9
368	村山酿造	《长白山史料片断》	《收书月报》	68	1941.9
369	远藤隆次	《长白山学术调查团考记》	《国立博时报》	18	1942
370	村田治郎	《满洲的佛塔概说》	《建筑学研究》	113	1942
371	水野梅晓	《满洲各民族的消长》	《支那》	33 * 9	1942
372	三国谷宏	《关于满鲜诸族始祖神话（2）》	《史林》	27 * 1	1942.1
373	浦廉一	《清朝的木兰行围》	《山下还历论集》		1942.11
374	江嶋寿雄	《明末满洲 Gasχan 的形态》	《史渊》	28	1942.12

序号	著者	题目	杂志名	卷号	年月
375	今西锦司	《满苏国境杂记》	《立大论丛》	10	1942.12
376	安部健夫	《满洲八旗牛录的研究(1)》	《东亚人文学报》	1 * 4	1942.2
377	长岛宣隆	《关于长白山综合调查报告》	《收书月报》	73	1942.2
378	周藤吉之	《清朝旗地的构成》	《社会经济史学》	11 * 11.12	1942.3
379	三国谷宏	《关于满鲜诸族始祖神话(3)》	《史林》	27 * 2	1942.4
380	三田村泰助	《再论清太宗即位》	《东洋史研究》	7 * 1	1942.5
381	安部健夫	《满洲八旗牛录的研究(2)》	《东亚人文学报》	2 * 2	1942.7
382	泉三义	《满洲机械制粉业民族资本的发展》	《一桥论丛》	10 * 1	1942.7
383	村山酿造	《长白山文献补遗》	《收书月报》	78	1942.7
384	三国谷宏	《关于满鲜诸族始祖神话(4)》	《史林》	27 * 3	1942.7
385	植野武雄	《满洲地名》	《收书月报》	79	1942.8
386	周藤吉之	《清朝初期投充与其起源(上)》	《东方学报》（东京）	13 * 2	1942.9
387	上原久	《阿尔泰诸语研究文献(欧洲部)》	《研究期报》	5	1943.1
388	伊藤博	《满洲国民的性别构成》	《研究期报》	5	1943.1
389	今西春秋	《清祖姓氏考》	《书香》	15 * 10	1943.1
390	英修道	《尼布楚条约前后西伯利亚的情况》	《东亚研究所报》	24	1943.1
391	布村一夫	《明末清初满族考察》	《书香》	15 * 10	1943.1
392	今西春秋	《满日对译满文老档(1)》	《书香》	15 * 11	1943.11
393	田村实造	《清朝统治下的蒙古》	《日本学研究》	3 * 10	1943.11
394	今西春秋	《满日对译满文老档(2)》	《书香》	15 * 12	1943.12
395	保井克己	《爱辉满语》	《音声学协会会报》	74.75	1943.12

序号	著者	题目	杂志名	卷号	年月
396	村田治郎	《满洲佛寺史概说（1）》	《建筑杂志》	57＊695	1943.2
397	周藤吉之	《清朝初期投充与其起源（下）》	《东方学报》（东京）	13＊3	1943.2
398	阿部达夫	《满洲之冰上渔业》	《国立博时报》	19	1943.3
399	安倍三郎	《满洲诸民族之民族性格研究（1）》	《研究期报》	4	1943.3
400	山冈亮一	《增强农业与满洲开拓政策的课题》	《东亚经济论丛》	3＊2	1943.5
401	渡边三三	《萨尔浒之战中尚间崖古战场踏查》	《考古学杂志》	33＊5	1943.5
402	大肋磐	《北亚原居民的生活状态及特质》	《满蒙》	24＊6	1943.6
403	户田茂喜	《奉天国权》	《东洋史研究》	8＊2	1943.6
404	三国谷宏	《满鲜民族感性型始祖神话》	《民族学研究》	9＊6	1943.6
405	布村一夫	《二道河子旧老城时代的满族社会》	《收书月报》	89	1943.6
406	三国谷宏	《满鲜国史的展开》	《史学杂志》	54＊7	1943.7
407	横尾安夫	《满族的研究》	《人类学杂志》	58＊8	1943.8
408	村田治郎	《薛仁贵在满洲的传说（上）》	《学艺》	1＊3	1943.8
409	村田治郎	《薛仁贵在满洲的传说（下）》	《学艺》	1＊3	1943.9
410	岛田好	《兴安岭的乐园》	《北窗》	5＊4	1943.9
411	中川一夫	《建州女真之精神》	《北窗》	5＊4	1943.9
412	保井克已	《日满语类考》	《满洲民族学会会招》	2＊4	1944
413	河野六郎	《满洲黑河地区满语的特色——朝鲜语与满语的比较研究报告》	《东京文学学丛》	3	1944
414	今西春秋	《满日对译满文老档（3）》	《书香》	16＊1	1944.1

续表

序号	著者	题目	杂志名	卷号	年月
415	山口平四郎	《满洲城市人口动态的地域性》	《满铁调查日报》	24 * 1	1944.1
416	田中克己	《北亚诸民族的 reuireto》	《北亚细亚学报》	3	1944.1
417	田村实造	《清朝的蒙古统治策》	《清朝的边境统治政策》		1944.11
418	周藤吉之	《清初畿辅旗地的建立过程（下）》	《东方学报》（东京）	15 * 2	1944.11
419	今西春秋	《满日对译满文老档（6）》	《书香》	16 * 5	1944.12
420	三上次男	《满洲文化的源流》	《史学杂志》	55 * 2	1944.2
421	户田茂喜	《罗氏所藏草本日记档——努尔哈齐实录修改过程稿本研究》	《满洲学报》	8 * 9	1944.3
422	今西春秋	《满文本《异域录》》	《书香》	16 * 2	1944.3
423	今西春秋	《满日对译满文老档（4）》	《书香》	16 * 2	1944.3
424	和田清	《满洲·西伯利亚的开发》	《北窗》	5 * 5.6	1944.3
425	田中克己	《睿亲王多尔衮征西路考》	《满洲学报》	8 * 9	1944.3
426	石田兴平	《满洲国防重工业确立的要求与其基础》	《经济论丛》	58 * 4	1944.4
427	秋叶隆	《鲜满民间宗教》	《日本文化》	23	1944.4
428	周藤吉之	《清初畿辅旗地的建立过程（上）》	《东方学报》（东京）	15 * 1	1944.5
429	新村出	《高桥景保的满语学》	《新村出选集》	3	1944.6
430	新村出	《满语学史料补遗》	《新村出选集》	3	1944.6
431	新村出	《长崎唐通事的满语学》	《新村出选集》	3	1944.6
432	新村出	《日本满语学史料部分内容》	《新村出选集》	3	1944.6
433	江嶋寿雄	《明末满洲 gashan 的诸形态》	《史渊》	32	1944.7
434	周藤吉之	《清代畿辅的拨补地——畿辅旗地设置的研究》	《社会经济史学》	14 * 4	1944.7

序号	著者	题目	杂志名	卷号	年月
435	中山八郎	《清初努尔哈齐王国的统治机构》	《一桥论丛》	14＊2	1944.8
436	今西春秋	《满文本〈异域录〉（补）》	《书香》	16＊4	1944.9
437	今西春秋	《满日对译满文老档（5）》	《书香》	16＊4	1944.9
438	保井克已	《固有满语杂稿》	《满洲民族学会会招》	2＊5.6	1945
439	北山康夫	《乌拉国与其人民》	《北方圈》	1	1945.1
440	安达生恒	《满蒙北部地区的开放过程》	《东亚人文学报》	4＊2	1945.3
441	池上二良	《满语若干书面语中表达 ū 的元音》	《TŌYŌGO ENKYŪ》	1	1946.1
442	服部四郎	《阿尔泰语反照动词词干形成接尾词－n》	《民族学研究》	12＊2	1947.11
443	池上二良	《满文罗马字转写试考》	《TŌYŌGO ENKYŪ》	2	1947.3
444	柴田武	《满文字转写私案》	《TYGKK》	2	1947.3
445	村松佑次	《奴尔哈齐女真国与其部族秩序的交涉》	《一桥论丛》	17＊3.4	1947.4
446	宫崎市定	《清朝国语问题的一面》	《东方史论丛》	1	1947.7
447	山本谦语	《有圈点满文老档中满语文言的研究——中间报告之一，关于活用词尾 kini》	《TYGKK》	3	1947.8
448	山口平四郎	《北满农村素描》	《人文地理》	2	1948.1
449	神田信夫	《满族的衰亡》	《近代中国研究》		1948.1
450	服部四郎	《日本语与琉球语、朝鲜语阿尔泰语之间的亲族关系》	《民族学研究》	13＊2	1948.12
451	神田信夫	《啸亭杂录》	《史学杂志》	57＊1	1948.3
452	户田茂喜	《清朝前纪社会杂考》	《东洋的社会》		1948.4

续表

序号	著者	题目	杂志名	卷号	年月
453	周藤吉之	《清初圈地与旗地绳量的关系——特别以畿辅旗地为中心》	《小野还历论集》		1948.5
454	村山酿造	《满洲森林的历史》	《学艺》	39	1948.7
455	神田信夫	《啸亭杂录及著者》	《东方学》	1	1948.8
456	小堀严	《满族萨满祭祀》	《民族学研究》	14 * 1	1948.9

从表5-4可知，民国时期日本学界热衷于满学研究，且用力最勤。纵向看，从古到今，贯穿始终。横向看，其研究领域极其广泛，诸如政治、经济、文化等无所不包。当然，其学术研究达到的水平参差不齐，有些文章功在学术之外，甚至充满了刻意捏造、为其政治或军事目的服务的歪理邪说。

第六章

当代满学

当代满学，从时间上看，大体上自 1949 年至今，总体而言是满学的大发展时期。其标志性重大历史事件是中华人民共和国宣布成立。在这个时期，随着中国的崛起，特别是中国实行改革开放政策以后，满学在国际上又一次被许多国家的学者所重视，成为显学之一。这个时期的主要代表人物，在中国有王锺翰、郑天挺、金启孮、滕绍箴、孙文良、李治亭、胡增益、安双成等，在日本有神田信夫、河内良弘、细谷良夫、松村润、中岛干起等，在韩国有成百仁等。这个时期满学研究的主要特点是：研究范围不断扩大，学术水平日益提高，学术交流日益频繁，重大学术成果不断问世。

第一节　当代国内满学

根据中国社会历史发展状况，中国当代满学的发展历程又可以分为三个阶段，即勃兴时期（1949—1965 年）、"文化大革命"时期（1966—1976 年）、全面大发展时期（1977 年至今）。

一　满学勃兴时期

20 世纪中叶，世界形势趋于和平。虽然局部的战火时而燃起，但和平共处已成为大势所趋、人心所向。在这一国际大环境中，满学研究进入空前繁荣发展时期，成为人文学科中的显学之一。

中华人民共和国成立后，昔日的满洲成为法定的满族。国家十分重视满族历史、文化的研究，培养了三批满文专门人才，在开展满族语言和社会历史调查、整理满文档案文献、撰写满族史志等方面，做了大量切实有效的工作，取得了显著成绩，为满学的繁荣奠定了坚实的基础。①尽管第一批学员人数不多，"其中汪玉明、王庆丰曾在中国社会科学院民族研究所，高振田在中国历史第一档案馆，只有他们三人从事满文专业工作"②，但其政治影响非同凡响，充分体现了国家对满学研究的重视。在这样极其有利的形势下，经过满学工作者的共同努力，满学研究取得了可喜的成绩。

在我国的台湾省，满学研究延续了民国以来的历史传统，学术成就有目共睹。台湾学者在培养人才、刊印典籍、研究满族历史文化方面，更是成绩斐然。

检索这个时期的报刊，有关满学的文章约有数百篇，其中较重要的有 241 篇，内容涉及教育、经济、军事、历史、民族关系、人物、社会、文化、文献史料、文学、语言文字、园林建筑、政治、宗教诸方面，详见表 6-1。

表 6-1　　　　　中国 1949—1965 年满学研究主要成果

序号	名称	作者	刊名及卷期	时间
1	《明清帝王的生和死（上）》	吴相湘	《畅流》2 卷 8 期	1950.1
2	《明清帝王的生和死（下）》	吴相湘	《畅流》2 卷 9 期	1950.1
3	《满清入关与南明抗清的一页史迹》	沈璋	《公论报》	1950.2.8
4	《北京的故宫考略》	一真	《旅行杂志》24 卷 3 期	1950.3
5	《奴儿哈赤受明封赏考实》	张鸿翔	《燕京学报》38	1950.6
6	《明清内阁大库史料（第一辑）——金毓黻编》	容媛	《燕京学报》38	1950.6

① 参阅关嘉禄《中国大陆满学研究的回顾与展望》，《社会科学辑刊》1998 年第 6 期。穆鸿利：《跨世纪满学研究的回顾与前瞻》，《满学研究》第 5 辑，民族出版社 2000 年版。赵展：《满学在我国已成为独立学科》，《满族研究》2003 年第 1 期。
② 赵展：《满学在我国已成为独立学科》，《满族研究》2003 年第 1 期。

续表

序号	名称	作者	刊名及卷期	时间
7	《金毓黻编〈明清内阁大库史料〉》	容媛	《燕京学报》38	1950.6
8	《奴儿哈赤受明封赏考实》	张鸿翔	《燕京学报》38	1950.6
9	《胤禛西征纪实》	王锺翰	《燕京学报》38	1950.6
10	《北大文科研究所展览清代黄册及朝鲜石刻拓片》	—	《新建设》3卷4	1951.1
11	《清高宗的十全武功》	冰华	《大报》	1951.1.5
12	《多尔衮与清初掖庭》	吴相湘	《畅流》2卷12期	1951.2
13	《顺治帝与董鄂妃》	吴相湘	《畅流》3卷1期	1951.2
14	《明清档案》	李光涛	《史语所傅所长纪念特刊》	1951.3
15	《卯年吉利话乾隆》	吴相湘	《畅流》3卷4期	1951.4
16	《介绍一种有关清代经济史的档案——黄册》	兰文卿	《光明日报》	1951.4.28
17	《故宫史话》	闻蛩	《旅行杂志》25卷5期	1951.5
18	《清太祖由明封龙虎将军考》	孟森	《明清史论著集刊》	1951.6
19	《吴三桂勾引满清入关事件的分析》	史苏苑	《新史学通讯》	1951.7.1
20	《满洲人的堂子》	闻蛩	《大报》	1951.7.3
21	《雍正档案存查择录》	散人	《畅流》4卷5期	1951.10
22	《谈谈清朝每日的上朝》	齐如山	《反攻》61	1952.6
23	《雍和宫》	林徽因	《新观察》	1952.6
24	《康熙大帝》	伟士	《畅流》5卷11期	1952.7
25	《故宫》	罗哲文	《北京日报》	1952.12.28
26	《故宫三大殿》	罗哲文	《北京日报》	1953.1.4
27	《故宫御花园》	石维	《北京日报》	1953.1.11
28	《故宫午门》	白锦铭	《北京日报》	1953.1.18
29	《清太宗夺位考》	李光涛	《大陆杂志》6卷5期	1953.3
30	《文渊阁的四库全书》	董作宾	《台湾新生报》	1953.4.7
31	《多尔衮山海关战役的真象》	李光涛	《大陆杂志》7卷5期	1953.9
32	《北京雍和宫》	田蕴瑾	《旅行杂志》28卷5期	1954.5

序号	名称	作者	刊名及卷期	时间
33	《漫谈满文老档》	孙希中	《中国边政》1 卷 2 期	1954.5
34	《圆明园兴废考》	黄介瑞	《反攻》109	1954.6
35	《多尔衮入关始末》	李光涛	《历史语言研究所集刊》25	1954.6
36	《多尔衮拥立幼帝始末》	李光涛	《中央研究院院刊》1	1954.6
37	《论洪承畴之招抚江南（上）》	李光涛	《大陆杂志》9 卷 1 期	1954.7
38	《论洪承畴之招抚江南（下）》	李光涛	《大陆杂志》9 卷 2 期	1954.7
39	《满洲史》	宋晞	《边疆文化论集》1	1954.7
40	《明清之际的战争》	李光涛	《中国战史论集》1	1954.8
41	《清朝姓氏考》	李学智	《大陆杂志》10 卷 12 期	1955.6
42	《重新考虑曹雪芹的生平》	王利器	《光明日报文学遗产》61	1955.7.3
43	《内阁大库残余档案论丛之二——朝鲜国表文之研究》	李光涛	《中央研究院院刊》2 下	1955.12
44	《承德外八庙建筑》	卢绳	《文物古迹参考资料》76 期	1956.1
45	《清圣祖之六下江南》	王汉夫	《畅流》12 卷 11 期	1956.1
46	《清宫的新年礼俗》	绮翁	《中央日报》	1956.2.8
47	《清初皇帝的读书生活》	益文	《畅流》13 卷 3 期	1956.3
48	《朝鲜史籍中之"移阑豆漫"与明代三万卫考》	李学智	《大陆杂志》12 卷 8 期	1956.4
49	《清太祖实录与沈阳旧档》	李光涛	《大陆杂志》12 卷 10 期	1956.5
50	《铁与女真人的发展》	贾敬颜	《中国历史问题研究集刊》	1956.5
51	《清世祖实录序与沈阳旧档》	李光涛	《大陆杂志》12 卷 11 期	1956.6
52	《洪承畴授辽始末》	李光涛	《大陆杂志》12 卷 12 期	1956.6
53	《明代初置建州卫卫址考》	李学智	《大陆杂志》13 卷 1 期	1956.7
54	《雍和宫》	张恨水	《北京日报》	1956.7.14
55	《香妃》	赵靖	《陕西日报》	1956.8.25
56	《金匮石室的皇史宬》	单士魁	《光明日报》	1956.9.13
57	《我国的少数民族简介（八）：满族、哈萨克族》		《光明日报》	1956.10.26

序号	名称	作者	刊名及卷期	时间
58	《清朝不是努尔哈赤建立的》	张守常	《光明日报》	1957.1.4
59	《清太祖太宗时代明清和战考（一）》	任长正	《大陆杂志》14卷4期	1957.2
60	《红楼梦后四十回的作者问题》	王佩璋	《光明日报》	1957.2.3
61	《乌拉古镇》	半丁	《吉林日报》	1957.2.7
62	《清太祖太宗时代明清和战考（二）》	任长正	《大陆杂志》14卷5期	1957.3
63	《清太祖太宗时代明清和战考（三）》	任长正	《大陆杂志》14卷6期	1957.3
64	《清朝建国及天崇时期的侵明战争》	李光璧 赖家度	《明清史论丛》	1957.3
65	《国子监》	汪曾琪	《北京文艺》总23	1957.3
66	《清太祖太宗时代明清和战考（五）》	任长正	《大陆杂志》14卷8期	1957.4
67	《清太祖太宗时代明清和战考（四）》	任长正	《大陆杂志》14卷7期	1957.4
72	《故宫养心殿》	田文秀	《北京日报》	1957.10.1
73	《"明清和战考"辨误》	雍叔	《民主宪政》12卷11期	1957.10
74	《清人与流贼》	李光涛	《反攻》187	1957.10
75	《故宫角楼》	单士元	《光明日报》	1958.1.12
76	《故宫金水桥与太和门》	王今	《展望》7、8	1958.2
77	《八旗统制下的人民——八旗与民政》	吴卫平	《中央日报》	1958.4.2
78	《八旗制度的由来及其演变》	吴卫平	《中央日报》	1958.4.22
79	《八旗统治下的军事活动——八旗与军政》	吴卫平	《中央日报》	1958.5.27
80	《清八旗之组织》	吴卫平	《中央日报》	1958.5.27
81	《清初满族的萨满教》	莫东寅	《满族史论丛》	1958.8
82	《明末建州女真的发展及其建国》	莫东寅	《满族史论丛》	1958.8
83	《八旗制度》	莫东寅	《满族史论丛》	1958.8
84	《满文老档与老满文》	广禄	《幼狮学报》1卷1期	1958.10

序号	名称	作者	刊名及卷期	时间
85	《满文老档与老满文》	广禄	《幼狮学报》1 卷 1 期	1958.10
86	《孔有德、耿仲明降清始末及明史黄龙传考》	李学智	《幼狮学报》1 卷 1 期	1958.10
87	《殿刻铜版〈康熙字典〉》	肃闿	《畅流》20 卷 8 期	1959.1
88	《黑龙江流域地貌特征及其对农业的意义》	丁锡祉 尼柯尔斯卡娅	《地理学报》25 卷 6 期	1959.1
89	《清代设置驻藏大臣纪要》	丁实存	《民主评论》10 卷 8 期	1959.4
90	《东陵地区满族的变化》	果继振	《光明日报》	1959.7.6
91	《朴趾源热河日记考证》	徐玉虎	《大陆杂志》13 卷 6 期	1959.9
92	《美轮美奂的故宫三大殿》	单士元	《文汇报》	1959.9.11
93	《故宫今昔》	唐兰	《文汇报》	1959.9.14
94	《三朝辽事实录评》	孟森	《明清史论著集刊》	1959.11
95	《明总兵兵梁廷栋请斩袁崇焕原疏（附跋）》	孟森	《明清史论著集刊》	1959.11
96	《顺治元年九年诸曹章奏跋》	孟森	《明清史论著集刊》	1959.11
97	《清太祖告天七大恨之真本研究》	孟森	《明清史论著集刊》	1959.11
98	《满洲老档译件论证之一》	孟森	《明清史论著集刊》	1959.11
99	《洪承畴章奏文册汇辑跋》	孟森	《明清史论著集刊》	1959.11
100	《康熙重修太祖实录跋》	孟森	《明清史论著集刊》	1959.11
101	《清世宗入承大统考实》	孟森	《明清史论著集刊》	1959.11
102	《清太祖杀弟事考实》	孟森	《明清史论著集刊》	1959.11
103	《清太祖所聘叶赫老女事详考》	孟森	《明清史论著集刊》	1959.11
104	《清太祖起兵为父祖复仇事详考》	孟森	《明清史论著集刊》	1959.11
105	《清史稿中建州卫考辨》	孟森	《明清史论著集刊》	1959.11
106	《清代堂子所祀邓将军考》	孟森	《明清史论著集刊》	1959.11
107	《清堂子所祀邓将军考》	孟森	《明清史论著集刊》	1959.11
108	《重印朝鲜世宗实录地理志序》	孟森	《明清史论著集刊》	1959.11
109	《萨哈连非黑龙江考》	孟森	《明清史论著集刊》	1959.11
110	《辨朔方备乘中之鄂勒欢》	孟森	《明清史论著集刊》	1959.11
111	《八旗制度考实》	孟森	《明清史论著集刊》	1959.11
112	《清朝的皇位继承》	沈任远	《中央日报》	1959.12.8

续表

序号	名称	作者	刊名及卷期	时间
113	《明末辽饷与带运粮》	吴缉华	《大陆杂志》21 卷 11 期	1960.1
114	《明清之际的战争（上）》	李光涛	《幼狮》11 卷 1 期	1960.1
115	《明清之际的战争（下）》	李光涛	《幼狮》11 卷 2 期	1960.2
116	《图理琛的〈异域录〉》	华龙	《新民晚报》	1960.2.29
117	《清代纂修官书草率之一例——康熙字典》	黄云眉	《史学杂稿订存》	1960.3
118	《文渊阁的四库全书》	黄平	《新民晚报》	1960.3.2
119	《论红楼梦故事的地点时间与人物》	赵彦滨	《幼狮学报》2 卷 2 期	1960.4
120	《清初继嗣问题研究》	陈捷先	《中央日报》	1960.5.31
121	《清国姓爱新觉罗考》	陈捷先	《大陆杂志》20 卷 12 期	1960.6
122	《释"肺石白山"清史语释之一》	陈捷先	《中央日报》	1960.12.6
123	《明清档案与清代开国史料》	李光涛	《中国图书馆学会会报》13	1961.1
124	《故宫博物院现存清代军机处档简介》	傅宗懋	《政大学报》4	1961.1
125	《东洋文库日译本〈满文老档〉未收的几件老牌文（上）》	李学智	《大陆杂志》22 卷 3 期	1961.2
126	《东洋文库日译本〈满文老档〉未收的几件老满文（下）》	李学智	《大陆杂志》22 卷 4 期	1961.2
127	《沈阳故宫》	闻超	《辽宁日报》	1961.4.6
128	《黑龙江历史上封建制的出现与形成》	丹化沙	《黑龙江日报》	1961.4.11
129	《清人入关前的农业生活——太祖时代（上）》	陈文石	《大陆杂志》22 卷 9 期	1961.5
130	《清人入关前的农业生活——太祖时代（下）》	陈文石	《大陆杂志》22 卷 10 期	1961.5
131	《历史的一个侧影——海淀园林的兴替》	侯仁之	《北京日报》	1961.5.25
132	《颐和园话旧之一——瓮山与瓮山泊》	侯仁之	《北京日报》	1961.6.8

序号	名称	作者	刊名及卷期	时间
133	《怎样评价康熙》	—	《文汇报》	1961.6.23
134	《颐和园话旧之二——昆明湖的变迁》	侯仁之	《北京日报》	1961.6.29
135	《颐和园话旧之三——凤凰墩与凤凰楼》	侯仁之	《北京日报》	1961.7.6
136	《康熙东巡阙里》	朴人	《中央日报》	1961.7.9
137	《关向应同志传略》		《旅大日报》	1961.7.21
138	《关向应同志的青少年时代——访问关向应烈士的家乡》	向华树 汤希金	《旅大日报》	1961.7.21
139	《清太宗无圈点满文大钱考》	李学智	《大陆杂志》23 卷 4 期	1961.8
140	《盛夏访"避暑山庄"》	李飞杰	《人民日报》	1961.8.6
141	《上海部分史学工作者举行座谈讨论康熙评价问题》	—	《文汇报》	1961.8.24
142	《康熙帝的洋趣味》	蔡懋堂	《反攻》234	1961.9
143	《复旦历史系讨论清初反满民族斗争的性质》	嘉	《文汇报》	1961.9.8
144	《华东师大历史系探讨如何评价康熙——对康熙在历史上的地位作用、清初反清斗争的性质作用等展开讨论》	—	《光明日报》	1961.9.15
145	《试论"康熙之治"》	杨宽	《文汇报》	1961.9.28
146	《辛亥革命前后东北地区的革命活动》	宁武	《辽宁日报》	1961.10.11
147	《关于评价康熙帝的若干问题》	光	《文汇报》	1961.10.19
148	《辛亥革命与反满问题》	刘大年	《人民日报》	1961.10.22
149	《古城——辽阳》	何东林	《鞍山日报》	1961.10.23
150	《黑龙江地方史问题的讨论》	考然	《光明日报》	1961.10.31
151	《乾隆时代的曲艺和杂志》	布谷	《新民晚报》	1961.11.3
152	《关于辛亥革命时期社会主要矛盾和反满问题的讨论——辛亥革命五十周年学术讨论会讨论综述之（三）》		《文汇报》	1961.11.23

序号	名称	作者	刊名及卷期	时间
153	《努尔哈赤兴起后满族的社会性质是什么？——兼与李燕光同志商榷》	赵展	《辽宁日报》	1961.11.28
154	《北京历史学会举行讨论会探讨康熙评价问题》	—	《光明日报》	1961.11.30
155	《关于康熙的评价问题》	—	《光明日报》	1961.11.30
156	《清东陵、清西陵》	罗哲文	《人民日报》	1961.12.3
157	《论康熙帝的历史地位》	平心	《文汇报》	1961.12.12
158	《"老满文史料"序》	李光涛	《历史语言研究所集刊》34本上	1962.1
159	《说"满洲"》	陈捷先	《幼狮学志》1卷1期	1962.1
160	《清初的战争目的和俘虏问题》	李燕光	《辽宁大学科学论文集》	1962.1
161	《清人入关前的手工业》	陈文石	《历史语言研究所集刊》31	1962.1
162	《康熙评价和有关几个问题》	李原	《北京日报》	1962.1.4
163	《北京的国子监和首都图书馆》	褚雪	《中国青年报》	1962.1.9
164	《关于康熙帝的评价和有关的几个问题——北京市历史学会1961年会问题讨论综述之一》	李原	《文汇报》	1962.1.9
165	《康熙评价和有关几个问题——北京市历史学会1961年会问题讨论综述之一》	李原	《文汇报》	1962.1.9
166	《我对清末移民实边政策的一些看法》	何志	《内蒙古日报》	1962.1.23
167	《香妃与容妃之辨》	陈作鉴	《畅流》25卷1期	1962.2
168	《海龄与镇江抗英战争》		《文汇报》	1962.2.24
169	《有关满族史苦干问题的意见》	傅乐焕	《辽宁日报》	1962.3.20
170	《乾隆帝与法国画家王致诚》	冯作民译	《畅流》25卷4期	1962.4
171	《有关曹雪芹卒年问题的商榷》	陈毓罴	《光明日报》	1962.4.8
172	《雍正时代的密奏制度——清世宗治术的一端》	黄培	《清华学报》新3卷1	1962.5

续表

序号	名称	作者	刊名及卷期	时间
173	《满人称谓汉人为"尼堪"意义之臆测》	李学智	《大陆杂志特刊》2 卷 1 期	1962.5
174	《满文本清太祖实录新译与整理》	广禄	《中国东亚学术研究计划委员会月报》1	1962.5
175	《清太宗时代的农业生活》	陈文石	《大陆杂志特刊》2 卷 1 期	1962.5
176	《影印〈词人纳兰容若手简〉前言》	夏承焘	《文汇报》	1962.5.5
177	《〈词人纳兰容若手简〉读后》	勉仲	《文汇报》	1962.5.5
178	《吉林地名之窥见》	杨才恩	《吉林日报》	1962.5.19
179	《清代之奏折》	耘农	《中央日报》	1962.5.22
180	《论康熙的作用和贡献》	袁良义	《光明日报》	1962.5.23
181	《曹雪芹故居和墓地究竟在何处,北京文化部门初步搜集到不少可供参考的资料》	—	《文汇报》	1962.5.29
182	《名园忆旧》	刘蕙孙	《文汇报》	1962.6.2
183	《颐和园的园林艺术》	窦武	《北京日报》	1962.6.15
184	《民族历史研究工作者指导委员会召开会议讨论满族史上的一些问题》	—	《人民日报》	1962.6.17
185	《关于满族历史问题的讨论》	石文	《新建设》7 月号	1962.7
186	《清代之皇子教育》	耘农	《中央日报》	1962.7.31
187	《论康熙之治河》	张家驹	《光明日报》	1962.8.1
188	《曹雪芹和江苏》	周汝昌	《雨花》8 期	1962.8
189	《明末诸王抗清始讫》	何南史	《畅流》26 卷 1 期	1962.8
190	《清初的皇家密探——织造》	田介涛	《羊城晚报》	1962.8.10
191	《清初严禁太监干政》	耘农	《中央日报》	1962.8.27
192	《曹荃和曹宣》	周汝昌	《光明日报》	1962.8.28
193	《曹雪芹的籍贯》	李西郊	《文汇报》	1962.8.29
194	《清末旗人三:外交大员杂识》	章士钊	《光明日报》	1962.8.29
195	《"大连"是满语译音》	忠远、言午	《旅大日报》	1962.9.2

序号	名称	作者	刊名及卷期	时间
196	《黑妃娘娘的故事》（满族民间小说）	隋书金	《文艺红旗》	1962.9.9
197	《康熙皇帝与〈明史〉》	蒋星煜	《羊城晚报》	1962.9.20
198	《清代女词人顾太清》	夏纬明	《光明日报》	1962.9.20
199	《明末女真之婚姻问题研究》	陈捷先	《幼狮学志》1卷4期	1962.10
200	《清入关前满洲族的社会性质》	郑天挺	《天津日报》	1962.10.24
201	《略论清末的"移民实边"政策的作用——与何志同志商榷》	留金锁	《内蒙古日报》	1962.11.3
202	《郑天挺论入关前满族的社会性质》	—	《光明日报》	1962.11.19
203	《靺鞨丛说》	周齐	《黑龙江日报》	1963.1.29
204	《沈阳故宫今昔》	杨孟雄	《羊城晚报》	1963.3.13
205	《清皇族诗人永忠》	逃名	《华侨日报》	1963.4.19
206	《清代军制演进及其得失》	冯绍焜	《三军联合月刊》1卷3期	1963.5
207	《明代辽东关市交易与女真社会经济的发展》	李燕光	《光明日报》	1963.5.22
208	《综论曹雪芹卒年问题》	吴世昌	《新建设》6月号	1963.6
209	《明代辽东残档反映的土地关系和阶级矛盾》	李燕光	《光明日报》	1963.6.1
210	《漫谈黑龙江省的地方志》	南冠	《黑龙江日报》	1963.6.4
211	《论洪承畴变节与人才外流（上）》	陈作鉴	《畅流》27卷11期	1963.7
212	《论洪承畴变节与人才外流（中）》	陈作鉴	《畅流》27卷12期	1963.7
213	《故宫博物院所藏的清实录（上）》	那志良	《大陆杂志》27卷4期	1963.8
214	《论洪承畴变节与人才外流（下）》	陈作鉴	《畅流》28卷1期	1963.8

序号	名称	作者	刊名及卷期	时间
215	《故宫博物院所藏的清实录（下）》	那志良	《大陆杂志》27 卷 5 期	1963.9
216	《惨不忍睹的"万人坑"——伪满苏家堡子矫正辅导院罪行片断》	孙善义、孟昭华	《鞍山日报》	1963.9.21
217	《满族诗人明义》	吴恩裕	《华侨日报》	1963.9.24
218	《清代兵制概略》	江新元	《中国内政》26 卷 4 期	1963.10
219	《关于清代旗人的地位和斗争》	重学	《光明日报》	1963.10.21
220	《清世祖之满文即位大赦诏书》	李学智	《大陆杂志》29 卷 10 期	1964.1
221	《北京皇史宬见闻》	朱荣基	《羊城晚报》	1964.1.7
222	《论康熙的历史地位——对刘大年同志〈论康熙〉一文的商榷》	袁良义	《北京市历史学会第一第二届年会论文选集 1961—1962》	1964.5
223	《明万历间辽东边患及边政（上）》	韩道诚	《反攻》266	1964.5
224	《顺治之大婚》	李里	《自立晚报》	1964.5.21
225	《明万历间辽东边患及边政（下）》	韩道诚	《反攻》267	1964.6
226	《清代军制演进及其得失》	冯绍煚	《复兴冈学报》4	1964.7
227	《古今图书集成的前因后果》	蒋复璁	《文星》14 卷 5 期	1964.9
228	《清代的题奏谕旨档案》	殷钟麒	《人民日报》	1964.9.6
229	《谈大库书档》	苏莹辉	《中国图书馆学会会报》17	1965.1
230	《努尔哈赤兴起前建州女真的生活素描》	陈文石	《幼狮学志》4	1965.1
231	《关于高鹗的〈月小山房遗稿〉》	小禾	《光明日报》	1965.5.2
232	《清太祖朝"老满文原档"与"满文老档"之比较研究》	广禄、李学智	《中国东亚学术月报》4	1965.6
233	《从高鹗生平论其作品思想》	吴世昌	《文史》	1965.6
234	《清世祖逃禅考》	彭国栋	《珠海学报》2	1965.9
235	《论康熙》	刘大年	《中国近代史诸问题》	1965.10

续表

序号	名称	作者	刊名及卷期	时间
236	《满洲八旗牛录的构成（上）》	陈文石	《大陆杂志》31 卷 9 期	1965.11
237	《满洲八旗牛录的构成（下）》	陈文石	《大陆杂志》31 卷 10 期	1965.11
238	《满汉合璧题本——内阁大库档案谈丛》	雍叔	《中央日报》	1965.12.17
239	《从明史稿谈起——内阁大库档案谈丛》	雍叔	《中央日报》	1965.12.18
240	《雍正皇帝与禅宗文字狱之另一案——影印雍正御选语录暨心灯录序》	南怀瑾	《新天地》5 卷 10 期	1966.1
241	《论吴三桂谈山海关》	张大夏	《中央日报》	1966.3.6

二　"文化大革命"时期

正当满学研究蓬勃发展之际，中国大陆地区不幸遭遇空前的灾难。"'文革'10 年动乱，给国家带来深重灾难。由于极'左'思潮的干扰破坏，研究机构停止了工作，满学人才被迫改行，'文革'的狂风暴雨摧毁了春意盎然的满学园地，本来在 60 年代前期开始出现的满学勃兴势头，一下子遭到扼杀"，到了"'文革'后期，周建人上书中央，建议珍惜和培养满文人才，经周恩来总理批准，故宫博物院明清档案部在 1975 年招收了 20 名学员，同时从东北和干校调回几名专业人员，满文工作始见缓慢恢复。但从总体上看，这一时期满学研究仍然处于萧条状态，在研究成果和水平上滞后于国外学界"①。只有台湾省的满学研究正常进行，并为国际满学的发展做出了重要贡献。特别是台北"故宫博物院"于 1969年影印出版满族入关前后形成的重要文献《旧满洲档》，为世界各国的满学研究者提供了极其珍贵的史料。

检索这个时期的报刊，有关满学的文章也数以百计，多为港台学者发表，其中较重要的有 132 篇，内容涉及八旗、地理、法律、风俗、经济、军事、历史、人物、社会、外交、文化、文献史料、语言文字、园

---

① 关嘉禄：《中国大陆满学研究的回顾与展望》，《社会科学辑刊》1998 年第 6 期。

林建筑、政治诸方面，详见表6－2。

表6－2　　　　　中国1966—1976年满学研究主要成果

序号	名称	作者	刊名及卷期	时间
1	《现存乾隆年间的档案》	马起华	《思想与时代》150	1967.1
2	《顺治年间的逃人问题》	刘家驹	《庆祝李济先生七十岁论文集》	1967.1
3	《熊廷弼辽东勘疆始末》	韩道诚	《反攻》303	1967.6
4	《清太祖天命建元考》	黄彰健	《历史语言研究所集刊》37	1967.6
5	《清初汉军八旗的肇建》（上）	刘家驹	《大陆杂志》34卷11期	1967.6
6	《清初汉军八旗的肇建》（下）	刘家驹	《大陆杂志》34卷12期	1967.6
7	《奴儿哈赤所建国号考》	黄彰健	《历史语言研究所集刊》37下	1967.6
8	《论张儒绅赍夷文明年月并论奴儿哈赤的七大恨及满文老档讳称建州国》	黄彰健	《历史语言研究所集刊》37	1967.6
9	《论清太祖称汗后称帝、清太宗即位时即称帝》	黄彰健	《历史语言研究所集刊》37	1967.6
10	《论满文nikan这个字的含义》	黄彰健	《历史语言研究所集刊》37下	1967.6
11	《康熙帝与国际法》	丘宏达	《中央报》	1967.6.6
12	《熊廷弼巡按辽东的事功》（上）	韩道诚	《反攻》304	1967.7
13	《熊廷弼巡按辽东的事功》（下）	韩道诚	《反攻》305	1967.8
14	《熊廷弼按辽时战守之议的争论》（上）	韩道诚	《反攻》306	1967.9
15	《乾隆帝与四库全书》	陈斌荣	《畅流》36卷3期	1967.9
16	《熊廷弼按辽时战守之议的争论》（下）	韩道诚	《反攻》307	1967.10
17	《清世宗及其治术》	马起华	《东方杂志复刊》1卷7期	1968.1

续表

序号	名称	作者	刊名及卷期	时间
18	《论八旗通志》	陈捷先	《书目季刊》2 卷 4 期	1968.6
19	《康熙翔台事》	林斌	《畅流》38 卷 3 期	1968.9
20	《清太宗时代的重要政治措施》	陈文石	《历史语言研究所集刊》40	1968.10
21	《满族入关前的文化发展对他们后来汉化的影响》	管东贵	《历史语言研究所集刊》40	1968.10
22	《明清档案》	李光涛	《东方杂志复刊》2 卷 77 期	1969.1
23	《由坤宁宫得到的几种满人旧风俗》	庄严	《故宫季刊特刊》1	1969.2
24	《雍正帝处理吕留良文字狱案》	严钤善	《复兴岗学报》6	1969.4
25	《满清时代小白山春祭大典》	王梦远	《台湾新生报》	1969.4.2
26	《入关前满族兵数与人口问题的探讨》	管东贵	《历史语言研究所集刊》41 卷 2 期	1969.6
27	《明清档案与清代开国史料》	李光涛	《台湾文献》20 卷 2 期	1969.6
28	《从清太祖朝老满文原档"洪字穆昆档"看乾隆重抄满文老档之讹误》	李学智	《边政研究所报》16	1969.7
29	《故宫博物院所藏清代文献档案——中华文物古迹专辑十》	刘家驹	《东方杂志复刊》3 卷 4 期	1969.10
30	《清代奏折的新观念》	年三	《中央报》	1970.1.1
31	《明清档案与清代开国史料》	李光涛	《历史语言研究所集刊》42	1970.1
32	《欣见旧满洲档出版》	年三	《中央报》	1970.2.28
33	《清史稿人名索引——大学士（上）》	苏庆彬	《中国学人》1	1970.3
34	《清代敬避御名述略》	年三	《中央报》	1970.3.20
35	《也谈恭亲王封号》	年三	《中央报》	1970.3.28
36	《多尔衮杀母之仇》	章君谷	《联合报》	1970.4.15
37	《〈皇朝道咸同光奏议〉评介》	何烈	《思与言》8 卷 1 期	1970.5
38	《有清一代政治领袖背景之研究——清代满人政治参与》	魏镛	《东方杂志复刊》3 卷 12 期	1970.6

序号	名称	作者	刊名及卷期	时间
39	《清代的封赠》	朱文长	《东方杂志复刊》3 卷 12 期	1970.6
40	《清太祖时期建储问题的分析》	李学智	《思与言》8 卷 2 期	1970.9
41	《清史稿人名索引——大学士（下）》	苏庆彬	《中国学人》2	1970.9
42	《香妃考实补证》	吴相湘	《清史及近代史研究论集》	1970.11
43	《说〈硃批谕旨〉》	黄培	《清史及近代史研究论集》	1970.11
44	《清太祖太宗时代明清和战考》	任长正	《清史及近代史研究论集》	1970.11
45	《清太宗夺位考》	李光涛	《清史及近代史研究论集》	1970.11
46	《清世宗与年羹尧之关系》	黄培	《清史及近代史研究论集》	1970.11
47	《清国姓爱新觉罗考》	陈捷先	《清史及近代史研究论集》	1970.11
48	《清朝姓氏考》	李学智	《清史及近代史研究论集》	1970.11
49	《记内阁大库残余档案》	李光涛	《清史及近代史研究论集》	1970.11
50	《清宣宗一身劳碌》	章君谷	《联合报》	1970.12.8
51	《摄政王多尔衮》	高越天	《台湾新生报》	1971.1.7
52	《康熙皇帝——玄烨》	高越天	《台湾新生报》	1971.1.14
53	《谈清宫御膳》	袁锦波	《联合报》	1971.2.13
54	《清太祖实录与沈阳旧档》	李光涛	《明清史论集》	1971.4
55	《清太宗夺位考》	李光涛	《明清史论集》	1971.4
56	《清人与流贼》	李光涛	《明清史论集》	1971.4
57	《评东江遗事》	李光涛	《明清史论集》	1971.4
58	《明清之际的战争》	李光涛	《明清史论集》	1971.4
59	《明清档案与清代开国史料》	李光涛	《明清史论集》	1971.4

序号	名称	作者	刊名及卷期	时间
60	《明清档案》	李光涛	《明清史论集》	1971.4
61	《明季边防与袁崇焕》	李光涛	《明清史论集》	1971.4
62	《明季"虏祸"中之松锦战役与壬午战役》	李光涛	《明清史论集》	1971.4
63	《论洪承畴之招抚江南》	李光涛	《明清史论集》	1971.4
64	《记奴儿哈赤之倡乱及萨尔浒之战》	李光涛	《明清史论集》	1971.4
65	《记内阁大库残余档案》	李光涛	《明清史论集》	1971.4
66	《记金国汗之迫而求款》	李光涛	《明清史论集》	1971.4
67	《洪承畴授辽始末》	李光涛	《明清史论集》	1971.4
68	《多尔衮拥立幼帝始末》	李光涛	《明清史论集》	1971.4
69	《多尔衮山海关战役的真象》	李光涛	《明清史论集》	1971.4
70	《北平恭王府是大观园吗?》	赵冈	《东方杂志复刊》411	1971.5
71	《雍正硃批谕旨——控制臣僚的一种工具》	陈捷先	《中央图书馆馆刊》4卷2期	1971.6
72	《清代中韩边务问题探源》	张存武	《中研院近史所集刊》2期	1971.6
73	《清韩封贡关系之制度分析》	张存武	《食货复刊》1卷4期	1971.7
74	《满洲八旗的户口名色》	陈文石	《历史语言研究所集刊》43	1971.9
75	《〈汤若望传〉中的清初史料》	陈捷先	《东方杂志复刊》5卷8期	1972.2
76	《清太宗的后妃》	松村润	《边政研究所报》3	1972.7
77	《清代中衰种自康熙》	陈鸿彬	《新亚书院历史学系刊》2	1972.9
78	《清初辽东招垦授官例的效果及其被废原因的探讨》	管东贵	《历史语言研究》442本	1972.9
79	《清高宗两定金川始末》	庄吉发	《大陆杂志》46卷1期	1973.1
80	《清帝南游秘史考》	杜负翁	《东方杂志复刊》6卷8期	1973.2

续表

序号	名称	作者	刊名及卷期	时间
81	《道光咸丰光绪大婚事记》	方豪	《食货复刊》2 卷 11 期	1973.2
82	《读〈清世祖实录〉》	黄彰健	《大陆杂志》47 卷 1 期	1973.7
83	《清乾隆帝之帝王论》	张春树	《中国文化研究所学报》7 卷 2 期	1974.1
84	《读〈清世祖实录〉》	黄彰健	《历史语言研究所集刊》45》2 分册	1974.2
85	《清宫疑案考证》	无闻老人	《大成》4	1974.3
86	《清代的包衣与汉军》	赵冈	《东方杂志复刊》7 卷 9 期	1974.3
87	《乾隆皇帝与张廷玉》	高伯雨	《大成》5	1974.4
88	《沈阳清故宫》	陈嘉骥	《东方杂志》7 卷 11	1974.5
89	《清初奏折制度起源考》	庄吉发	《食货复刊》4 卷 1、2 期	1974.5
90	《清代国号考》	李树桐	《华冈学报》8	1974.7
91	《满文起居注略考》	陈捷先	《华岗学报庆祝钱宾四先生八十岁论文集》8	1974.7
92	《清世宗拘禁十四阿哥胤禵始末》	庄吉发	《大陆杂志》49 卷 2 期	1974.8
93	《清代国号考摘要》	李树桐	《华学刊》34	1974.10
94	《满洲文献小论》	胡格金台译	《中国边政》48	1974.12
95	《清代雍正时期的皇位继承》	黄培著、本社译	《食货复刊》5 卷 9 期	1975.1
96	《乾隆皇帝与四库全书》	陈应龙	《艺文志》112	1975.1
97	《康熙朝密奏制之探讨》	王振西	《史学会刊》13	1975.1
98	《论康熙统一全国和抗击沙俄侵略的功绩》	梁效	《北京报》	1975.1.14
99	《清朝的文献》	吕成好	《今中国》46	1975.2
100	《旗袍的历史》	王宇清	《东方杂志复刊》8 卷 8 期	1975.2
101	《闲话清宫》	无闻老人	《大成》18	1975.5
102	《清世宗继统与年羹尧之关系》	陈捷先	《成功大学学报人文篇》10	1975.5

序号	名称	作者	刊名及卷期	时间
103	《清宫轶事秘辛》	谢康	《中外杂志》17 卷 4 期	1975.5
104	《清朝在北平的宫殿》	李甲孚	《房屋市场》22	1975.5
105	《看"倾国倾城"谈清宫掌故》	林熙	《大成》18	1975.5
106	《"一代红颜"牵涉的若干史实》	朴人	《自由谈》26 卷 5 期	1975.5
107	《早期满洲社会中的汉人集团》	程玉凤	《史学会刊》14	1975.6
108	《清代廷寄制度沿革考》	庄吉发	《幼狮》41 卷 7 期	1975.7
109	《清朝在热河的行宫》	李甲孚	《房屋市场》24	1975.7
110	《年羹尧死因探微》	陈捷先	《历史学报》2	1975.7
111	《论康熙》	任功铎等	《宁夏报》	1975.8.4
112	《满鲜通市考》	庄吉发	《食货刊》5 卷 6 期	1975.9
113	《高其佩花鸟精品册跋》	张君实	《明报》10 卷 10 期	1975.10
114	《评介黄培著〈雍正时代的独裁政治〉》	庄吉发	《食货复刊》5 卷 8 期	1975.11
115	《盛京事迹图》	刘官锷	《文献丛编》70	1976.1
116	《乾隆皇帝之西洋画家》	蔡懋堂	《中国文选》105	1976.1
117	《故宫博物院典藏清代档案述略》	庄吉发	《史学会刊》	1976.2
118	《雍正最宠信的三总督：田文镜、李卫、鄂尔泰》	易子	《新万象》1	1976.3
119	《雍正皇帝继位与治术》	林立之	《新万象》1	1976.3
120	《慎靖郡王山水神品册跋》	张君实	《明报》11 卷 3 期	1976.3
121	《清世宗与耗羡归公》	庄吉发	《东吴文学学报》1	1976.3
122	《雍正历史上的问题——兼论研究态度、研究方法和书评》	黄培	《食货复刊》6 卷 1、2 合期	1976.4
123	《满清剃发令与江南抗清运动》	白兵卫	《春秋》24 卷 5 期	1976.4
124	《崇德吕留良案与雍正〈大义觉迷录〉》	袁建禄	《浙江学刊》8 卷 4 期	1976.4
125	《清世宗的统御政策》	何爱珠	《史学会刊》16	1976.6
126	《从"胤禵"问题看清世宗夺位》	金承艺	《近代史研究所集刊》5	1976.6
127	《乾隆皇帝与郎世宁》	孙方	《明报》11 卷 7 期	1976.7
128	《吕四娘清宫复仇记》	王藩廷	《古今谈》134	1976.7
129	《清世宗与丁随地起》	庄吉发	《食货复刊》6 卷 5 期	1976.8

序号	名称	作者	刊名及卷期	时间
130	《清圣祖恭谒孔庙》	田君伟	《教与学》9 卷 10 期	1976.10
131	《清代的军令、兵制及其营规》	罗云	《黄埔学刊》294	1976.10
132	《恭王府沿革考略——"旧王孙"溥心畬家族世系图表》	单士元	《大成》35	1976.10

三　全面大发展时期

1978 年 10 月改革开放的春风吹遍神州大地以后，满学终于迎来了迟到的繁荣。40 多年来，在中国大陆，满学的研究领域不断拓展，专门研究机构和学术团体相继建立，档案文献大量公布出版，中外学术交流空前活跃，学术成果大量涌现。满学研究呈现出前所未有的繁荣景象，并在国际满学界独领风骚。

全国各地先后建立的专门研究满学的机构和学术团体为数众多。主要有北京市社会科学院满学研究所、中央民族大学满学研究所、北京满学研究中心、辽宁省民族研究所、黑龙江大学满语研究所、黑龙江大学满—通古斯语研究中心、吉林师范大学中国满族文化研究院等。[①]

（一）满学研究硕果累累

这个时期，满学研究学术成果的出版和发表如雨后春笋，硕果累累。据粗略统计，仅学术著作，包括辞书、教材等工具书，就多达 162种，内容涉及满洲与满族的历史、语言、文字、文学、社会、宗教、文献、八旗等方面，详见表 6-3。

表 6-3　　　　　　　国内 1977—2019 年满学主要著作

序号	作者	书名	时间
1	王钟翰主编	《满族简史》	1979
2	戴逸主编	《简明清史》	1980

---

① 详见赵志强《满学论丛》第一辑"前言"，辽宁民族出版社 2011 年版，第 10—11 页。

续表

序号	作者	书名	时间
3	金启孮著	《满族的历史与生活：三家子调查报告》	1981
4	中国民间文艺研究会与辽宁、吉林、黑龙江三省分会编	《满族民间故事选》（第一集）	1981
5	中国民间文艺研究会与辽宁、吉林、黑龙江、河北四省分会编	《满族民间故事选》（第二集）	1982
6	富丽编	《世界满文文献目录初编》	1983
7	乌丙安等编	《满族民间故事选》	1983
8	乌拉熙春	《满语语法》	1983
9	董明整理	《满族三老人故事集》	1984
10	富育光搜集整理	《七彩神火：满族民间传说故事》	1984
11	关德栋、周中明选编	《子弟书丛钞》	1984
12	傅英仁整理	《满族神话故事》	1985
13	秋浦主编	《萨满教研究》	1985
14	王云英著	《清代满族服饰》	1985
15	乌拉熙春	《满语读本》	1985
16	季永海、刘景宪、屈六生合著	《满语语法》	1986
17	吴正格编著	《满汉全席》	1986
18	杨学琛、周远廉著	《清朝八旗王公贵族兴衰史》	1986
19	陈佳华主编	《满族史入门》	1987
20	关纪新主编	《满族现代文学家艺术家传略》	1987
21	关纪新、张菊玲、李红雨著	《清代满族作家诗词选》	1987
22	关纪新主编	《满族现代文学家艺术家传略》	1987
23	佟靖仁著	《呼和浩特满族简史》	1987
24	乌拉熙春整理	《满族古神话》	1987
25	爱新觉罗·瀛生编	《自学速成满语基础讲义》	1988
26	吉林省民族研究所编	《萨满教文化研究》（第一辑）	1988
27	李林主编	《满族家谱选编（1）》	1988
28	刘厚生等编著	《简明满汉辞典》	1988
29	杨锡春著	《满族风俗考》	1988
30	冯统校编	《满族文学史（第一卷）》	1989

续表

序号	作者	书名	时间
31	季永海等	《现代满语八百句》	1989
32	金启孮著	《北京郊区的满族》	1989
33	乌丙安著	《神秘的萨满世界——中国原始文化根基》	1989
34	赵杰著	《现代满语研究》	1989
35	富育光著	《萨满教与神话》	1990
36	韩耀旗、林乾著	《清代满族风情》	1990
37	刘厚生编著	《满语文教程》	1990
38	商鸿逵等编著	《清史满语辞典》	1990
39	孙文良主编	《满族大辞典》	1990
40	汪宗猷主编	《广州满族简史》	1990
41	张菊玲著	《清代满族作家文学概论》	1990
42	富育光、孟慧英著	《满族萨满教研究》	1991
43	黄润华、屈六生编纂	《全国满文图书资料联合目录》	1991
44	屈六生主编	《满文教材》	1991
45	沈阳市民委民族志编纂办公室	《沈阳满族志》	1991
46	孙邦主编	《吉林满族》	1991
47	王宏刚、富育光编著	《满族风俗志》	1991
48	杨英杰著	《清代满族风俗史》	1991
49	安双成编	《满文美术字》	1992
50	丹东市民族事务委员会组织编纂	《丹东满族志》	1992
51	定宜庄著	《清朝八旗驻防制度研究》	1992
52	李鸿彬著	《清朝开国史略》	1992
53	石光伟、刘厚生	《满族萨满跳神研究》	1992
54	孙文良著	《满族崛起与明清兴亡》	1992
55	爱新觉罗·瀛生	《北京土话中的满语》	1993
56	安双成主编	《满汉大辞典》	1993
57	北京满文书院编写	《满文讲义》	1993
58	关纪新著	《中国满族》	1993
59	刘厚生著	《旧满洲档研究》	1993
60	宋和平著	《满族萨满神歌译注》	1993

续表

序号	作者	书名	时间
61	新疆锡伯语言学会编辑	《单清语辞典》	1993
62	张佳生著	《清代满族诗词十论》	1993
63	赵展著	《满族文化与宗教研究》	1993
64	胡增益主编	《新满汉大辞典》	1994
65	孙辑六主编	《满族风情录》	1994
66	姜相顺	《神秘的清宫萨满祭祀》	1995
67	林苛步编著	《满汉全席记略》	1995
68	刘小萌著	《满族的部落与国家》	1995
69	佟靖仁著	《内蒙古的满族》	1995
70	刘小萌著	《八旗子弟》	1996
71	彭勃著	《满族》	1996
72	姚念慈著	《满洲八旗国家初探》	1996
73	刘景宪、赵阿平、赵金纯著	《满语研究通论》	1997
74	刘小萌著	《爱新觉罗家族全史》	1997
75	路地、于岱岩主编	《现代满族书画家传略》	1997
76	王云英著	《再添秀色：满族官民服饰》	1997
77	张佳生著	《独入佳境——满族宗室文学》	1997
78	关纪新著	《老舍评传》	1998
79	宋和平著	《〈尼山萨满〉研究》	1998
80	定宜庄著	《满族的妇女生活与婚姻制度研究》	1999
81	定宜庄著	《最后的记忆：十六名旗人妇女的口述历史》	1999
82	定宜庄著	《满汉文化交流史话》	1999
83	刘桂腾著	《满族萨满乐器研究》	1999
84	刘小萌著	《近代旗人史话》	1999
85	王松林、傅英仁	《满族面具新发现》	1999
86	张佳生主编	《满族文化史》	1999
87	郑天挺著	《清史探微》	1999
88	沈秀清、张德玉主编	《满族民间故事选》	2000
89	张寿崇主编	《子弟书珍本百种》	2000

序号	作者	书名	时间
90	江桥著	《康熙〈御制清文鉴〉研究》	2001
91	刘小萌著	《满族从部落到国家的发展》	2001
92	佟悦、陈峻岭著	《辽宁满族史话》	2001
93	赵令志著	《清前期八旗土地制度研究》	2001
94	赵阿平、朝克著	《现代满语研究》	2001
95	关嘉禄、佟永功著	《简明满文文法》	2002
96	卢秀丽、阎向东编著	《辽宁省图书馆满文古籍图书综录》	2002
97	王宏刚著	《满族与萨满教》	2002
98	张菊玲著	《旷代才女顾太清》	2002
99	杜家骥著	《清朝满蒙联姻研究》	2003
100	李燕光、关捷主编	《满族通史》	2003
101	阎崇年主编	《二十世纪世界满学著作提要》	2003
102	赵志强著	《旧清语研究》	2003
103	定宜庄、郭颂义、李中清、康文林著	《辽东移民中的旗人社会：历史文献、人口统计与田野调查》	2004
104	关纪新主编	《当代满族作家论》	2004
105	关纪新等主编	《当代满族作家论》	2004
106	郭孟秀著	《满文文献概论》	2004
107	金鸥著	《满族民间工艺》	2004
108	路地、关纪新主编	《当代满族作家论》	2004
109	那国学主编	《满族民间文学集》	2004
110	汪萍编著	《满族民间游戏》	2004
111	吴书纯编著	《满族民间礼仪》	2004
112	杨峰主编	《满族风情》	2004
113	鲍明著	《满族文化模式：满族社会组织和观念体系研究》	2005
114	傅波主编	《赫图阿拉与满族姓氏家谱研究》	2005
115	关纪新著	《老舍图传》	2005
116	刘玉宗、殷雨安	《青龙满族》	2005
117	王纪、王纯信著	《最后的木屋村落：长白山满族非物质文化遗产保护研究》	2005

续表

序号	作者	书名	时间
118	王庆丰	《满语研究》	2005
119	张佳生主编	《中国满族通论》	2005
120	关纪新著	《八旗艺文编目》	2006
121	江帆著	《满族生态与民俗文化》	2006
122	刘小萌著	《正说清朝十二王》	2006
123	吴雪娟著	《满文翻译研究》	2006
124	安双成主编	《汉满大辞典》	2007
125	梁六十三编	《简明满语教程》	2007
126	赵志强著	《清代中央决策机制研究》	2007
127	北京市民族古籍整理出版规划小组办公室满文编辑部编	《北京地区满文图书总目》	2008
128	曾武、杨丰陌主编	《满族民俗万象》	2008
129	曾武、杨丰陌主编	《满族特色食品》	2008
130	春花著	《清代满蒙文词典研究》	2008
131	杜家骥著	《八旗与清朝政治论稿》	2008
132	傅波主编	《从兴京到盛京：努尔哈赤崛起轨迹探源》	2008
133	富育光主编	《图像中国满族风俗叙录》	2008
134	关纪新著	《老舍与满族文化》	2008
135	关纪新著	《老舍与满族文化》	2008
136	刘小萌著	《清代北京旗人社会》	2008
137	刘小萌著	《清代八旗子弟》	2008
138	杨清远、徐玉良主编	《满族历史文化研究》	2008
139	张佳生著	《八旗十论》	2008
140	赵志忠著	《满族文化概论》	2008
141	定宜庄著	《老北京人的口述历史》	2009
142	何荣伟编	《满语 365 句》	2009
143	佟永功著	《满语文与满文档案研究》	2009
144	杨珍著	《康熙皇帝一家》	2009
145	杨珍著	《清朝皇位继承制度》	2009
146	张杰著	《韩国史料三种与盛京满族研究》	2009

续表

序号	作者	书名	时间
147	曾慧著	《满族服饰文化研究》	2010
148	常越男著	《清代官员考课制度研究》	2010
149	郭松义、杨珍著	《康熙帝本传》	2010
150	刘小萌著	《旗人史话》	2011
151	季永海编著	《满语语法》	2011
152	赵力编著	《满族姓氏寻根辞典》	2012
153	戴光宇著	《三家子满语语音研究》	2012
154	李治亭主编	《新编满族大辞典》	2015
155	杜家骥著	《清代八旗官制与行政》	2015
156	关纪新著	《满族书面文学流变》	2015
157	徐凯著	《满洲认同法典与部族双重构建》	2015
158	定宜庄、邱源媛著	《近畿五百里——清代畿辅地区的旗地与庄头》	2016
159	赵令志、郭美兰著	《准噶尔使者档之比较研究》	2016
160	江桥著	《御制五体清文鉴研究》	2017
161	常越男著	《家国之间：清初满洲八"著姓"研究》	2019
162	刘金德著	《满洲瓜尔佳氏索尔果家族研究》	2019

此外，还编译或影印出版了大量清代满文档案，如中国第一历史档案馆编译的《清初内国史院满文档案译编》（上、中、下），《光明日报》出版社 1989 年出版；中国第一历史档案馆等译注的《满文老档》（上、下），中华书局 1990 年出版；中国第一历史档案馆、中国边疆史地研究中心合编的《珲春副都统衙门档》（238 册），广西师范大学出版社 2007 年出版；中国第一历史档案馆、中国边疆史地研究中心合编的《清代新疆满文档案汇编》（283 册），广西师范大学出版社 2012 年出版。

（二）《满学研究》（1—7 辑）问世

《满学研究》是北京社会科学院满学研究所主办、阎崇年主编的学术辑刊。北京市社会科学院满学所自 1991 年成立，即以拓展满学研究，加强信息交流，团结海内外满学同仁，促进世界满学事业进步为宗旨，着手《满学研究》的编辑工作，至 2002 年已出版 7 辑。该辑刊主要发表中外满学研究的最新学术成果，其次辟有满学家栏目，介绍中外著名满学家，较详细地介绍其学术贡献。此外，还设置中国满族自治地方栏目，介绍满族自治县概况。

1992—2002 年，《满学研究》第 1—7 辑，共刊发中外学者满学研究的最新成果 191 篇，详见表 6 - 4。

表 6 - 4　　　　　　　《满学研究》（1—7 辑）刊发文章

序号	题名	作者	刊号	出版社	时间（年）
1	《清朝皇族的多妻制度与人口问题》	鞠德源	《满学研究》（1）	吉林文史	1992
2	《清代前期的军国议政与满洲贵族》	赵志强	《满学研究》（1）	吉林文史	1992
3	《猛哥帖木儿论》	何溥滢 谢肇华	《满学研究》（1）	吉林文史	1992
4	《清代的八旗汉军》	李燕光	《满学研究》（1）	吉林文史	1992
5	《清朝八旗驻防财政的考察》	［韩］任桂淳	《满学研究》（1）	吉林文史	1992
6	《论〈八旗方位全图〉》	姜纬堂	《满学研究》（1）	吉林文史	1992
7	《三田渡满文清太宗功德碑研究》	（台）陈捷先	《满学研究》（1）	吉林文史	1992
8	《"努尔哈赤实录"考源》	徐丹俍	《满学研究》（1）	吉林文史	1992
9	《一部鲜为人知的萨满教典籍——〈满洲跳神还愿典例〉评介》	刘厚生	《满学研究》（1）	吉林文史	1992
10	《清前期满族文化发展的趋势》	孙文良	《满学研究》（1）	吉林文史	1992
11	《满洲文学述略》	［德］马丁·稽穆	《满学研究》（1）	吉林文史	1992
12	《满族文学纵论》	赵志辉	《满学研究》（1）	吉林文史	1992
13	《清代宫中的满族音乐》	万依	《满学研究》（1）	吉林文史	1992

序号	题名	作者	刊号	出版社	时间（年）
14	《萨满教与满洲跳神音乐的流变》	刘桂腾	《满学研究》（1）	吉林文史	1992
15	《〈清文启蒙·清文助语虚字篇〉补缀札记》	（台）李学智	《满学研究》（1）	吉林文史	1992
16	《论满文中的汉语借词》	佟永功 关嘉录	《满学研究》（1）	吉林文史	1992
17	《论满语无副动词》	栗振复	《满学研究》（1）	吉林文史	1992
18	《中国满学研究评述（1949—1991）》	阎崇年	《满学研究》（1）	吉林文史	1992
19	《中国台湾的满学研究》	（台）庄吉发	《满学研究》（1）	吉林文史	1992
20	《〈旧满洲档〉谕删秘要全译》	关孝廉	《满学研究》（1）	吉林文史	1992
21	《顺治朝八旗男丁满文档案选译》	安双成选译	《满学研究》（1）	吉林文史	1992
22	《满学家王钟翰教授》	李鸿彬	《满学研究》（1）	吉林文史	1992
23	《满学家陈捷先教授》	王戎笙	《满学研究》（1）	吉林文史	1992
24	《满学家神田信夫教授》	［日］松村润	《满学研究》（1）	吉林文史	1992
25	《威尼斯大学对满族和锡伯族研究的十年》	［意］乔·斯达里	《满学研究》（1）	吉林文史	1992
26	《胤禛与抚远大将军王奏档》	王钟翰	《满学研究》（2）	民族	1994
27	《论顺治皇帝福临》	周远廉	《满学研究》（2）	民族	1994
28	《uksun 考》	［日］神田信夫	《满学研究》（2）	民族	1994
29	《清朝八旗制度的"gūsa"和"旗"》	［日］细谷良夫	《满学研究》（2）	民族	1994
30	《清帝治青政策的转折与突破》	（港）马楚坚	《满学研究》（2）	民族	1994
31	《清朝兴衰与皇子教育》	赵志强	《满学研究》（2）	民族	1994
32	《红衣大炮与满洲兴衰》	解立红	《满学研究》（2）	民族	1994
33	《满洲贵族与萨满文化》	阎崇年	《满学研究》（2）	民族	1994
34	《论萨满教与满族祭祖的关系》	赵展	《满学研究》（2）	民族	1994

序号	题名	作者	刊号	出版社	时间（年）
35	《从族谱资料看满族汉化》	（台）陈捷先	《满学研究》（2）	民族	1994
36	《从数目名字的演变看清代满族的汉化》	（台）庄吉发	《满学研究》（2）	民族	1994
37	《满族入关前后之取名及相关诸问题分析》	杜家骥	《满学研究》（2）	民族	1994
38	《关于满族历史和语言的若干问题》	［意］乔·斯达理	《满学研究》（2）	民族	1994
39	《论满族伦理道德观的形成与发展》	张玉兴	《满学研究》（2）	民族	1994
40	《有关清初吉林满族的汉文史料文献》	冯尔康	《满学研究》（2）	民族	1994
41	《〈清太祖实录〉考评》	徐丹俍	《满学研究》（2）	民族	1994
42	《清代内阁满文档案述略》	吴元丰	《满学研究》（2）	民族	1994
43	《关于中国第一历史档案馆所藏的〈逃人档〉》	［日］加藤直人	《满学研究》（2）	民族	1994
44	《俄罗斯科学院东方研究所圣彼得堡分所珍藏的满文抄本》	［俄］庞晓梅	《满学研究》（2）	民族	1994
45	《〈黑龙江志稿〉有关地名探源》	D. O. 朝克	《满学研究》（2）	民族	1994
46	《满洲语文语正书法的变迁——特别关于 o、u、ū》	池上二良	《满学研究》（2）	民族	1994
47	《满语 baibi、bai 和汉语副词"白"之间的借代关系》	胡增益	《满学研究》（2）	民族	1994
48	《满语"猿"和"猴"——阿尔泰语言和汉藏语言的接触》	［日］中岛干起	《满学研究》（2）	民族	1994
49	《日本满学研究近况》	［日］松村润	《满学研究》（2）	民族	1994
50	《盛京满文逃人档》	中国第一历史档案馆	《满学研究》（2）	民族	1994

续表

序号	题名	作者	刊号	出版社	时间（时）
51	《简论我国满文古籍的整理出版工作》	屈六生	《满学研究》（2）	民族	1994
52	《满学家金启孮教授》	［日］吉本道雅	《满学研究》（2）	民族	1994
53	《满学家池上二良教授》	［日］津曲敏郎	《满学研究》（2）	民族	1994
54	《清代皇位继承制度之嬗变与满洲贵族间的矛盾》	王思治（港）吕元聰	《满学研究》（3）	民族	1996
55	《〈君主与大臣〉的前言、尾声》	［美］白彬菊	《满学研究》（3）	民族	1996
56	《阿桂与缅甸之战》	韩茹	《满学研究》（3）	民族	1996
57	《从满洲族名看清太宗文治》	金启孮	《满学研究》（3）	民族	1996
58	《满洲文化与蒙古教育》	［蒙］沙·毕拉	《满学研究》（3）	民族	1996
59	《乾隆朝民人死刑案件的初步统计与分析》	江桥	《满学研究》（3）	民族	1996
60	《乾隆时满族统治阶级的腐朽与"八旗生计"》	刘德鸿	《满学研究》（3）	民族	1996
61	《清宫建筑的满洲特色》	阎崇年	《满学研究》（3）	民族	1996
62	《论〈御制古文渊鉴〉》	［德］嵇穆	《满学研究》（3）	民族	1996
63	《纳兰性德词研究》	张秉成	《满学研究》（3）	民族	1996
64	《从〈满文老档〉到〈旧满洲档〉》	［日］神田信夫	《满学研究》（3）	民族	1996
65	《关于无圈点老档》	［日］松村润	《满学研究》（3）	民族	1996
66	《清宫满文诗歌的韵律》	沈原、毛必扬	《满学研究》（3）	民族	1996
67	《满文的历史贡献》	胡增益	《满学研究》（3）	民族	1996
68	《满语动词 zhafambi 的词义分析》	李树兰	《满学研究》（3）	民族	1996
69	《清史学家戴逸教授》	王政尧	《满学研究》（3）	民族	1996
70	《满学家松村润教授》	［日］加藤直人	《满学研究》（3）	民族	1996
71	《宽甸满族自治县》	孟聪	《满学研究》（3）	民族	1996
72	《北京市密云县檀营满族蒙古族自治乡》	杨金声	《满学研究》（3）	民族	1996

序号	题名	作者	刊号	出版社	时间（年）
73	《论〈满洲老档〉》	阎崇年	《满学研究》（4）	民族	1998
74	《文献足征——〈满文原档〉与清史研究》	（台）庄吉发	《满学研究》（4）	民族	1998
75	《〈满文老档〉特点及其史料价值》	关孝廉	《满学研究》（4）	民族	1998
76	《述崇谟阁〈满文老档〉》	佟永功	《满学研究》（4）	民族	1998
77	《〈无圈点档〉及乾隆抄本补絮》	赵志强、江桥	《满学研究》（4）	民族	1998
78	《崇谟阁与〈满文老档〉》	白洪希	《满学研究》（4）	民族	1998
79	《〈满洲老档秘录〉序》	金梁	《满学研究》（4）	民族	1998
80	《〈满文老档译稿〉序》	［日］小仓进平 金田一京助 服部四郎	《满学研究》（4）	民族	1998
81	《满和对照〈满文老档〉（太祖朝）前言》	［日］今西春秋	《满学研究》（4）	民族	1998
82	《〈满文老档译注〉序》	［日］和田清	《满学研究》（4）	民族	1998
83	《〈旧满洲档〉前言（节录）》	（台）陈捷先	《满学研究》（4）	民族	1998
84	《〈清太祖朝老满文原档译注〉序》	（台）广禄 （台）李学智	《满学研究》（4）	民族	1998
85	《〈旧满洲档译注序〉序》	（台）蒋复璁	《满学研究》（4）	民族	1998
86	《〈重译满文老档〉前言》	李燕光	《满学研究》（4）	民族	1998
87	《〈满文老档〉前言》	《满文老档》译注工作组	《满学研究》（4）	民族	1998
88	《〈旧满洲档〉与〈加圈点档〉索校·前言》	［德］魏弥贤	《满学研究》（4）	民族	1998
89	《满族〈三仙女神话〉探微》	（台）宋承绪	《满学研究》（4）	民族	1998
90	《清代宫中坤宁宫祀神音乐》	万依、黄海涛	《满学研究》（4）	民族	1998

序号	题名	作者	刊号	出版社	时间（年）
91	《围绕尚氏家族的诸史料》	［日］细谷良夫	《满学研究》(4)	民族	1998
92	《顺治帝的童年时代》	杨珍	《满学研究》(4)	民族	1998
93	《胤禛奏折选译》	张凤良译、屈六生审校	《满学研究》(4)	民族	1998
94	《〈满洲老档〉著论目录》	徐丹俍	《满学研究》(4)	民族	1998
95	《许大龄先生传略》	王天有、张帆	《满学研究》(4)	民族	1998
96	《满学家、清史学家王思治教授》	高翔	《满学研究》(4)	民族	1998
97	《满学家、清史学家周远廉教授》	李尚英	《满学研究》(4)	民族	1998
98	《中国满学研究五十年（1949—1999年)》	阎崇年	《满学研究》(5)	民族	2000
99	《跨世纪满学研究的回顾与前瞻（提要)》	穆鸿利	《满学研究》(5)	民族	2000
100	《康乾"盛世"简论》	王思治（港）吕元骢	《满学研究》(5)	民族	2000
101	《阿济格宦海浮沉与清初权力斗争（提要)》	王戎笙	《满学研究》(5)	民族	2000
102	《论清代满族四种社会群体的形成》	赵展	《满学研究》(5)	民族	2000
103	《努尔哈赤姓氏问题——清、明、朝鲜史料分析》	徐丹俍	《满学研究》(5)	民族	2000
104	《"后金天命皇帝"印质疑（提要)》	张佳生	《满学研究》(5)	民族	2000
105	《关于天命、天聪朝的正蓝旗》	［日］杉山清彦	《满学研究》(5)	民族	2000
106	《清入关后的八旗奴仆（提要)》	杜家骥	《满学研究》(5)	民族	2000
107	《首次亲征噶尔丹时的康熙皇帝》	齐木德道尔吉	《满学研究》(5)	民族	2000
108	《乾隆帝内禅研究》	杨珍	《满学研究》(5)	民族	2000

续表

序号	题名	作者	刊号	出版社	时间（年）
109	《清代北京旗人的房地契书》	刘小萌	《满学研究》（5）	民族	2000
110	《清代东北参务述论》	张丹卉	《满学研究》（5）	民族	2000
111	《世界史及清初中国的内亚因素——美国学术界的一些观点和问题》	［美］司徒琳	《满学研究》（5）	民族	2000
112	《清先世与朝鲜（提要）》	徐凯	《满学研究》（5）	民族	2000
113	《评析朝鲜对建州卫的第一次用兵》	谢肇华	《满学研究》（5）	民族	2000
114	《明清战争中兀良哈三卫的战略地位》	（港）宋承绪	《满学研究》（5）	民族	2000
115	《清朝前期蒙古与中原汉地的互市活动》	［蒙］图木尔	《满学研究》（5）	民族	2000
116	《清太宗皇太极与科尔沁的联姻关系》	［日］楠木贤道	《满学研究》（5）	民族	2000
117	《第一位外嫁蒙古的敦哲公主》	张汉杰	《满学研究》（5）	民族	2000
118	《日本唐船风说书与康熙超史事研究》	华立	《满学研究》（5）	民族	2000
119	《十八世纪的中外舆图与清朝疆域》	成崇德	《满学研究》（5）	民族	2000
120	《内藤湖南的满学研究》	［日］神田信夫	《满学研究》（5）	民族	2000
121	《论福临的儒学修养与汉化情结》	张玉兴	《满学研究》（5）	民族	2000
122	《论康熙朝名臣席尔达》	席长庚	《满学研究》（5）	民族	2000
123	《清代满族治河专家齐苏勒》	彭云鹤	《满学研究》（5）	民族	2000
124	《新发现高鹗会试履历中的籍贯与生年》	张杰	《满学研究》（5）	民族	2000
125	《制度比皇帝更重要》	李宝臣	《满学研究》（5）	民族	2000

序号	题名	作者	刊号	出版社	时间（年）
126	《论清政府加强"国语"的几项措施》	屈六生	《满学研究》（5）	民族	2000
127	《论清朝康、乾同文政策及其成果》	［澳］谭世宝	《满学研究》（5）	民族	2000
128	《缴回朱批起源考》	关孝廉	《满学研究》（5）	民族	2000
129	《满族贵族崇尚武功国策的兴衰》	李尚英	《满学研究》（5）	民族	2000
130	《有关满族妇女史研究的几点思考》	定宜庄	《满学研究》（5）	民族	2000
131	《故宫六品佛楼梵华楼考》	王家鹏	《满学研究》（5）	民族	2000
132	《清代官印制度综论》	任万平	《满学研究》（5）	民族	2000
133	《清代宫廷包装析探》	张荣	《满学研究》（5）	民族	2000
134	《满学家胡增益教授》	曼珠	《满学研究》（5）	民族	2000
135	《满学家河内良弘教授》	［日］村尾进	《满学研究》（5）	民族	2000
136	《中国的满语研究——纪念满文创制四百周年》	胡增益	《满学研究》（6）	民族	2000
137	《满族语言与历史文化概论》	赵阿平	《满学研究》（6）	民族	2000
138	《满文罗马字拼写法刍议》	［日］甘德星	《满学研究》（6）	民族	2000
139	《大兴安岭地区与满语资料》	［日］加藤直人	《满学研究》（6）	民族	2000
140	《锡伯语研究对满语研究的贡献》	李树兰	《满学研究》（6）	民族	2000
141	《满语、朝鲜语语音对应规律探拟》	赵杰	《满学研究》（6）	民族	2000
142	《〈老满文原档〉与〈满文老档〉的再研究》	（台）李学智	《满学研究》（6）	民族	2000
143	《〈御制清文鉴〉和〈御制增订清文鉴〉》	［韩］成百仁	《满学研究》（6）	民族	2000
144	《乾隆御制四、五体〈清文鉴〉编纂考》	江桥	《满学研究》（6）	民族	2000

序号	题名	作者	刊号	出版社	时间（年）
145	《清代起居注册与满学研究》	（台）庄吉发	《满学研究》（6）	民族	2000
146	《清代满文档案述论》	吴元丰	《满学研究》（6）	民族	2000
147	《最重要科学发现之一：老满文写的〈后金檄明万历皇帝文〉》	［俄］庞晓梅 ［意］G. 斯达理	《满学研究》（6）	民族	2000
148	《两部〈八旗通志〉比较研究》	赵德贵	《满学研究》（6）	民族	2000
149	《满族、满文诗歌及其格律》	富丽	《满学研究》（6）	民族	2000
150	《康乾二帝东巡御制诗》	支运亭	《满学研究》（6）	民族	2000
151	《论满文〈诗经〉新旧翻译之差异》	［日］山崎雅人	《满学研究》（6）	民族	2000
152	《从〈满文老档〉用字看满族汉化》	（台）陈捷先	《满学研究》（6）	民族	2000
153	《满族与京剧述论》	关嘉禄	《满学研究》（6）	民族	2000
154	《试论满族对清代包公戏的贡献》	王政尧	《满学研究》（6）	民族	2000
155	《清入关前的烽燧制度及其文化》	赵志强	《满学研究》（6）	民族	2000
156	《清代满族房屋建筑的取暖及其文化》	刘凤云、（港）周允基	《满学研究》（6）	民族	2000
157	《清入关前都城演进及文化特征》	白洪希	《满学研究》（6）	民族	2000
158	《盛京皇宫建筑及典藏的思想文化内涵》	唐英凯	《满学研究》（6）	民族	2000
159	《从沈阳故宫藏乾隆"御题"看对清代书法的影响》	王梦赓	《满学研究》（6）	民族	2000
160	《"耕织图"景观与石刻绘画》	刘潞	《满学研究》（6）	民族	2000

序号	题名	作者	刊号	出版社	时间（年）
161	《李放与〈八旗画录〉》	［美］黄巧巧	《满学研究》(6)	民族	2000
162	《蒙古乐与满洲舞在清代的文化功能》	（港）余少华	《满学研究》(6)	民族	2000
163	《清代宫廷音乐的政治作用》	（港）罗明辉	《满学研究》(6)	民族	2000
164	《子弟书〈鸳鸯扣〉中的满洲婚俗》	佟悦	《满学研究》(6)	民族	2000
165	《从清代服饰特点看早期满民族的务实求实精神》	宗凤英	《满学研究》(6)	民族	2000
166	《满学及清史学家冯尔康教授》	杜家骥	《满学研究》(6)	民族	2000
167	《满学家成百仁教授》	［韩］高东昊	《满学研究》(6)	民族	2000
168	《清初八旗的排列次序及相关问题考察》	杜家骥	《满学研究》(7)	民族	2002
169	《八旗制度和"八旗生计"》	周远廉	《满学研究》(7)	民族	2002
170	《八旗兵制的动员之制》	兰书臣	《满学研究》(7)	民族	2002
171	《清初正蓝旗考》	［日］杉山清彦	《满学研究》(7)	民族	2002
172	《京师八旗都统衙门建置沿革及遗址考察》	阎崇年、郗志群	《满学研究》(7)	民族	2002
173	《清代北京旗人施舍土地现象研究》	刘小萌	《满学研究》(7)	民族	2002
174	《清代乌鲁木齐满营述论》	吴元丰	《满学研究》(7)	民族	2002
175	《关于镶白旗和硕雍亲王胤禛与藩邸旧人》	［日］铃木真	《满学研究》(7)	民族	2002
176	《清初满族跪拜礼简述》	孙启仁	《满学研究》(7)	民族	2002
177	《八旗满洲萨满祭祀所用神幔探微》	王艳春	《满学研究》(7)	民族	2002
178	《蒙古氏族与八旗满洲旗分佐领》	徐凯、常越男	《满学研究》(7)	民族	2002
179	《清前期蒙古旗分佐领研究》	赵德贵	《满学研究》(7)	民族	2002

序号	题名	作者	刊号	出版社	时间（年）
180	《清太宗皇太极的册封蒙古王公》	［日］楠木贤道	《满学研究》(7)	民族	2002
181	《清代八旗察哈尔考》	达力扎布	《满学研究》(7)	民族	2002
182	《乾隆时期的翻译科举政策与蒙古人僚的兴起》	［日］村上信明	《满学研究》(7)	民族	2002
183	《八旗汉军的起源与内涵新见》	［美］柯娇燕	《满学研究》(7)	民族	2002
184	《包农汉军与汉军简论》	张玉兴	《满学研究》(7)	民族	2002
185	《清初的旧汉人与清皇室》	［日］绵贯哲郎	《满学研究》(7)	民族	2002
186	《清康熙朝汉军旗人督抚简论》	刘凤云	《满学研究》(7)	民族	2002
187	《论〈八旗通志〉》	（台）陈捷先	《满学研究》(7)	民族	2002
188	《一封同治元年的诰封书》	齐木德道尔吉	《满学研究》(7)	民族	2002
189	《对十份世管佐领承袭宗谱的研究》	杨海英	《满学研究》(7)	民族	2002
190	《满学家屈六生教授》	杨珍	《满学研究》(7)	民族	2002
191	《满学家关孝廉教授》	王小虹	《满学研究》(7)	民族	2002

（三）《满学朝鲜学论集》出版

该论集由中央民族大学满学研究所与中央民族大学韩国文化研究所合作编辑而成，王锺翰主编，中国城市出版社1995出版。该论集共收中外学者的学术论文22篇，除4篇为朝鲜学论文外，其余18篇均为满学论文，详见表6-5。

表6-5　　　《满学朝鲜学论集》收录满学研究论文

序号	题名	作者	起始页
1	《汉籍与日本》	［日］神田信夫	1
2	《骨看兀狄哈管见》	［日］河内良弘	4
3	《歪乃小考》	王锺翰	19
4	《〈清太祖武皇帝实景〉版本浅议》	达力扎布	25

序号	题名	作者	起始页
5	《天聪年间皇太极限制贵族特权的法律措施》	刘小萌	57
6	《皇太极独挟两黄旗考辨》	姚念慈	75
7	《"有人有出"与"融而未合"——对共同体形成问题的若干思考》	定宜庄、胡鸿保	99
8	《满族现状基本特点管窥》	余梓东	113
9	《试论满汉语言文字的交融与借鉴》	关嘉禄、佟永功	128
10	《满汉语言接触与清代北京话的形成》	赵杰	143
11	《满族神话与萨满教》	孟慧英	163
12	《〈尼山萨满〉与宗教》	赵志忠	174
13	《论满族小说的民族特点》	张佳生	199
14	《老舍：民族文学流变中的多重意蕴》	关纪新	213
15	《清代满族骑射溜冰体育项目的兴起和贡献》	徐玉良	225
16	《三位一体铸丹青》	尚海	235
17	《"世间荣辱不须惊"——论朱子在流移困厄中的协作》	张菊玲	242
18	《北关开市初探》	车成琶	282

该论集的特点是内容丰富，涵盖面广。

（四）《满学论丛》（1—8 辑）发行

2011 年，北京市社会科学院满学研究所主办、赵志强主编的《满学论丛》第 1 辑问世，至今已出版 8 辑，均由辽宁民族出版社出版。该论丛秉承《满学研究》之宗旨，发表中外学者最新满学研究论文、有关考察报告和会议综述文章。今已发表 172 篇，详见表 6 - 6。

表 6 - 6 　　　　　《满学论丛》（1—8 辑）刊发文章

序号	名称	作者	刊号	出版社	时间
1	《清史满族史研究百年回顾及未来展望》	王锺翰	《满学论丛》（1）	辽宁民族	2011
2	《对满族文化研究的三点意见》	启功	《满学论丛》（1）	辽宁民族	2011

序号	名称	作者	刊号	出版社	时间
3	《中国满文研究评述（1980—2010）》	赵志强	《满学论丛》（1）	辽宁民族	2011
4	《荆州满城、成都满城、大小金川史迹的考察》	刘小萌	《满学论丛》（1）	辽宁民族	2011
5	《清代八旗的查旗御史》	杜家骥	《满学论丛》（1）	辽宁民族	2011
6	《清代制度史研究中的两点认识》	刘凤云	《满学论丛》（1）	辽宁民族	2011
7	《清代总督大学士简论》	何瑜、程广媛	《满学论丛》（1）	辽宁民族	2011
8	《八旗汉军制度始设诸说议》	徐丹俍	《满学论丛》（1）	辽宁民族	2011
9	《清代满汉官制：以侍卫的升迁为中心》	黄圆晴	《满学论丛》（1）	辽宁民族	2011
10	《清代诰敕命制度探析》	程大鲲	《满学论丛》（1）	辽宁民族	2011
11	《论清代满洲贵族认同中原文化之管见》	滕绍箴	《满学论丛》（1）	辽宁民族	2011
12	《一梦红楼何处醒——假如启动满学视角读〈红楼梦〉又将怎样》	关纪新	《满学论丛》（1）	辽宁民族	2011
13	《南府府址考辨》	王政尧	《满学论丛》（1）	辽宁民族	2011
14	《清代东北满族区域文化述论》	张杰	《满学论丛》（1）	辽宁民族	2011
15	《满族文化中的环太平洋文化因素》	戴光宇	《满学论丛》（1）	辽宁民族	2011
16	《清末北京下层启蒙运动初论：〈京话日报〉的兴起》	王鸿莉	《满学论丛》（1）	辽宁民族	2011
17	《清代东北地区民族问题探赜偶感——〈清代八旗索伦部研究〉序》	徐凯	《满学论丛》（1）	辽宁民族	2011

续表

序号	名称	作者	刊号	出版社	时间
18	《清初的巴克什与满蒙关系》	N. 哈斯巴根	《满学论丛》(1)	辽宁民族	2011
19	《满洲额亦都家族的忠主忠君传统》	常越男	《满学论丛》(1)	辽宁民族	2011
20	《清代完颜氏和素事迹考》	张雅晶	《满学论丛》(1)	辽宁民族	2011
21	《清代纪传体国史纂修与皇权掌控》	崔军伟	《满学论丛》(1)	辽宁民族	2011
22	《个案视角下晚清江浙乡村地区婚姻的缔结与离弃——以清代刑科题本为例》	曹婷婷	《满学论丛》(1)	辽宁民族	2011
23	《民国时期河北旗地政策述略》	王立群	《满学论丛》(1)	辽宁民族	2011
24	《明人刘兴治与朝鲜关系初论》	陈昱良	《满学论丛》(1)	辽宁民族	2011
25	《馆藏〈礼亲王代善十一女满文册命〉解读》	张虹	《满学论丛》(1)	辽宁民族	2011
26	《〈清语易言〉的语言学价值》	晓春	《满学论丛》(1)	辽宁民族	2011
27	《近五年来晚清政治史研究状况综述》	岑大利	《满学论丛》(1)	辽宁民族	2011
28	《漫谈美国新清史研究》	张婷	《满学论丛》(1)	辽宁民族	2011
29	《从中国古代国家性质的变革浅谈辛亥革命的意义》	杜家骥	《满学论丛》(2)	辽宁民族	2012
30	《辛亥鼎革与满洲变故略议》	关纪新	《满学论丛》(2)	辽宁民族	2012
31	《困厄的处境：晚清政府平复满汉畛域政策的矛盾》	郭卫东	《满学论丛》(2)	辽宁民族	2012

序号	名称	作者	刊号	出版社	时间
32	《辛亥革命期间革命派与立宪派的纠结与互动》	李尚英	《满学论丛》(2)	辽宁民族	2012
33	《略论辛亥革命前后京沪戏剧人的变化与清帝逊位》	王政尧	《满学论丛》(2)	辽宁民族	2012
34	《谈〈清史稿〉对辛亥革命的记述》	武玉梅、徐茂彧	《满学论丛》(2)	辽宁民族	2012
35	《晚清妇女生活变迁刍议——以江浙地区为例》	曹婷婷	《满学论丛》(2)	辽宁民族	2012
36	《孙中山三次北上及其思想转变》	张雅晶	《满学论丛》(2)	辽宁民族	2012
37	《清末民初的旗族》	赵志强	《满学论丛》(2)	辽宁民族	2012
38	《开封驻防八旗的后裔——辛亥革命后旗人生活一瞥》	[日]细谷良夫	《满学论丛》(2)	辽宁民族	2012
39	《清代满人的私塾——以完颜麟庆家为例》	刘小萌	《满学论丛》(2)	辽宁民族	2012
40	《年轻满洲亲贵集团的政治目标与挫折（1900—1911）》	[韩]尹煜	《满学论丛》(2)	辽宁民族	2012
41	《旗人劝旗人：京话时报的旗人言论》	王鸿莉	《满学论丛》(2)	辽宁民族	2012
42	《晚清"变通旗制处"之研究》	(台)吕国梁	《满学论丛》(2)	辽宁民族	2012
43	《清初政治中的瓜尔佳氏费英东家族》	常越男	《满学论丛》(2)	辽宁民族	2012
44	《康熙帝途经内蒙古西部道程考》	哈斯巴根	《满学论丛》(2)	辽宁民族	2012
45	《领侍卫内大臣与清初政治》	黄圆晴	《满学论丛》(2)	辽宁民族	2012

续表

序号	名称	作者	刊号	出版社	时间
46	《"外国"与"属国"之间：通过正史记载看清王朝对朝鲜王朝的认识》	[韩]金宣旼	《满学论丛》(2)	辽宁民族	2012
47	《汉军旗人曹纶参加天理教起事及影响》	孙守朋	《满学论丛》(2)	辽宁民族	2012
48	《"满洲"国时期日本学者在中国搜集的民间传说》	晓春	《满学论丛》(2)	辽宁民族	2012
49	《满学形成述论——满学研究综论》(一)	滕绍箴	《满学论丛》(2)	辽宁民族	2012
50	《满文文献调研记》	赵令志	《满学论丛》(2)	辽宁民族	2012
51	《"辛亥革命百年纪念暨晚清社会变革"学术研讨会综述》	常越男	《满学论丛》(2)	辽宁民族	2012
52	《清代民族文化及其特点》	赵志强	《满学论丛》(3)	辽宁民族	2013
53	《〈读律佩觿〉的撰写背景及其意义》	[日]谷井阳子	《满学论丛》(3)	辽宁民族	2013
54	《清代盛京满族商人张又龄与朝鲜李晚秀兄弟》	张杰	《满学论丛》(3)	辽宁民族	2013
55	《中国小说的满文译本与朝鲜文谚解本比较》	崔溶澈	《满学论丛》(3)	辽宁民族	2013
56	《自我·汉族·中华——清代满人文学书写之管窥》	关纪新	《满学论丛》(3)	辽宁民族	2013
57	《尹继善父子与袁枚的文学交流》	吴伯娅	《满学论丛》(3)	辽宁民族	2013
58	《论蔡友梅小说中的插话》	王鸿莉	《满学论丛》(3)	辽宁民族	2013
59	《佟图赖支系族属旗籍考辨》	滕绍箴	《满学论丛》(3)	辽宁民族	2013

续表

序号	名称	作者	刊号	出版社	时间
60	《清初满洲舒穆禄氏的发展及其重要家族》	常越男	《满学论丛》(3)	辽宁民族	2013
61	《福陵觉尔察氏为清代亚皇族问题》	张德玉、姜小莉	《满学论丛》(3)	辽宁民族	2013
62	《清代满洲姓氏源流变化考探》	姜相顺	《满学论丛》(3)	辽宁民族	2013
63	《新疆的清代遗迹——以八旗驻防为中心》	刘小萌	《满学论丛》(3)	辽宁民族	2013
64	《清代中期蒙旗渔业权利与旗界形成——以郭尔罗斯后旗为中心》	吴忠良	《满学论丛》(3)	辽宁民族	2013
65	《清代直省驻防八旗寺庙初探》	关笑晶	《满学论丛》(3)	辽宁民族	2013
66	《法国外交文书和绘画作品中的"庚子事变"——以津冀地区为中心》	张雅晶	《满学论丛》(3)	辽宁民族	2013
67	《从北京白话报看民国初期北京旗人社会》	[日]阿部由美子	《满学论丛》(3)	辽宁民族	2013
68	《简论清代八旗索伦与"清语骑射"政策》	郭军连	《满学论丛》(3)	辽宁民族	2013
69	《再论〈满蒙藏嘉戎维五体字书〉》	晓春	《满学论丛》(3)	辽宁民族	2013
70	《满语的语音屈折构词和词族》	戴光宇	《满学论丛》(3)	辽宁民族	2013
71	《清修官书取材管窥——以〈使者档〉与〈方略〉〈实录〉之内容比对为例》	赵令志	《满学论丛》(3)	辽宁民族	2013
72	《清太祖朝臣工起誓档的初步研究》	哈斯巴根	《满学论丛》(3)	辽宁民族	2013
73	《论雍正朝满文朱批奏折的政治功能》	衣长春、郑硕	《满学论丛》(3)	辽宁民族	2013

序号	名称	作者	刊号	出版社	时间
74	《清代乾嘉时期满文档案的记载规范及其变化——以有关西藏事务档案为例》	［日］村上信明	《满学论丛》（3）	辽宁民族	2013
75	《满文月折包中有关朝清关系史史料及其价值——试论朝清关系史研究中满文史料的重要性》	［韩］尹煜	《满学论丛》（3）	辽宁民族	2013
76	《"交流与融合：清代民族文化"学术研讨会综述》	常越男	《满学论丛》（3）	辽宁民族	2013
77	《从有关"明清鼎革"的话语，看清人的民族与国家认同》	刘凤云	《满学论丛》（4）	辽宁民族	2014
78	《清初满蒙关系的建立对清代历史的重大影响》	杜家骥	《满学论丛》（4）	辽宁民族	2014
79	《从〈崇祯历书〉到〈时宪历〉：中西文化冲突与交融述论》	沈定平	《满学论丛》（4）	辽宁民族	2014
80	《西方传教士：明清鼎革中的特殊角色》	吴伯娅	《满学论丛》（4）	辽宁民族	2014
81	《清宫中的最后一名法国耶稣会士：贺清泰》	张西平	《满学论丛》（4）	辽宁民族	2014
82	《太后下嫁研究钩沉——驳太后下嫁说》	滕绍箴	《满学论丛》（4）	辽宁民族	2014
83	《李自成与多尔衮进北京施政之比较》	张杰	《满学论丛》（4）	辽宁民族	2014
84	《天启年间故宫"三殿"重修与晚明政局——以三份"兵部档案"为线索的考察》	彭勇	《满学论丛》（4）	辽宁民族	2014
85	《明清鼎革中的汉人及其华夷思想》	周喜峰	《满学论丛》（4）	辽宁民族	2014

序号	名称	作者	刊号	出版社	时间
86	《清代恰喀拉人的社会与文化》	吕萍	《满学论丛》（4）	辽宁民族	2014
87	《清代瑷珲区域达斡尔人的历史变迁》	谢春河	《满学论丛》（4）	辽宁民族	2014
88	《清前期北京寺庙满文碑初探》	关笑晶	《满学论丛》（4）	辽宁民族	2014
89	《内务府旗人在京旗社会中的影响——以叶赫颜札氏家族为例》	杨原	《满学论丛》（4）	辽宁民族	2014
90	《论龚鼎孳》	廖晓晴	《满学论丛》（4）	辽宁民族	2014
91	《明清两朝应举与史笔褒忠讽降——傅维鳞于明清鼎革之际的命运抉择与史家心态》	武玉梅	《满学论丛》（4）	辽宁民族	2014
92	《明清易代之下清初京籍士人的学术关怀》	刘仲华	《满学论丛》（4）	辽宁民族	2014
93	《王弘祚：〈贰臣传〉中唯一的云南籍人》	邹建达	《满学论丛》（4）	辽宁民族	2014
94	《明清鼎革之际的祖大寿》	张丹卉	《满学论丛》（4）	辽宁民族	2014
95	《钱谦益的多重释读》	王鸿莉	《满学论丛》（4）	辽宁民族	2014
96	《明清之际的孟乔芳与西北政局变革》	陈跃	《满学论丛》（4）	辽宁民族	2014
97	《满语口语中的辅音浊音化现象》	［韩］金周源	《满学论丛》（4）	辽宁民族	2014
98	《明清鼎革时期的满语文学》	赵志忠	《满学论丛》（4）	辽宁民族	2014
99	《满语词缀-tala/-tele/-tolo的语法意义》	晓春	《满学论丛》（4）	辽宁民族	2014
100	《满族农作物词汇浅析》	戴光宇	《满学论丛》（4）	辽宁民族	2014

续表

序号	名称	作者	刊号	出版社	时间
101	《产业技术理论化与明末清初江南社会经济转型》	余同元	《满学论丛》(4)	辽宁民族	2014
102	《四平市周边明清遗迹的考察——从辉发到叶赫》	刘小萌、聂有财	《满学论丛》(4)	辽宁民族	2014
103	《"社会转型视角下的明清鼎革"学术研讨会综述》	常越男	《满学论丛》(4)	辽宁民族	2014
104	《达海改革满文事迹考》	赵志强	《满学论丛》(5)	辽宁民族	2015
105	《论清代多语合璧匾额满文名修饰说明词的语法结构》	春花	《满学论丛》(5)	辽宁民族	2015
106	《从〈满蒙藏嘉戎维语五体字书〉看满蒙共有词》	晓春	《满学论丛》(5)	辽宁民族	2015
107	《论满文字母对蒙古文的转写及词汇举隅》	戴光宇	《满学论丛》(5)	辽宁民族	2015
108	《从墓葬出土的"嘎拉哈"看满洲与金代女真的文化联系》	衣长春	《满学论丛》(5)	辽宁民族	2015
109	《源于京旗社会的票友文化》	杨原	《满学论丛》(5)	辽宁民族	2015
110	《管见满族吉祥观》	李贤淑	《满学论丛》(5)	辽宁民族	2015
111	《清圣祖的医药养生观》	陈昱良	《满学论丛》(5)	辽宁民族	2015
112	《"清词中兴"与满汉文化关系——基于文化视角的解读》	曹婷婷	《满学论丛》(5)	辽宁民族	2015
113	《皇三孙幽篁独坐图》	金适	《满学论丛》(5)	辽宁民族	2015
114	《论八旗方位与满洲军政文化》	张国斌、李理	《满学论丛》(5)	辽宁民族	2015
115	《珲春驻防奴婢阶层构成的变化》	[韩]尹煜	《满学论丛》(5)	辽宁民族	2015
116	《清代京官考核制度中满洲的元素》	薛刚	《满学论丛》(5)	辽宁民族	2015

序号	名称	作者	刊号	出版社	时间
117	《庙会与清季北京旗人生活——以〈闲窗录梦〉为例》	关笑晶	《满学论丛》(5)	辽宁民族	2015
118	《费英东事迹考》	刘金德	《满学论丛》(5)	辽宁民族	2015
119	《从〈燕行录〉侧看北京民族文化特点》	滕绍箴	《满学论丛》(5)	辽宁民族	2015
120	《明清鼎革与华夷之辨》	李治亭	《满学论丛》(5)	辽宁民族	2015
121	《满洲民族共同体及其文化学术研讨会综述》	常越男	《满学论丛》(5)	辽宁民族	2015
122	《明治大正年间日本满洲历史研究简述》	哈斯巴根	《满学论丛》(5)	辽宁民族	2015
123	《那桐研究综述及其展望》	王鸿莉	《满学论丛》(5)	辽宁民族	2015
124	《吉、黑、辽三省清代遗迹的考察(2014年9月4—11日)》	刘小萌	《满学论丛》(5)	辽宁民族	2015
125	《盛京皇宫满洲独特建筑文化研究综论》	滕绍箴	《满学论丛》(6)	辽宁民族	2016
126	《清朝国体问题试谈——以清代蒙古族对清朝统治的参与为中心》	杜家骥	《满学论丛》(6)	辽宁民族	2016
127	《清朝满蒙汉官缺嬗变之研究》	赵志强	《满学论丛》(6)	辽宁民族	2016
128	《论清帝东巡与赐奠满洲异姓勋臣》	常越男	《满学论丛》(6)	辽宁民族	2016
129	《清代东北地区行政管理体制演变探析》	孟繁勇	《满学论丛》(6)	辽宁民族	2016
130	《皇太极时期决定明朝命运的重大战役》	周喜峰	《满学论丛》(6)	辽宁民族	2016
131	《后金(清)与朝鲜的两次战役对东北亚格局的影响》	李贤淑	《满学论丛》(6)	辽宁民族	2016

序号	名称	作者	刊号	出版社	时间
132	《"蒙古乐曲"清代两种满文译本》	高娃	《满学论丛》(6)	辽宁民族	2016
133	《北京国子监辟雍满汉文碑刻释读》	关康	《满学论丛》(6)	辽宁民族	2016
134	《从〈清文虚字讲约〉看"语格"和"虚字"》	晓春	《满学论丛》(6)	辽宁民族	2016
135	《论清代颁发汉文〈时宪书〉始末》	春花	《满学论丛》(6)	辽宁民族	2016
136	《〈平定准噶尔勒铭格登山之碑〉汉文碑文比较研究》	乌日鲁木加甫	《满学论丛》(6)	辽宁民族	2016
137	《达斡尔族族源和秽貊——夫余族系民族的联系》	戴光宇	《满学论丛》(6)	辽宁民族	2016
138	《白鸟库吉的满族史研究》	N. 哈斯巴根	《满学论丛》(6)	辽宁民族	2016
139	《安德森的"遗产"——以柯娇燕杜赞奇的中国著述为中心》	王鸿莉	《满学论丛》(6)	辽宁民族	2016
140	《四方府州县学之首——明清顺天府儒学的营建废弛与重整》	关笑晶	《满学论丛》(6)	辽宁民族	2016
141	《北京旗人与北京曲艺》	杨原	《满学论丛》(6)	辽宁民族	2016
142	《清高宗与〈医宗金鉴〉》	陈昱良	《满学论丛》(6)	辽宁民族	2016
143	《满学所新疆考察报告》	关笑晶、杨原	《满学论丛》(6)	辽宁民族	2016
144	《"清朝建立与中国社会"学术研讨会综述》	王鸿莉	《满学论丛》(6)	辽宁民族	2016
145	《康熙帝北巡塞外与热河行宫的兴建——新资料康熙四十六年档案的利用》	常建华	《满学论丛》(7)	辽宁民族	2017
146	《明珠家西宾考》	陈章	《满学论丛》(7)	辽宁民族	2017

续表

序号	名称	作者	刊号	出版社	时间
147	《正白旗汉军一等延恩侯朱氏的封爵》	[日] 绵贯哲郎	《满学论丛》(7)	辽宁民族	2017
148	《清代胡尔噶氏研究》	赵志强	《满学论丛》(7)	辽宁民族	2017
149	《清初海西女真诸部中的蒙古人》	哈斯巴根	《满学论丛》(7)	辽宁民族	2017
150	《康熙年间归附的喀喇车里克部人户问题初探》	玉海	《满学论丛》(7)	辽宁民族	2017
151	《论康熙朝至嘉庆朝黑龙江地区的遣奴》	孙浩洵	《满学论丛》(7)	辽宁民族	2017
152	《雅克萨战争前夕清朝在黑龙江下游探查行动考述》	杨帆	《满学论丛》(7)	辽宁民族	2017
153	《乾隆朝治理新疆制度的筹划与形成》	锋晖	《满学论丛》(7)	辽宁民族	2017
154	《明帝国对于朝鲜同女真人交涉的介入和处置》	王桂东	《满学论丛》(7)	辽宁民族	2017
155	《满文与阿尔泰语系、朝鲜语以及日语中的视觉动词语法化问题初探》	[日] 山崎雅人	《满学论丛》(7)	辽宁民族	2017
156	《清太宗译史谕旨流变考析》	乌兰巴根	《满学论丛》(7)	辽宁民族	2017
157	《从〈大清全书〉看满语连词释义》	晓春	《满学论丛》(7)	辽宁民族	2017
158	《〈圣谕广训〉的满语研究》	[韩] 金周源著、李贤淑译	《满学论丛》(7)	辽宁民族	2017
159	《哈佛大学燕京图书馆藏满文文献述评》	吴元丰	《满学论丛》(7)	辽宁民族	2017
160	《〈无圈点档〉诸册性质研究——〈荒字档〉与〈昃字档〉》	赵志强	《满学论丛》(8)	辽宁民族	2019

序号	名称	作者	刊号	出版社	时间
161	《清代满文〈清实录〉稿本及其价值》	徐莉	《满学论丛》(8)	辽宁民族	2019
162	《清代驻防八旗专书〈荆州事宜〉考略》	潘洪钢	《满学论丛》(8)	辽宁民族	2019
163	《从〈大清全书〉看满语名词的构词方法》	晓春	《满学论丛》(8)	辽宁民族	2019
164	《论清太宗以儒家思想治国》	滕绍箴	《满学论丛》(8)	辽宁民族	2019
165	《祭告：康熙帝东巡辽吉新探》	常建华	《满学论丛》(8)	辽宁民族	2019
166	《论重华宫升宫悬挂匾额及使用功能的演化》	春花	《满学论丛》(8)	辽宁民族	2019
167	《嘉庆朝地方官员对调浅析》	徐春峰	《满学论丛》(8)	辽宁民族	2019
168	《清前期满洲佟佳氏军功家族述论》	常越男	《满学论丛》(8)	辽宁民族	2019
169	《清末民初旗民沦为贫民之分析》	杨原	《满学论丛》(8)	辽宁民族	2019
170	《清朝遗迹的考察——从河北承德、隆化、围场到内蒙古克什克腾、多伦》	刘小萌	《满学论丛》(8)	辽宁民族	2019
171	《揆叙年谱》	永莉娜	《满学论丛》(8)	辽宁民族	2019
172	《"满洲民族文化与历史文献记忆"学术研讨会综述》	王鸿莉	《满学论丛》(8)	辽宁民族	2019

（五）《满学研究论集》（二册）付梓

该论集由刘小萌、王金茹主编，中国社会科学出版社 2018 年出版，刊发海内外学者 2013—2018 年满学研究论文 85 篇。全书分为五编：第一编"满族史与八旗"，第二编"满族文化与萨满教"，第三编"满族家族与人物"，第四编"边疆与民族"，第五编"满文文献与满语"。主要议题包括满蒙汉多文种档案的利用与研究、八旗制度与八旗社会、满蒙汉等多民族关系、国际视野下的满学研究，反映了满学研究的新成果与新动向，具备两大特色：一是注重资深学者与青年才俊论文的搭配，既提升了论文质量，也为研究注入了新鲜活力；二是注重对满文文献的利用，希望通过这种努力，在新一代学者中培养起自身的研究优势。冀推动满学的发展，达到学术强国目标。

表6-7　　　　　　　　《满学研究论集》刊发满学论文

序号	分类	题名	作者	起始页
1	第一编 满族史与八旗	《边地视野下的辽东女真》	奇文瑛	3
2	第一编 满族史与八旗	《"两头政长"制下的叶赫部王城内城建制与功能试析》	隽成军、聂卓慧	19
3	第一编 满族史与八旗	《再论祖大寿与"祖家将"》	［日］绵贯哲郎	35
4	第一编 满族史与八旗	《清入关前的户下奴仆兵》	李文益	60
5	第一编 满族史与八旗	《1629年爱新国征明行军路线考》	萨出日拉图	71
6	第一编 满族史与八旗	《论盛京五部初设时在上层管理体制中的作用》	李小雪	99
7	第一编 满族史与八旗	《清入关前六部浅析》	李小雪	109
8	第一编 满族史与八旗	《清初"纪录"小考》	［日］神谷秀二	125
9	第一编 满族史与八旗	《清初官员的品级与升转》	［日］神谷秀二	134
10	第一编 满族史与八旗	《清代直省驻防八旗寺庙祀神刍议》	关笑晶	150
11	第一编 满族史与八旗	《清代东北的驻防八旗与汉人——以黑龙江地区为中心》	［日］柳泽明著、吴忠良译	167
12	第一编 满族史与八旗	《八旗汉军研究的几点认识——兼评〈汉军旗人官员与清代政治研究〉一书》	滕绍箴	184
13	第一编 满族史与八旗	《近代以来清代汉军旗人研究的回溯与反思》	孙守朋	203

续表

序号	分类	题名	作者	起始页
14	第一编 满族史与八旗	《八旗再考》	[日] 柳泽明著、哈斯巴根、刘艳丽译	214
15	第一编 满族史与八旗	《八旗旗王制的成立》	[日] 杉山清彦著、哈斯巴根、吴忠良译	225
16	第一编 满族史与八旗	《清代沧州驻防的设立、本地化与覆灭》	张建	246
17	第一编 满族史与八旗	《清代八旗驻防协领刍议》	顾松洁	271
18	第一编 满族史与八旗	《清代内务府的包衣荫生》	黄丽君	284
19	第一编 满族史与八旗	《晚清的旗人书院》	顾建娣	297
20	第一编 满族史与八旗	《论清代的八旗义学》	柳海松	308
21	第一编 满族史与八旗	《清代萃升书院历史启示》	刘中平	323
22	第一编 满族史与八旗	《民国时期清理河北旗地过程中拨补租地初探》	王立群	334
23	第一编 满族史与八旗	《最后的"旗军":京旗常备军组建述论》	黄圆晴	344
24	第二编 满族文化与萨满教	《清代满族宗教信仰之嬗递》	范立君、肖光辉	367
25	第二编 满族文化与萨满教	《论〈尼山萨满传〉中的清代巫觋治病及其他》	刘世篯	375
26	第二编 满族文化与萨满教	《史禄国和他的通古斯萨满教研究》	于洋	392
27	第二编 满族文化与萨满教	《萨满教变迁研究》	孟慧英	403
28	第二编 满族文化与萨满教	《神化亦或人化——满族"换锁"仪式中的音乐功能解构》	王晓东	424
29	第二编 满族文化与萨满教	《满族乌鸦民俗的"大传统"解读》	张丽红、彭柔	437
30	第二编 满族文化与萨满教	《清代京城满人信仰的多角度考察》	刘小萌	450

续表

序号	分类	题名	作者	起始页
31	第二编 满族文化与萨满教	《北京福祥寺小考》	关笑晶	474
32	第二编 满族文化与萨满教	《清代直省驻防满洲旗人萨满祭祀考析》	姜小莉	485
33	第二编 满族文化与萨满教	《满族民居禁忌习俗起源与功能》	赫亚红、姜亭亭	495
34	第二编 满族文化与萨满教	《满族说部中的历史记忆》	姜小莉	502
35	第二编 满族文化与萨满教	《述史寻根 求同探异——读〈满族小说与中华文化〉》	王鸿莉	511
36	第二编 满族文化与萨满教	《清代北京旗人婚姻家庭中的伦理道德观念》	薛柏成、孙学凡	519
37	第二编 满族文化与萨满教	《满族传统民居的象征文化探析》	赫亚红、孙保亮	533
38	第二编 满族文化与萨满教	《满族及其先世文化的历史空间与现代变迁》	王卓	541
39	第二编 满族文化与萨满教	《满族民间故事中的道德意蕴探析》	刘雪玉	555
40	第二编 满族文化与萨满教	《简述欧洲满学研究——兼论清史研究在欧洲现状》	汪颖子	565
41	第二编 满族文化与萨满教	《格列宾希科夫和他的满语、民族志与萨满教研究》	[俄] 庞晓梅著、于洋译	580
42	第二编 满族文化与萨满教	《清朝宫廷制作黄铜技术与流传》	赖惠敏、苏德征	590
43	第二编 满族文化与萨满教	《嘉庆朝内务府人参变价制度的新变化》	滕德永	613
44	第二编 满族文化与萨满教	《慈禧太后入招医生的退食生活》	关雪玲	629
45	第三编 满族家族与人物	《纳兰性德"关东题材"诗词的文化学意义》	薛柏成、高超	649
46	第三编 满族家族与人物	《纳兰心事几人知?——历史维度的解析》	许淑杰	656

续表

序号	分类	题名	作者	起始页
47	第三编 满族家族与人物	《浅议满族词人纳兰性德》	孙明	663
48	第三编 满族家族与人物	《纳兰性德故国怀古情结的历史解析》	王立	670
49	第三编 满族家族与人物	《纳兰词中的儒释道文化现象》	孙艳红、李昊	675
50	第三编 满族家族与人物	《纳兰节令词研究》	伏涛	685
51	第三编 满族家族与人物	《清代满人的姓与名》	刘小萌	696
52	第三编 满族家族与人物	《关于清代满族妇女史研究的若干思考》	定宜庄	714
53	第三编 满族家族与人物	《叶赫那拉氏族谱与满族集体历史记忆研究》	薛柏成、朱文婷	732
54	第三编 满族家族与人物	《论满洲瓜尔佳氏索尔果家族与满洲异姓贵族之婚姻》	刘金德	747
55	第三编 满族家族与人物	《满族说部女性传奇故事的文化解读》	张丽红、赫亚红	760
56	第三编 满族家族与人物	《鄂尔泰"朋党"考辨》	吕晓青	769
57	第三编 满族家族与人物	《论八旗汉军世家的兴衰——以孟乔芳家族为例》	关康	788
58	第三编 满族家族与人物	《黑龙江将军那启泰降革案探析》	孙浩洵	803
59	第四编 边疆与民族	《"族群":一个被误解和误用的概念》	沈培建	819
60	第四编 边疆与民族	《清入关前东北地区移民述论》	范立君、袁雪	846
61	第四编 边疆与民族	《清中期嫩江松花江流域的人口变迁》	吴忠良	854
62	第四编 边疆与民族	《雍正、乾隆年间莽牛哨事件与清朝——朝鲜国境地带》	[韩] 金宣旻	865

序号	分类	题名	作者	起始页
63	第四编 边疆与民族	《清末〈东方杂志〉认识满汉关系的历史语境》	郭培培	886
64	第四编 边疆与民族	《清末民初呼伦贝尔治边政策的转型》	孔源	897
65	第四编 边疆与民族	《济隆七世呼图克图入京考》	赵令志	913
66	第四编 边疆与民族	《乾隆十三至十四年的清朝"封禁令"》	［日］柳泽明著、德格吉日呼、吴忠良译	931
67	第四编 边疆与民族	《"乌拉齐"非"民族名称"考辨》	滕绍箴	942
68	第四编 边疆与民族	《透过仪礼看皇太极时期对蒙关系以及"外藩"（tulergi golo）概念的形成》	［韩］李善爱	972
69	第四编 边疆与民族	《民族主义与多元文化论之间——论罗布桑却丹撰写〈蒙古风俗鉴〉的动机》	小军	995
70	第四编 边疆与民族	《从〈珲春副都统衙门档〉看官府对乡村的管理》	王亚民、李林峰	1005
71	第四编 边疆与民族	《清朝时期"燕行"路线及驿站形象研究——以丹东地区为中心》	金明实	1017
72	第四编 边疆与民族	《军卫体制下陕西行都司土官身份考察》	陈文俊	1026
73	第四编 边疆与民族	《"兵将留守"与十七世纪清政府对索伦部的管理》	韩狄、韩天阳	1039
74	第五编 满文文献与满语	《满文〈西洋药书〉第二至第六药方及相关问题》	蔡名哲	1053
75	第五编 满文文献与满语	《中国第一历史档案馆藏满文档案史料价值》	张莉	1073

续表

序号	分类	题名	作者	起始页
76	第五编 满文文献与满语	《域外收藏满文天主教文献三种》	关康	1085
77	第五编 满文文献与满语	《清代满族家谱的史料价值及其利用》	杜家骥	1104
78	第五编 满文文献与满语	《清代盛京地区的满语文教育》	范立君、肖光辉	1134
79	第五编 满文文献与满语	《满语地名"登登矶"考》	聂有财	1142
80	第五编 满文文献与满语	《论清代先农坛建筑群匾额中的满文》	袁理	1150
81	第五编 满文文献与满语	《论清代满文〈时宪书〉内容版本及颁发》	春花	1179
82	第五编 满文文献与满语	《从〈满俄大辞典〉试析扎哈罗夫对满文词汇的理解》	许淑杰、刘国超	1193
83	第五编 满文文献与满语	《满洲射书〈射的〉考》	锋晖	1209
84	第五编 满文文献与满语	《思维导图软件 Freeplane 在家谱数字化过程中的应用探讨——以正红旗满洲哈达瓜尔佳氏家谱为例》	徐立艳、王辉宇	1224
85	第五编 满文文献与满语	《图伯特任职塔尔巴哈台领队大臣时期满文档案译释》	永莉娜	1235

除此之外，在《满族研究》《满语研究》等学术期刊以及其他报刊上发表的学术论文，据不完全统计，更有 6000 篇之多，其中较重要者亦有 3000 余篇。

综上所述，可见当代中国满学研究正处于兴旺发达时期。当此之时，应特别注意提高科研成果的质量，防止低水平重复劳动；放眼世界，不断开拓新的研究领域。

第二节　当代海外满学

自 20 世纪中叶以来，海外满学的发展依然参差不齐。在亚洲，日本遥遥领先，韩国则恢复"清学"传统，有后来居上之势。在欧洲，形势不容乐观，"总体来说，在过去的几十年中，满学和清史研究在欧洲并不算活跃"，"与北美等地对清史研究出现的蓬勃景象相较，不得不承认，欧洲满学和清史研究的发展相对缓慢。尤其当稽穆、魏弥贤、斯达理等教授相继于 20 世纪 90 年代、21 世纪初退休后，满学研究在欧洲相对沉寂"①。相对而言，在苏联以及俄罗斯、德国，情况比较乐观。在美洲，美国的满学和清史研究较为活跃，尤其"新清史"来势凶猛，在中国名噪一时。

一　当代日本的满学

自 1949 年以来，日本满学研究已摆脱战争阴影，成为比较纯粹的学术活动。众多学者潜心研究满学，涌现了神田信夫②、池上二良③、松村润④、河内良弘⑤、细谷良夫等一批著名满学家。在满族历史、语言、文字以及八旗制度研究等方面，日本学者用力最勤，成就最为显著。⑥ 据不完全统计，相关的学术著作为数众多，主要著作有 14 种，

①　汪颖子：《简述欧洲满学研究——兼论清史研究在欧洲现状》，《吉林师范大学学报》（人文社会科学版）2017 年第 6 期。

②　［日］松村润：《满学家神田信夫教授》，《满学研究》第 1 辑，吉林文史出版社 1992 年版，第 445—452 页。杜家骥：《悼日本史学家、满学家神田信夫教授》，《满语研究》2004 年第 1 期。

③　［日］津曲敏郎：《满学家池上二良教授》，《满学研究》第 2 辑，民族出版社 1994 年版，第 385—390 页。

④　［日］加藤直人：《满学家松村润教授》，《满学研究》第 3 辑，民族出版社 1996 年版，第 350—360 页。

⑤　［日］村尾进：《满学家河内良弘教授》，《满学研究》第 5 辑，民族出版社 2000 年版，第 471—478 页。

⑥　参见薛红《日本对清入关前史的研究》，《东北师大学报》1985 年第 4 期。刘小萌：《近年来日本的清代史研究》（《清史研究》2001 年第 3 期），主要介绍日本满文文献的馆藏文献和研究会、研究者的方向及研究成果情况。刘小萌：《近年来日本的八旗问题研究综述》，《满族研究》2002 年第 1 期。

详见表 6 - 8。

表 6 - 8　　　　　　　　　　　　当代日本学者主要满学著作

序号	书名	作者	出版社	时间
1	《明代女真史研究》	河内良弘	同朋舍出版	1992
2	《满洲语文语文典》	河内良弘	京都大学学术出版会	1996
3	《清朝史考论》	神田信夫	山川出版社	2005
4	《近代中国东北地域史研究的新视角》	江夏由树、中见立夫、西村成雄、山本有造编	山川出版社	2005
5	《清朝史研究的新地平线》	细谷良夫编	山川出版社	2008
6	《清初蒙古政策史研究》	楠木贤道	汲古书院	2009
7	《大清帝国及其时代——帝国的形成与八旗社会》	承志	名古屋大学出版会	2009
8	《蒙古史研究——现状与展望》	吉田顺一监修	明石书店	2011
9	《康熙帝的信件》	冈田英弘	藤原书店	2013
10	《满洲语辞典》	河内良弘编著	松香堂书店	2014
11	《清朝和中亚细亚草原》	小沼孝博	东京大学出版会	2014
12	《八旗制度研究》	古井阳子	京都大学学术出版会	2015
13	《大清帝国形成与八旗制》	杉山清彦	名古屋大学出版会	2015
14	《清代文书资料研究》	加藤直人	汲古书院	2016

在此期间，日本学者发表的学术论文数以百计，其中重要者即有200余篇，内容丰富，涉及满学、清史研究的诸多方面，详见表6-9。

表 6 - 9　　　　　　　日本 1949—1999 年满学研究主要成果

序号	著者	题目	杂志名	卷号	年月
1	长田夏树	《满语与女真语》	《神户言语学会报》	1	1949
2	山口平四郎	《满洲地理的特点》	《立命馆文学》	68	1949.1

序号	著者	题目	杂志名	卷号	年月
3	北村敬直	《清初的政治与社会——入关前八旗与汉人问题》	《东洋史研究》	10＊4	1949.1
4	山口平四郎	《满洲与其海洋门户》	《立命馆文学》	70.71.72	1949.10
5	小堀严	《爱辉附近的满族语言》	《民族学研究》	14＊2	1949.12
6	布村一夫	《努尔哈齐汗时代的立法》	《西日本史学》	5	1950.10
7	户田茂喜	《清太祖时代刑政考》	《羽田领寿论丛》		1950.11
8	井上以智为	《清朝宫庭萨满教殿堂》	《羽田颂寿论丛》		1950.11
9	今西春秋	《宁古塔考》	《羽田颂寿论丛》		1950.11
10	中山八郎	《清初兵制若干考察》	《和田还历论丛》		1950.11
11	北山康夫	《清代八旗驻防》	《羽田颂寿论丛》		1950.11
12	三田村泰助	《满文太祖老档考》	《羽田颂寿论丛》		1950.11
13	山本守	《关于满蒙对译词汇》	《羽田颂寿论丛》		1950.11
14	山崎忠	《满洲实录文字考》	《天理大学学报》	1＊4	1950.5
15	水原重光	《清朝的黑龙江建设》	《西日本史学》	3	1950.5
16	户田茂喜	《清太宗时代刑政考》	《人文研究》	2＊11	1951.1
17	池上二良	《有关满语谚语文献的报告（1）》	《东洋学报》	33＊2	1951.1
18	和田清	《关于清太祖的兴起》	《东洋学报》	33＊2	1951.1
19	神田信夫	《清初议政大臣》	《和田还历论丛》		1951.11
20	三田村泰助	《清朝的开国传说与世系》	《立命五十论集》		1951.2
21	安部健夫	《满洲八旗牛录的研究（3）》	《东方学报》（京都）	20	1951.3
22	山本谦语	《关于满语文言的单词连结》	《TYGKK》	17＊8	1951.3
23	水原重光	《齐齐哈尔考》	《西日本史学》	7	1951.6
24	坂井卫	《清太祖的辽东发展》	《史学研究》	7	1951.9
25	浦廉一［伊东隆夫］	《tanngū meyen（清语百条）研究》	《史学研究》	11［49］	1952.12

续表

序号	著者	题目	杂志名	卷号	年月
26	上原久	《满文"满洲实录"出现的格助词》	《琦玉大学纪要》	2	1952.3
27	上原久	《满洲实录的满文校定》	《AGK》	3	1952.7
28	塚本善隆	《明清政治的佛教趋势——乾隆帝的政策》	《佛教文化研究》	2	1952.9
29	和田清	《清太祖的顾问龚正陆》	《东洋学报》	35 * 1	1952.9
30	浦廉一〔伊东隆夫〕	《emu tanggū orin sakda i gisun（百二老人语录）的研究》	《史学研究》	52	1953.1
31	池上二良	《满语动词词尾-ci及-cibe》	《金口一古稀论丛》		1953.3
32	野村正良	《关于阿尔泰诸语一种的元音交替》	《名古屋大学文学部研究论集》	4	1953.3
33	水原重光	《太宗皇太极的民族政策》	《东洋史学论集》	1	1953.4
34	上原久	《"满洲实录"存疑》	《AGK》	5	1953.9
35	上原久	《关于满语元音和谐》	《AGK》	5	1953.9
36	上原久	《满洲实录中主语相互的位置性》	《国语》	2 * 2.3.4	1953.9
37	池上二良	《有关满语谚语文献的报告（2）》	《东洋学报》	36 * 4	1954.3
38	山本谦语	《意义假定之一例——关于满语文言的活用形》	《TYGKK》	25	1954.3
39	户田茂喜	《顺治年间档案研究》	《史学研究》	54	1954.4
40	田村实造	《契丹、女真、西夏文字》	《书道全集》	15	1954.4
41	户田茂喜	《郑亲王拟定阿布泰那哈出罪奏》	《人文研究》	6 * 9	1955.1
42	山本谦吾	《满语第一人称复数代名词》	《言语研究》	28	1955.10
43	和田清	《明初满洲经略》	《东亚史研究》（满洲篇）		1955.12

序号	著者	题目	杂志名	卷号	年月
44	和田清	《关于满洲诸部的位置》	《东亚史研究》（满洲篇）		1955.12
45	和田清	《关于清祖发祥的地域》	《东亚史研究》（满洲篇）		1955.12
46	和田清	《关于清太祖的兴起》	《东亚史研究》（满洲篇）		1955.12
47	和田清	《清太祖的顾问龚正陆》	《东亚史研究》（满洲篇）		1955.12
48	沈泽俊亮	《关于萨满教》	《东洋文学研究》	3	1955.3
49	三田村泰助	《满文太祖老档与满洲实录的对校及译文》	《AGK》	7	1955.4
50	山本谦语	《满语言形态论》	《世界言语概说下》		1955.4
51	户田茂喜	《满洲的人参——清初满洲的天然物产》	《历史学》	12	1955.5
52	上原久	《论满语无规则变化词——以"满洲实录"为资料》	《琦玉大学纪要人文》	4	1955.6
53	石浜纯太郎	《天理的满文书籍》	《biburia》	5	1955.9
54	今西春秋	《清书指南》	《biburia》	7	1956.1
55	田中克己	《清初的奴隶》	《帝塚山研究年报》	4	1956.11
56	神田信夫	《满族的繁荣》	《北亚史》		1956.11
57	户田茂喜	《睿亲王与皇父摄政王称号》	《史学研究》	64	1956.12
58	今西春秋	《异域录解题》	《天理大学学报》	22	1956.12
59	今西春秋	《满洲五部的位置（上）》	《史泉》	4	1956.3
60	卫藤利夫	《康熙皇帝与南怀仁》	《鞑靼》		1956.3
61	卫藤利夫	《满洲诸民族的开国传说》	《鞑靼》		1956.3
62	上原久	《（讲）满语数词的位置性》	《言语研究》	29	1956.3
63	上原久	《满语二题》	《琦玉大学纪要人文》	5	1956.6

序号	著者	题目	杂志名	卷号	年月
64	石田兴平	《满洲旗地奴隶制庄园的形成、崩溃与汉族殖民》	《彦根论丛》	32	1956.7
65	山本谦吾	《满语口语音韵的体系与构造》	《言语研究》	30	1956.9
66	中山八郎	《明代满洲马市开办》	《人文研究》	7 * 8	1956.9
67	石田兴平	《清代农业生产力的停滞与对农民的剥削》	《彦根论丛》	35	1957.1
68	户田茂喜	《睿亲王的人物素描》	《人文研究》	8 * 9	1957.1
69	户田茂喜	《"沈阳状启"的史料价值》	《神田书志论集》		1957.11
70	三田村泰助	《满文太祖老档与清太祖实录的对校》	《立命馆文学》	150 * 151	1957.12
71	田山茂	《清朝对蒙古政策》	《历史教育 B》	5 * 12	1957.12
72	今西春秋	《满洲五部的位置（下）》	《史泉》	5	1957.2
73	三田村泰助	《近期所获的满文清太祖实录》	《立命馆文学》	141	1957.2
74	三上次男	《金建国前女真国的统治结构——勃极烈与国相》	《东大教人纪要》	11	1957.3
75	户田茂喜	《阿格多尔衰或阿济多尔格阿格——清初称号问题》	《泷川还历论集》		1957.7
76	浦廉一[伊东隆夫]	《tanggū meyen（清语百条）研究》	《广大文纪要》	12	1957.9
77	石田兴平	《满洲农业生产关系的确立》	《彦根论丛》	48 * 49	1958.1
78	英修道	《关于尼布楚条约》	《法学研究》	21 * 1	1958.1
79	三田村泰助	《满文太祖老档与清太祖实录的对校（上）》	《立命馆文学》	161	1958.10
80	町井阳子	《清代的女性生活》	《历史教育 B》	6 * 10	1958.10

续表

序号	著者	题目	杂志名	卷号	年月
81	三田村泰助	《满文太祖老档与清太祖实录的对校（中）》	《立命馆文学》	162	1958.11
82	羽田享	《五体清文鉴》	《羽田史学论文下》		1958.11
83	羽田享	《满语纂编解说》	《羽田史学论文下》		1958.11
84	三田村泰助	《满洲萨满思想的祭神与祝词》	《石洪古稀论丛》		1958.11
85	户田茂喜	《清顺治初派阀的抗争》	《人文研究》	9 * 11	1958.12
86	三田村泰助	《满文太祖老档与清太祖实录的对校（下）》	《立命馆文学》	163	1958.12
87	今西春秋	《汉清文鉴解说》	《朝鲜学报》	12	1958.3
88	上原久	《论满语接续词及句子——以"满洲实录"为资料》	《琦玉大学纪要人文》	6	1958.3
89	神田信夫	《关于清初贝勒》	《东洋学报》	40 * 4	1958.3
90	户田茂喜	《清初清室内乱的研究——以太宗为中心》	《东西学研论丛》	27	1958.6
91	石田兴平	《满洲农业经济殖民的形成与商业资本的媒介》	《彦根论丛》	46 * 47	1958.9
92	石田兴平	《清代满洲中国殖民地经济循环的形成》	《彦根论丛》	59.6	1959.1
93	河内良弘	《李朝初期的女真人侍卫》	《朝鲜学报》	14	1959.1
94	今西春秋	《天命建元考》	《朝鲜学报》	14	1959.1
95	中山八郎	《"八旗"渊源试释》	《人文研究》	10 * 10	1959.10
96	田村实造	《结束"明代满蒙史料"的刊行》	《东洋史研究》	18 * 2	1959.10
97	江嶋寿雄	《明代的满洲统治》	《图说世界史》	19	1959.11
98	三田村泰助	《清太祖实录编修》	《东方学》	19	1959.11
99	神田信夫	《努尔哈齐与清朝建立》	《图说世界史》	19	1959.11

续表

序号	著者	题目	杂志名	卷号	年月
100	村上政嗣	《满洲诸河川的冻结》	《京都学艺大学学报》	15	1959.11
101	三上次男	《满洲·民族国家的诞生》	《图说世界文化史大系》	19	1959.11
102	田中克己	《清鲜间兀良哈问题》	《史苑》	20 * 2	1959.12
103	石田兴平	《满洲圈地制度的推移与佃耕制度的进展》	《彦根论丛》	52	1959.2
104	村上弘〔讲〕	《清代满洲开发之一考察》	《骏台史学》	9	1959.3
105	石田兴平	《满洲旗地典卖与包佃制的形成》	《彦根论丛》	54	1959.5
106	今西春秋	《满文老档太宗纪实录册补记》	《东方学纪要》	1	1959.7
107	今西春秋	《满文老档乾隆付注译解》	《东方学纪要》	1	1959.7
108	今西春秋	《满语 ū 音考》	《东方学纪要》	1	1959.7
109	今西春秋	《标注战迹舆图索引》	《东方学纪要》	1	1959.7
110	今西春秋	《满语特殊字母之二三》	《东方学纪要》	1	1959.7
111	今西春秋	《满文老档的目次》	《东方学纪要》	1	1959.7
112	今西春秋	《满文老档的重抄年次》	《东方学纪要》	1	1959.7
113	今西春秋	《崇德三年满文原档》	《东方学纪要》	1	1959.7
114	坂井卫	《清代满语音所表现的蒙古语音影响》	《熊本史学》	17	1959.7
115	石田兴平	《清代满洲吉林、黑龙江省及蒙古地区土地制度的推移》	《彦根论丛》	58	1959.9
116	田中克己	《明末野人女真》	《东洋学报》	42 * 2	1959.9
117	阿南惟敬	《关于清初甲士的考察》	《历史教育》	88 * 11	1960.1
118	河内良弘	《建州女真的移动问题》	《东洋史研究》	19 * 2	1960.1

序号	著者	题目	杂志名	卷号	年月
119	三田村泰助	《明末清初的满洲氏族与源流》	《东洋史研究》	19 * 2	1960.10
120	西村篱夫	《黑龙江及乌苏里江沿岸经济地理背景》	《六甲台论集》	7 * 3	1960.10
121	阿南惟敬	《关于萨尔湖之战前后满州（洲）八旗的兵力》	《历史教育分析》	B8 * 11	1960.11
122	户田茂喜	《关于清初太祖时期"台吉"的研究》	《密教文化》	48.49.50	1960.11
123	户田茂喜	《关于清初太祖时期贝勒的解释》	《史学研究》	77.78	1960.11
124	中山八郎	《清朝皇权》	《历史教育 B》	8 * 12	1960.12
125	神田信夫	《清初的文馆》	《东洋史研究》	19 * 3	1960.12
126	今西春秋	《满文武皇帝实录之原典》	《东西学研论丛》	40	1960.3
127	浅井得一	《关于满洲国城市人口的增减》	《日大人研纪要》	2	1960.3
128	山本谦语	《满语基础词汇 I 人体篇》	《言语研究》	37	1960.3
129	石田兴平	《清代满洲货币流通和经济循环》	《彦根论丛》	70.71	1960.6
130	石田兴平	《清代满洲联号的展开与农产品加工业的兴起》	《彦根论丛》	65.6	1960.6
131	石桥秀雄	《清初的汉人政策——特别以太祖辽东进出时代为中心》	《史草》	2	1961.1
132	今西春秋	《Ningguta 考》	《朝鲜学报》	21.22	1961.1
133	塚本俊孝	《雍正帝向佛教教团的训诲》	《印度学佛教学研究》	9 * 1	1961.1
134	神田信夫	《读"满文老档"毛文龙等书简》	《朝鲜学报》	37 * 38	1961.1
135	三上次男	《满蒙的考古学》	《日本历史》	162	1961.12

序号	著者	题目	杂志名	卷号	年月
136	松村润	《关于清初的宫殿》	《史学杂志》	70 * 12	1961. 12
137	阿南惟敬	《关于清初黑龙江虎尔哈部》	《和田古稀论丛》		1961. 2
138	今西春秋	《MANJUI 国考》	《琢本佛教论集》		1961. 2
139	石桥秀雄	《清太祖进出辽东前后一考》	《和田古稀论丛》		1961. 2
140	神田信夫	《清初的会典》	《和田古稀论丛》		1961. 2
141	田村实造	《康熙帝与喇嘛教——喀尔喀部的归属》	《琢本佛教论庥》		1961. 2
142	松村润	《关于崇德三年的满文木牌》	《和田古稀论丛》		1961. 2
143	户田茂喜	《清初旗地考》	《游牧社会史探求》	10	1961. 3
144	山本谦语	《满语学之二、三——上原久著满文满洲实录的研究》	《东洋学报》	43 * 4	1961. 3
145	今西春秋	《天命建元考补》	《朝鲜学报》	20	1961. 7
146	今西春秋	《关于 soki》	《朝鲜学报》	20	1961. 7
147	神田信夫	《康熙帝——巡视三藩之乱》	《世界历史》	11	1961. 9
148	今西春秋	《 Myouchan 考——满语 m、n 音的相通》	《朝鲜学报》	25	1962. 1
149	今西春秋 [与八木良子合著]	《康熙皇帝典礼问题裁决上谕报告》	《biburia》	23	1962. 1
150	石桥秀雄	《清初社会——城居问题》	《大类喜寿论集》		1962. 11
151	阿南惟敬	《关于清初甲士的身分》	《历史教育》	B10 * 11	1962. 11
152	神田信夫	《八旗通志宗室王公传》	《大类喜寿论集》		1962. 11
153	松村润	《清初盛京的宫殿》	《日大人文纪要》	4	1962. 12
154	村松佑次	《关于旗地的〈取租册档〉与〈差银册档〉（下）》	《东洋学报》	45 * 3	1962. 12

序号	著者	题目	杂志名	卷号	年月
155	松村润	《台湾满蒙语言及文献的实地调查》	《东洋学报》	45 * 3	1962.12
156	三田村泰助	《满文太祖老档与清太祖实录的对校》	《立命馆文学》	200	1962.2
157	神田信夫	《袁崇焕书简》	《骏台史学》	12	1962.3
158	山本谦语	《满语基础词汇Ⅱ衣篇》	《迹见短大纪要》	1	1962.3
159	三田村泰助	《初期满洲八旗的成立过程——明代建州女真的军制》	《清水追悼论丛》		1962.6
160	村松佑次	《关于旗地的〈取租册档〉与〈差银册档〉(上)》	《东洋学报》	45 * 2	1962.9
161	上原久	《高桥景保的满语学(1)》	《琦玉大学纪要人文》	11	1963
162	河内良弘	《建州女真社会结构的考察》	《明代满蒙史研究》		1963.1
163	池上二良	《满语的谚语文献》	《朝鲜学报》	26	1963.1
164	细谷良夫	《八旗审丁户口册的建立及其背景》	《集刊东洋学》	10	1963.10
165	三田村泰助	《穆昆达制的研究——满洲社会的基本结构》	《明代满蒙史研究》		1963.10
166	中山八郎	《关于清朝国号》	《中国史研究》	3	1963.12
167	宫崎市定	《关于可汗的字音》	《东方史论丛》	22 * 3	1963.12
168	户田茂喜	《关于清初来归者与出身地方的研究》	《游牧社会史探求》	20	1963.3
169	阿南惟敬	《关于清初东海虎尔哈部》	《防卫大学校纪要》	7	1963.3
170	神田信夫	《续满汉名臣传》	《骏台史学》	13	1963.3
171	塚本俊孝	《雍正乾隆二帝的佛学》	《印度学佛教学研究》	11 * 2	1963.3

序号	著者	题目	杂志名	卷号	年月
172	山本谦语	《满语基础词汇Ⅸ 移动交通篇》	《言语研究》	43	1963.3
173	细谷良夫	《清朝中期八旗户籍法的变革——以开户为中心》	《集刊东洋学》	15	1963.5
174	今西春秋	《崇德三年满文木牌与满文老档》	《岩井古稀论集》		1963.6
175	三田村泰助	《满洲正红旗的满文档案》	《岩井古稀论集》		1963.6
176	弥吉光长	《旧国立奉天图书馆档案始末记》	《岩井吉稀论集》		1963.6
177	户田茂喜	《满文老档盛京舆图历史地理的研究（1）》	《游牧社会史探求》	25	1964.1
178	三田村泰助	《穆昆达制的研究》	《立命馆文学》	223	1964.1
179	石桥秀雄	《清初的 Jušen——特别以天命朝为中心》	《史草》	5	1964.11
180	户田茂喜	《清初旗地考》	《内陆阿史论集》		1964.11
181	池上二良	《在欧洲的满语文献（补遗）》	《东洋学报》	47 * 3	1964.12
182	江实	《蒙古语与满语词汇的关系——erdeni-yintobci 蒙古文满文教科书的比较》	《冈山法文纪要》	21	1964.12
183	户田茂喜	《清鲜关系一折》	《东方学》	27	1964.2
184	上原久	《高桥景保的满语学（2）》	《琦玉大学纪要人文》	12	1964.3
185	石桥秀雄	《清初的 Irgen》	《日本女大纪要》	13	1964.3
186	松村润	《明代满蒙史研究》	《东洋史研究》	23 * 1	1964.6
187	神田信夫	《清朝实录》	《历史教育 B》	12 * 9	1964.9
188	今西春秋	《画工张俭、张应魁之事》	《朝鲜学报》	36	1965.1

序号	著者	题目	杂志名	卷号	年月
189	户田茂喜	《满文老档盛京舆图历史地理的研究（2）》	《游牧社会史探求》	28	1965.1
190	三田村泰助	《清初的疆域（续）——以申忠一的建州纪程图记为中心》	《朝鲜学报》	36	1965.10
191	户田茂喜	《〈满文满洲实录〉记载满族对天、地的崇拜——以 abka. na. ba 词为例》	《东方学》	31	1965.11
192	池上二良	《Tongki Fuka Akū Hergen i Bithe 与乌兰巴托刊本》	《言语研究》	48	1965.11
193	户田茂喜	《清初"土黑勒威勒"补考》	《神山短大纪要》	8	1965.12
194	上原久	《高桥景保的满语学（3）》	《琦玉大学纪要》（人文）	13	1965.3
195	阿南惟敬	《关于天聪九年蒙古八旗的成立》	《历史教育》	BX3 * 4	1965.4
196	阿南惟敬	《八旗通志列传〈吴巴旗〉考》	《防卫大学校纪要》	B11	1965.9
197	神田信夫	《欧美现存的满语文献》	《东洋学报》	48 * 2	1965.9
198	户田茂喜	《清初满洲天地崇拜与祭祀——以满文老档为例》	《神山短大纪要》	9	1966.12
199	上原久	《渡部薰太郎的满语学（1）》	《琦玉大学纪要》（人文）	14	1966.3
200	村松一弥	《清俗纪闻》	《人文学报》	45	1966.3
201	今西春秋	《清文鉴——由单体到五体》	《朝鲜学报》	39 * 4	1966.4
202	阿南惟敬	《满洲八旗国初牛录的研究》	《防卫大学校纪要》	13	1966.9
203	神田信夫	《浅见文库本"备边司关录"》	《骏台史学》	19	1966.9

序号	著者	题目	杂志名	卷号	年月
204	户田茂喜	《"满文老档太祖纪"所见满洲对天地的思想——以 abka. na. ba 三词为对象》	《东方学》	33	1967.1
205	今西春秋	《满文武皇帝实录之原典》	《高桥还历论集》		1967.12
206	江实	《阿尔泰语言学与〈五体清文鉴〉——满语、蒙古语、察合台·churuku 语词汇的关系》	《冈山法文纪要》	25	1967.2
207	今西春秋	《JUŠEN 国域考》	《东方学纪要》	2	1967.3
208	上原久	《渡部薰太郎的满语学(2)》	《琦玉大学纪要》(人文)	15	1967.3
209	今西春秋	《满文武皇帝实录之原典》	《东方学纪要》	2	1967.3
210	今西春秋	《五体清文鉴满语后续词索引》	《东方学纪要》	2	1967.3
211	阿南惟敬	《关于清初八王之考察》	《防卫大学校纪要》	14	1967.3
212	山口平四郎	《满洲之思——山河与季节的印象》	《立命馆文学》	265	1967.7
213	阿南惟敬	《清初固山额真年表考》	《防卫大学校纪要》	15	1967.9
214	今西春秋	《〈关北纪闻〉初探》	《朝鲜学报》	49	1968.1
215	户田茂喜	《"满文老档太宗纪"所见满洲的天地崇拜——以 abka. na. ba 三词为主》	《东方学》	35	1968.1
216	田中宏己	《固山考》	《史观》	78	1968.11
217	阿南惟敬	《清初牛录额真考（上）》	《防卫大学校纪要》	16	1968.3
218	池上二良	《karafuto nayoro 公文的满文》	《北方文化研究》	3	1968.3
219	石桥秀雄	《清初的 aha——特别以天命朝为中心》	《史苑》	28 * 2	1968.3

续表

序号	著者	题目	杂志名	卷号	年月
220	今西春秋	《〈满蒙文鉴〉解题》	《朝鲜学报》	49	1968.5
221	中村荣孝	《清太宗南汉山诏谕对日本关系的条件》	《朝鲜学报》	47	1968.5
222	细谷良夫	《清朝八旗制度的推移》	《东洋学报》	51＊1	1968.6
223	今西春秋	《〈旧清语〉解题》	《朝鲜学报》	48	1968.7
224	阿南惟敬	《清初牛录额真考（下）》	《防卫大学校纪要》	17	1968.9
225	细谷良夫	《八旗通志初集"旗分志"编纂的背景——雍正朝佐领改革之一端》	《东方学》	36	1968.9
226	中村荣孝	《满鲜关系的新史料——清太宗征伐朝鲜古文书》	《日鲜关系史的研究》		1969.12

特别值得一提的是，在满文档案文献的整理、翻译方面，日本学者的成就尤为显著，对国际满学的繁荣发展也做出了巨大贡献。① 其主要成果有 6 种，详见表 6－10。

表 6－10　　　　　日本整理满文档案文献主要成果②

序号	书名	译注者	出版者	时间（年）
1	《满文老档》（7 册）	神田信夫、冈本敬二、嶋田襄平、本田实信、松村润、冈田英弘、石桥秀雄	东洋文库	1955—1963
2	《旧满洲档·天聪九年》（2 册）	神田信夫、松村润、冈田英弘	东洋文库	1972、1975
3	《镶红旗档》（2 册）	神田信夫、松村润、冈田英弘、细谷良夫	东洋文库	1972

---

① 参阅刘厚生、陈思玲《本世纪中日学者〈旧满洲档〉和〈满文老档〉研究述评》，《民族研究》1999 年第 1 期。黄金东：《日本满文古籍文献及其整理研究概况》，《东北史地》2010 年第 5 期。

② 参阅［日］松村润《日本满学研究近况》，《满学研究》第 2 辑，民族出版社 1994 年版，第 365 页。

续表

序号	书名	译注者	出版者	时间（年）
4	《内国史院档·天聪七年》（1 册）	河内良弘	东洋文库	2003
5	《内国史院档·天聪八年》（2 册）	楠木贤道、加藤直人、中见立夫、细谷良夫、松村润	东洋文库	2009
6	《内国史院档译注·崇德二、三年分》（1 册）	河内良弘	中西印刷株式会社	2010

　　相对而言，日本学者的译注成果，质量均属上乘。一般均以罗马字母转写满文原文，逐词用日语对译，然后日语翻译，并有诸多注释。书后均有"人名索引""地名索引"和人名、地名"汉满对照表"以及"正误表"等，甚至附加满文原文的影印件。表 6 - 10 中，只有《内国史院档译注·崇德二、三年分》没有日语翻译，每段后面却摘录汉文《清太宗实录》、今西春秋《旧清语译解》等书相关内容，便于研究者参照。

　　在日本，"1986 年，以满学研究为中心，成立了满族史研究会。这个研究会是满族史研究人员的联络机构，每年以东京、京都为中心召开满族史研讨会议，发行机关杂志《满族史研究通信》，介绍会员们的研究情况，刊登世界满学研究的情报等。该会的领导机构还在东洋文库设立了清史研究室"①。学术年刊《满族史研究通讯》创刊于 1991 年，英文名为 *Journal of Manchu and Qing Studies*。2002 年，改其日语名称为《满族史研究》，英文名称则依旧。自 1991 年至 2001 年，《满族史研究通讯》共出 10 期。自 2002 年至 2018 年，《满族史研究》共出 17 期。该刊在此两个阶段里，共发表国内外学者研究满学的最新成果以及相关满文档案、图书资料、满学会议等信息 200 余篇，详见表 6 - 11。

---

　　① ［日］松村润：《日本满学研究近况》，《满学研究》第 2 辑，民族出版社 1994 年版，第 365 页。

表 6 - 11　　　　　　日本 1991—2018 年满学研究主要成果①

序號	作者	文章名	刊物名	時間（年）
1	松村潤	『文部省科学研究費による中国東北地方に関する総合研究』	《满族史研究通信》（1）	1991
2	細谷良夫	『共同研究「清朝の国家形成期をめぐる諸史料の総合的研究」のスタート』	《满族史研究通信》（1）	1991
3	河内良弘	『黒龍江省棺案館』	《满族史研究通信》（1）	1991
4	加藤直人	『富裕県三家子村調査記録』	《满族史研究通信》（1）	1991
5	松浦茂	『「盛京城闕図」の発見と豫親王府』	《满族史研究通信》（1）	1991
6	細谷良夫	『瀋陽雑報』	《满族史研究通信》（1）	1991
7	細谷良夫	『「中国東北部における清朝の史跡──1986─1990年──」の発刊』	《满族史研究通信》（1）	1991
8	神田信夫	『「旧満洲棺」を求めて──その1──』	《满族史研究通信》（2）	1992
9	中見立夫	『「東アジアの社会変容と国際関係」プロジェクト』	《满族史研究通信》（2）	1992
10	研究会事務局	『近現代東北アジア地域史研究会』	《满族史研究通信》（2）	1992
11	柳澤明	『内蒙古自治区檔案館所蔵「呼倫貝爾副都統衙門檔案」』	《满族史研究通信》（2）	1992
12	江夏由樹	『遼寧省檔案館での土地関係史料査について』	《满族史研究通信》（2）	1992

　　① 本附录制作过程中，得到了吉林师范大学历史文化学院教授吴忠良、日本早稻田大学博士研究生祁今馨的鼎力相助，提供了《满族史研究通讯》《满族史研究》的目录，特此致谢！

序號	作者	文章名	刊物名	時間（年）
13	細谷良夫	『莫力達瓦達斡尔族自治旗図書館の満文本』	《満族史研究通信》（2）	1992
14	王锺翰	『跋前清誥封広東省花市営都司章敏赫之母李氏為太恭人碑文（漢語）』	《満族史研究通信》（3）	1993
15	神田信夫	『「旧満洲檔」を求めて——その2——』	《満族史研究通信》（3）	1993
16	河内良弘	『二つの満洲語基礎学習資料の編輯』	《満族史研究通信》（3）	1993
17	王禹浪　楠木賢道訳	『嫩江県清代遺跡考察記録』	《満族史研究通信》（3）	1993
18	加藤直人	『莫力達瓦達斡爾族自治旗の満文資料』	《満族史研究通信》（3）	1993
19	柳澤明	『呼和浩特雑記』	《満族史研究通信》（3）	1993
20	松浦章	『在北京調査研究剳記』	《満族史研究通信》（3）	1993
21	金啟孮	『師友高誼満学佳話——憶「天游閣集」尋訪記——（＊漢語）』	《満族史研究通信》（4）	1994
22	神田信夫	『「旧満洲檔」を求めて——その3——』	《満族史研究通信》（4）	1994
23	松村潤	『牛荘城老満文門額について』	《満族史研究通信》（4）	1994
24	中島幹起	『「御製増訂清文鑑」電脳処理による研究に向けて』	《満族史研究通信》（4）	1994
25	李澍田	『吉林省における満族の歴史と文化に関する研究動向 附:「中国吉林樹人外語學校」の満語班（張麗玫）』	《満族史研究通信》（4）	1994

序號	作者	文章名	刊物名	時間（年）
26	関嘉禄	『遼寧省における清史と満学研究の新発展』	《満族史研究通信》（4）	1994
27	中見立夫	『ロシアの満洲学・清代中国東北史瞥見』	《満族史研究通信》（4）	1994
28	細谷良夫	『列寧省椢案館所蔵「黒図檔」について』	《満族史研究通信》（4）	1994
29	江夏由樹	『近代史研究から見た「盛京内府檔案」』	《満族史研究通信》（4）	1994
30	古市大輔	『「盛京内務府檔」めぐって』	《満族史研究通信》（4）	1994
31	加藤直人	『杜爾伯特蒙古族自治県の満洲語調査』	《満族史研究通信》（4）	1994
32	後藤智子	『烏拉街探訪』	《満族史研究通信》（4）	1994
33	細谷良夫	『「調査探信」老城の北門』	《満族史研究通信》（4）	1994
34	河内良弘	『天理図誉館新収満文図書目録』	《満族史研究通信》（4）	1994
35	津曲敏郎	『満州語学から見た「満漢大辞典」』	《満族史研究通信》（4）	1994
36	陳捷先	『努爾哈齊與「三国演義」（＊漢語）』	《満族史研究通信》（5）	1995
37	神田信夫	『「朝鮮国来書簿」について』	《満族史研究通信》（5）	1995
38	細谷良夫	『琿春の満族』	《満族史研究通信》（5）	1995
39	松浦章	『中国第一歴史案蔵「錦衣衛選簿　南京親軍衛」について ＊表紙標題「中国第一歴史案館蔵衛所武職選簿」について』	《満族史研究通信》（5）	1995

序號	作者	文章名	刊物名	時間（年）
40	楠木賢道	『「礼科史書」中の理藩院題本』	《満族史研究通信》（5）	1995
41	加藤直人	《アメリカにおける満洲語文献』	《満族史研究通信》（5）	1995
42	江夏由樹	《吉林市檔案館所蔵史料について』	《満族史研究通信》（5）	1995
43	成百仁	『「旧満洲檔」のjisamiと「満文老檔」のkijjmi』	《満族史研究通信》（6）	1997
44	王佩環	『八旗"秀女"与清宫后妃（＊汉语）』	《満族史研究通信》（6）	1997
45	姜相順 冯秋雁	『関于海州牛荘城老満文門額（＊漢語）』	《満族史研究通信》（6）	1997
46	澀谷浩一	『中国第一歴史檔案館所蔵「蒙古堂檔」及び「満文奏勅」につい』	《満族史研究通信》（6）	1997
47	松浦章	『「武職選簿」に見る鄧茂七の乱』	《満族史研究通信》（6）	1997
48	加藤直人	『ロシアの満洲語資料』	《満族史研究通信》（6）	1997
49	細谷良夫	『「平南敬親王尚可喜事実冊」の原本について』	《満族史研究通信》（7）	1998
50	榎森進	『松花江流域の寛永通宝』	《満族史研究通信》（7）	1998
51	赤嶺守	『中琉関係史研究と檔案史料』	《満族史研究通信》（7）	1998
52	中見立夫	『シカゴ大学東アジア図書館所蔵満洲語古典籍について』	《満族史研究通信》（7）	1998
53	中見立夫	『シカゴ大学東アジア図書館所蔵満洲古典籍目録』	《満族史研究通信》（7）	1998
54	神田信夫	『シカゴ大学所蔵満洲文献の調査の回想』	《満族史研究通信》（7）	1998

序號	作者	文章名	刊物名	時間（年）
55	小谷仲男	『渤海国東京城遺跡の現状』	《満族史研究通信》（7）	1998
56	江夏由樹	『奉天在地有力者に関する檔案史料』	《満族史研究通信》（7）	1998
57	松浦章	『台湾故官博物院文献館蔵の宮中及び中央研究院近代史研究所檔案館の近代檔案と歴史言語研究所の明清檔案』	《満族史研究通信》（7）	1998
58	後藤智子	『東洋文本所蔵武職及佐領家譜について』	《満族史研究通信》（7）	1998
59	甘利弘樹	『中国第一歴史檔案館所蔵「明朝當案」及び順治―雍正期の「内閣檔案」について』	《満族史研究通信》（7）	1998
60	池上二良	『サンタンことば拾遺』	《満族史研究通信》（8）	1999
61	甘利弘樹	『兵家史書中の兵部尚書ガダフン等の題本について』	《満族史研究通信》（8）	1999
62	王宏剛；楠木賢道・鈴木真翻訳	『中国における満族シヤマニズム研究の現状』	《満族史研究通信》（8）	1999
63	中見立夫	『海外満学三題』	《満族史研究通信》（8）	1999
64	杉山清彦	『中国第一歴史檔案館蔵「歴朝八旗雑檔」簡紹』	《満族史研究通信》（8）	1999
65	澁谷浩一	『モスクワの露清関係史史料について』	《満族史研究通信》（8）	1999
66	加藤直人	『双城市檔案局保管の歴史檔案』	《満族史研究通信》（8）	1999
67	松浦章	『在上海研究調査剳記』	《満族史研究通信》（8）	1999
68	片岡一忠	『故官博物院藏「明清帝后宝璽」』	《満族史研究通信》（8）	1999
69	久保智之	『胡増益主編「新満漢大辞典 ice manju niqan gisun qamcibuχa buleku bithe」』	《満族史研究通信》（8）	1999

续表

序號	作者	文章名	刊物名	時間（年）
70	山崎雅人	『早田輝洋翻字・訳注「満文金瓶梅訳注」』	《満族史研究通信》（8）	1999
71	江夏由樹	《James Lee and Cameron Campbell, FATE AND FORTUNE IN RURAL CHINA, Social OrGanization and Population BeХavior in Liaoning 1774—1873〈書評〉》	《満族史研究通信》（8）	1999
72	鈴木真	『杜家驥著「清皇族与国政関係研究」』	《満族史研究通信》（8）	1999
73	清格爾泰；楠木賢道［訳］	『三家子屯満州語調査の思いで』	《満族史研究通信》（9）	2000
74	呉元豊；村上信明［訳］；楠木賢道［訳］	『満文月摺包と「清代辺疆満文档案目录」』	《満族史研究通信》（9）	2000
75	神田信夫	『「百二老人語录」を求めて』	《満族史研究通信》（9）	2000
76	中見立夫	『「百二老人語录」の諸問題——稲葉岩吉博士旧蔵本の再出現とウラーンバートル国立図書館本をめぐって』	《満族史研究通信》（9）	2000
77	Burensain Borjigin	『ホルチン左翼中旗東ジャングタイ村の「徳氏家譜」について——満州人からモンゴル人へ——』	《満族史研究通信》（9）	2000
78	Elliott Mark C；楠木賢道［訳］；中西道子［訳］	『康熙・雍正朝の満文［シュ］批奏摺に関する覚え書き』	《満族史研究通信》（9）	2000
79	細谷良夫	『貴州と雲南の明清史跡——永暦帝・呉三桂・満文対聯』	《満族史研究通信》（9）	2000

序號	作者	文章名	刊物名	時間（年）
80	承志	『雲南満文体聯解説』	《満族史研究通信》（9）	2000
81	高東昊	『韓国歴史言語学界の最近の研究動向――「Eon—eo—eui yeogsa（言語の歴史）」を中心に』	《満族史研究通信》（9）	2000
82	津曲敏郎	『池上二良著「満州語研究」』	《満族史研究通信》（9）	2000
83	綿貫哲郎	『いわゆる「八旗世襲譜档」について』	《満族史研究通信》（9）	2000
84	松浦章	『上海図書館所蔵の档冊について』	《満族史研究通信》（9）	2000
85	中西道子	『牛創平・秦国経等編著「清代大案要案真相」』	《満族史研究通信》（9）	2000
86	岡洋樹	『モンゴル国立歴史中央アルヒーヴ所蔵「将軍・参賛大臣・盟長・副将軍〔ベン〕理事務章程」満文論旨とそのモンゴル語訳文書』	《満族史研究通信》（10）	2001
87	河内良弘	『小山愛司著「満洲地之略沿革記（上）」「満文研究録（下）」について』	《満族史研究通信》（10）	2001
88	吉澤誠一郎	『「セミナー 清朝文化と八旗制――文書史料からのアプローチ」印象記』	《満族史研究通信》（10）	2001
89	加藤直人	『奎章閣および三田渡碑瞥見記』	《満族史研究通信》（10）	2001
90	久保智之	『「第1回満洲・トゥングース研究国際会議」報告』	《満族史研究通信》（10）	2001

续表

序號	作者	文章名	刊物名	時間（年）
91	劉小萌；綿貫哲郎［訳］	『清代北京旗人の塋地と祭田——碑刻による考察』	《満族史研究通信》（10）	2001
92	山越康裕	『第4回ソウル・アルタイ学国際学術会議参加報告』	《満族史研究通信》（10）	2001
93	杉山清彦	『大清帝国史のための覚書——セミナー「清朝社会と八旗制」をめぐって』	《満族史研究通信》（10）	2001
94	松浦章	『福建省安渓・徳化・莆田〔Putian〕・長楽調査箚記』	《満族史研究通信》（10）	2001
95	細谷良夫	『黒龍江・アムール川下流域の旅』	《満族史研究通信》（10）	2001
96	中見立夫	『海外満学箚記』	《満族史研究通信》（10）	2001
97	久保智之	『津曲敏郎著「満州語入門20講」』	《満族史研究》（1）	2002
98	杉山清彦	『松村潤著「清太祖実録の研究」（東北アジア文献研究叢刊2）』	《満族史研究》（1）	2002
99	小沼孝博	『在京ウイグル人の供述からみた18世紀中葉カシュガリア社会の政治的変動』	《満族史研究》（1）	2002
100	野田仁	『清朝史料上の哈薩克（カザフ）三「部」』	《満族史研究》（1）	2002
101	中見立夫	『内外満学劄記』	《満族史研究》（1）	2002
102	XiZhikun；綿貫哲郎［訳］	『京師八旗都統衙門の設置及び現状調査』	《満族史研究》（2）	2003

序號	作者	文章名	刊物名	時間（年）
103	村上信明	『国際八旗学術研討会参加報告』	《満族史研究》（2）	2003
104	杜家驥；鈴木真［訳］	『「星源集慶」およびその史料価値』	《満族史研究》（2）	2003
105	福沢知史；早田輝洋	『一人称代名詞の包括形・除外形について——満文訳と対比した「崇禎本金瓶梅」に于ける「〔サ〕」を中心に』	《満族史研究》（2）	2003
106	河内良弘	『劉小萌「満族従部落到国家的発展」』	《満族史研究》（2）	2003
107	林士鉉；小沼孝博［訳］	『台湾満学研究簡介〔含台湾での満洲語学習事情〕』	《満族史研究》（2）	2003
108	劉小萌；綿貫哲郎［訳］	『山東青州旗城調査記』	《満族史研究》（2）	2003
109	柳澤明	『サンクト＝ペテルブルク所蔵の若干の満文文書について』	《満族史研究》（2）	2003
110	清瀬義三郎則府	『自著を語る：「満洲語文語入門」〔河内良弘，清瀬義三郎則府著〕』	《満族史研究》（2）	2003
111	杉山清彦	『滕紹箴・滕瑶著「満族游牧経済」』	《満族史研究》（2）	2003
112	上田裕之	『八旗俸禄制度の成立過程』	《満族史研究》（2）	2003
113	松浦章	『清代対外関係における北京會同館・福州柔遠驛』	《満族史研究》（2）	2003
114	細谷良夫	『三藩の史跡——福州・広州・桂林の旅』	《満族史研究》（2）	2003
115	小沼孝博	『張永江著「清代藩部研究——以政治変遷為中心」』	《満族史研究》（2）	2003

序號	作者	文章名	刊物名	時間（年）
116	中見立夫	『内外満学・清史研究劄記』	《満族史研究》（2）	2003
117	Borjigin Burensain	『鳳城市（旧鳳城満族自治県）見聞記——民族自治，モンゴル人，満州人，そして家譜』	《満族史研究》（3）	2004
118	関嘉禄；綿貫哲郎［訳］	『康熙朝尼満一族四代の誥封碑に関する考察》	《満族史研究》（3）	2004
119	河内良弘	『趙志強著「旧清語研究」』	《満族史研究》（3）	2004
120	華立	『台湾 佛光大学「第一届清史学術検討会」参加記》	《満族史研究》（3）	2004
121	井黒忍	『満訳正史の基礎的検討——「満文金史（aisin gurun i suduri bithe）」の事例をもとに』	《満族史研究》（3）	2004
122	柳澤明	『「内国史院档 天聡7年」の訳注をふりかえって』	《満族史研究》（3）	2004
123	杉山清彦	『訃報 神田信夫先生の満州＝清朝史研究』	《満族史研究》（3）	2004
124	杉山清彦	『「韃靼漂流記」の故郷を訪ねて——越前三国湊訪問記』	《満族史研究》（3）	2004
125	中見立夫	『海外清史・満学研究劄記——"王鍾翰教授九十華誕"と，わが回想のFrancis W Cleaves先生』	《満族史研究》（3）	2004
126	池尻陽子	『北京の黄寺について——黄寺訪問と清初の黄寺に関する覚書』	《満族史研究》（4）	2005

续表

序號	作者	文章名	刊物名	時間（年）
127	飯山知保	『金代漢地在地社会における女真人の位相と「女真儒士」について』	《満族史研究》（4）	2005
128	石濱裕美子	『乾隆帝僧形図の調査を終えて』	《満族史研究》（4）	2005
129	承志；杉山清彦	『明末清初期マンジュ・フルン史蹟調査報告——2005年遼寧・吉林踏査行』	《満族史研究》（5）	2006
130	華立	『「故宮博物院華誕80周年暨国際清史研究学術研討会」参加報告』	《満族史研究》（5）	2006
131	津曲敏郎	『池上二良「北方言語叢考」』	《満族史研究》（5）	2006
132	久芳崇	『東アジア火器史研究の現状と課題——ワークショップ「火器技術から見た海域アジア史」をめぐって』	《満族史研究》（5）	2006
133	鈴木真	『趙東昇「扈倫四部研究」・趙東昇「満族歴史研究」・薛柏成「葉赫那拉氏家族史研究」』	《満族史研究》（5）	2006
134	柳澤明	『2005年夏ザバイカル紀行——ネルチンスクとウラン＝ウデ』	《満族史研究》（5）	2006
135	楠木賢道	『国立故宮博物院建院80周年紀盛第2届清代档案国際学術研討会「文献足徴」参加記』	《満族史研究》（5）	2006
136	松岡雄太	『満洲語の“—χa bi—”と“—me bi—”』	《満族史研究》（5）	2006

序號	作者	文章名	刊物名	時間（年）
137	相原佳之	『「順治年間ワークショップ」参加記』	《満族史研究》(5)	2006
138	中村和之	『国際シンポジウム「ヌルカン永寧寺碑文と中世の東北アジア」の開催とアレクサンドル＝アルテーミフ博士の急逝について』	《満族史研究》(5)	2006
139	中見立夫	『清史満学研究割記』	《満族史研究》(5)	2006
140	阿部由美子	『張勲復辟と満蒙王公の反応』	《満族史研究》(6)	2007
141	村上信明	『学習院大学—ハーバード大学国際学術シンポジウム「東アジア学のフロンティア」第 1 部「清朝・満洲史研究の現在」参加記』	《満族史研究》(6)	2007
142	渡辺純成	『満洲語医学文献雑考』	《満族史研究》(6)	2007
143	児倉徳和	『シベ語の名詞接尾辞—niについての若干の考察———niが「所属・所有」を表す場合』	《満族史研究》(6)	2007
144	鈴木真	『白新良「清史考辨」』	《満族史研究》(6)	2007
145	劉小萌;細谷良夫	『湖北と四川に八旗と清朝の史跡をたずねて——荊州満城・成都満城・平定金川の碑』	《満族史研究》(6)	2007
146	石濱裕美子	『清初勅建チベット仏教寺院の総合的研究』	《満族史研究》(6)	2007
147	野田仁	『清代档案史料と中央アジア史研究——「清代中哈関係档案彙編」の出版に寄せて』	《満族史研究》(6)	2007

序號	作者	文章名	刊物名	時間（年）
148	早田清冷	『「満洲実録」モンゴル語の一人称複数形代名詞 ba と bida』	《満族史研究》（6）	2007
149	XiZhiqun；徐暁倩；阿部由美子［訳］	『八旗値月旗・値年旗の設立とその機能』	《満族史研究》（7）	2008
150	華立	『「海峡両岸清代伊犁将軍研究学術検討論会」参加記』	《満族史研究》（7）	2008
151	柳静我	『カンチュンネー暗殺と清朝の対応——雍正期, 対チベット政策の一側面』	《満族史研究》（7）	2008
152	澁谷浩一	『1723—1726 年の清とジューン＝ガルの講話交渉について——18 世紀前半における中央ユーラシアの国際関係』	《満族史研究》（7）	2008
153	山崎雅人	『「御製百家姓」における満洲文字による漢字表音について——漢語の舌面音化を中心に』	《満族史研究》（7）	2008
154	中見立夫	『田川孝三の昭和十四年満州国"史料採訪"——史料状況の記録』	《満族史研究》（7）	2008
155	岸田文隆	『「訳学書学会創立大会」参加記』	《満族史研究》（8）	2009
156	村上信明	『「研究セミナー：清朝社会の多様性をさぐる」参加記』	《満族史研究》（8）	2009
157	加藤直人	『新疆北部およびアルマトィ現地調査報告』	《満族史研究》（8）	2009

序號	作者	文章名	刊物名	時間（年）
158	井黒忍	『「哈爾濱金代文化展」および記念シンポジウム観賞・参加報告』	《満族史研究》（8）	2009
159	細谷良夫	『北京周辺の三藩をめぐる史跡』	《満族史研究》（8）	2009
160	早田輝洋	『満洲語の史的変化の一面——理由を表すdaχameの用法から』	《満族史研究》（8）	2009
161	中村和之	『間宮林蔵の大陸の旅から200年にちなんで——国際シンポジウム「間宮林蔵が見た世界」』	《満族史研究》（8）	2009
162	池尻陽子	『「清朝前期理藩院満蒙文題本」について（特集 清朝档案史料の世界）』	《満族史研究》（9）	2010
163	村上信明	『承志「ダイチン・グルンとその時代——帝国の形成と八旗社会」』	《満族史研究》（9）	2010
164	渡辺純成	『「満文性理精義」にみる，満洲語文語の論理表現』	《満族史研究》（9）	2010
165	磯部敦史	『太宗・順治朝におけるグサ＝エジェンとその役割［含 文献目録，史料目録］』	《満族史研究》（9）	2010
166	鈴木真	『「清代起居注冊 康煕朝」（特集 清朝档案史料の世界）』	《満族史研究》（9）	2010
167	クリストフアー・ベックウイズ 河内良弘・清酒義三郎則府訳注	『中央ユーラシアと東アジア内での満洲語と満洲族の民族言語学的位置について』	《満族史研究》（10）	2011

序號	作者	文章名	刊物名	時間（年）
168	Beckwith, ChristopherL	《On the ethnolinguistic position of Manchu and the Manchus within Central Eurasia and East Asia》	《満族史研究》（10）	2011
169	菅野裕臣	『歴史学者のための言語學講義』	《満族史研究》（10）	2011
170	柳静我・村上信明	『「清代軍機処満文熬茶檔」について』	《満族史研究》（10）	2011
171	上田裕之	『「雍正朝内閣六科史書戸科」について』	《満族史研究》（10）	2011
172	铃木真	『「中国第一歴史檔案館藏清官珍藏殺虎口右卫右玉県御批奏摺彙編」』	《満族史研究》（10）	2011
173	趙令志野崎くるみ訳	『内モンゴルに現存する満文文献』	《満族史研究》（10）	2011
174	細谷良夫	『郎世寧カステイリオーネをめぐる二つの石碑』	《満族史研究》（10）	2011
175	呂文利岩田瞽介訳	『乾隆前期（1736—1750）の清・ジユーンガル貿易における価格・取引方法をめぐる駆け引きとその影響』	《満族史研究》（11）	2012
176	早田清冷	『満洲語の派生接辞-ng-ga/-ngge/-nggo』	《満族史研究》（11）	2012
177	細谷良夫	『満漢合璧「雅州印」について』	《満族史研究》（11）	2012
178	杉山清彦	『楠木賢道著「清初対モンゴル政策史の研究」』	《満族史研究》（11）	2012
179	早田清冷	『満洲語における「黒」を表す色彩語について』	《満族史研究》（12）	2013

序號	作者	文章名	刊物名	時間（年）
180	松岡雄太	『「翻訳満語纂編」の満洲語かな表記について』	《満族史研究》（12）	2013
181	大坪慶之	『翁同龢の日記とその史料的価値』	《満族史研究》（12）	2013
182	郭陽	『日本における「華夷変態」研究の進展と成果』	《満族史研究》（12）	2013
183	哈斯巴根；鈴木展之・柳澤明訳	『清初の政治における「質子」慣行について』	《満族史研究》（13）	2014
184	岩田啟介	『禁約青海十二事の成立』	《満族史研究》（13）	2014
185	宮脇淳子	『岡田英弘「康熙帝の手紙」新版と「清朝史叢書」』	《満族史研究》（13）	2014
186	小沼孝博	『研究ワークショップ「清朝史研究をめぐる史料と史跡」』	《満族史研究》（13）	2014
187	河内良弘	『自著「満洲語辞典」について』	《満族史研究》（13）	2014
188	松岡雄太	『朴相圭著「新満洲語大辞典」만주어—한국어—영어—漢字（中国語）사전』	《満族史研究》（13）	2014
189	塚瀬進	『井上直樹著「帝国日本と〈満鮮史〉大陸政策と朝鮮・満州（洲）認識」』	《満族史研究》（13）	2014
190	河内良弘	『黒龍江省満語研究所、黒龍江大学満族語言文化研究中心紹介』	《満族史研究》（13）	2014
191	杜家驥；前野利衣・林慶俊訳	『清初八旗政権の性格とその変遷』	《満族史研究》（14）	2015

序號	作者	文章名	刊物名	時間（年）
192	鈴木真	『谷井陽子著「八旗制度の研究」』	《満族史研究》（14）	2015
193	柳澤明	『杉山清彦著「大清帝国の形成と八旗制」』	《満族史研究》（14）	2015
194	澁谷浩一	『小沼孝博著「清と中央アジア草原 遊牧民の世界から帝国の辺境へ」』	《満族史研究》（14）	2015
195	水盛涼一	『磯部彰編「清朝宮廷演劇文化の研究」』	《満族史研究》（14）	2015
196	梅山直也	『ホンタイジによるモンゴル支配の多様化とその側近化』	《満族史研究》（15）	2016
197	茂木聖	『雍正・乾隆年間における軍機大臣の任用——官歴・出自から見る傾向』	《満族史研究》（15）	2016
198	早田清冷	『言語資料としての「韃靼漂流記」——近世初期日本語・満洲語の鼻音を中心に』	《満族史研究》（15）	2016
199	渡辺純成	『満洲語の文末のinuはコピユラか?』	《満族史研究》（15）	2016
200	谷井陽子	『八旗制度と「分封制」——杜家驥著「清初八旗政権の性格とその変遷」に寄せて』	《満族史研究》（15）	2016
201	小沼孝博	『加藤直人著「清代文書資料の研究」』	《満族史研究》（15）	2016
202	関根知良	『順治期における清朝とハルハの交渉過程——モンゴル語書簡の分析を中心に』	《満族史研究》（16）	2017
203	鈴木真	『劉小萌著「清代北京旗人社会（修訂本）」』	《満族史研究》（16）	2017

序號	作者	文章名	刊物名	時間（年）
204	岩田啟介	『趙令志・郭美蘭著「準噶爾使者檔之比較研究」』	《满族史研究》（16）	2017
205	梅山直也	『磯部淳史著「清初皇帝政治の研究」』	《满族史研究》（16）	2017
206	磯部淳史	『庄声著「帝国を創った言語政策——ダイチン・グルン初期の言語生活と文化」』	《满族史研究》（16）	2017
207	村上信明	『後藤末雄著・新居洋子校注「乾隆帝伝」』	《满族史研究》（16）	2017
208	渡辺純成	『「大学」の「各物」は满洲語にどのように訳されたか（上）』	《满族史研究》（17）	2018
209	小沼孝博	《Kwangmin Kim. Borderland Capitalism: Turkestan Produce, Qing Silver, and the Birth of an Eastern Market》	《满族史研究》（17）	2018
210	綿貫哲郎	『国際ワークシヨッフ「国際满学学術研討会」参加報告——附「国際满学青年学者論壇」参加報告』	《满族史研究》（17）	2018
211	杉山清彦	『「吉林師範大学2017国際满学研習営」参加報告』	《满族史研究》（17）	2018

如今，在日本，《满族史研究》已成为专门刊载满学研究最新成果的重要学术刊物。

二　当代韩国的满学

自20世纪50年代以来，韩国学术界继承和发展了"清学"传统，并且凭借深厚的历史积淀，使满学研究迅速升温，历久弥新。"在 50 年代，韩国的满学研究掀起高潮。"① 当今国际满学领域，诸侯林立，而"韩国现为当代满学具有显著发展的地区之一"。②

曾几何时，"满学研究在韩国的主要机构包括韩国阿尔泰学会、隶属于首尔国立大学人文学部的阿尔泰学研究所"，"首尔国立大学一直被视为当地的满学中心"，而自"20 世纪中期起，韩国各院校，如高丽大学、庆北大学、顺天大学与延世大学的学者们积极促使韩国满学持续地发展，开展了研究、教学与文本资料整理与保存的工作"，"上述大学中，以高丽大学在推动满学的研究与相关活动最为积极"③。高丽大学民族文化研究院前任院长崔溶澈教授曾宣称："高丽大学民族文化研究院已经制订了一个长期和雄心勃勃的计划，以发展和领导韩国的满学"，"该研究所有着不屈不挠的学术抱负，寻求成为韩国的满学中心"④。其志存高远，由此可见一斑。

韩国满学研究的内容也在日渐丰富，研究范围逐步扩大。起初，韩国满学研究偏重于满语研究，"50 年代以来，韩国的满语研究可粗略地分成两大类：一类是由朝鲜王朝司译院翻译的作品；另一类包括 50 年代以来的语言学研究成果"⑤。1956 年出版了朝鲜司译院翻译著作《八岁儿》《小儿论》《同文类解》《汉清文鉴》，1964 年影印出版《清语老乞大》，为当代韩国满语研究奠定了研究基础，也造就了成百仁等著名满学家。首尔国立大学成百仁教授是"韩国的满学研究为人所认识的领头学者"⑥，他在满文文献资料的整理与研究、满语语音及其拼写规

---

① ［韩］成百仁、高东昊：《韩国的满语研究概况》，蒋理译，《满语研究》1999 年第 1 期。

② ［韩］金由美：《韩国满学的演变面貌：以〈满洲实录〉韩译为例》，《满语研究》2015 年第 2 期。

③ ［韩］金由美：《韩国满学的演变面貌：以〈满洲实录〉韩译为例》，《满语研究》2015 年第 2 期。

④ CHOE Yongchul, "Manchu Studies in Korea," *Journal of Cultural Interaction in East Asia*, 2012 (3).

⑤ ［韩］成百仁、高东昊：《韩国的满语研究概况》，蒋理译，《满语研究》1999 年第 1 期。

⑥ ［韩］金由美：《韩国满学的演变面貌：以〈满洲实录〉韩译为例》，《满语研究》2015 年第 2 期。

律的探索、满语词汇、语法及比较研究诸方面卓有成效。^① 而今，韩国满学研究显露新的发展趋势，正如韩国东北亚历史基金会高级研究员卢基植所言，韩国满学重点研究清代政治史（Focus on Qing Political History）、满族与满洲的身份研究（Studies on the Identity of the Manchus and Manchuria）。他还特别指出："最近成立的高丽大学满学研究中心在其主任金宣旼博士的领导下，开展了历史、文化、语言和文学的跨学科研究。满学研究会成立于 2001 年，其成员一直致力于研究满洲问题，包括帝国主义列强之间的国际关系、日本的殖民控制、20 世纪满洲的朝鲜人口、满洲作为一个地区的社会和科学方面等。"^②

韩国满学研究的方法也有所创新，强调更多地利用朝鲜历史资源和满文文献（Greater Utilization of Korean Historical Sources and Manchu Documents）。^③

七十年来，韩国满学研究取得了丰硕成果。其主要著作，约有 12 种，详见表 6 - 12。

表 6 - 12　　　　　　　　　　韩国当代主要满学著作

序号	书名	作者	时间（年）
1	《韩汉清文鉴索引》	朴昌海、刘昌谆	1960
2	《同文类解满文语词汇》	金东昭	1977
3	《同文类解满文语词汇》（修订版）	金东昭	1982
4	《满州（洲）语词典资料笺》	朴恩用	1987
5	《清语老乞大新释》	崔东权	2012
6	《尸语故事》	崔东权	2012
7	《随军纪行》	崔东权	2012

① ［韩］高东昊：《满学家成百仁教授》，《满学研究》第 6 辑，民族出版社 2000 年版，第 476—482 页。

② Noh Kishik, "Recent Research Trends on Jurchen—Manchu Studies in Korea," *International Journal of Korean History*, Vol. 21, No. 1, Feb. 2016.

③ Noh Kishik, "Recent Research Trends on Jurchen—Manchu Studies in Korea", *International Journal of Korean History*, Vol. 21, No. 1, Feb. 2016.

序号	书名	作者	时间（年）
8	《〈满洲实录〉译注》	高丽大学民族文化研究院满学中心《满洲实录》译注会	2014
9	《〈满文老档〉译注（太宗）》4卷	李勋、金宣旼、李善爱	2017
10	《人参与边疆》	金宣旼	2017
11	《满族的故事》	李勋	2018
12	《〈满文老档〉（太祖）》2卷	金周原等	2019

韩国满学研究著作质量亦属上乘，一般均附原文图片，以罗马字母转写满文，并用韩语对译、翻译、注释，便于翻阅核对。

在各种报刊上发表的满学研究文章数以百计，其中重要者有132篇，内容偏重于满语和满文，详见表6-13。

表6-13　　　**韩国1951—1989年满学研究主要成果**

序号	作者	题名	出处	年份
1	李基文	《满韩文的构造相似性研究》	汉城大学硕士论文	1951
2	金民沫	《〈八岁儿〉注释》	韩国语学会《韩国语》	1956
3	阂泳硅	《书目介绍〈八岁儿〉、〈小儿论〉、〈三译总解〉、〈同文类解〉》	延禧大学东方学研究所	1956
4	阂泳硅	《影印本〈八岁儿〉、〈小儿论〉、〈三译总解〉、〈同文类解〉、〈汉清文鉴〉、〈韩汉清文鉴〉》	延禧大学东方学研究所	1956
5	刘昌谆	《〈汉清文鉴〉语汇研究》	国语国文学会《国语国文学》	1957
6	崔鹤根	《通古斯语群和韩语的位置（〈通古斯诸语的比较语法研究〉一书的书评）》	韩国语学会	1958
7	李基文	《满韩比较研究》	威斯巴登：哈若斯瓦兹	1958
8	李基文	《中世纪女真语音韵论研究》	《汉城大学论文集》（人文社科学）	1958

序号	作者	题名	出处	年份
9	李基文	《满语语法》	韩语学会《韩国语》	1958
10	成百仁	《满洲语动词活用语尾-ci-cibe-me》	汉城大学文理科大学学艺部《文理大学报》	1958
11	成百仁	《满洲语元音和谐小考》	（同上）	1959
12	朴昌海	《刘昌淳〈韩汉清文鉴〉索引》	延世大学校东方学研究所	1960
13	阂泳硅	《〈清语老乞大〉引言》	延世大学人文科学研究所《人文科学》	1964
14	阂泳硅	《〈清语老乞大〉辩疑》	延世大学人文科学研究所《人文科学》	1964
15	崔鹤根	《影印本〈韩汉清文鉴〉〈文湖〉》	建国大学	1965
16	申兑铱	《女真文字与语言的研究》	Eo—mun—Gag	1965
17	姜信坑	《李朝初期译学者研究》	震檀学会《震檀学报》	1966
18	姜信流	《李朝中期以后的译学者研究》	《成均馆大学校论文集》	1966
19	姜信坑	《李朝时代的译学政策——司译院的建立》	成均馆大学校《大东文化研究》	1966
20	朴恩用	《满洲语的形态素研究（资料篇）》	《晓星女子大学研究论文集》（资料篇）	1967
21	申兑兹	《女真文字的构造》	庆熙大学《庆熙大学论文集》	1967
22	崔鹤根	《乾隆帝的〈御制盛京赋〉（满文）》	《国文学论文集》	1968
23	朴恩用	《音译〈清文虚字〉指南》	晓星女子大学国语国文学研究室《国文学研究》	1968
24	朴恩用	《〈同文类解语录解〉研究（上）》	《晓星女子大学研究论文集》	1968
25	成百仁	《满洲语元音和谐》	韩语研究学会《韩语学报》	1968
26	崔鹤根	《满文书面语中元音系统中的U元音》	《满蒙研究》	1969

序号	作者	题名	出处	年份
27	朴恩用	《满洲语文语研究（一）》	萤雪出版社	1969
28	朴恩用	《满洲语文语形态素研究——接尾辞篇》	《晓星女子大学研究论文集》	1969
29	朴恩用	《〈同文类解语录解〉研究（下）——李朝时代的满洲语文法书》	《晓星女子大学研究论文集》	1969
30	朴恩用、李娟子	《〈清文虚字指南〉用语研究》	晓星女子大学国语国文学研究《国文学研究》	1969
31	崔鹤根	《所谓"三田渡碑"的满文碑文注释》	载国语国文学会刊物《国语国文学》	1970
32	朴恩用	《〈同文类解语录解〉的出典》	晓星女子大学国语国文学研究室《国文学研究》	1970
33	成百仁	《满洲语的疑问法》	明知大学《明大论文集》	1970
34	成百仁	《三田渡碑满文》	汉城大学文理科大学东亚文化研究所《东亚文化》	1970
35	成百仁	《影印本〈同文类解〉》	汉城明知大学国语国文学会《明知语文学》	1970
36	崔鹤根	《清太宗朝颁行满文〈大辽国史〉（译注）》	汉城大学出版部	1971
37	崔鹤根	《满文文献"百二十老人"话》	《汉城大学论文集》（人文社会科学）	1971
38	朴恩用	《初刊〈汉清文鉴〉》	《晓星女子大学研究论文集》	1971
39	崔鹤根	《清太宗朝颁行满文〈金史〉研究》	汉城大学教养课程部《论文集·人文社会科学》	1971、1972
40	崔鹤根	《满文文献〈七本头〉》	国语国文学会刊物《国语国文学》	1972
41	金东昭	《韩语与满语的基础语汇比较研究》	《常山、李在秀博士花甲纪念论文集》	1972

序号	作者	题名	出处	年份
42	金东昭	《〈清语老乞大〉的满洲文语形态音素记述（一）》	韩国语文学会《语文学》	1972
43	朴恩用	《满洲语法的特质（上）》	《晓星女子大学研究论文集》	1972
44	朴恩用	《金语研究》	亚西亚学术研究会《亚西亚学报》	1972
45	崔鹤根	《满洲语造语法研究》	汉城大学教养课程部《论文集·人文社会科学篇》	1973
46	金正沫	《〈清语老乞大〉译成韩语的拼写及其混乱》	汉城大学硕士论文	1973
47	李基文	《18 世纪的满洲语方言资料》	《震檀学报》震檀学会	1973
48	朴恩用	《满洲语文语研究》	萤雪出版社	1973
49	朴恩用	《满洲语法的特质（下）》	《晓星女子大学研究论文集》	1973
50	成百仁	《满文档案—康熙、雍正朝的奏折皇旨（1）》	延世大学东方学研究所《东方学志》	1973
51	金东昭	《〈清语老乞大〉的满洲文语形态音素记述（二）》	韩国语文学会《语文学》	1974
52	金东昭	《满语的语音研究》	《GIM Jongog 博士、GIM Hy-ang—ran 博士花甲纪念论文集》	1974
53	朴恩用	《韩国语和满洲语的比较研究（上）》	《晓星女子大学研究论文集》	1974
54	成百仁	《满洲萨满神歌译注》	明知大学出版部	1974
55	崔鹤根	《在满语中的未完结过去语尾-fi（-mpi-pi）》	汉城大学语学研究所刊物《语学研究》	1975
56	金东昭	《韩满语音比较》	庆北师范大学国语研究会《国语教育研究》	1975

序号	作者	题名	出处	年份
57	李基文	《论韩语与阿尔泰语的比较》	《韩国解放 30 周年纪念论文集》国家学术会	1975
58	朴恩用	《韩国语和满洲语的比较研究（中）》	《晓星女子大学研究论文集》	1975
59	成百仁	《满洲语音韵史研究——〈清文启蒙异施清字〉研究（2）》	明知大学《明大论文集》	1975
60	崔鹤根	《满语的格、性、数语法目录》	汉城大学语学研究所刊物《语学研究》	1976
61	金炯秀、郑京子、崔在淑译，朴恩用修订	《对译满文〈孟子〉》	晓星女子大学出版部	1976
62	金英姬	《满语文语的不定法》	延世大学《延世语文学》	1976
63	成百仁	《满洲语音韵史研究》	韩语学会《韩国语音学》	1976
64	崔鹤根	《满语动词活用语尾（-mbi-me-ho）》	萤雪出版社出版的《金成柏博士花甲纪念论文集》	1977
65	全在昊	《18 世纪晚期的〈三译总解〉语汇索引（12 册）》	庆北大学《语文论丛》	1977
66	金东昭	《〈同文类解〉满洲文语语汇》	Bundo 出版社	1977
67	金东昭	《〈龙飞御天歌〉的女真语汇研究》	庆北师范大学国语研究会《国语教育研究》	1977
68	金炯秀、郑京子、崔在淑译，朴恩用修订	《对译满文资料〈大学〉〈中庸〉〈论语〉〈书经〉》	晓星女子大学出版部	1977
69	李基文	《韩国语与阿尔泰诸语的语汇比较基础研究》	汉城大学东亚文化研究所《东亚文化》	1977
70	李基文	《〈古今释林〉书目介绍》	亚西亚文化社影印本《古今释林》	1977

续表

序号	作者	题名	出处	年份
71	朴恩用	《阿尔泰语中"觉"和"疥癣"同音异义的比较研究》	《晓星女子大学研究论文集》	1977
72	成百仁	《满文档案——康熙、雍正朝的奏折皇旨（2）》	明知大学国语国文学科《明知语文学》	1977
73	成百仁	《满文特殊文字的罗马字表记法》	韩国语学会《韩国语音学》	1977
74	郑光	《类解类译学书》	国语学会刊物《国语学》	1978
75	郑光	《司译院译书的外国语发音转写》	朝鲜学会《朝鲜学报》	1978
76	金芳汉	《阿尔泰诸语和韩国语》	汉城大学东亚文化研究所《东亚文化》	1978
77	成百仁	《韩国语与满洲语的比较研究（1）》	韩国语学会《韩国语音学》	1978
78	成百仁	《满洲语音韵论的几种问题（1）——韵母"u"》	震檀学会《震檀学报》	1978
79	成百仁	《满洲书面语的形成过程》	国语振兴促进会《国语振兴之路》	1978
80	成百仁	《满文无圈点十二字头的研究》	延世大学校韩国语学会《韩国语言》	1978
81	林敬淳	《阿尔泰诸语词汇比较》	《韩国语言文学》	1978
82	李颧沫	《李朝语文政策研究》	汉城开文社	1979
83	成百仁	《满洲语音韵论的几个问题（1）——元音"u"》	大韩民国学术院《第六届国际学术演讲会论文集》	1979
84	成百仁	《满语元音间的辅音群研究》	台湾大学《第五届东亚阿尔泰语会议记录》	1980
85	成百仁	《满语元音间的辅音群研究》	汉城大学语学研究所《语学研究》	1980
86	赵奎泰	《〈八岁儿〉满语文语研究》	庆北师范大学《国语教育研究杂志》	1981

序号	作者	题名	出处	年份
87	金荣一	《〈清语总解〉中满语空词"be"的研究》	釜山教育大学《论文集》	1981
88	金荣一	《满洲文语中"i"的研究》	《李沫皓教授花甲纪念论文集》	1981
89	朴恩用	《韩国语与满洲语形容词的比较研究》	韩国精神文化研究院《韩国古代文化与邻接文化关系》	1981
90	朴相圭	《关于韩国语和满洲语的相互关系的历史考察》	《庆玩工专论文集》	1981
91	成百仁	《满洲语音韵研究》	明知大学出版部	1981
92	成百仁	《满语语音研究》	大韩语音学会《韩国语音学》	1981
93	宋基中	《李朝时期的外国语研究》	《社会人类学》韩国研究中心	1981
94	赵奎泰	《满洲文语-fi 的造句法功能和含义》	《赵奎雪教授花甲纪念》刊于《国语学论丛》	1982
95	赵奎泰	《〈小儿论〉满语文语研究》	晓星女子大学《国文学研究》	1982
96	金秉义	《韩国语和满语的格功能比较研究》	晓星女子大学硕士论文	1982
97	金东昭	《改订版〈同文类解〉满语文语语汇》	晓星女子大学出版部	1982
98	朴恩用、金炯秀	《〈御制清文鉴〉索引》	晓星女子大学出版部影印本《御制清文鉴》（下）	1982
99	成百仁	《〈御制清文鉴〉书目介绍》	阿尔泰语研究所影印本《御制清文鉴》（下）	1982
100	申硕焕	《关于¦-de¦形语辞的韩满语比较研究》	《马山大学论文集》（人文科学·艺体能篇）	1982
101	林东锡	《朝鲜译学书》	《国立台湾大学国文研究所博士论文》台湾大学	1982

续表

序号	作者	题名	出处	年份
102	朴相圭	《满洲民谣》	韩国民俗学会《韩国民俗学会论文集》	1983
103	成百仁	《〈汉清文鉴〉注》	《金哲竣博士花甲纪念史学论丛》知识产业社	1983
104	申硕焕	《满韩｛de｝含义及变迁研究》	《IEung—baeg 博士花甲纪念论文集》	1983
105	崔鹤根	《在中国新疆自治区发现的满文诗集〈锡伯族的移住之歌〉》	奎章阁汉城大学图书馆	1984
106	赵奎泰	《〈三译总解〉满语文语研究（1）》	《柳昌君博士花甲纪念论文集》	1984
107	金亨柱	《韩国语与满语的接尾词比较研究》	《东亚论丛》	1984
108	朴相圭	《满洲祭词与蒙古萨满神歌》	《韩国民俗学会论文集》	1984
109	朴相圭	《满蒙民谣考》	《亚西亚文化社 10 周年纪念论文集》	1984
110	成百仁	《司译院满文书籍的韩文翻译》	汉城大学韩国文化研究所《韩国文化》	1984
111	李藤龙	《阿尔泰诸语叙述动词比较研究》	成均馆大学大东文化研究院《大东文化研究》	1984
112	郑光	《韩相权司译院与司译院译学书的历史变迁研究》	《德星女大论文集》	1985
113	朴相圭	《满洲祭文一考》	韩国民俗学会《韩国民俗学会论文集》	1985
114	成百仁	《早期满文字典注》	《国际中国边疆研究会议记录》澄池大学	1985
115	成百仁	《中国满洲语研究现状》	淑明女子大学中国文化研究所《中国文化》	1985
116	成百仁	《满语元音长度论》	《历史语言学》，汉城：金艺沉	1985

续表

序号	作者	题名	出处	年份
117	成百仁	《蒙古文字与满洲文字》	韩国语研究所《韩国语研究》	1985
118	成百仁	《满语合成动词词缀-rne》	韩国语学会《韩语》	1986
119	成百仁	《初期满洲语词典注》	延世大学校国学研究院《东方学志》	1986
120	崔鹤根	《韩国的阿尔泰语研究》	威斯巴登：奥托哈诺斯瓦兹	1987
121	郑光	《李朝译科清学初试答案纸》	晓星女子大学出版部出版的《于亭、朴恩用博士花甲纪念论丛韩国语学与阿尔泰语学》	1987
122	赵奎泰	《有圈点满洲文字》	晓星女子大学出版部出版的《于亭、朴恩用博士花甲纪念论丛·韩国语学与阿尔泰语学》	1987
123	金东昭	《Sino—Mantschurica 资料》	晓星女子大学出版社《于亭、朴恩用博士花甲纪念论丛·韩国语学与阿尔泰语学》	1987
124	金斗铱	《努尔哈赤在辽东统治时期的对汉人政策——"计丁授田"与"编丁立庄"政策的再探讨》	《东洋史学研究》	1987
125	金荣一、李绢子	《资料：韩国学者的阿尔泰诸语研究论著目录〈于亭、朴恩用博士花甲纪念论丛〉》	晓星女子大学出版部	1987
126	朴恩用	《满洲语辞典资料笺》	晓星女子大学国语学研究会	1987
127	崔东权	《关于满韩名词句内包文的比较研究》	成均馆大学校博士论文	1988
128	郑光	《李朝后期的译科试卷考——译科汉学清学试卷》	《第五届国际韩国语研究任务前景会议论文集》韩国研究学会	1988

序号	作者	题名	出处	年份
129	金周沉	《满洲通古斯诸语的元音和谐律研究》	《汉城大学博士学位论文集》	1988
130	卢基植	《努尔哈赤时期 Amban 的武官组织化过程》	高丽大学硕士学位论文	1988
131	成百仁	《〈同文类解〉与〈汉清文鉴〉注》	韩国精神文化研究院《第五届国际韩国语研究任务、前景会议论文集》	1988
132	成百仁	《满语元音长度研究》	《第28届国际阿尔泰学会记录》威斯巴登：哈诺斯瓦兹	1989

三 当代苏联和俄罗斯的满学

自 20 世纪 50 年代以后，苏联的满学研究水平虽然在欧洲名列前茅，但是，"苏联时期的满学研究成果与沙俄时期相比，无论数量还是深度都今不如昔，呈明显衰落趋势，在国际满学界的地位也急剧下降"。为何会出现这种状况？有学者指出："其首要原因是此时满学的兴趣自然大打折扣，其主要精力转向了对中国当代政党政权的研究，所以无论从经费的投入，人才的培养，机构的设置等各方面均不如沙俄时期。其次，是满族日趋汉化，自身的民族特色已不像蒙、藏、维族那样鲜明。满语也逐渐从社会生活中淡出甚至遗忘，绝大多数的满族人已不懂满语、不识满文，连中国学术界掌握满语、研究满学的学者也已寥寥无几，何况苏联学术界了。最后，如前所述，苏联无研究满学的专门机构，也没有像沙俄时期那样专门培养满语人才的教学部门，所以这个时期的满学家分散在全国各地各类教育文化部门之中。他们大多出于个人爱好，缺乏组织与协调，其研究方向和研究成果大多围绕着语言学和中俄东部疆域的变迁，所依据的基本上是留存下来的满文文献和考古发掘资料。"① 苏联解体后，其继承者俄罗斯在满学研究方面，似乎也没有改观。

---

① 黄定天：《苏联的满学研究》，《满语研究》2000 年第 2 期。

尽管如此，苏联学者曾在萨满教研究①、满—通古斯语族各民族历史文化研究的领域卓有成效。② 其学术成果与满学关系密切者，详见表6－14。

表6－14　　　　　　　　苏联、俄罗斯满学研究重要成果

序号	论著名称	作者	时间（年）
1	《北方小民族起源》	古尔维奇	1950
2	《满语简单句句法（博文）》	帕什科夫	1950
3	《论从古代到蒙古入侵时的满洲和沿海地区的货币流通问题》	沃罗比约夫	1956
4	《19世纪中叶到20世纪前25年乌尔奇人的物质文化（住房、服装、饮食、交通工具）》	斯莫利亚克	1956
5	《俄国学者对研究满语和满文的贡献》	帕什科夫	1958
6	《通古斯语满语研究史纲》	戈尔采夫斯卡娅	1959
7	《关于通古斯满语分类》	阿夫罗林	1960
8	《尼山萨满满文本和俄译文》	沃尔科娃	1961
9	《通古斯满语系的动词、形态学结构和动词形式系统》	苏尼克	1962
10	《满语》	帕什科夫	1963
11	《埃文基语和满语中的描绘词》	戈尔采夫斯卡娅	1963
12	《金国建立以前女真族的经济与习俗》	沃罗比约夫	1965
13	《苏联科学院亚洲民族研究所满文手稿概述》	沃尔科娃	1965
14	《满洲征服者统治下的蒙古（1815—1870）》	蒙库耶夫	1965
15	《在努尔哈赤和皇太极统治下的满族的崛起（1591—1644）》	梅里霍夫	1966
16	《17世纪80年代满洲人深入阿穆尔河上游的历史》	梅里霍夫	1966
17	《乌尔奇人过去和现在的经济、文化和日常生活》	斯莫利亚克	1966

---

①　汪颖子：《简述欧洲满学研究——兼论清史研究在欧洲现状》，《吉林师范大学学报》（人文社会科学版）2017年第6期。

②　任国英：《关于俄罗斯学者对满—通古斯语族民族的研究》，《黑龙江民族丛刊》2001年第1期。

序号	论著名称	作者	时间（年）
18	《满族在中国的统治》	齐赫文斯基	1966
19	《中世纪的人种（据女真族人种起源的资料）》	沃罗比约夫	1967
20	《女真语词汇是一种民族学史料》	沃罗比约夫	1968
21	《论女真族的几种习俗的起源》	沃罗比约夫	1968
22	《女真族的币制（金国）》	沃罗比约夫	1969
23	《从民族地理的角度看十至十二世纪朝鲜和女真族的关系》	沃罗比约夫	1970
24	《女真族金国的历史编纂学（1115—1234）》	沃罗比约夫	1970
25	《明帝国对女真人的政策（1402—1413）》	梅里霍夫	1970
26	《女真族的金国和中亚》	沃罗比约夫	1971
27	《金国的印章（1115—1234）》	沃罗比约夫	1972
28	《满洲学》	沃尔科娃	1972
29	《关于女真族的文化和民族史中的几个争论问题》	沃罗比约夫	1973
30	《17世纪东北的满族》	梅里霍夫	1974
31	《关于阿穆尔河沿岸女真人的考古资料》	梅德韦杰夫	1974
32	《女真族和金国历史概述（10世纪至1234）》	沃罗比约夫	1975
33	《19世纪至20世纪上半叶阿穆尔河下游与萨哈林岛各族的民族过程》	斯莫利亚克	1975
34	《皇太极的政策和满族文学创作的初步经验》	沃尔科娃	1976
35	《1976年发掘乌苏里岛上古墓地的一些成果》	拉里切夫	1980
36	《满洲统治者在征服中国期间其世袭领地的北部边界（17世纪40—80年代）》	沃罗比约夫	1982
37	《阿穆尔河下游加厦多层居址的研究》	拉里切夫	1983
38	《阿穆尔河下游与萨哈林岛各族的物质文化》	斯莫利亚克	1984
39	《17—20世纪苏联远东各族》	沃罗比约夫	1985
40	《北方各民族的历史》	古尔维奇	1987
41	《苏联时期北方小民族的民族发展》	古尔维奇	1987
42	《阿穆尔河下游和萨哈林岛的民族历史和民族起源问题》	斯莫利亚克	1990

续表

序号	论著名称	作者	时间（年）
43	《阿穆尔河下游各民族萨满的特点、功能、世界观》	斯莫利亚克	1991
44	《黑龙江下游和萨哈林岛各民族的装饰艺术》	科切什科夫	1995
45	《从19—20世纪民族装饰艺术看突厥—蒙古和满—通古斯各民族的历史文化联系》	科切什科夫	1997
46	《西伯利亚各民族的房屋建筑》	索科洛娃	1998

还值得一提的是，在满学研究领域，苏联的学术成果对我国的民族研究影响巨大。中国社会科学民族研究所的科研人员曾翻译苏联学者的研究成果发表，如沃尔科娃的《满学》一文，原载《亚洲博物馆——苏联科学院东方学研究所列宁格勒分所》一书，白滨翻译并于1979年发表在《民族史译文集》第7集上。帕什科夫的《俄国学者对满语文研究的贡献》一文，原载《苏联科学院东方学研究所通报》1956年第18期，胡增益摘译并于1983年发表在《世界民族》第6期。迄今为止，其影响犹在。

四 当代德意志、意大利等国的满学

除了苏联及俄罗斯，欧洲其他国家满学的发展起伏不定，整体衰微。相对而言，20世纪50年代至90年代初，德国的满学一枝独秀。瓦尔特·富赫兹（Walter Fuchs，1902—1979）继续推动德国的满学研究，不遗余力，功不可没。1955年，德国出版了埃里西·豪尔（Erich Hauer，1878—1936）的遗作《满德字典》（*Hand wörterbuch der Mandschusprache*）。这是"至今仍是满学师生不可欠缺的工具书"，对德国满学的发展颇有助益。更为可贵的是，"1960年，科隆大学于成立汉学系之际，成立了全欧独一无二具有考试及授学位资格的满学系。Fuchs以居留中国15年的经验顺理成章地成为汉学系兼满学系系主任。满学独立成系对德国满学的确是一意义重大的里程碑"。此后大约40年间，富赫兹及其学生、继任者都对满学做出了贡献。"其入室弟子及继任者

Martin Gimm（1930 年生，中文名嵇穆）于 1968 年发表满译文选，后续出满译《古文渊鉴》《满译汉文小说》及《满族文学》等专著，并对苏联满文藏书及中国满学做了介绍。"① 此外，马丁·嵇穆教授多次来到中国，远赴黑龙江地区，采集满族民歌，加以整理，以飨学界。② 在教学方面，嵇穆教授继承其先师之业，培养了一些满学研究人才，"这些人才当中首推 Erling von Mende 及 Hartmut Walravens。前者于 1983 年接掌柏林自由大学汉学系至今，兼授满文。后者任职柏林国家图书馆，曾先后对美、荷、法各国及我国台北"故宫博物院"所藏满文书籍做了详尽的介绍"③。在波恩大学中亚语言文化研究院，有魏弥贤（Micҳael Weiers）教授讲授满语和蒙语。④

然而，在德国财政日渐困难的情况下，科隆大学的满学系"于 1995/1996 年改革之际被取消掉了。满学不再是一门独立的学科，而只是汉学领城中的一部分。学生仍可学习满文，但不能以满学作为硕士或博士学位的专题"，这项改革"自然影响到满学在德国的重要性，对满语教学也具有不利的影响"⑤。

在德国，满学无论盛衰兴替，研究者从来不多，尤其"目前，德国的一线满学研究者只有寥寥几人"。与此相应，学术成果亦少。但是，细水长流，研究的历史较长，领域较广。"据统计，从 19 世纪 30 年代到 20 世纪 60 年代，德国的十余位满学研究者纂写了四十余种满学著作。其中有字典、语法、图书文献、文学等方面的基础科学的书籍，也有关于各种史籍、碑帖的著作，涉及的范围是相当广泛的。"⑥

---

① 黄淑娟：《德国的满学研究》，任继愈主编《国际汉学》（第 4 辑），大象出版社 1999 年版，第 522—523 页。

② 1992 年 8 月，笔者亦曾与马丁·嵇穆、江桥赴黑龙江考察满语文情况。到哈尔滨后，嵇穆先生因身体不适，留宿数日。笔者与江桥前往黑河市，在黑河市博物馆馆长、黑龙江省文物考古研究所黑河分所所长陈会学先生陪同和引导下，到附近保留着满语的村镇考察，与满族老人用满语交流。后整理考察报告，交给嵇穆先生。

③ 黄淑娟：《德国的满学研究》，任继愈主编《国际汉学》（第 4 辑），大象出版社 1999 年版，第 523 页。

④ 江桥：《德国的满学研究》，《北京社会科学》1995 年第 1 期。

⑤ 黄淑娟：《德国的满学研究》，任继愈主编《国际汉学》（第 4 辑），大象出版社 1999 年版，第 523 页。

⑥ 江桥：《德国的满学研究》，《北京社会科学》1995 年第 1 期。

在意大利，研究满学源远流长。"通常认为，欧洲有关中国满族的研究开始于 1696 年。这一年中，耶稣会士菲迪南德·维伯斯特（Ferdinand Verbiest）用拉丁文出版了第一本有关满语语法的书。菲迪南德在中国历史上被称作南怀仁（Nan Huairen）。""从 1696 年至今，欧洲有关满族研究的著作和文章已达 900 多种，但这些著作和文章，仅涉及满族人，并不包括对整个清朝时期的研究，也不包括对女真人（Jurchen）和其它相关问题的研究。""900 多种的论文著作，涉及满族的地理、历史、宗教、民俗等方面。其数量分布大体如下：

通论和参考书目的介绍	120
地理方面的研究	30
人种、民俗方面的研究	30
宗教方面（不包括《尼山萨满传》一书）的研究	20
历史方面的研究	400
语言文字方面的研究	170
文学方面（包括《尼山萨满传》一书）的研究	130

到目前为止，对满族历史的研究约占整个满学研究的 45%"。①

近 40 年来，威尼斯大学是当代意大利满学研究的中心。据斯达理教授介绍，自 20 世纪 80 年代初期，"威尼斯大学进行满族和锡伯族的语言、历史、文学及文化的研究"，在科研和教学方面卓有成效。在教学方面，举办三年制满语文班。第一年"主要的学习任务是学习语言，学习满文的书写和语法"，第二年的"教学内容较为广泛。首先是对包括一些手稿及锡伯语出版物在内的各种文章的阅读"，"第三年主要任务是继续和巩固第二年所学的内容，课程设置亦与第二年一样"。经过"三年学习之后，很多学生选择满族、锡伯族的历史、文化作为毕业论文的内容"。自 20 世纪 80 年代初至 90 年代初，"近十年来，重要的毕业论文有：《清政权的建立——努尔哈赤的创业》、《锡伯族从东北到新

---

① ［意］乔·斯达理：《关于满族历史和语言的若干问题》，《满学研究》第 2 辑，民族出版社 1994 年版，第 218—226 页。

疆迁徙史》、《'满汉螃蟹段儿'评译》、《新宾满族自治县史》、《萨尔浒战役》、《乾隆的'盛京赋'》、《满族政权和高丽早期关系》、《满族的萨满教》等"。在科研领域,"关于满族和锡伯族的科学研究也包括以下三个方面,即历史、文学和文化(萨满教)","历史研究主要集中在努尔哈赤和皇太极的生平方面。与此有关的众多课题包括:'费阿拉'研究、'赫图阿拉'研究、中俄早期关系研究以及努尔哈赤'七大恨'研究"。此外,"满学研究的威尼斯中心与欧洲其他中心之间的紧密合作。意、德合编的关于满学研究的杂志——《满洲时代》就是最好的证明。中国有些学者也是该杂志的合作者。这份杂志面向所有致力于满族历史、语言、文学研究的学者"①。在学术年刊《满洲时代》(*Aetas Manjurica*)上,"整理和出版了大量老一辈学者的未完成或已完成但未出版的研究手稿,并发表了很多纪念性文章",② 其内容主要涉及满族和锡伯族的历史、语言、文字、文学以及相关人物。

威尼斯大学的乔瓦尼·斯达理教授作为其领军人物,董理其事,功不可没。除《满洲时代》外,他还主编《中亚杂志》(*Central Asiatic Journal*),刊载蒙古学、满学研究文章等。难能可贵的是,"斯达理教授(Giovanni Stary)多年从事满语文与满族文化研究,深有造诣,成果甚丰"③。其满学研究主要成果,详见表6-15。

表6-15   斯达理满学研究主要成果

序号	署名	题名	刊物	年份
1	Giovanni Stary	Two Rulers in One Reign: DorGon and Shun—chih 1644—1660. Faculty of Asian Studies Monographs: New Series No 13 by Adam Lui	Journal of Asian History	1967

---

① [意]乔·斯达里:《威尼斯大学对满族和锡伯族研究的十年》,《满学论丛》第1辑,吉林文史出版社1992年版,第453—456页。
② 江桥:《德国的满学研究》,《北京社会科学》1995年第1期。
③ 汪颖子:《简述欧洲满学研究——兼论清史研究在欧洲现状》,《吉林师范大学学报》(人文社会科学版)2017年第6期。

序号	署名	题名	刊物	年份
2	Stary. Giovanni	Geschichtliche und sprachliche Randbemerkungen uber den Genuss von Milch—Branntwein am Hofe K'ang—hsi's（1662—1722）	Ural—Altaische Jahrbuch-er（Hamburg, Germany）	1976
3	Giovanni Stary；Jerry Norman	A Concise Manchu—English Lexicon	The Journal of Asian Stud-ies	1980
4	Giovanni Stary	Die mandschurischen Ausdrücke im Ch'ien—lung—Reichsatlas	Oriens Extremus	1981
5	GIOVANNI STARY	DIE STRUKTUR DER ER-STEN RESIDENZ DES MAND-SCHUKHANS NURHACI	Central Asiatic Journal	1981
6	Giovanni Stary	UNA NOTA MANCESE DEL 1663 SUI LAVORI DI RESTAURO DEL PALAZZO IMPERIALE DI MUKDEN （SHENYANG）	Cina	1981
7	Giovanni Stary	L'IMPERATORE MANCESE 《ABAHAI》: ANALISI DI UN ERRORE STORIOGRAFICO	Cina	1982
8	Giovanni Stary	Die mandschurischen Prinzengräber in Liaoyang 1988	Central Asiatic Journal	1989
9	Giovanni Stary	The Great Enterprise. The Manchu Reconstruction of Im-perial Order in Seventeenth—Century China. In two volumes by Frederic Wakeman	Central Asiatic Journal	1990
10	Giovanni Stary	The Sino—Jurchen Vocabulary of the Bureau of Interpreters （Uralic and Altaic Series. Vol-ume 153）by Daniel Qane	Central Asiatic Journal	1990

序号	署名	题名	刊物	年份
11	Stary. Giovanni	Reviews of Booqs——Two Rulers in One Reign— DorGon and Shun—chih 1644—1660 by Adam Lui	Journal of Asian History	1991
12	Giovanni Stary	L'utopia dell'impero mancese	Ming Qing Yanjiu	1992
13	Giovanni Stary	Orphan Warriors: Three Manchu Generations and the End of the Qing World by Pamela Kyle Crossley	Journal of Asian History	1992
14	Stary. Giovanni	Reviews of Booqs —— Orphan Warriors: Three Manchu Generations and the End of the Qing World by Pamela Kyle Crossley	Journal of Asian History	1992
15	Giovanni Stary	Die Briefe des K'ang—hsi—Qaisers aus den Jahren 1696—97 an den Kronprinzen Yin—ch'eng aus mandschurischen Geheimdoqumenten. (Asiatische Forschungen. Band 113) by Jaqa Čimeddorǰi	Central Asiatic Journal	1993
16	Stary. Giovanni	Praying in the Darkness': New Texts for a Little—Known Manchu Shamanic Rite	Shaman	1993
17	Tatjana A. Pang and Giovanni Stary	On the Discovery of a Manchu Epic	Central Asiatic Journal	1994
18	Giovanni Stary	Qaiser Qianlong (1711—1799) als Poet. (Sinologica Coloniensia Band 15) by Martin Gimm	Central Asiatic Journal	1995
19	Giovanni Stary	Das Qing—Imperium als Vision und Wirklichkeit. Tibet in Laufbahn und Schriften des Song Yun (1752—1834) by Sabine Dabringhaus	Central Asiatic Journal	1996

序号	署名	题名	刊物	年份
20	Giovanni Stary	Der Ginsengkomplex in den-Han—chinesischen Erzähltraditionen des Jiliner Changbai—Gebiets. (Europäische Hochschulschriften. Reihe XIX Volkskunde/Ethnologie. Abt. B Ethnologie. Bd. 34) by Mareile Flitsch	Central Asiatic Journal	1996
21	Stary. Giovanni	An Example of Manchu Autochthonous Literature in Prose：Donjina's "Records of Experiences"	Saqsaha： A Review of Manchu Studies (Saqsaha)	1997
22	Giovanni Stary	DieQaiserliche Ku—wen (Guwen) —Anthologie von 1685/1686. Ku—wen yüan—chien (Guwen yuanjian). In manjurischer Übersetzung. Band II—III by Martin Gimm	Central Asiatic Journal	1997
23	Stary. Giovanni	The Manchu Identification of Jurchen Clan Names As Found in the "Manjusai da sekiyen—ikimcin" (Manzhou yuanliu qao)	Saqsaha： A Review of Manchu Studies (Saqsaha)	1998
24	Giovanni Stary	A Catalogue of Manchu Materials in Paris. Manuscripts. Blockprints. Scrolls. Rubbings. Weapons by Tatiana A. Pang	Central Asiatic Journal	1999
25	Giovanni Stary	The Problem "Abahai" ~ Hong Taiji：A Definitive Answer to an Old Question?	Central Asiatic Journal	1999
26	Giovanni Stary	An Additional Note on "Abqai Sure"	Central Asiatic Journal	2000

序号	署名	题名	刊物	年份
27	Giovanni Staryal	Zur Überlieferungsgeschichte des Berichtsüber den persönlichen Feldzug des Qangxi Qaisers gegen Galdan (1696 – 1697). By Borjigidai Oyunbilig. Tunguso—Sibirica 6. Wiesbaden: Harrassowitz. 1999. 163 pp	Journal of Asian Studies	2000
28	Giovanni Stary	The Ming—Qing Conflict. 1619—1683. A Historiography and Source Guide by Lynn A. Struve	Central Asiatic Journal	2001
29	Giovanni Stary	Die Kriege des Qing—Qaisers Qangxi gegen den Oiratenfürsten Galdan by WolfGang Romanovsky	Central Asiatic Journal	2002
30	Giovanni Stary	Qatalog mandjurischer Handschriften und Blockdrucke in den Sammlungen der Bibliothek der Orientalischen Faqultät der Sankt—Petersburger Universität. (Orientalistik Bibliographien und Doqumentationen. Band 14) by K. S. Jachontov; Hartmut Walravens	Central Asiatic Journal	2002
31	Giovanni Stary	Manchu. A Textbooq for Reading Documents by Gertraude Roth Li	Central Asiatic Journal	2003
32	Giovanni Stary	Manchus &Han. Ethnic Relations and Political Power in Late Qing and Early Republican China. 1861—1928 by Edward J. M. Rhoads	Central Asiatic Journal	2003

序号	署名	题名	刊物	年份
33	Giovanni Stary	Zur Verwaltungsgeschichte der Mandschurei （1644—1930）. （Asien— und Afriqa—Studien der Humboldt—Universität zu Berlin. Band 7） by W. Seuberlich; H. Walravens	Central Asiatic Journal	2003
34	Stary. Giovanni	An Unknown Chapter in the History of Manchu Writing: The "Indian Letters"	Central Asiatic Journal	2004
35	Stary. Giovanni	Der sibemandschurische Volksheld Tubet	Rocznik Orientalistyczny （RocO）	2005
36	Stary. Giovanni	Bibliographies of MonGolian. Manchu—Tungus. and Tibetan Dictionaries	Central Asiatic Journal	2007
37	Stary. Giovanni	Manchu Written Sources on the History and Culture of the Qing Empire in the 17—18th Centuries	Central Asiatic Journal	2007
38	Giovanni Stary	Manchu—MonGol Relations on the Eve of the Qing Conquest. A Documentary History. （Brill's Inner Asian Library volume 1） by Nicola Di Cosmo; Dalizhabu Bao	Central Asiatic Journal	2007
39	Giovanni Stary	Man' č žurskie pis'mennye pamjatniki po istorii i kul'ture imperii Cin XVII—XVIII vv. （Manchu Written Sources on the History and Culture of the Qing Empire in the 17—18th Centuries） by Tat'jana Aleksandrovna Pan; T. A. Pang	Central Asiatic Journal	2007

序号	署名	题名	刊物	年份
40	Giovanni Stary	Proceedings of the First North American Conference on Manchu Studies (Portland. OR. May 9—12. 2003）. Volume 1："Studies in Manchu Literature and History". (Series Tunguso Sibirica. 15）by Stephen Wadley；Carsten Naeher；Keith Dede	Central Asiatic Journal	2007
41	Giovanni Stary	The Diary of a Manchu Soldier in Seventeenth—Century China. "My service in the army". by Dzengšeo by Nicola di Cosmo	Central Asiatic Journal	2007
42	Stary. Giovanni	The Diary of a Manchu Soldier in Seventeenth—Century China. "My service in the army". by Dzengšeo	Central Asiatic Journal	2007
43	Giovanni Stary	Zur Entwicklung der Herrschaft im Aisin—Staat 1616—1636. (Tunguso Sibirica 17）by Britta—Maria Gruber	Central Asiatic Journal	2007
44	Stary. Giovanni	Handwörterbuch der Mandschusprache. (German)	Central Asiatic Journal	2008
45	Stary. Giovanni	The Manchu Imperial Shamanic Complex Tangse	Shaman	2009
46	STARY. GIOVANNI	Zur Authentizität der „ Heiligen Belehrungen "des zweiten Mandschuqaisers Taizong. (German)	Central Asiatic Journal	2009
47	Stary. Giovanni	An Example of a Manchu Shamanic Invocation Reconstructed from Its Chinese Transcription	Shaman	2012

右上角续表

序号	署名	题名	刊物	年份
48	Giovanni Stary	From "Clan—Rule" to "Khan—Rule": Some Considerations about the Relations between Nurhaci and Šurhaci	Central Asiatic Journal	2015
49	Giovanni Stary	Manchu—Chinese Bilingual Compositions and Their Verse—Technique	Central Asiatic Journal	2015

此外，在法国、英国、荷兰等国还有一些满学研究者。

尽管如此，"与北美等地对于清史研究出现的蓬勃景象相较，不得不承认，欧洲满学和清史研究的发展相对缓慢。尤其当稽穆、魏弥贤、斯达理等教授相继于 20 世纪 90 年代、21 世纪初退休后，满学研究在欧洲相对沉寂"。"总体来说，在过去的几十年中，满学和清史研究在欧洲并不算活跃。"这是一个方面。

另一方面，"随着一批新的材料于 20 世纪 80 年代的开放，满学尤其是清史研究开始受到了在世界范围内的关注"①。在欧洲亦不例外，满学再次为人们所重视，"2000 年 8 月 27 日—9 月 1 日在德国波恩召开了'第一届国际满—通古斯学大会'。与会者来自亚、欧、美洲 10 个国家（德 19、意 2、匈 1、比 1、荷 2、俄 4、美 3、加 2、日 6、中 3，其中包括香港 1），43 名学者"，即与会者绝大多数是欧洲人。"大会分四个主题：一、Diachronic Linguistics 历时语言学。二、Synchronic Linguistics 共时语言学。三、Shamanism and Folklore 民间传说与萨满教。四、Manchu Studies 满学研究"。"关于第四主题的文章最多。"② 满语教

---

① 汪颖子：《简述欧洲满学研究——兼论清史研究在欧洲现状》，《吉林师范大学学报》（人文社会科学版）2017 年第 6 期。

② 江桥：《波恩第一届国际满—通古斯学大会（ICMTS）综述》，《满语研究》2001 年第 1 期。

学也回到了高校，"现在，德国的图宾根大学、哥廷根大学和慕尼黑大学，英国的伦敦大学亚非学院又开设了满语学习的课程（多为选修），亚非学院历史系还开设从晚明到清末历史的选修课程"①。总而言之，欧洲满学前景光明。

五 当代美国的满学

在美洲，满学研究在美国一花独秀。自 20 世纪 50 年代以来，"在欧美的大学、研究机构和图书馆中，满文已在一定程度上重新受到了重视"，"近来满文研究的主要重心集中在清史的满文材料方面"，"专家们把他们的注意力再次转到满洲人的语言、文学和风俗方面"。"满文研究复苏的迹象可从下列情况看出：为了满足日益增长的兴趣，最近创办了一种杂志，名叫《满洲学》（Mandjurica），编者为迈克尔·魏尔斯；还有一份资料性的通报，名为《满洲研究通讯》（Manchu Studies Newsletter），编者为拉里·克拉克"。此外，还有其他读物，即："约瑟夫·弗莱彻：《满文史料》（Joseph Fletcher Manchu Sources），赫伯特·弗兰克：《德国大学中的中国学·附满文研究补编》（Herbert Franke Sinology at German Universities, with a Supplement on Manchu Studies），霍华德·纳尔逊：《满文书籍》（Howard Nelson Manchu Book）"②。

《满洲学》（Mandjurica）创刊于 1982 年，登载伊万诺夫斯基（A. O. Ivanovskiy）所撰 specimens of the Solon and the Dagur languages（索伦语和达斡尔语的标本）一文，此后未见续刊。《满洲研究通讯》（Manchu Studies Newsletter）为学术年刊，但在 issue Ⅰ—Issue Ⅱ 1977 & 1978（第一、二期合刊 1977—1978）之后，亦未见续刊。

现有美国、英国、法国、瑞典学者组成的"满洲研究小组"于 1996 年创办的学术年刊《萨克萨哈》（saksaha，满语，汉译为喜鹊）。其宗旨为推动和促进满学研究全面发展，包括（但不限于）历史、文

---

① 汪颖子：《简述欧洲满学研究——兼论清史研究在欧洲现状》，《吉林师范大学学报》（人文社会科学版）2017 年第 6 期。

② ［美］克拉克（Larry V. Clark）著，杨品泉译：《近年来美国和欧洲的满文研究趋势》，《中国史研究动态》1981 年第 2 期。原文载《清史问题》第 4 卷第 1 期，1979 年 6 月。

学、语言学、文献学、人类学、宗教学、艺术史、民俗学、物质文化和文化研究。它是目前唯一用欧洲语言专门研究满学的刊物。[1] 截至 2018 年，该年刊已出 15 期（卷），刊载了国内外学者研究满学的论文以及介绍满学研究成果的文章，详见表 6－16。

表 6－16　　　　　　　《saksaha》刊载满学研究文章[2]

序号	题名	作者	卷号	年份
1	On Some Manchu Etymologies	Norman, Jerry	Vol. 1	1996
2	Vocabulary Notes from the Manchu Archives	Elliott, Mark	Vol. 1	1996
3	LabialHarmony in Written Manchu	Zhang, Xi; Dresher, Elan	Vol. 1	1996
4	Directed Marriage (zhi—hun) and the Eight—Banner Household Registration System Among the Manchus	Yizhuang, Ding	Vol. 1	1996
5	The Manchu Academy of Beijing	Hess, Laura	Vol. 1	1996
6	An Example of Manchu Autochthonous Literature in Prose: Donjina's "Records of Experiences"	Stary, Giovanni	Vol. 2	1997
7	Jianlun Hou Jin yu Da Qing de qubie（简论后金与大清的区别）	Jiasheng, Zhang	Vol. 2	1997
8	Lun "Baqi wenxue" ji qi xingcheng jichu（论"八旗文学"及其形成基础）	Jiasheng, Zhang	Vol. 2	1997
9	Come and "Go" in Sive Manchu	Tomoyuki, Kubo	Vol. 2	1997
10	Two Notes on Tungusic Etymologies	Gimpel, Mark	Vol. 2	1997
11	Lun Hanyu, Manyu yuanyin hexie lü songhua de Gongxing（论韩语、满语元音和谐律松化的共性）	Jie, Zhao	Vol. 2	1997

---

①　https：//www. saksaha. org/about. html 介绍。

②　根据 https：//www. saksaha. org/about. html 上公布的目录制作，缺第 11 卷目录。

序号	题名	作者	卷号	年份
12	Elements of Saman Culture in Manchu Words	Aping, Zhao; Li, Jiang	Vol. 2	1997
13	Manchu weihe and farhūn	Norman, Jerry	Vol. 3	1998
14	The Manchu Identification of Jurchen Clan Names As Found in the "Manjusai da sekiyen—I kimcin"	Stary, Giovanni	Vol. 3	1998
15	Qingdai Manzu shige de beifang fengge（清代满族诗歌的北方风格）	Jiasheng, Zhang	Vol. 3	1998
16	On Chopsticks in Manchuria	Janhunen, Juha	Vol. 3	1998
17	Vocabulary Notes from the Manchu Archives 2: On the "booi"	Elliott, Mark	Vol. 3	1998
18	On the Periodization of Written Manchu	Näher, Carsten	Vol. 3	1998
19	On Acina（阿其那）and Sishe（赛思黑）	Zhonghan, Wang	Vol. 3	1998
20	Writing Manchu On a Western Computer	Gruber, Britta—Maria; Kirsch, WolfGang	Vol. 3	1998
21	Jin Guan Ping, Jin Qizong and Wulaxichun, Aixin Juelo shi sandai manxue lunji	Stary, Giovanni	Vol. 3	1998
22	Pamela Kyle Crossley, The Manchus（rpt. from JAS 54. 4）	Hess, Laura	Vol. 3	1998
23	A Preliminary Statistical Analysis of the Present Situation（1997）of Manchu Studies Worldwide	Stary, Giovanni	Vol. 4	1999
24	Report on the Manchu Documents Stored at the MonGolian National Central Archives of History	Miyawaqi—Oqada, Junko	Vol. 4	1999
25	Some Manchu Documents Concerning the Second Jebzundama Khutughtu	Delgermaa, Ü.	Vol. 4	1999
26	Rhyme in Manchu Court Poetry of the Qing	Yuan, Shen; Biyang, Mao	Vol. 4	1999

续表

序号	题名	作者	卷号	年份
27	唯一被写入清正史的满洲族源传说	Jiasheng, Zhang	Vol. 4	1999
28	Notes on Manchu Ethnobotany	Gavette, Charles	Vol. 4	1999
29	ShilunHanren junshi dui Manzhou qaiguo fanglüe de yingxiang（试论汉人军师对满洲开国方略的影响）	Xiofang, He	Vol. 4	1999
30	World History and the Inner Asian Factor in Early Qing China：Views and Issues from American Scholarship	Struve, Lynn	Vol. 5	2000
31	The Current State and Future Prospects of the Study of Manchu in China	Aping, Zhao	Vol. 5	2000
32	Gertraude Roth Li, Manchu：A Textbooq for Reading Documents	Norman, Jerry	Vol. 5	2000
33	Martin Gimm（ed.）, DieQaiserliche Ku—wen（guwen）—Anthologie von 1685/8 Ku—wen yüan chien（Guwen yuanjian）in manjurischer Übersetzung	Näher, Carsten	Vol. 5	2000
34	Giovanni Stary, Nicola Di Cosmo, Tatjana A. Pang, Alessandra Pozzi, On the Tracks of Manchu Culture（1644—1994）：350 Years after the Conquest of Peking	Näher, Carsten	Vol. 5	2000
35	An Alphabetical Index to a New Catalogue of Manchu Holdings in the Mongolian State Central Library in Ulaanbaatar	Stary, Giovanni	Vol. 6	2001
36	Man-Tonggusi yuyan yu Saman wenhua de guanxi ji tezheng（满—通古斯语言与萨满文化的关系及特征）	Aping, Zhao; Huibin, Yang	Vol. 6	2001
37	Labial Harmony in Classical Manchu：an OCP Effect?	Naeher, Carsten	Vol. 6	2001
38	Tatjana A. Pang, Descriptive Catalogue of Manchu Manuscripts and Blockprints in the St. Petersburg Branch of the Institute of Oriental Studies, Russian Academy of Sciences	Naeher, Carsten	Vol. 6	2001

序号	题名	作者	卷号	年份
39	A Preliminary Edition of the Manju Niqan hergen qamciha Hûwang Ši Gung ni Su Šu bithe	Toh, Hoong Teik	Vol. 7	2002
40	Ernu yingxiong zhuan: An Intergrative Reflection of Manchu andHan Cultures	Chiu, Suet Ying	Vol. 7	2002
41	The Spoken Manchu of Nenjian and Aigun	Shimunek, Andrew	Vol. 7	2002
42	Jiang Qiao. Qangxi Yuzhi Qingwen Jian Yanjiu	Kim, Loretta	Vol. 7	2002
43	On Manchu Medical Manuscripts and Blockprints: An Essay and Bibliographic Survey	Hanson, Marta E.	Vol. 8	2003
44	A Trilingual Edict of 1643	Toh, Hoong Teik	Vol. 8	2003
45	On the Cultural Aspects in the Studies and Teaching of Manchu Language	Aping, Zhao; Mengxiu, Guo	Vol. 8	2003
46	Review of Manchu, A Descriptive Grammar, by LidiaGorelova	Schwarz, Kenji	Vol. 8	2003
47	Giovanni Stary, Manchu Studies, An International Bibliography	Wadley, Stephen	Vol. 8	2003
48	Irina Nikolaeva, Elena Perekhvalsqaya and Maria Tolsqaya, Udeghe (Udihe) Folk Tales	Wadley, Stephen	Vol. 8	2003
49	The Taoist TractGanying Pian in Manchu	Toh, Hoong Teik	Vol. 9	2004—2005
50	Notes on Manchu Pronunciation	Norman, Jerry	Vol. 9	2004—2005
51	On the Research and Research Development of Manchu—Tungusic	Aping, Zhao	Vol. 9	2004—2005
52	Carsten Naeher, Giovanni Stary and Michael Weiers, ed. , Proceedings I. C. M. T. S. Vol. 1. Trends in Manchu and Tungus Studies	Wadley, Stephen	Vol. 9	2004—2005

序号	题名	作者	卷号	年份
53	Carsten Naeher, Giovanni Stary and Michael Weiers ed. Proceedings I. C. M. T. S. Vol. 2.	Norman, Jerry	Vol. 9	2004—2005
54	Toh, Hoong Teik. Materials for a Genealogy of the Niohuru Clan: With Introductory Remarks on Manchu Onomastics	Tawney, Brian	Vol. 9	2004—2005
55	Stary, Giovanni. "What's Where" in Manchu Literature	Larsen, Thomas	Vol. 9	2004—2005
56	Zhongguo Manxue yanjiu xin tansuo（中国满学研究新探索）	A'ping, Zhao	Vol. 10	2006—2007
57	Exploring the Dying Process and its Causes in the Manchu Language	Mengxiu, Guo	Vol. 10	2006—2007
58	A Brief History of Manchu Language Studies In the United States	Wadley, Stephen	Vol. 10	2006—2007
59	Gisun—i kooli: A Manchu Essay on Phonology	Tawney, Brian	Vol. 10	2006—2007
60	Walravens, Hartmut, ed. Bibliographies of MonGolian, Manchu—Tungus, and Tibetan Dictionaries	Larsen, Thomas	Vol. 10	2006—2007
61	Pozzi, Alessandra, Janhunen, Juha Antero, and Weiers, Michael, eds. Tumen jalafun jecen aqū: Manchu Studies in Honour of Giovanni Stary	Tawney, Brian	Vol. 10	2006—2007
62	Shier zitou jizhu (Collected notes on the twelve heads): A Recently Discovered Work by Shen Qiliang	Söderblom Saarela, Mårten	Vol. 12	2014
63	The Qing Dynasty and Its Central Asian Neighbors	Onuma, Taqahiro	Vol. 12	2014
64	On Evidential Strategies in Manchu	Gorelova, Liliya M.; Chen, Arthur	Vol. 13	2015

序号	题名	作者	卷号	年份
65	Heritage in Translation："A Dagur Story" as Historical Fiction and Sample Text for Learning Manchu- Part One	Li, Lin; Fung, Mavis Hing—yu; Chong, Man—lung; Kim, Loretta E.	Vol. 13	2015
66	Research Note：Between Paper and Wood, or the Manchu Invention of the Dang'an	Fitzgerald, Devin	Vol. 13	2015
67	The Manchu Booq in Eighteenth—Century St. Petersburg	Afinogenov, Gre Gory	Vol. 14	2016—2017
68	An Early Manchu Account of the Western Regions	Brophy, David	Vol. 14	2016—2017
69	Heritage in Translation："A Dagur Story" as Historical Fiction and Sample Text for Learning Manchu-Part Two	Chang, Monica Kin—ian; Luk, Gary Chi—hung; Tam, Eugene Shun—yung	Vol. 14	2016—2017
70	Special Issue：Introduction：Manchu in Transregional History：Diplomacy, Biographies, Textbooqs	Pessl, Qatja; Schneider, Julia C.	Vol. 15	2018
71	Special Issue：Abulai Khan's Understanding of Eastern and Southern Qazaqh Pasturelands in a 1760 Letter to the Qing Court	Ezhenkhan—uli, Baqhyt	Vol. 15	2018
72	Special Issue：Substance Abuse Among Bannermen and Banner Self—perception：An Analysis of Qing Language Primers	Trachsel, Yves	Vol. 15	2018
73	Special Issue：Literate in What Language? The Qing Empire's Trilingual Policy towards the Jirim League (1901—1911)	He, Jiani	Vol. 15	2018
74	On Manzi：An Introduction	Mosca, Matthew W.	Vol. 15	2018
75	Oyirad Terms for the Manchus	Shim, Hosung	Vol. 15	2018

　　还值得一提的是，美国学者研究八旗制度的学术成果不断问世。"虽然对于美国学界来说，清代的满族与八旗制度是一个离他们的主流相距甚远的课题，加上语言等障碍，研究者不能不限于一个极小的圈子之内，但自 1980 年以来，这一课题却受到新一代学者的重视与重新审视，接连出版四、五部大部头的、令人耳目一新的研究专著，足堪令人瞩目"①。

　　近年来，美国的"新清史"崛起，影响较大。批评甚至口诛笔伐者有之，追捧且邯郸学步者亦有之。"新清史的主要特征，即强调清朝统治与历代汉族王朝的区别、强调清朝统治中的满洲因素和特别强调对满文、蒙古文和藏文等少数民族史料的运用。"② 然而，从其研究成果来看，也存在一些问题，主要是基础研究有待提高，"论丛史出"的原则有待加强，满文、蒙古文和藏文等少数民族语文史料有待切实运用。

---

　　① 定宜庄：《美国学者近年来对满族史与八旗制度史的研究简述》，《满族研究》2002 年第 1 期。

　　② 定宜庄：《由美国的"新清史"研究引发的感想》，《清华大学学报》2008 年第 1 期。

参考文献

一 档案

国史馆《行文档》，中国第一历史档案馆藏本。

《旧满洲档》，台北"故宫博物院"1969年影印本。

辽宁省档案馆、辽宁省社会科学院历史研究所编：《明代辽东档案汇编》，辽沈书社1985年版。

《满文原档》，台北"故宫博物院"2005年影印本。

《内国史院档·天聪八年》"原文图板"，东洋文库2009年版。

《天聪朝臣工奏议》，辽宁大学历史系1980年印本。

中国第一历史档案馆：《清初内国史院满文档案译编》，光明日报出版社1989年版。

中国第一历史档案馆整理：《康熙起居注》，中华书局1984年版。

中国第一历史档案馆、中国社会科学院历史研究所译注：《满文老档》，中华书局1990年版。

二 文献

（先秦）《六韬》，乾隆《钦定四库全书》本。

（汉）《黄石公三略》，乾隆《钦定四库全书》本。

（汉）《黄石公素书》，乾隆《钦定四库全书》本。

（汉）赵岐注、（宋）孙奭疏：《孟子注疏》，乾隆《钦定四库全书》本。

（宋）《资治通鉴》，乾隆《钦定四库全书》本。

（明）《明会典》，乾隆《钦定四库全书》本。

（明）《明神宗实录》，"中研院" 史语所 1962—1965 年校印本。

（明）《明太宗实录》，"中研院" 史语所 1962—1965 年校印本。

（明）刘寅撰：《三略直解》，乾隆《钦定四库全书》本。

（明）罗贯中著、祁充格等译：《ilan gurun bithe》，顺治七年（1650年）内府刻本，新疆人民出版社 1985 年版。

（明）茗上愚公撰次：《东夷考略》，浣花居藏板。

（清）《daicing gurun i taidzu ҳorongɢo enduringge ҳūwangdi yargiyan qooli》，中国第一历史档案馆藏本。

（清）《清太祖武皇帝实录》（汉文），台北"故宫博物院"1970 年影印本。

（清）《清太祖武皇帝实录》（满文），中国第一历史档案馆藏本。

（清）《清太祖高皇帝实录》，中华书局 1985 年影印本。

（清）《满洲实录》，中华书局 1986 年影印本。

（清）《清太宗实录》，中华书局 1985 年影印本。

（清）《清太宗文皇帝圣训》，乾隆《钦定四库全书》本。

（清）《清世祖本纪》，中国第一历史档案馆藏本。

（清）《清世祖实录》，中华书局 1985 年影印本。

（清）《清世祖章皇帝圣训》，乾隆《钦定四库全书》本。

（清）《清圣祖实录》，中华书局 1985 年影印本。

（清）《清世宗实录》，中华书局 1985 年影印本。

（清）《世宗宪皇帝上谕八旗》，乾隆《钦定四库全书》本。

（清）《世宗宪皇帝上谕内阁》，乾隆《钦定四库全书》本。

（清）《清高宗实录》，中华书局 1985 年影印本。

（清）《清仁宗实录》，中华书局 1985 年影印本。

（清）《清宣宗实录》，中华书局 1986 年影印本。

（清）《清德宗实录》，中华书局 1987 年影印本。

（清）《钦定八旗满洲氏族通谱》，乾隆《钦定四库全书》本。

（清）《钦定满洲祭神祭天典礼》，乾隆《钦定四库全书》本。

（清）《钦定满洲源流考》，乾隆《钦定四库全书》本。

（清）《钦定西域同文志》，乾隆《钦定四库全书》本。

（清）《御制八旗满洲氏族通谱》，乾隆《钦定四库全书》本。

（清）李桓辑：《国朝耆献类征》。

（清）李延基：《清文汇书》，康熙京都四合堂刻本。

（清）沈启亮辑：《大清全书》，辽宁民族出版社 2008 年影印本。

（清）舞格寿平著述：《清文启蒙》，雍正壬子（十年）新刻，墨华堂梓行本。

（清）阿桂等奉敕撰：《御制满珠蒙古汉字三合切音清文鉴》，乾隆《钦定四库全书》本。

（清）鄂尔泰等奉敕编纂：《无圈点字书》，中国第一历史档案馆藏本。

（清）宜兴：《清文补汇》，乾隆五十一年刻本。

（清）《庸言知旨》，嘉庆二十五年（1820）刻本。

（清）万福：《清文虚字指南编》，光绪十一年（1885）刻本。

（清）凤山校订：《重刻清文虚字指南编》，光绪二十年（1894）聚珍堂刻本。

（清）志宽等：《清文总汇》，光绪二十三年（1897）本。

（民国）《宣统政纪》，中华书局 1987 年影印本。

（民国）赵尔巽等：《清史稿》，中华书局 1976 年本。

王锺翰辑录：《朝鲜〈李朝实录〉中的女真史料选编》，辽宁大学历史系 1979 年。

潘喆、孙方明、李鸿彬编：《清入关前史料选辑》（第一辑），中国人民大学出版社 1984 年版。

潘喆、孙方明、李鸿彬编：《清入关前史料选辑》（第二辑），中国人民大学出版社 1989 年版。

潘喆、孙方明、李鸿彬编：《清入关前史料选辑》（第三辑），中国人民大学出版社 1991 年版。

三　中外学者著作

哈斯巴根：《清初满蒙关系演变研究》，北京大学出版社 2016 年版。

季永海：《随军纪行译注》，中央民族学院出版社 1987 年版。

江桥：《康熙〈御制清文鉴〉研究》，北京燕山出版社 2001 年版。

李洵、赵德贵、周毓芳、薛虹主校点：《钦定八旗通志》，吉林文史出版社 2002 年版。

辽宁省档案馆编：《满洲实录》，辽宁教育出版社 2012 年影印本。

孙文良主编：《满族大辞典》，辽宁大学出版社 1990 年版。

阎崇年主编：《20 世纪世界满学著作提要》，民族出版社 2003 年版。

赵志强：《〈旧清语〉研究》，北京燕山出版社 2002 年版。

赵志强：《清代中央决策机制研究》，科学出版社 2007 年版。

赵志忠：《满学论稿》，辽宁民族出版社 2005 年版。

郑天挺等主编：《中国历史大词典》，上海辞书出版社 2000 年版。

［法］荣振华：《在华耶稣会士列传及书目补编》，耿昇译，中华书局 1995 年版。

［葡］曾德昭：《大中国志》，何高济译，李申校，上海古籍出版社 1998 年版。

［日］松村润：《清太祖实录研究》，晓春译，民族出版社 2011 年版。

四 中外学者论文

陈捷先：《北京满学学术讨论会祝辞》，《满学研究》第 2 辑，民族出版社 1994 年版。

戴逸：《开展满学研究的意义》，《满学研究》第 1 辑，吉林文史出版社 1992 年版。

定宜庄：《美国学者近年来对满族史与八旗制度史的研究简述》，《满族研究》2002 年第 1 期。

定宜庄：《由美国的"新清史"研究引发的感想》，《清华大学学报》2008 年第 1 期。

杜家骥：《悼日本史学家、满学家神田信夫教授》，《满语研究》2004 年第 1 期。

富丽：《台湾满学研究概述》，《清史研究通讯》1983 年第 4 期。

甘德星：《满文罗马字拼写法刍议》，《满学研究》第 6 辑，民族出版社 2000 年版。

关嘉禄：《突出地方特色 繁荣满学研究》，《中国社会科学院院报》

2008 年 5 月 13 日第 6 版。

关嘉禄：《中国大陆满学研究的回顾与展望》，《社会科学辑刊》1998
年第 6 期。

关克笑：《老满文改革时间考》，《满语研究》1997 年第 2 期。

广禄、李学智：《清太祖朝〈老满文原档〉与〈满文老档〉之比较研
究》，《中国东亚学术研究计划委员会年报》1965 年第 4 期。

胡增益：《俄国学者对满语文研究的贡献》，《世界民族》1983 年第
6 期。

黄定天：《论俄国的满学研究》，《满语研究》1996 年第 2 期。

黄定天：《苏联的满学研究》，《满语研究》2000 年第 2 期。

黄淑娟：《德国的满学研究》，任继愈主编《国际汉学》（第 4 辑），大
象出版社 1999 年版。

季永海：《清代满汉音韵书三种》，《满语研究》1991 年第 2 期。

季永海：《试论满文的创制和改进》，《中央民族学院学报》1981 年第
3 期。

江桥：《波恩第一届国际满—通古斯学大会（ICMTS）综述》，《满语研
究》2001 年第 1 期。

江桥：《德国的满学研究》，《北京社会科学》1995 年第 1 期。

李艳枝：《论满学研究的传统与创新》，《沈阳师范大学学报》（社会科
学版）2011 年第 2 期。

李云霞：《"首届中国满学高峰论坛"会议综述》，《满族研究》2006 年
第 4 期。

李治亭：《满学纵横谈》，《中国民族报》2006 年 6 月 2 日第 009 版。

辽宁大学历史系刊印：《〈明实录〉中的女真史料选编》，1983 年。

刘厚生：《满学及其在中国历史上的地位》，《鞍山师范学院学报》2002
年第 4 期。

刘厚生：《满语言文化与萨满文化是满学研究的两大基石》，《满族研
究》2003 年第 3 期。

刘亚辉：《曾德昭〈大中国志〉中的汉字字体名称研究》，《洛阳师范学
院学报》2017 年第 4 期。

穆鸿利：《跨世纪满学研究的回顾与前瞻》，《满学研究》第 5 辑，民族出版社 2000 年版。

任国英：《关于俄罗斯学者对满—通古斯语族民族的研究》，《黑龙江民族丛刊》2001 年第 1 期。

沈原、赵志强：《满语元音简论》，《满语研究》1995 年第 1 期。

宋基中、李贤淑：《朝鲜时代的女真学与清学》，《满语研究》2004 年第 2 期。

孙明、汪丽：《从清代满汉合璧语音资料看满汉对音规律及作用》，《中央民族大学学报》（哲学社会科学版）2018 年第 3 期。

汪颖子：《简述欧洲满学研究——兼论清史研究在欧洲现状》，《吉林师范大学学报》（人文社会科学版）2017 年第 6 期。

王均：《民族古文字研究在语言学中的地位》，《中央民族大学学报》（哲学社会科学版）1980 年第 4 期。

闻家祯：《〈建州纪程图记〉〈建州闻见录〉校释与研究》，东北师范大学 2018 年博士学位论文。

肖瑶：《论传统华夷观对晚明辽东民族关系的影响》，《东北师大学报》（哲学社会科学版）2006 年第 4 期。

徐凯：《满洲认同"法典"与部族双重构建——十六世纪以来满洲民族的历史嬗变》，中国社会科学出版社 2015 年版。

阎崇年：《满学——国际性的新兴学科》，《中外文化交流》1996 年第 1 期。

阎崇年：《满学研究刍言》，《满学研究》第 1 辑，吉林文史出版社 1992 年版。

阎崇年：《满学：正在兴起的国际性学科》，《北京社会科学》1993 年第 1 期。

余梓东：《提高满学在社会发展过程中的参与程度》，《满族研究》1995 年第 4 期。

张虹：《老满文改革的初始时间》，《满语研究》2006 年第 2 期。

张佳生：《中国满学的发展道路——在"首届中国满学高峰论坛"开幕式上的致辞》，《满族研究》2006 年第 4 期。

张莉:《简论满文的创制与改进》,《满语研究》1998 年第 1 期。

章宏伟:《清朝初期的满文教育与满文译书出版》,《沈阳故宫博物院院刊》2008 年第 5 辑。

赵展:《满学在我国已成为独立学科》,《满族研究》2003 年第 1 期。

赵志强、江桥:《〈无圈点档〉及乾隆抄本补絮》,《历史档案》1996 年第 3 期。

赵志强:《满学论丛》第 1 辑"前言",辽宁民族出版社 2011 年版。

赵志强:《清太祖时期女真与汉人之关系》,中国社会科学院近代史研究所编《清代满汉关系研究》,社会科学文献出版社 2011 年版。

赵志强:《清太祖时期设部事实考》,中国人民大学清史研究所编《清代政治与国家认同》,社会科学文献出版社 2012 年版。

赵志强:《〈无圈点档〉诸册性质研究——〈荒字档〉与〈昃字档〉》,《满学论丛》第 8 辑,辽宁民族出版社 2019 年版。

赵志忠:《论满学》,《满族研究》2003 年第 1 期。

［韩］ CHOE Yongchul, "Manchu Studies in Korea," *Journal of Cultural Interaction in East Asia*, 2012（3）.

［韩］ NohKishik, "Recent Research Trendson Jurchen—Manchu Studiesin Korea," *International Journal of Korean History*, Vol. 21, No. 1, Feb. 2016.

［韩］成百仁、高东昊著,蒋理译:《韩国的满语研究概况》,《满语研究》1999 年第 1 期。

［韩］高东昊:《满学家成百仁教授》,《满学研究》第 6 辑,民族出版社 2000 年版。

［韩］金由美:《韩国满学的演变面貌:以〈满洲实录〉韩译为例》,《满语研究》2015 年第 2 期。

［美］康士林（NicholasKoss）著,姚斌译:《曾德昭与英国前汉学文本〈大中国志〉》,《国际汉学》（第 25 辑）2007 年。

［美］克拉克（Larry V. Clark）著,杨品泉译:《近年来美国和欧洲的满文研究趋势》,《中国史研究动态》1981 年第 2 期。

［日］村尾进:《满学家河内良弘教授》,《满学研究》第 5 辑,民族出

版社 2000 年版。

［日］河内良弘编，赵阿平、杨惠滨译编：《日本关于东北亚研究成果选编——关于满学研究论文目录（一）（1895—1968）》，《满语研究》2000 年第 1 期。

［日］加藤直人：《满学家松村润教授》，《满学研究》第 3 辑，民族出版社 1996 年版。

［日］津曲敏郎：《满学家池上二良教授》，《满学研究》第 2 辑，民族出版社 1994 年版。

［日］神田信夫：《内藤湖南的满学研究》，《满学研究》第 5 辑，民族出版社 2000 年版。

［日］松村润：《满学家神田信夫教授》，《满学研究》第 1 辑，吉林文史出版社 1992 年版。

［日］松村润：《日本满学研究近况》，《满学研究》第 2 辑，民族出版社 1994 年版。

［日］松村润：《在第二届国际满学研讨会闭幕式上的致辞》，《满学研究》第 5 辑，民族出版社 2000 年版。

［苏］М. П. 沃尔科娃撰，白滨译：《满学》，《民族译丛》1979 年第 3 期。

［意］乔·斯达里：《威尼斯大学对满族和锡伯族研究的十年》，《满学论丛》第 1 辑，吉林文史出版社 1992 年版。

［意］乔·斯达理：《关于满族历史和语言的若干问题》，《满学研究》第 2 辑，民族出版社 1994 年版。

本书老满文罗马字母转写方式

老满文字母读音	老满文字母形体	罗马字母转写方式
a	𝑡	a
e	𝑗	e
	᠊	e[1]：me[1] le[1]...
i	𝑧	yi
	ᢉ	i
	᠊ᡳ	i
	ᡳ	i
o	𝑑	o
u	𝑑	u
	𝑑	u[1]
ō	𝑠	ō
ū	𝑠	ū
	𝑠	ū[1]
n	ᡳ	n
	ᡳ	n[1]
q	ᠶ	q
	ᡳ	q
	ᡳ	q[1]
G	ᡫ	G
	ᠶ	G[1]

续表

老满文字母读音	老满文字母形体	罗马字母转写方式
χ		χ
		χ¹
b		b
		b¹
p		p:
		p¹:
s		s
š		š:
		š¹
t		t: a o i
		t¹: e ū
		t: e ū
		t²
d		d: a o i
		d¹: a o i
		d: e u
		d¹: e u
		d²: e u
		d³: e u
l		l
m		m
c		c
		c¹
j		j
		j
		j¹
y		y
		y¹
k		k: e i
		k: a o

续表

老满文字母读音	老满文字母形体	罗马字母转写方式
g		g：e i
		g^1：a o
		g：a o
		g^1：a o
h		h：e i
		h^1
		h：a o
		h^1：a o
r		r
f		f：a e o u
		f^1：a e o u
		f：i
w		w
ts'		ts
dʑ		dʑ
		$dʑ^1$
z̩		ž
s̩		sy
tʃ͡		c'y
		c^{ll}y
dʒ͡		jy
		j^1y
ŋ		ng
		ng